KB154214

사변적 실재론 입문

사변적 실재론 입문
Speculative Realism : An Introduction

지은이	그레이엄 하먼
옮긴이	김효진
펴낸이	조정환
책임운영	신은주
편집	김정연
디자인	조문영
홍보	김하은
프리뷰	김미정·김선영
초판 인쇄	2023년 1월 13일
초판 발행	2023년 1월 16일
종이	타라유통
인쇄	예원프린팅
라미네이팅	금성산업
제본	바다제책
ISBN	978-89-6195-312-2 93100
도서분류	1. 현대철학 2. 사변적 실재론 3. 객체지향 철학 4. 미학 5. 문화이론
값	28,000원
펴낸곳	도서출판 갈무리
등록일	1994. 3. 3.
등록번호	제17-0161호
주소	서울 마포구 동교로18길 9-13 2층
전화	02-325-1485
팩스	070-4275-0674
웹사이트	www.galmuri.co.kr
이메일	galmuri94@gmail.com

일러두기

1. 이 책은 Graham Harman, *Speculative Realism : An Introduction*, UK : Polity Press, 2018을 완역한 것이다.
2. 외국 인명과 지명은 원어 발음에 가깝게 표기하려고 하였으며, 널리 쓰이는 인명과 지명은 그에 따라 표기하였다.
3. 인명, 지명, 책 제목, 논문 제목 등 고유명사의 원어는 맥락을 이해하는 데 원어가 꼭 필요하다고 생각되는 경우를 제외하고는 본문에서 원어를 병기하지 않았으며 찾아보기에 수록하였다.
4. 영어판에서 이탤릭체로 강조된 것은 고딕체로 표기하였다. 단, 영어판에서 영어가 아니라서 이탤릭으로 강조한 것은 한국어판에서 강조하지 않았다.
5. 단행본과 정기간행물 제목에는 겹낫표(『 』)를, 논문과 강연 제목에는 홑낫표(「 」)를 사용하였다.
6. 지은이 주석과 옮긴이 주석은 같은 일련번호를 가지며, 옮긴이 주석에는 *라고 표시했다.
7. 원서의 대괄호는 [ ]를 사용하였고, 옮긴이가 덧붙인 내용은 [ ] 속에 넣었다.
8. 인용문 중 기존 번역이 있는 경우 가능한 한 기존 번역을 참고하였으나 전후 맥락에 따라 번역을 수정했다.
9. 한국어판 지은이 서문으로 옮긴이의 서문을 갈음한다는 옮긴이의 뜻에 따라 별도의 옮긴이 후기는 싣지 않는다.

차 례
Contents

사변적 실재론 입문
Speculative Realism : An Introduction

2007년 런던대학교 골드스미스 칼리지에서 사변적 실재론이라는 철학 운동을 낳은 워크숍이 개최된 이후로 거의 한 세대가 지나고 있다. 그리하여 우리는 지금까지 드러난 그 운동의 성공과 한계를 평가할 수 있을 뿐만 아니라 그것을 신흥 청년 세대의 철학적 작업과 대조할 수 있게 되었다. 어딘가에서 이야기한 바 있듯이 레이 브라지에는 나에게 2005년 4월에 런던의 미들섹스대학교에서 강연을 해줄 것을 요청하였다. 당시에 그는 그 대학교에 재직하고 있었다. 거의 일 년이 지난 후에 나는 복잡한 항공편 여정으로 인해 뜻밖에 런던을 경유하게 되었고, 브라지에는 친절하게도 그 도시에 있는 자신의 아파트에서 하룻밤을 지내지 않겠냐고 나를 초대했다. 난방이 거의 되지 않은 주방에서 함께 앉아 있던 동안 브라지에는 이에인 해밀턴 그랜트에 대해 처음 언급했다. 그랜트 역시 그 전해에 미들섹스대학교에서 강연했었다. 나는 이미 장 보드리야르와 장-프랑수아 리오타르의 유명한 저서들의 표지에서 그랜트의 이름이 옮긴이로 표기된 것을 틀림없이 보았을 텐데도 당시에는 그것을 기억할 수 없었고, 하여간 F. W. J. 셸링과 독일 관념론의 유산에 집중된 그랜트의 철학적 작업도 알지 못했다. 아무튼 브라지에는 어떤 미래 행사를 위해 나와 그랜트가 회합하기를 바란다고 언급했다.

몇 달이 지난 후에 브라지에는 당시의 아내 미셸과 함께 파리 여행을 마치고 돌아와서 알랭 바디우의 젊은 제자인 퀑탱 메이야수라는 인물이 저술한 『유한성 이후』라는 새 책을 발견했다고 알려주었다. 나는 당시에 메이야수의 이름을 알지 못했지만, 브라지에는 몇 년 전에 자신이 관여한 런던 지식인 모임의 중요한 회원인 니나 파워로부터 그의 존재에 대하여 귀띔을 받았던 것으로 밝혀졌다. 어쨌든 2006년 4월에 학회 참석을 위해 아이슬란드로 가는 도중에 메이야수의 책을 읽을 여유 시간이 먼저 있었던 사람은 나였다. 불과 한 장쯤 읽었을 때 메이야수의 철학적 상상력에 매우 큰 감명을 받게 된 나는 이 상황을 이메일로 브라지에에게 알렸고, 그는 나의 보고에 열렬히 반응했다. 이때 브라지에는 또다시 그랜트의 이름을 거론했고, 당시에 우리가 모두 얼마나 고립되어 있는지를 한탄했으며, 이른바 "인해전술 접근법"이 대륙철학을 그저 인간의 세계에의 접근보다는 오히려 세계 자체에의 관여로 되돌리려는 우리 공동의 소망을 더 많이 인정받게 하는 데 도움이 될 것이라고 언급했다. 나는 공동 모임의 계획을 전달하기 위해 그랜트와 메이야수에게 이메일을 보내는 일을 떠맡았고, 브라지에는 자신의 친구 알베르토 토스카노 ― 당시에 그는 지금처럼 골드스미스 칼리지에 재직하고 있었다 ― 에게 우리를 위한 행사를 조직해달라고 도움을 구했다. 토스카노는 내가 알지 못하는 이유로 그 집단에 합류하기를 거부했지만 네 명의 최초 사변적 실재론자의 첫 번째 (그리고 마지막) 회의를 개최하는 훌륭한 작업을 해냈다. 그리고 내가 이런 사실들을 또다시 강조하는 이유는 그 이후로 브라지에가 그 행사에 관한 거짓말과 일부만 진실인 말을 공표하는데 전념했기 때문인데, 예를 들면 거의 스탈린주의적 방식으로 나를 역사에서 지우기 위한 노력의 일환으로 사변적 실재론은 오로지 그와 토스카노의 협업으로 이루어진 산물이었다고 주장했다. 첫 번째 회의가 개최된 지 이 년이 지난 후에 브리스틀에서 두 번째 회의를 개최한 사변적 실재론의 초기 역사에 대해서는 이쯤 하겠다. 그 두 번째 회의에서는 참석하지 않은 메이야수의 대역을 토스카노가 능숙하게 해냈지만 말이다.

이 책은 그런 역사보다는 오히려 최초의 사변적 실재론자들의 실제 저작과 관련되어 있다. 브라지에의 경우에 여태까지 첫 번째 저서 외에 후속 저서가 출판되지 않았기에 그것은 몇 편의 논문을 뜻한다. 브라지에가 초기에 과학주의를 동시대 프랑스철학과 융합한 작업은 얼마 지나지 않아서 전적으로 과학주의의 방향으로 전환되었고, 그리하여 누군가가 오늘날의 브라지에를 단적으로 '신新분석철학자'라고 일컫게 된 지경까지 이르렀다. 몇 년 전부터 브라지에의 주요 준거는 미국인 분석 사상가 윌프리드 셀라스였다. 브라지에는 거듭해서 과학에 '최고의 권위'를 부여하라고 요구했으며, 그리고 그의 철학관은 철학을 신학의 시녀로 여긴 중세의 구상을 얼마간 도착적으로 수정한 것으로, 철학을 경성과학의 시녀로 여기는 관점인 것처럼 보인다.

이 책의 2장에서 서술되듯, 그랜트 역시 사변적 실재론 워크숍 이후에 뜻밖의 행보를 밟았다. 자신의 뛰어난 젊은 동료 제레미 던햄 및 션 왓슨과 함께 팀을 이룬 그랜트는 실재론에 대한 그의 외관상의 헌신과 언어적으로 매우 차이가 나는 『관념론』이라고 일컬어지는 책을 공동으로 저술했다. 『관념론』은 잊힌 지 오래되고 헤겔에 의해 고무된 19세기 영국 관념론 운동을 집중적으로 다루며, 영향력이 매우 큰 버트런드 러셀이 마침내 경멸함으로써 현재는 철저히 잊힌 인물인 F. H. 브래들리 같은 인물들의 면모를 부각한다. 이런 일차적인 주안점과 더불어 던햄, 그랜트 그리고 왓슨은 독일인 사회체계 이론가 니클라스 루만과 스튜어트 카우프만의 혁신적인 생물학적 성찰 같은 더 최근의 이론적 조류에 대한 깊은 관심도 드러낸다.

메이야수는 브라지에와 마찬가지로 2007년 워크숍 이후에 간헐적으로 출판했다. 메이야수는 시인 스테판 말라르메에 관한 뛰어난 연구서인 『수와 사이렌』을 출판했다. 그 책에는 말라르메의 주요 시 「주사위 던지기」^{Un Coup de Dés}가 비밀리에 숫자 암호 707의 지배를 받는다는 놀라운 발견이 수록되어 있다. 최근 수십 년 동안 메이야수는 자신의 스승 알랭 바디우에 관한 몇몇 글을 비롯하여 여러 편의 중요한 논문도 저술했다. 고등사범학교의 강사 지위에서 소르본의 교수로 승진한 메이야수는 지금까지 『신의 비현존』이라는 널리 기대를 모으는, 아마 여러 권으로 구성될 저서를 비롯하여 몇 편의 원고 저술에 은밀히 주력했다. 우리는 그 형식이 어떠하든 간에 그리고 그 주제가 무엇이든 간에 그의 장래 저작을 열렬히 고대한다.

나 자신의 경우에는 2007년 워크샵 이전에 세 권의 저서(『도구-존재』, 『게릴라 형이상학』 그리고 『설명된 하이데거』)가 출판되었었고, 그 밖의 모든 책은 그 워크샵 이후에 출판되었다. 2016년에 나는 이집트를 떠나서 로스앤젤레스 소재 남가주 건축대학교SCI-Arc에서 새로운 직책을 맡게 되었다. 이것은 우연한 사건이 아니었다. 객체지향 존재론(이하 OOO)은 철학 이외의 분과학문에서 사변적 실재론의 가장 인기 있는 갈래가 된 지 오래되었는데, 특히 건축의 경우에 그러했다. 그런 상황에 대한 한 가지 주요한 인자는, 건축 분야에서 하이데거, 데리다 그리고 들뢰즈가 차례로 주요한 영향을 끼친 세 세대의 건축 이론이 제시된 후에 마침내 연속체, 구배, 그리고 건축물에서 코너 및 여타 아티큘레이션[1]의 제거에 대한 들뢰즈주의적 강조가 그 포화점에 이르렀다는 사실이었다. 뚜렷한 비非들뢰즈주의적 요소들을 갖춘 OOO는 새로운 외부 영향력으로서의 역할을 수행할 적절한 시기에 적절한 장소에 있었다.

---

1. * 건축용어로서의 '아티큘레이션'(articulation)은 "건축 설계의 의장에서 결합 부분을 다듬는 방식의 하나"를 가리킨다.

네 명의 최초 사변적 실재론자는 모두 정확히 이른바 'X세대'[2]에 속한다. 그랜트는 1963년에, 브라지에는 1965년에, 메이야수는 1967년에, 그리고 나 자신(그 집단에서 가장 어린 사람)은 1968년에 태어났다. 이 사상가 무리가 우리 세대 집단에서, 적어도 대륙 전통에서 가장 두드러진 철학자들의 이름이라고 해도 무방하다. 우리가 모두 자신의 가장 중요한 저서를 아직 출판하지 않았다고 말할 것이라는 의미에서 어쩌면 우리는 모두 '대기만성형의 사람'이기도 할 것이다.

또한 1970년대 말과 1980년대에 태어난 다음 세대의 대륙적 성향의 철학자들에 관해 묻는 것도 더는 너무 이르지 않다. 이 집단 중에서 사변적 실재론의 주제들을 가장 직접적으로 다룬 인물은 프랑스인 사상가 트리스탕 가르시아[1981-]다. 메이야수의 제자였던 그는 때때로 OOO에 관한 글도 썼다. 가르시아의 중요한 저서 『형식과 객체』는 프랑스어와 영어로 널리 읽히고 있고, 그의 입장은 대략적으로 '객체지향적' – OOO의 의미와는 현저히 다른 의미를 띠더라도 – 이라고 일컬어질 수 있을 것이다.

젊은 세대의 가장 반反-OOO적인 사상가는 최근에 이주 정치에서 운동의 존재론에 이르기까지 여러 권의 책을 저술함으로써 돌연 눈에 띄는 인물이 된 미국인 신유물론자 토머스 네

---

2. * 하먼은 'X세대'라는 용어를 1960년대에 서구에서 태어난 세대를 가리키는 데 사용하는 것으로 짐작된다.

일1979- 임이 확실하다. 또한 대체로 들뢰즈주의적 경향을 좇는 네일의 과정과 흐름에 대한 애호는 멕시코의 사빠띠스따 운동에 관한 그의 특별히 정통한 지식으로 채색된, 정치에 대한 일반적으로 맑스주의적인 접근법과 결합하여 있다.

독일에서는 마르쿠스 가브리엘1980- 이 가장 저명한 젊은 철학자임이 확실하다. 본대학교의 중요한 교수직과 더불어 네일에 못지않은 다작의 경력 덕분에 가브리엘은 대륙 사상가 중에서 세계적으로 알려진 명사가 되었다. 그런데 가브리엘은 사변적 실재론자들과 힘을 합치기보다는 오히려 가브리엘 자신보다 나와 비슷한 연배의 이탈리아인 신실재론자 마우리치오 페라리스와 긴밀히 작업했다.

또 다른 인물은 러시아 출신이자 체르노빌 핵 재난의 생존자인 마이클 마더1980- 다. 마더의 초기 저작은 그 논조가 대단히 데리다주의적이었다. 하지만 그 이후로 마더는 스페인의 바스크 지역으로 이주하였으며, 현재 그곳에서 식물 철학 분야에서 새로운 지평을 여는 생산적인 연구단을 이끌고 있다.

또한 스위스의 엠마누엘 알로아1980- 역시 지적 경력에서 첫 출발이 빨랐다. 현상학적 사조의 영향을 더 크게 받은 알로아는 사변적 실재론에 특별히 가깝지는 않더라도 그의 사상은 적어도 우리 중 한 사람(즉, 나 자신)에게 흥미롭다.

바디우와 슬라보예 지젝이 모두 애호하는 인물인 것처럼 보이는 독일인 철학자 프랑크 루다1978- 역시 언급되어야 한다. 그리고 지적에 관해 말하자면, 최근에 그의 고향 발칸 지역에서는 젊은 슬로베니아인 사모 톰시치처럼 유명세를 막 타기 시작하고 있는 새로운 세대의 사상가들이 등장했다.

의심할 여지가 없이 나는 중요한 다른 인물들을 빠뜨렸지만, 이들은 대륙철학의 전통에서 새롭게 부각하는 몇몇 인물들이다. 나는 이어지는 장들에서 그 주요 면모들이 설명되는 사변적 실재론과 그들 사이에 여러 해 동안 논의가 벌어지리라 기대한다. 가르치는 이들과 배우는 이들의 편의를 위해 각 절의 마지막 부분에는 가능한 연습문제들을 나열한다. 독자들은 이들 물음에 대한 대답을 시도함으로써 이 책을 읽어나가는 중에도 각 절에 대한 자신의 이해 정도를 가늠할 수 있을 것이다.

2021년 12월 29일
캘리포니아 롱비치에서
그레이엄 하먼

사변적 실재론(이하 SR)은 등장한 지 겨우 10년이 지났지만 이미 미술과 건축, 인문학에서 가장 영향력이 있는 철학적 운동 중 하나가 되었다. 사변적 실재론의 일부 혹은 전체를 다룬 여러 권의 책이 벌써 저술되었는데, 피터 그래튼과 스티븐 샤비로, 톰 스패로우의 저서들이 생각난다.[1] 그런데 그 주제를 추가로 다룰 여지는 여전히 많이 있으며, 그리고 여태까지 최초의 사변적 실재론자 중에서는 누구도 그런 책을 저술한 적이 없다. 그러므로 폴리티Polity 출판사가 자체적으로 기획한 그 주제에 관한 새로운 개론서를 저술할 사람에 대하여 나에게 조언을 요청했을 때 나는 스스로 그 과업을 떠맡겠다고 자원했다. 이렇게 해서 내게는 이런 일이 두 번째로 일어나게 되었다.[2]

나는 이 과제를 맡게 되어 기분이 좋았지만 작업에 착수하기 전에 잠재적으로 어색한 두 가지 상황을 처리해야만 했다. 첫 번째 상황은 내가 이 책의 저자일 뿐만 아니라 그 주제 중

---

1. Peter Gratton, *Speculative Realism* ; Steven Shaviro, *The Universe of Things* [스티븐 샤비로, 『사물들의 우주』] ; Tom Sparrow, *The End of Phenomenology*.
2. 첫 번째 그런 사례는 플루토 출판사를 위해 저술한 나의 저작으로 귀결되었다(Graham Harman, *Bruno Latour* [그레이엄 하먼, 『브뤼노 라투르』]).

하나이기도 하다는 점으로, 요컨대 나는 (레이 브라지에, 이에인 해밀턴 그랜트 그리고 퀑탱 메이야수와 더불어) 첫 번째 SR 워크숍에서 강연한 네 명의 원래 연사 중 한 사람일 뿐만 아니라 그 운동과 가장 밀접히 관련된 저자 중 한 사람이기도 하다. 그리하여 결과적으로 나 자신에 관해 때때로 언급할 필요성으로 인해 진퇴양난의 궁지에 몰리게 된다. 나는 이 책 전체에 걸쳐서 나 자신을 견딜 수 없을 만큼 일인칭으로 언급해야만 하는가, 아니면 훨씬 더 견딜 수 없을 만큼 삼인칭으로 언급해야만 하는가? 내가 선택한 해결책은 다음과 같다. 강연하기 혹은 저술하기 같은 개인적 행위를 회상할 때는 일인칭이 사실상 유일한 선택지다. 그렇더라도 나는 저자로서의 존재감을 떠올리게 하는 그런 상황을 가능한 한 적게 만들려고 노력했다. 그런데 나는 나의 철학적 입장을 더 일반적으로 언급하는 경우에는 그것을 비인칭적으로 객체지향 존재론(이하 OOO)으로 지칭할 것이다. 이것은 나의 가장 뛰어난 동료 OOO 저자들―이언 보고스트, 레비 R. 브라이언트 그리고 티머시 모턴―을 뜻밖에도 얼마간 제대로 다루지 못하게 되는 사태를 수반한다.[3] 이들 세 사람은 모두 어떤 논점들에 관해서 나 자신의 견해와 뚜렷이 다른 견해들을 갖추고 있으며, 그리고 이 책에서 나는 결코 그들

---

3. Ian Bogost, *Unit Operations*; Levi R. Bryant, *The Democracy of Objects* [레비 R. 브라이언트, 『객체들의 민주주의』]; Timothy Morton, *Realist Magic*.

을 대변한다고 주장하지 않는다. 그런데 이것은 OOO에 관한 책이라기보다는 오히려 SR의 관련 인물들과 느슨하게 관련된 책이기에 SR의 객체지향 진영의 기본적인 가정들을 브라지에와 그랜트, 메이야수의 가정들에 대립하는 것으로 일반화하여도 괜찮을 것이다.[4]

두 번째 어색한 물음은 이 책의 객관성과 관련이 있다. 최초의 SR 집단은 그다지 오랫동안 지속되지 않았고, 오늘날 그 구성원 중 일부 사이에서는 철학적 견해가 뚜렷이 불일치할뿐더러 심지어 개인적 불화도 존재한다. 통틀어서 두 번의 SR 워크숍이 개최되었지만 메이야수는 두 번째 워크숍에는 참가하지 않았다. 그 워크숍에는 최초의 골드스미스 행사를 주최했던 알베르토 토스카노가 메이야수 대신에 참석할 수 있었다. 내가 알고 있는 한에서 메이야수가 두 번째 모임에 참석하지 않은 이유는 그가 SR의 명칭에 내장된 실재론보다 자신의 입장에 내장된 유물론을 강조하기를 원했기 때문이다. 훨씬 더 큰 한 가지 쟁점은 SR의 브라지에 진영과 나 자신의 진영 사이에 극명한 대립이 존재한다는 것이다. 그 결과 오늘날 브라지에는 자신이 사실상 '사변적 실재론'이라는 명칭을 고안했음에도 불구하고 그 명칭조차도 거부하게 되었다. 브라지에 신봉자인 피터 올펜데일은

---

4. OOO 자체에 관한 더 포괄적인 설명에 대해서는 Graham Harman, *Object-Oriented Ontology*를 보라.

나의 객체지향적 입장의 지적 무가치성을 예증한다고 주장하는 400쪽이 넘는 책을 출판하기도 했다.[5] 지금까지 나는 이들 논쟁을 꽤 자세히 서술하였기에 여기서는 그 작업을 보충하지 않을 것이다. 왜냐하면 이 책은 개인적 회고록이라기보다는 사변적 실재론을 소개하기 위한 것이기 때문이다.[6] 어쨌든 이 책의 목표는 브라지에의 입장을 그랜트의 입장과 메이야수의 입장만큼 공정하게 요약하는 것이다. 브라지에 신봉자 중 일부가 그의 몇 가지 관념에 대한 나의 비판적인 서술을 좋아하지 않을 것이라는 점은 불가피하지만, 이것은 단지 지적 생활의 정상적인 직업상의 위험일 따름이다.

◇

2007년 4월 27일에 런던대학교 골드스미스 칼리지에서 한 흥미로운 철학 워크숍이 개최되었다. '사변적 실재론'이라는 제목으로 개최된 그 행사에는 철학의 대륙적(즉, 프랑스–독일적) 전통에서 작업하는 네 명의 저자가 모였는데, 그들은 각자 성의 알파벳 순서대로 한 시간가량 강연했다.[7] 런던 소재 미들섹스 대학교의 레이 브라지에가 처음 연단에 올랐고, 그다음에 브리

---

5. Peter Wolfendale, *Object-Oriented Philosophy*.

6. Graham Harman, "The Current State of Speculative Realism," 22~8과 Graham Harman, *Quentin Meillassoux*, 77~80을 보라.

7. Ray Brassier, Iain Hamilton Grant, Graham Harman, and Quentin Meillassoux, "Speculative Realism."

스틀 소재 웨스트잉글랜드대학교(이하 UWE)의 이에인 해밀턴 그랜트가 연단에 올랐다. 그다음에 점심 휴식 시간을 가진 후에 내가 연단에 올랐다. 그때 나는 불행하게도 심각한 목 감염 질환으로 끔찍한 고통을 겪고 있었다. 그날의 네 번째이자 마지막 연사는 파리 소재 고등사범학교의 쾅탱 메이야수였으며, 그는 그 워크숍에 참석한 유일한 비영어권 인물이었다. 사변적 실재론이라는 명칭은 그 행사가 열리기 직전에 어떤 필연적인 타협책으로서 브라지에가 고안하였다. 나는 2005년에 브라지에를 처음 만난 이후로 그와 꽤 잘 알고 지냈다. 우리가 처음 만날 당시에 브라지에는 나를 미들섹스대학교로 초청하여 불명료한 개념으로 악명 높은, 땅과 하늘, 신들, 필멸자들이라는 하이데거의 사방四方 개념을 주제로 강연을 해줄 것을 요청하였다.[8] 그다음 해에 내가 여행자로서 런던에 잠깐 들렀을 때 브라지에는 매우 친절하게도 자신의 아내와 함께 거주하는 노스런던 지역의 아파트에서 하룻밤을 묵지 않겠냐고 나를 초대하였다. 브라지에가 나와 그랜트를 포함하는 공동 행사에 관한 생각을 처음 떠올린 것은 바로 그때였는데, 그는 우리가 지적으로 잘 어울리는 조합임을 깨달았다고 말했다. 그런데 그 당시에 나는 그랜트의 작업에 대해서 잘 알지 못했다. 몇 달이 지난 뒤 짧은 파리 여행을 마치고 돌아온 브라지에는 자신이 서가에서 우연히 발

---

8. Graham Harman, "Dwelling with the Fourfold."

견했지만 아직 읽지는 않은 책 한 권을 추천했다. 그것은 나중에 브라지에가 자신이 영어로 번역한 메이야수의 『유한성 이후』라는 책이었다.[9] 나는 브라지에와는 달리 그 책을 즉시 읽을 수 있을 만큼 여가시간이 충분했고, 브라지에는 나의 긍정적인 평가에 의거하여 메이야수의 이름 역시 공동 행사를 위한 명부에 올렸다. 열정적인 조직자인 나는 아이슬란드로 가는 도중에 그랜트와 메이야수 모두에게 재빨리 이메일을 보냈는데, 당시에 나는 그 두 사람을 개인적으로 알지 못했다. 며칠이 지나지 않아서 나는 그 두 사람으로부터 우호적인 답신을 받았다. 브라지에의 오랜 친구인 토스카노는 그다음 해에 골드스미스에서 개최될 우리를 위한 행사를 조직하는 작업에 신속하게 착수했다. 어느 시점에 나는 브라지에로부터 그가 토스카노 역시 그 집단에 합류하도록 요청했었음을 전해 들었다. 하지만 토스카노는 내가 알지 못하는 이유로 거절했다. 행사명이 필요했던 우리는 맨 먼저 메이야수가 자신의 철학을 지칭하는 사변적 유물론이라는 용어를 고려했다. 그런데 브라지에는 나의 열렬한 반反유물론적 입장을 참작하여 그 대신에 사변적 실재론이라는 용어를 제안하였으며, 그리고 말할 필요도 없이 그 용어가 결국 채택되었다.

사변적 실재론 같은 것은 정말로 존재하는가? 그리고 존재

---

9. Quentin Meillassoux, *After Finitude*. [퀑탱 메이야수, 『유한성 이후』.]

한다면 그것은 새로운 것인가? 지금까지 다양한 비판자는 이들 질문 중 하나 혹은 둘 모두에 '아니요'라고 대답하려고 했다. 그런데 내가 보기에는 그 대답이 둘 다 '예'임은 명백하다. 먼저 실재론을 살펴보자. 실재론이라는 낱말은 사람마다 다른 것을 뜻할 수 있더라도 철학에서 그것의 일반적 의미는 비교적 분명하다. 실재론자는 인간의 마음과 독립적인 세계의 현존을 신봉한다. 실재론을 거부하는 한 가지 쉬운 방법은 관념론이라는 정반대의 입장을 취하는 것으로, 관념론자에게 실재는 마음과 독립적이지 않다(그런데 우리는 그랜트가 관념론에 대한 이런 규정을 거부함을 알게 될 것이다). 관념론에 대한 가장 노골적인 사례는 철학자 조지 버클리1685-1783의 저작에서 찾아볼 수 있는데, 그에게 '존재하는 것'은 '지각되는 것'임을 뜻할 따름이다. 오늘날 버클리를 그야말로 추종하는 사람은 거의 없지만, 현대에 더 대중적인 노선의 관념론은 J. G. 피히테1762-1814, F. W. J. 폰 셸링1775-1854, 그리고 영향력이 엄청난 G. W. F. 헤겔1770-1831의 이른바 독일 관념론에서 찾아볼 수 있다. 우리 시대에는 다작의 슬로베니아인 사상가 슬라보예 지젝1949~ 이 철학적 관념론자의 훌륭한 실례다. 그런데 지젝은 이런 칭호에 대하여 자주 불편한 기색을 나타내었다. 독립적인 세계의 현존을 긍정하는 실재론자들과 그 현존을 부정하는 관념론자들 이외에 실재론과 관념론 '너머'의 정교한 중도적 입장을 견지한다고 주장하는 사람들도 있다. 어쩌면 철학의 대륙적 전통에서 이런 입장에 대한 가장 명백한 실례들은 현상학자 에드문트 후설1859-1938과 그의 반항적인 탁월한 제자 마르틴 하이데거1889-1976일 것이다. 후설뿐만 아니라 하이데거의 경우에도 외부 세계에 관한 물음은 한낱 '사이비 문제'에 불과하다. 그들이 보기에 우리는 언제나 이미 우리 자신의 외부에 있는 객체에 정향되어 있거나(후설) 혹은 우리는 언제나 전前이론적인 실천적 활동을 통해서 세계에 관여하고 있다(하이데거). 그 두 가지 입장에서 바라보면 사유와 세계는 서로 별개로 고려될 가능성이 전혀 없다. 그 이유는 그것들이 언제나 오직 상관관계를 맺은 상태로만 현존하는 한 쌍으로 여겨지기 때문이다. 분석철학은 지금까지 언제나 실재론과 (그보다 덜한 정도로) 관념론을 통용되는 두 가지 선택지로 여긴 반면에 대륙 사상은 실재론 대 관념론 문제가 철학적으로 진지한 주의를 기울일 가치가 없는 어설픈 허위 대립이라는 후설과 하이데거의 견해를 거의 한결같이 채택했다. 『도구–존재』(2002)라는 나의 첫 번째 저서에서는 이 신조가 '접근의 철학'으로 일컬어졌다. 그 이유는 그것이 인간의 세계에의 접근에만 관심을 가질 뿐이고 세계 그 자체에는 결코 관심을 두지 않기 때문이다.[10] 그 후 얼마 지나지 않아서 메이야수는 이 신조에 대하여 '상관주의'라는 용어를 고안했으며, 그리고 그것의 역사를 임마누엘 칸트1724-1804의 철학과 심지어 더 일찍이 데이비드 흄

---

10. Graham Harman, *Tool-Being*.

1711-1776의 철학까지 더듬어 올라갔다.[11] 메이야수의 용어가 더 간결할뿐더러 더 강한 어원적 기초도 갖추고 있기에 나는 그 용어를 나의 용어보다 선호하고, 그리하여 지금까지 나는 '상관주의'를 나의 철학적 어휘로도 차용했다.

내가 보기에는 잘못되게도 지금까지 몇몇 비판자가 상관주의는 존재하지 않는다고 주장했지만, 최초의 사변적 실재론자들은 상관주의를 거부한다는 점으로 하나가 되었다고 해도 틀림없다. 대체로 이런 의견 불일치의 결과로, 사변적 실재론은 미합중국에서 〈현상학과 실존철학 협회〉(이하 SPEP) ─ 나는 1993년 대학원생 시절 이후로 SPEP의 연례 총회에 참석한 적이 없다 ─ 로 대표되는 대륙철학 체제의 소수자 경향에 여전히 머무르고 있다. 영국에서는 〈유럽철학 협회〉(이하 SEP)라고 일컬어지는 유사한 집단이 있는데, SEP에 대한 나의 인상은 이 집단이 미합중국의 SPEP보다는 SR에 더 개방적이라는 것이었다. 심지어 나는 SEP로부터 2011년에 요크에서 개최된 학술회의의 기조연설을 요청받기도 했다.

상관주의의 현존은 부정하지 않으면서 단지 그것에 대한 반대가 하나의 통일된 철학적 운동을 위한 충분한 근거라는 점을 논박할 따름인 비판자들도 있는데, 특히 브라지에 진영에서의 사정이 그러하다. 나에게는 이런 태도가 정당하지 않다는 인상

---

11. Meillassoux, *After Finitude*. [메이야수, 『유한성 이후』.]

을 주지만, 애초에 사변적 실재론의 네 가지 철학적 기획이 매우 다른 종류의 것들이어서 2년 이상 함께 유지될 수 없었다는 것은 역사적 사실이다. 심지어 지젝은 그 집단의 붕괴 사태는 불가피했다고 주장했다. "우리는 사변적 실재론의 한계, 즉 그것이 즉시 네 가지 사조 … 메이야수의 '사변적 유물론', 하먼의 '객체지향 철학', 그랜트의 신생기론 그리고 브라지에의 근본적 허무주의로 분할된 사실에서 드러난 한계를 식별할 수 있다."[12] 그런데 그 분할이 SR에 대한 한계를 나타내는지는 절대 분명하지 않다. 일반적으로 말하자면 어떤 장르의 사상 혹은 예술이 더 강력할수록 그것은 더욱더 많은 변양태를 생성할 것이다. 현상학과 정신분석 같은 20세기의 중요한 경향들이 여전히 영향력이 있는 대체적인 이유는 그것들이 여전히 해당 창시자들, 즉 후설과 지그문트 프로이트의 권위에 의한 지배를 견고하게 받는 것이 아니라 오히려 그것들이 다양한 방식으로 실천되었기 때문이다. 10년 동안 숙고한 이후에도 여전히 나로 하여금 사변적 실재론에 흥미를 갖게 하는 바는 바로 그 네 가지 철학적 기획이 공유하는 것이 전혀 없는 것―그 집단 전체가 공유하는 단일한 철학적 영웅은 전혀 없다―처럼 보이는데도 그것들이 비롯된 대륙철학의 상관주의적 배경과 비교하면 상당히 명백한 통일성을 갖추고 있다는 사실이다. 그 네 가지 철학은 모두 **실재론**

---

12. Slavoj Žižek, *Less Than Nothing*, 640. [슬라보예 지젝, 『라캉 카페』.]

인데, 각각의 경우에 실재론이라는 이 낱말이 사뭇 다른 것을 뜻하더라도 말이다. 게다가 과거의 상식적 실재론들과는 달리 그 네 가지는 모두 직관에 반하거나 혹은 심지어 아주 기묘한 것처럼 보이는 결론에 이른다는 의미에서 사변적이다.

나는 균형을 맞추려는 노력의 일환으로 2007년에 골드스미스 워크숍에서 연단에 오른 강연자들의 알파벳 순서를 따를 것이다. 더욱이 나는 나의 사조 이외의 세 가지 SR 사조에 대해서는 각각 거의 같은 쪽수를 할당하려고 노력할 것이다. OOO를 소개하는 글은 더 짧게 서술될 것이다. 이에 대한 한 가지 이유는 내가 어딘가 다른 곳에서 이미 제시한 관념들을 너무 많이 되풀이하고 싶지 않기 때문이다. 객관적이고자 하는 나의 목표에도 불구하고 내가 논의될 여타의 세 가지 철학보다 나의 철학을 선호하는 것은 명백하기에 나는 공평무사한 '신의 목소리'로 말하는 척하기보다는 오히려 여타의 철학을 얼마간 비판할 것이다. 이 책의 독자는 다양한 사변적 실재론 입장에 대한 나의 솔직한 평가를 기대할 자격이 당연히 있다.

1장에서 나는 『풀려난 허무』(2008)라는 책을 살펴볼 뿐만 아니라 아직 공표되지 않은 그의 새로운 입장을 암시하는 더 최근의 몇몇 논문도 살펴봄으로써 레이 브라지에를 탐구할 것이다.[13] SR의 여명기에는 브라지에와 그의 진영이 추구한 사고

---

13. * Ray Brassier, *Nihil Unbound*.

양식을 가리키는 특정한 명칭이 존재하지 않았지만, 최근 들어서 그들이 선택한 용어는 '프로메테우스주의'인 것처럼 보인다.[14] 한편으로 '가속주의'는 브라지에를 신봉하는 닉 서르닉과 알렉스 윌리엄스의 엄밀히 정치적인 사유를 가리키는 데 더 흔히 사용된다.[15]

2장에서는 이에인 해밀턴 그랜트가 탐구되는데, 질 들뢰즈 1925-1995의 철학에 크게 빚지고 있음을 보여주는 『셸링 이후의 자연철학』(2006)이라는 그의 난해하지만 혁신적인 저서로 시작한다.[16] 그랜트가 재능 있는 후배인 제레미 던햄 및 션 왓슨과 함께 저술한 『관념론』(2011)이라는 두 번째 저서와 더불어 외관상 놀라운 전회가 일어났다.[17] 그런데 우리는, 그랜트가 '관념론'으로 뜻하는 바는 특권을 지닌 인간 주체의 일반적인 관념론으로서 실재론에 대립하는 것이라기보다는 오히려 단지 자연 자체의 생산력에서 관념들이 수행하는 역할을 가리킬 뿐이라는 점을 알게 될 것이다. 향후 알게 되듯이 이것은 내가 관념론에 대한 그랜트의 규정을 수용함을 뜻하지는 않는다.

3장에서는 객체지향 존재론이라는 주제가 고찰되는데, 그

---

14. * Ray Brassier, "Prometheanism and its Critics."
15. Alex Williams and Nick Srnicek, "#ACCELERATE MANIFESTO for an Accelerationist Politics."
16. * Iain Hamilton Grant, *Philosophies of Nature After Schelling*.
17. * Jeremy Dunham, Iain Hamilton Grant, and Sean Watson, *Idealism*.

것은 하이데거와 브뤼노 라투르1947-[2022]에게서 공동으로 영향을 받아서 비롯된 것으로 가장 쉽게 서술된다. OOO는 지금까지 세계 전역에서 가장 넓은 학제적 영향을 미친 사변적 실재론의 갈래임이 틀림없으며, 그리고 이것은 객체지향 사조의 약점이라기보다는 오히려 명백한 강점인 것처럼 보인다.

4장에서는 메이야수의 사변적 유물론이 소개되며, 메이야수는 지금까지는 다작의 사상가가 아니지만 명석하고 강력한 사상가다. 『유한성 이후』라는 메이야수의 획기적인 첫 번째 저서에 제시된 기본 관념들을 다루는 것은 중요한 일이다. 그 책은 사변적 실재론에서 생겨난 가장 유명한 개별적 저작임이 틀림없기에 가장 많이 인용되었고 널리 번역되었다. 또한 『신의 비현존』이라는 메이야수의 기묘하고 중요한 박사학위 논문에서 발췌한 단편도 논의될 것이다.

이들 장에 이어서 네 명의 사변적 실재론 사상가가 그들 사이에서 하위집단으로 분할될 수 있을 방식에 대한 간략한 결론이 제시될 것이다. 예고편으로 나는 메이야수와 OOO가 대립적이고 브라지에와 그랜트 역시 대립적이라고 주장할 것이다. 여타 조합은 모두 사변적 실재론의 가장 근본적인 두 가지 쟁점 중 하나에 대한 의견 일치를 수반한다. 덧붙여 각 절의 끝에는 학생들과 여타 독자에게 유용한 연습문제가 제시될 것이다.

1장 프로메테우스주의

레이 브라지에[1965-] 는 프랑스인과 스코틀랜드인 사이에서 태어났다. 브라지에는 그랜트와 마찬가지로 워릭대학교에서 박사학위를 취득했다. 골드스미스 워크숍이 개최된 시기에 브라지에는 런던 소재 미들섹스대학교에 재직하고 있었다. 그 대학은 바로 2005년 4월에 내가 브라지에를 처음 만난 곳이다. 2008년 이후로 브라지에는 베이루트 소재 아메리칸대학교의 아름다운 해변 캠퍼스에서 근무하고 있다. 브라지에에게는 유달리 충성스러운 신봉자 집단이 있는데, 급진적인 공포소설과 근본적인 과학적 계몽주의의 장비로 냉정하게 탐지될 수 있는 차갑고 무자비한 우주에 대한 브라지에의 예지력에 사로잡힌 젊은 남성들로 주로 이루어져 있다. 급진적인 공포소설에 대한 주요한 실례는 미국의 공포소설 대가인 토머스 리고티[1953-] 로, 브라지에는 그의 소설책 중 한 권에 대해서 서문을 쓴 적도 있다.[1]

여기서 나는 여타의 세 장과 마찬가지로 브라지에가 2007년 4월에 개최된 골드스미스 워크숍에서 행한 강연을 간단히 살펴봄으로써 첫 번째 절을 시작할 것이다. 그다음에 두 번째 절에서는 『풀려난 허무』라는 브라지에의 난해하지만 꽤 재미있는 책을 고찰할 것이다. 브라지에의 두 번째 저서는 아직 출간되지 않았기에 세 번째 절에서는 그가 최근에 발표한 주요 논문 중 두 가지를 살펴봄으로써 그의 미래 행로를 식별하려고 시도할

---

1. Thomas Ligotti, *The Conspiracy Against the Human Race*.

것이다.

1. 골드스미스에서의 브라지에

골드스미스 워크숍은 브라지에의 강연으로 시작되었다. 그 강연문은 녹취록의 308쪽에서 321쪽에 걸쳐 실려 있고, 그다음에 열두 쪽의 질의응답이 첨가되어 있다.[2] 브라지에는 나중에는 줄곧 그 워크숍에 참여한 네 명의 인물 사이의 어떤 중요한 관련성도 부인했지만 2007년 당시에는 자신이 참가했던 집단에 대하여 더 낙관적이었다. "우리가 공유하고 있는 것처럼 보이는 근본적인 것은 칸트에 의해 명확히 해결되었다고 여겨진 일단의 철학적 문제 ─ 적어도 대륙 전통에서 연구하고 있는 사람들은 확실히 그렇다고 생각하는 문제들 ─ 를 기꺼이 다시 심문하거나 드러나게 할 의지임이 명백합니다."[3] 대륙철학과 그것이 분석철학과 다른 점 ─ 나중에 브라지에는 이 차이점을 부정할 것이다 ─ 에 관해서 2007년의 브라지에는 여전히 두 가지 별개의 미덕 집합에 의거하여 바라보고 있었다.

[한편으로] 인지과학에 직접 관여하거나 혹은 자신의 프로젝트

---

2. * 골드스미스 워크숍의 녹취록에 대해서는 Brassier, Grant, Harman, and Meillassoux, "Speculative Realism"를 보라.

3. 같은 글, 308.

를 인지과학과 연속적이라고 간주하는 영미 심리철학에서 특유하게 수행되고 있는 가장 흥미로운 작업을 특징짓는, 정말로 경탄할 만한 정도의 경험과학에의 관여와 [다른 한편으로] 이른바 '대륙철학'을 특징짓는 사변적 대담성 사이에 어떤 종류의 소통이 필요합니다.[4]

브라지에는 자연과학 일반을 매우 중요시하며, 특히 그 자신이 근대적 사유-세계 이원론을 제거할 해법으로 여기는 인지과학에 매료되어 있었다. 골드스미스 강연에서 브라지에가 진술하는 대로 "저는 이십 세기에서 단 하나의 가장 중요한 철학적 전개는 인지과학의 출현, 즉 인지 과정이 경험과학에 의해 연구되는 객관적 현상의 영역으로 통합될 수 있다는 관념의 출현임이 거의 틀림없다고 생각합니다."[5] 골드스미스 행사 이전 시기에 브라지에는 알랭 바디우[1937-]의 철학에 큰 희망을 품고 있는 것처럼 보였으며, 그때까지 바디우의 여러 저작을 영어로 번역하기까지 했다. 나중에 브라지에는 바디우에 관하여 그다지 언급하지 않게 되었다. 그 당시에 나는, 『콜랩스』*Collapse*라는 저널의 제1권에 수록된, 브라지에와 로빈 맥케이가 알랭 바디우와 나눈 인터뷰에서 밝혀진 대로 브라지에가 바디우의 철학에 냉담해진

---

4. 같은 글, 320~1.
5. 같은 글, 320.

것은 바디우가 모든 '인지과학'을 경시하는 점에 브라지에가 실망을 느낀 일과 관련되어 있다고 느꼈다.[6]

이제 당면 주제를 살펴보자. 골드스미스에서 브라지에가 행한 강연은 우리의 작업 전체에 대한 몇 가지 유익한 이의도 포함하는, 여타의 세 가지 사변적 실재론 입장에 대한 호의적인 요약으로 이루어져 있다. 내가 보기에는 그랜트에 대한 브라지에의 간결한 개관이 철학적으로 특히 흥미롭다. 그 강연문의 서두에서 브라지에는 그랜트 사상의 중핵으로 직진한다. "자연은 자기조직적입니다. 그리고 자연의 관념적 구조가 사유의 구조를 생산합니다. 그런데 인지가 하나의 결과물, 생산물이라면 — 인지가 어느 모로 보나 여타의 자연 현상만큼이나 조건 지어진다면 — 모든 주어진 순간에, 모든 특정한 역사적 국면에서 사유가 실재의 궁극적 구조를 묘사하거나 파악할 수 있다고 가정할 이유가 도대체 있는지의 여부가 문제가 됩니다."[7] 여기서 그랜트에 대한 설명은 정확하다. 우리는 셸링에 관한 그의 저서 및 어딘가 다른 곳에서 그랜트가 사유를 실재 전체를 초월할 수 있는 하나의 특권적인 존재자로 여기기보다는 오히려 자연의 또 다른 생산물에 불과한 것으로 여김을 알게 될 것이다. 이렇게 해서 그랜트는 특히 메이야수와 어긋나게 된다. 요컨대 메이야

---

6. Alain Badiou, Robin Mackay, and Ray Brassier, "Philosophy, Sciences, Mathematics (Interview)."

7. Brassier, Grant, Harman, and Meillassoux, "Speculative Realism," 310.

수는 사물의 제1성질들에 대한 인간 주체의 수학적 파악을 매우 중요시한다. 적어도 이 점에 관한 한 브라지에는 그랜트 편에 선다. "물질적 실재의 구조가 사유의 구조를 생성합니다. 그런데 이것은 우리가 지성적 직관 ─ 말하자면 사유가 자신의 조직과 효력의 물질적·신경생물학적 조건을 단적으로 초월하여 그 자체로 있는 그대로의 실재의 본체적 구조를 파악할 수 있다는 관념 ─ 에의 모든 호소를 무시해야 함을 뜻합니다."[8] 메이야수에 대한 브라지에의 주요한 이의는 바로 메이야수가 실재에 대한 직접적인 접근권을 획득하는 한 가지 방법으로서 '지성적 직관'에 호소한다는 점에 있다. 그랜트와 관련하여 브라지에는, 사유가 자연의 생산물로 전환되면 우리가 인간 사유의 구조는 한낱 인간진화 역사의 결과물에 불과하다는 현재 인기 있는 이론에 쉽게 유혹당할 위험이 있음을 지적한다. "이것은 자연화된 인식론을 많이 부추길 주장이지만 제 생각에는 형이상학적으로 문제가 있는 주장입니다. 그 이유는 진화적 적응이 세계에 관한 철저히 정확한 믿음을 선호할 것이라고 가정할 이유가 전혀 없기 때문입니다."[9] 말하자면 "진화가 아무 오류 없이 인간 유기체들에게 실재의 특이한 면모들 혹은 실재의 심층 구조를 정확히 더듬을 수 있는 인지적 장치를 제공하리라고 가정할 이유가 전혀 없습

8. 같은 글, 310~1.
9. 같은 글, 311.

니다."[10] 브라지에가 특히 언급하는 대로 그랜트의 더 참신한 해결책은 인간의 사유가 자연 자체에 이미 현존하는 사유에서 비롯된다고 주장하는 것이다. "이에인의 책이 나타내는 힘은 그가 '초험적 자연주의'라고 일컫는 것을 제시하려는 시도에 있는데, 그것은 관념작용의 구조가 물리적 실재의 관념적 구조에서 비롯되는 것으로 설명될 수 있다는 주장입니다."[11] 그리하여 "관념작용은 단순한 경험적 실재 혹은 단순한 신체적 실재의 근저에 놓여 있는 관념적 역동성, 초험적 역동성을 추적할 수 있을 것입니다."[12] 게다가 "단순한 신체적 실재"를 언급할 때 브라지에는 "물리적 실재에 대한 아리스토텔레스의 편협한 모형"을 비난하는 그랜트의 행위를 승인하는 것처럼 보인다.[13] 한편으로 OOO의 경우에는 아리스토텔레스가 위대한 철학적 영웅 중 한 사람으로 평가된다.

그랜트에 대한 브라지에의 논의는 두 가지 더 중요한 이의가 제기됨으로써 마무리된다. 그 두 가지 이의는 모두 그랜트가 이른바 아리스토텔레스-칸트 공동의 '신체적' 모형 ─ 개별 신체들을 우주의 근본 소재로 여기는 모형 ─ 을 파기한 점과 관련이 있다. 그 대신에 그랜트가 제시하는 것은 힘이 근본적인 역동적 모형

---

10. 같은 곳.
11. 같은 곳.
12. 같은 곳.
13. 같은 글, 314.

으로, 개별적 존재자들은 단지 그 힘의 파생적 배치체일 따름이다. 브라지에의 서술에 따르면 "사변적 자연학에서 역동성의 지위는 무엇입니까? 역동성은 물리적 하부구조에 참으로 적합합니까? 혹은 그것은 어떤 통속심리학적 편견에 오염되어 있는 것이 아닐까요?"[14] 더욱이 갈릴레오에 의한 자연의 수학화가 그랜트가 경멸하는 아리스토텔레스주의적인 '신체적' 우주관을 대체하는 데 매우 중요하다는 사실을 감안하면 "관념의 역동적 구조와 그것의 정식화를 위해 알맞게 사용된 수학적 기입 사이의 관계는 무엇입니까?"[15] 질의응답 시간에 그랜트는 이 물음에 직접 응답하지 않고 오히려 세계에서 허구적 혹은 통속심리학적 존재자를 가능한 한 많이 제거하고 싶은 브라지에의 바람에 이의를 제기하는 데 초점을 맞춘다.

그랜트에 대하여 브라지에가 제기하는 마지막 이의는 OOO 자체가 제기하는 이의와 유사하다. 그것은 우주에 대한 그랜트의 당당한 역동적 모형이 특별히 비非역동적인 것처럼 보이는 세계의 측면들을 위한 여지를 남기는지와 관련되어 있다. 브라지에가 서술하는 대로 "이것은 과정 철학과 관련된 일반적인 문제입니다. 우리가 생산성에 특권을 부여한다면, 물질성을 조직하고 구성하는 이들 관념적인 생성적 역동성이 생산물에 대한 생

---

14. 같은 곳.
15. 같은 곳.

산의 우위에 의거하여 특징지어질 수 있다면, 제기되는 물음은 이렇습니다. 과정의 차단 현상은 어떤 식으로 설명됩니까? 생산의 연속체에서 나타나는 불연속성은 어떤 식으로 설명됩니까?"16 혹은 훨씬 더 유창한 표현으로 "이런 생성과 순수 과정의 속박되지 않은 흐름 내에서 안정성과 연속성과 일관성이 고조되는 사태를 설명하기 위해 우리는 언제나 어떤 종류의 개념적 대립물, 즉 감속·차단·약화 등의 어떤 원리를 도입하거나 상정해야 하는 것처럼 보입니다."17 우리는 그랜트가 자신의 셸링 저서에서 '지연'이라는 일반 용어 아래 그런 과정의 차단 현상을 설명하려고 시도한다는 것을 알게 될 테지만, 그가 그 작업을 얼마나 성공적으로 해내는지는 여전히 미해결의 문제로 남아 있다.

2007년의 브라지에는 OOO의 상반되는 접근법에 더 따뜻하게 반응한다. "불연속적이고 자율적인 객체들이 어쨌든 서로 관계를 맺을 수 있게 되는 방식을 보여주는 것이 중요한 문제임을 밝힘으로써 그레이엄은 그 물음을 뒤집습니다…"18 그런데 또한 브라지에는 나의 작업에 대한 두 가지 이의를 제기한다. 첫번째 이의는 OOO가 실재적 특성과 감각적 특성을 구분하는 것과 관련이 있다. 이런 상황에 관한 브라지에의 물음은 다음

16. 같은 글, 314~5.
17. 같은 글, 315.
18. 같은 글, 316.

과 같다. "임의의 객체에 대하여 감지할 수 있는 특성과 감지할 수 없는 특성을 구분하기 위한 규준은 무엇입니까? 어떤 종류의 인식론적 편견이나 정식화를 부여하지 않은 채로 그런 규준을 제공하는 것이 가능하겠습니까?"[19] 이 물음과 관련된 브라지에의 두 번째 물음은 온갖 종류의 실재적 사물과 상상적 사물에 현존을 허용하는 것의 함의와 관계가 있다. 브라지에는 그런 평평한 존재론의 부풀려진 결과에 대해 우려하는데, "여기서 호빗과 쿼크는 어떻게 구분됩니까? 이것은 매우 진지한 형이상학적 물음입니다!"[20] 브라지에는 계속해서 우리가 실재적인 것과 감각적인 것을 구분할 수 있는 방식에 관한 물음을 제기한다. "동정녀 마리아 혹은 야훼 혹은 플로지스톤 같은 상상적 객체들 혹은 허구적 존재자들이 실재적 효과를 더할 나위 없이 산출할 수 있는 것처럼 보인다는 점을 우리가 알고 있다는 사실을 참작하면…사람들이 이들 사물의 존재를 믿고 자신들의 그런 믿음에 의거하여 세상에서 이런저런 일을 하는 한에서 그것들은 충분히 실재적 효과를 생성할 수 있습니다."[21]

이들 이의의 뿌리는 철학의 목적에 대하여, 그리고 더 일반적으로 지적 생활에 대하여 브라지에와 OOO가 품고 있는 전적으로 상이한 구상들에서 찾아볼 수 있다. 우리가 감지할 수

---

19. 같은 곳.
20. 같은 글, 317.
21. 같은 곳.

있는 특성과 감지할 수 없는 특성을 구분할 수 있게 하는 '규준'을 브라지에가 요청할 때 그가 의미하는 듯 보이는 것은 우리가 사물에 대한 자신의 경험 속에서 대단히 많은 특성―이들 특성 중 일부는 진실인 것으로 일부는 허위인 것으로 밝혀진다―과 마주친다는 것이다. 그러므로 우리에게는 우리 자신이 예컨대 어떤 나무에 대한 우리의 정확한 과학적 지각을 우리의 부정확하거나 통속심리학적인 지각으로부터 걸러낼 수 있게 하는 어떤 종류의 지성적 도구가 필요하다. 그런데 이것은 OOO가 실재적인 것과 감각적인 것을 구분하는 사태와 아무 관계도 없다. OOO가 실재적인 것과 감각적인 것을 언급하는 것은 세계에 대한 정확한 이미지를 가짜 이미지와 구분하기 위함이 아니다. OOO의 구분은 인식론적 구분이 아니라 존재론적 구분이다. OOO의 경우에 무언가에 대한 모든 지각 혹은 관계는 당연히 감각적 성질들로 이루어져 있다. 한 사물의 실재적 성질에 대한 '정확한' 지각 같은 것은 존재하지 않는다. 왜냐하면 실재적 성질은 바로 그 본성상 우리가 접근할 수 있는 것으로 번역될 수 없기 때문이다. 그것은 다음과 같이 말하기의 문제가 아니다. "나는 말을 보고, 그것은 내 마음의 외부에 있는 실재적 말에 대응한다. 그런데 또한 나는 일각수를 보는데, 그것은 내 마음의 외부에 있는 어떤 것에도 대응하지 않기에 한낱 환각에 불과하다." 오히려 환각의 일각수에 대한 나의 지각뿐만 아니라 말에 대한 나의 지각도 온전히 감각적 성질들로 이루어져 있다. 후설이 생각하는 대로 실재적 성질은 감각보다 지성에 의해 획득될 수 있는 것이 아니다. 감각과 마찬가지로 지성도 실재적인 것에 직접 접근할 수 없다. 메이야수의 지성적 직관에 대한 브라지에의 신중한 태도를 참작하건대 그는 제일 먼저 그 점에 동의하리라 추정된다. 또한 우리는 객체들이 상호작용하려면 서로에 관해 무언가를 '알'고 있어야 한다는 브라지에의 주장도 수용할 수 없다. '지식'이 사물에 대한 어떤 종류의 직접적인 접근을 뜻한다면 특히 그렇다. 오히려 OOO는 소크라테스가 그 대상이 무엇이든 그것에 관한 지식을 획득할 수 없는 자신의 무능력을 선언하는 것과 같은 이유로 실재와의 간접적인 접촉을 언급한다. 브라지에의 두 번째 물음에 관해 말하자면 우리는 그가 어떻게 해서 그토록 확신을 갖고서 야훼와 동정녀 마리아를 플로지스톤과 같은 층위에 위치시킬 수 있는지 의아스럽게 여길 수 있다. 종교에 대한 합리주의적 경멸에 전적으로 부합되는 이것은 브라지에를 추종하는 집단들에서는 언제나 잘 수용될, 종교적 경험에 대한 일종의 멸시를 나타낸다. 하지만 그것은 아빌라의 성녀 테레사 혹은 부처 혹은 잘랄루딘 루미 같은 인물들의 이력을 올바로 평가할 수 없다. 이들 인물이 한낱 허구적 존재자에 불과한 것들—'그런데도' 그들의 삶에 실재적 영향을 미치는 것들—과 관련되는 일은 언제나 가능하다. 그런데 대부분의 종교적 삶에 내장된 취약한 확실성은 실정적인 존재론적 현상으로, 브라지에가 자신의 무신론적 확신에 의거하여 단적으로 무시할 수 있는 것이 아니다.

이제 메이야수에 관한 브라지에의 흥미로운 진술을 살펴봄으로써 마무리하겠다. 세계의 본질을 직접 파악할 수단으로서의 지성적 직관에 대한 브라지에의 우려를 먼저 다루자. 자신의 주요한 지적 헌신을 수학에 바치기보다는 오히려 자연과학에 바치는 브라지에의 경우에 지식은 실재와의 '유사성'이 부족하다는 이유로 언제나 오류가 있을 수 있는 상태에 놓여 있다. 골드스미스에서 메이야수는 우리가 세계를 이해하는 데 필요한 수학적인 것들의 역할을 경시하고자 하지만,『유한성 이후』에서는 우리에게 사물의 제1성질은 수학화될 수 있는 것이라고 명시적으로 말한다. 더욱이 브라지에가 특히 언급하는 대로 "〔퀑탱〕은 과학적 인지의 범위를 현상적 영역에 한정시킬 칸트주의적 기획에 맞서서 데카르트주의적 기획 — 이것에 따르면 수학적 관념화는 그 자체로 있는 그대로의 실재의 객관적 구조를 정확히 서술합니다 — 을 재건하기를 명시적으로 바랍니다."[22] 이렇게 해서 브라지에는 절대적인 것들을 파악할 수 있다고 알려진 수학의 능력을 사유가 자연의 과정들을 통해서 생겨난다는 사실과 어떻게 조화시켜야 할지 매우 어리둥절하게 된다. 그런데 이런 당혹감을 더 자세히 이해하려면 우리는 『풀려난 허무』라는 책에서 브라지에가 전개하는 논증을 살펴봐야 한다.

---

22. 같은 글, 319.

1절의 연습문제

1) 브라지에에게 인지과학의 철학적 중요성은 무엇인가?

2) 브라지에는 자신의 골드스미스 강연에서 '지성적 직관'이라는 개념에 반대하는 의견을 제시한다. 브라지에는 그런 직관이 존재한다는 주장에서 무엇이 철학적으로 위험하다고 여기는가?

3) 브라지에가 인간 사유의 구조는 인간 진화 역사의 최종 산물이라고 말하는 최근의 경향을 경계하는 이유는 무엇인가?

4) 브라지에가 자연에 관한 그랜트의 대단히 역동적인 구상에 대하여 경고하면서 제시하는 이유는 무엇인가?

5) 브라지에가 OOO에 실재적인 것과 감각적인 것을 구분할 '규준'을 요청하는 이유는 무엇인가? 이에 대응하여 OOO는 어떤 식으로 응답할 것인가?

2. 브라지에의 허무주의

브라지에는 허무주의가 2차 세계대전 이후 실존주의 시대의 철 지난 주제인 것처럼 여겨진다는 점을 잘 알고 있다. 그런데 또한 브라지에는, "실존은 무가치하다" 같은 주장들을 단적으로 비웃는 전문 철학자 업계의 외부에서는 그 주제가 여전히 철학 초심자 대중의 많은 관심을 사로잡는다고 올바르게 지적한다. 브라지에가 자신의 단도직입적인 서문에서 진술하는 대로 "〔실존은 무가치하다는〕 이런 명백히 진부한 단언은 그 주제에 관한 다량의 학술서와 논문이 출판되었음에도 철학자들이 여전히 조사해야 하는 감춰진 심층을 품고 있다."[23] 그 서문의 두 번째 쪽에서 브라지에는 역사가이자 『근본적 계몽주의』의 저자인 조너선 이스라엘1946- 을 수긍하듯 인용하며,[24] 나아가서 허무주의는 청년기의 방종이 아니라 오히려 계몽주의적 기획에의 전면적인 헌신의 고유한 결과라는 이스라엘의 견해를 지적한다. 브라지에의 공공연한 적들은 근대 합리주의를 완화하거나 그것의 방향을 재정립하고자 하는 현대 사상가들이다. 합리주의자는 허무주의자임이 틀림없다. 그 이유는 바로 합리주의자가 실재론자이기 때문이다. "허무주의는 … 마음과 독립적인 실재가 존재한다는 실재론적 확신에서 불가피하게 비롯되는 정리다. 그 실재는 인간들의 추정에도 불구하고 우리 실존에 무심할뿐더러 우리가 그것을 살기에 더 알맞게 만들기 위해서 그 위에 드리우곤 하는 '가치'와 '의미'도 개의치 않는다."[25] 하지만 브라지에가 마음과 독립적인 실재의 현존에서 끌어내는 결론은 가능한 단 하나의 것이 아니라는 점을 인식하자. 마음의 외부에 실재가 존재한다는 사실로부터 마음의 내부에 있는 실재는 과학에 의해 제거되는 것 이외에는 아무 역할도 없다는

---

23. Brassier, *Nihil Unbound*, x.

24. * Jonathan Israel, *Radical Enlightenment*.

25. 같은 책, xi.

결론이 당연히 도출될 필요는 없다. 때때로 삶의 무가치성에 관한 브라지에의 수사는 순전히 논리적인 논증의 경계를 벗어나서 감정적인 단언으로 전환된다. "철학은 인간의 자긍심의 감상적 고통에 비위를 맞추는 것 이상의 것이어야 한다."[26] 다음 장에서 알게 되듯이 이에인 해밀턴 그랜트의 철학은 실재론에서 전적으로 다른 결론을 끌어낸다. 요컨대 그랜트는 관념과 지각이 여타의 것과 마찬가지로 자연의 생산물이기에 제거되기보다는 오히려 철학에 의해 설명되어야 한다고 주장한다. 모든 것은 동등하게 실재적이라는 그랜트의 비교적 평평한 존재론과는 대조적으로 브라지에는 마음의 내부에 있는 모든 실재는 한낱 잠정적인 것에 불과하고 궁극적으로 멸시할 만한 것일 따름이라고 여기면서도 마음과 독립적인 모든 실재는 찬양하는 경향이 있다. 내가 보기에 브라지에 철학의 이런 측면은 매우 의심스럽다.

『풀려난 허무』는 일곱 개의 장으로 나뉘어 있는데, 각각의 장은 한 명 이상의 탁월한 사상가에 대한 응답으로 이루어져 있다. 그런데 우리의 목적을 위해서는 브라지에가 이들 장을 세 가지 특정한 부분으로 분류해 놓은 사실에 주목하는 행위가 유용할 것이다. 중요한 철학자들에 대한 브라지에의 대다수 해석은 매우 독창적이고 그 자체로 탐구할 가치가 있다. 하지만

---

26. 같은 곳.

여기서 우리는 선택적 태도를 취함으로써 각 장에서 브라지에 자신의 철학적 입장을 전개하는 측면들에만 집중해야 할 것이다. 2005년에 내가 브라지에를 처음 만났을 때 그와 나눈 토론에서 가장 신선했던 점은 과학과 분석철학에 대한 그의 개방성이었다. 대륙철학의 세계에서는 그 두 분야에 대한 개방성을 찾아보기가 극히 드물었다. 아무튼 오늘날에는 그런 개방성이 약간 더 자주 보이며, 이는 부분적으로 브라지에의 노력 덕분이다. 이런 균형 잡힌 행위는『풀려난 허무』에서는 여전히 볼 수 있지만, 더 최근에 와서는 브라지에가 대륙 사상 전체에 대하여 인내심을 잃어버린 것처럼 보인다.

「현시적 이미지의 파괴」라는 제목은 브라지에의 첫 번째 저서의 1부에 적절한 것이다. 왜냐하면 그 제목은 그 책의 처음 세 장의 내용을 정확히 묘사할 뿐만 아니라 브라지에의 철학적 프로젝트 전체도 적절히 소개하기 때문이다. 한 사상가의 주요한 신념은 흔히 그가 본능적으로 가장 혐오하는 대립적 입장들을 탐지함으로써 식별될 수 있다. 브라지에 자신의 저작뿐만 아니라 과거에 내가 그와 나눈 대화에도 의거하여 판단하면, 브라지에는 에드문트 후설의 현상학과 브뤼노 라투르의 행위자-네트워크 이론(둘 다 OOO에 중추적인 영향을 미쳤다)을 대단히 싫어한다고 해도 무방하다. 후설과 라투르는 흔히 함께 묶이지 않지만 그들 사이에는 적어도 한 가지 중요한 유사점이 존재한다. 그것은 한낱 외양적 존재자에 불과한 것들도 제거할 수 없다는 그들의 신념이다. 후설의 경우에 의식에 주어지는 객체는 그것이 나중에 망상의 것으로 판명되더라도 지향적 객체로서 진지하게 고려되어야 한다. 요컨대 하나의 객체임은 어떤 지향하는 마음에 현시된다는 것이다. 라투르의 규준 — 하나의 '행위자'(객체를 가리키는 라투르의 용어)임은 다른 행위자들에 영향을 미친다는 것을 뜻한다 — 은 후설의 규준과 다르더라도 브라지에주의적 입장에서 바라보면 마찬가지로 잘못된 규준이다. 후설과 라투르 모두에게 당신 할머니의 다락방에서 보이는 흐릿한 유령과 도널드 덕은 화학물질과 원자에 못지않게 철학의 합법적인 페르소나이기에 그것들이 아무리 비실재적인 것으로 판명되더라도 독자적으로 탐구되어야 한다. 브라지에가 허무주의자인 이유는 그런 주장과 마주치는 경우에 그의 최초 반응이 그런 비실재적 존재자들을 제거하려고 시도하면서 그것들은 인식된 우주로부터 철저히 추방되어야 한다고 요구하는 것이기 때문이다. 대부분의 철학적 태도와 마찬가지로 이런 태도는 나름의 좋은 면과 나쁜 면이 있다. 좋은 면은 브라지에의 사실에 대한 확고부동한 신념과 지난 네 세기에 걸쳐 인간의 지식에 더할 나위 없이 기여한 근대 물리과학의 명백한 결과에 대한 경의 — 대륙철학에서는 매우 보기 드문 것들 — 에서 찾아볼 수 있다. 성격상 과학 숭배를 탐닉하는 분석철학에서는 이런 측면이 별개로 브라지에를 그저 또 다른 보병으로 규정할 것이지만, 대륙 사상에서는 그것이 잠재적인 혁명을 불러일으키기에 충분하다. 브라지에 입장의 나쁜 면은 일찍이『풀려난 허무』에 대한 지성사가 녹스 페덴의 서평에서 지적되었는데, 페덴은 자신의 동료 합리주의자인 브라지에에게 대체로 호의적이다. 페덴이 이해하는 대로『풀려난 허무』의 악덕 중 하나는 "시기상조의 논박"을 향한 경향이다.[27] 브라지에를 읽는 모든 독자는 그가 대다수 철학자의 미덕과 악덕에 대해서 균형 잡힌 설명을 제시할 수 있는 완벽한 능력을 갖추고 있음을 알게 될 것이지만, 브라지에가 노골적으로 일축하게 만드는 것처럼 보이는 다른 사상가들 — 일반적으로 자연과학의 특권적인 인지적 지위를 부정하는 사상가들 — 도 존재한다. 때때로 이것은 포괄적으로 분과학문 전체에 적용된다. 예전에 나는 브라지에가 사회학 전체를 비과학이라고 비난하는 것을 들었으며, 그리고 브라지에의 저작에서 예술의 인지적 가치를 두드러지게 인정하는 사례를 찾는 어떤 일도 부질없다. 메이야수는 지금까지 때때로 수학을 물신화한다는 이유로 비난받은 한편 브라지에의 경우에는 자연과학이 언제나 최종 상소법원이다. 그런데 대륙철학은 오래전부터 이런 종류의 인물로부터 도발을 당할 필요가 있었다는 점이 언급되어야 한다. "과학은 생각하지 않는다"라는 하이데거의 악명 높은 주장은 단지 과학의 사변적 역할을 경시하려는 대륙철학의 가장 노골적인 시도 중 하나일 뿐이며, 그리고 브라지에는 그런

---

27. Knox Peden, "Ray Brassier, *Nihil Unbound: Enlightenment and Extinction.*"

태도를 메이야수보다 훨씬 더 강하게 비난한다.[28]

『풀려난 허무』는 읽기 쉬운 책이 아니라는 사실이 언급되어야 한다. 브라지에는 여타의 경우와 마찬가지로 이 저서에서도 독립적인 사변적 재능을 나타내고, 적어도 내게는 그 책의 가장 좋은 부분들은 그가 자기 목소리로 말하면서 자신의 한결같이 염세주의적인 세계관을 제시하는 부분들이다. 이런 세계관은 "우리는 이미 죽어 있다"라는 브라지에 특유의 언명으로 요약될 수 있다. 현상학과 행위자-네트워크 이론뿐만 아니라 존재하는 것에 대한 자유주의적인 구상을 품은 다른 철학들도 자연과학의 제거적 교훈을 좇지 못한다. 이보다 더 근본적으로 과학 자체는 지구의 궁극적인 소각, 항성들의 암울한 갈색 껍질로의 연소, 그리고 심지어 원자들 자체가 아무 흔적도 없이 사라지기 전에 펼쳐지는 아원자 입자들의 마지막 불꽃놀이 전시에 관한 가차 없는 교훈을 가르쳐준다. 그런데 이것이 브라지에에게 제기하는 이의는 적어도 두 가지가 있다. 첫째, 이른바 모든 것의 궁극적인 무의미성을 참작하면 우리가 카르페 디엠carpe diem의 쾌락주의적 정신에 몰두하거나 혹은 일몰과 꽃의 유쾌한 향유로 시간 보내기에 몰두하기보다는 오히려 과학과 (그가 명시적으로 옹호하는) 허무주의적 철학과 (그가 더 막연히 권

---

28. Martin Heidegger, *What is Called Thinking?*, 8. [마르틴 하이데거, 『사유란 무엇인가』.]

고하는) 정치적 혁명에 몰두해야 하는 이유를 브라지에는 보여주어야 할 것이다. 두 번째이자 관련된 문제는 브라지에의 철학적 야망의 핵심에 훨씬 더 가까운 곳을 타격한다. 브라지에는 실재 자체와 실재의 과학적 이미지 사이에 영구적인 균열이 존재한다는 그랜트와 OOO의 의견에 동의하는데도(그리고 그는 메이야수의 '지성적 직관'에 반대한다), (그랜트 및 OOO와는 달리) 특권을 갖춘 한 특정한 담론 ─ 자연과학의 담론 ─ 이 우리의 전면적인 신봉을 요구한다는 관념에 헌신한다. 브라지에는 이런 상황을 "대응 없는 적합"adequation without correspondence이라는 구절로 표현한다.[29] 이 구절은 『풀려난 허무』의 마지막 쪽에서 가장 두드러지게 나타나고, 궁극적으로 프랑스인 '비철학자' 프랑수아 라뤼엘[1937-]에 대한 브라지에의 비정통적인 해석에서 비롯된다. 전통적으로 철학적 실재론은 진리가 어떤 식으로든 실재를 '닮은' 것임을 일반적으로 뜻하는 진리 대응설을 동반했다. 이 관념은 제1성질에 대한 메이야수의 수학주의적인 견해에서는 유지되지만 (그랜트 및 OOO의 경우와 마찬가지로) 브라지에에게서는 대체로 거부당한다. 브라지에는 진리 근거로서의 대응을 극구 부정하면서도 우리가 여전히 '적합'에 관해 말할 수 있다고 주장한다. 이는 사실상 여타 종류의 인간 사유보다 자연과학이 실재에 대한 더 가깝고 더 적합한 연결 고리를

---

29. Brassier, *Nihil Unbound*, 238.

우리에게 제공함을 뜻한다. OOO가 인지의 바로 그 기둥이라고 여기는 미학은 『풀려난 허무』 전체에 걸쳐서 반복적으로 일축 당하는데, 외관상 명백한 이유는 미학이 실재계에 대한 과학의 특정한 적합 형식이 없어서 제거될 수 있는 현상들을 다루기 때문이다. 나에게는 브라지에의 해법이 실패하는 것처럼 보이지만, 그가 상당한 규모의 추종자를 끌어들였다는 사실은 부인할 수 없다. 하지만 브라지에의 작업이 미치는 학제적 범위는 경성과학 이외의 대다수 분과학문을 일축하는 그의 행태에 의해 축소되었다.

『풀려난 허무』의 1부는 길고 의미심장하며 복잡하다. 메이야수에 관한 3장은 사변적 실재론에 관심이 있는 사람이라면 누구나 읽어야 하며,[30] 그리고 그 장에서는 지성적 직관으로 합리주의와 유물론을 조화시키려는 메이야수의 능력에 대하여 특히 강한 이의가 제기된다. 프랑크푸르트학파 이론가들인 테오도어 아도르노[1903-1969]와 막스 호르크하이머[1895-1973]가 검토되는 2장에서는 브라지에의 저서를 마무리하는 데서 주요한 역할을 수행하는 죽음과 소멸이라는 주제들이 멋지게 예시된다. 그런데 우리는 1장에 초점을 맞출 것이다. 내가 보기에 그 장은 오늘날에 이르기까지 브라지에가 견지하는 철학적 입장의 핵을 포함하고 있다. 1장은 외관상 윌프리드 셀라스[1912-1989]

---

30. 같은 책, 49~94.

와 폴 처칠랜드[1942-]의 저작에서 나타나는 '현시적 이미지'에 관한 논의와 관련되어 있지만, 우리는 현시적 이미지에 관한 현상학적 관념과 우리가 존재 자체를 엿볼 수 있게 한다고 주장하는 하이데거의 비개념적 방식에 대한 장황한 공격을 읽음으로써 브라지에의 사상에 관해 더 많이 알게 된다.

셀라스는 『풀려난 허무』의 서두에 한 번 출연하지만 그런 카메오 역할에서 셀라스가 브라지에의 사상에서 장차 중요할 것이라는 점이 암시된다. 여기서 가장 중요한 점은 셀라스가 일상적 경험의 '현시적 이미지'와 우리의 일상적 견해를 교정하는 데 흔히 동원되는 '과학적 이미지'를 구분하는 것이다. 셀라스는 현시적 이미지에 관하여 적어도 두 가지 중요한 논점을 제기한다. 많은 철학자는 현시적 이미지를 명백하고 직접적인 것, 즉 모든 사람이 모든 이론적 작업에 앞서 영원히 간직하는 인간의 생득권으로 여긴다. 그런데 셀라스는 내가 보기에 전적으로 올바르게도 현시적 이미지가 언제나 이미 이론적 추론 및 인지적 성취와 철저히 얽혀 있다고 여긴다. 브라지에가 서술하는 대로 "현시적 이미지는 전前이론적 직접성의 영역이 아니다. 오히려 그것은 그 자체로 미묘한 이론적 구성물인데, 말하자면 이런 역량을 갖추고 있지 않은 생명체들과는 대조적으로 인간이 개념적 사유를 실행할 수 있는 존재자로서의 자신과 처음 마주치게 하는 원초적 틀을 질서정연하고 비판적으로 '개량하거나 개선한' 것이다."[31] 이로부터 현시적 이미지는 역사의 모든 순간에 입수할 수 있는 과학적 이미지의 조잡한 판본일 따름이라는 결론이 당연히 도출되고, 게다가 우리가 현재 품고 있는 상식적인 현시적 이미지는 현재와 미래의 인지적 성취 ─ 브라지에에게는 주로 자연과학의 발견 결과를 뜻하는 것 ─ 에 의거하여 근본적인 수정을 겪을 수 있게 된다는 결론도 당연히 도출된다. 더욱이 이런 점에서 현시적 이미지는 과학적 이미지보다 열등하더라도 "과학적 이미지보다 이론적으로는 우선하지 않지만 실제적으로는 우선하는 권리를 향유하는데, 그 이유는 그것이 합리적인 합목적성의 규범을 위한 원천을 제공하기 때문이다…."[32] 여기서 마지막 부분이 뜻하는 바는, 셀라스에게 현시적 이미지는 "규범적 행위주체성이 자리하고 있는 곳으로서의 인격체"라는 지위를 가리키는 규범적 지위를 갖추고 있다는 것이다.[33] 현시적 이미지는 그 자체로는 어떤 존재론적 지위도 없고 단지 어떤 '기능적' 지위만 있을 뿐이다. OOO는 이것을 '위로 환원하기' 전략이라고 일컬을 것이다. 그 이유는 현시적 이미지가 그 자체로는 아무것도 아닌 것으로 여겨지면서 단지 어떤 사회적-문화적-규범적 목적을 지니고 있는 것으로 여겨질 따름이기 때문이다. 그런데 셀라스를 신봉하는 제거주의자 처칠랜드와 거의 마찬가지로 브라지에는 현시적 이미지에 대한 '아래로 환원하

---

31. 같은 책, 3.
32. 같은 책, 6.
33. 같은 곳.

기' 태도를 동시에 나타낸다. 그 이유는 현시적 이미지가 하위인 격적인 신경계산학적 성분들에 의거한, 인간 경험에 대한 설명으로 대체될 수 있기 때문이다. 여기서 브라지에는, 현시적 이미지를 계속해서 독자적으로 다루는 "현대의 대다수 철학적 사유" – 그것이 대륙철학의 현상학이든 실존주의든 비판 이론이든 해석학이든 포스트구조주의든 간에 혹은 분석철학의 일반적인 언어 철학이든 간에 – 와 결별한다. 왜냐하면 브라지에는 현시적 이미지를 독자적으로 다루기를 결단코 원하지 않기 때문이다. 오히려 현시적 이미지는 중간에 있는 모든 것이 제거된 채로 양쪽 방향으로(아래로는 물리적 설명으로, 위로는 문화적/규범적 설명으로) 환원되어야 한다. OOO의 용어법으로 표현하면 브라지에는 바로 일상적 경험의 '이중 환원하기'를 제시한다. 여기서 이중 환원하기는 현상을 아래로 환원하는 동시에 위로 환원하는 행위, 즉 현상을 두 방향으로 동시에 환원하여 소멸시키는 행위를 가리킨다(OOO에 관해서는 이 책의 3장을 보라).

계속해서 브라지에는 현시적 이미지의 도당partisans이 흔히 과학이 행하는 것에 대한 어떤 '도구적' 해석 혹은 '실용적' 해석을 제시함으로써 과학을 자신들이 선호하는 일상적인 인간 경험의 영역으로 환원하려고 시도한다고 또다시 올바르게 지적한다. OOO의 용어법으로 표현하면 그런 저자들은 과학을 오로지 인간의 실천으로 여김으로써 위로 환원한다. 이것은 마찬가지로 부적합한 두 가지 접근법 사이의 교착 상태에 불과한 것을 만들어낼 따름인 듯 보일 것이지만, 브라지에는 과학적 태도가 현시적 태도보다 바람직함이 분명하다고 알아낸다. 왜 그러한가? 그 이유는 현시적 이미지의 도당이 "〔과학에 관한 도구주의적이고 실용주의적인 이론들에서〕 과학적 이미지의 구조가 현시적 이미지의 효과로 환원될 수 있게 할 개념적 규준을 서술하기를 눈에 띄게 회피하"기 때문이다.[34] 과학은 그런 "개념적 규준"을 다양하게 제시하는 것처럼 보이기에 과학적 태도가 우월한 접근법이다. 이렇게 해서 브라지에는 셀라스보다 더 기꺼이 과학적 수단으로 현시적 이미지를 제거하려는 처칠랜드의 의지를 처음에는 우호적으로 평가하게 되지만 나중에는 계속해서 처칠랜드를 혹독하게 비판한다. 여기서 그 비판의 세부 내용은 우리의 관심사일 필요가 없지만, 브라지에가 그것으로부터 끌어내는 결론은 흥미롭다. 그의 첫 번째 결론은, "철학을 '우리의 최고 과학들의 발견 결과'와 부합되게 만들기에 관한 〔자연주의의〕 막연한 이야기는 여전히 매우 훌륭한 것이다…"라는 사실에도 불구하고 자연주의 ─ 모든 것을 자연적 설명 혹은 과학적 설명에 정초하고자 하는 그런 종류의 철학 ─ 가 형이상학적으로는 충분히 정합적이지 않다는 것이다.[35] 브라지에는 처칠랜드의 야망보다 자신의 야망을 언급하면서 "목표는 확실히 과학만큼 가

---

34. 같은 곳.
35. 같은 책, 25.

치가 있는 형이상학을 고안하는 것이다"라고 주장하며, 그리고 이 점에서 적은 실용주의일 뿐만 아니라 또한 "경험주의가 경험을 우러러보는 것…〔게다가〕자연주의가 자연을 실체화하는 것"이다.[36] 브라지에가 생각하기에 그 대안은 "존재의 객관적 공백을 더 잘 드러내도록 과학이 경험에서 자연을 공제하는…과학의 공제적subtractive 작업 방식"에 초점을 맞추는 것이다.[37] 여기서 브라지에는 주류의 과학철학에서 멀리 벗어난다. 브라지에는 공제라는 바디우의 개념에 의지함으로써 외양의 배후에 자리하고 있는 것으로서의 감춰진 존재자를 구상하기보다는 오히려 무無를 구상한다. 이것은 『풀려난 허무』의 마지막 쪽들에서 제시된 심원한 우주적 염세주의와 잘 어울리는 모형이다. 브라지에가 생각하기에 철학의 임무는 "현시적 이미지를 강화하거나 과학의 형이상학적 공제의 부식성 효능을 억제하는 데 사용되는 모든 유사-초험적 받침대를 걷어참으로써 현시적 이미지를 파괴하는 과학의 작업을 촉진하는 데 있다."[38] 이런 까닭에 브라지에는 처칠랜드 — 그의 적들에 의해 흔히 인간의 삶을 살아갈 가치가 있게 만드는 모든 것에 대한 냉혹한 과학주의적 청산인으로 묘사된다 — 를 인간 종의 진화와 생존을 가능하게 하는 지식의 단순히 기능적인 측면들에 대한 휴머니즘적 배신자로

---

36. 같은 곳.
37. 같은 곳.
38. 같은 책, 26.

서술한다.

그런데도 브라지에는 "우리의 현상학적 자아-구상과 그 구상을 생산하는 물질적 과정 사이에 거부할 수 없는 쐐기를 박아 버렸다"는 이유로 처칠랜드와 대니얼 데닛[1942-]을 높이 평가한다.[39] 그러므로 물질적 세계와 현상적 세계 사이에 유사한 "거부할 수 없는 쐐기"를 박으면서도 정반대의 결론에 이르게 되는 후설에게 브라지에가 분노를 터뜨리는 것은 전혀 놀랄 만한 일이 아니기 마련이다. 왜냐하면 처칠랜드와 데닛, 브라지에는 모두 현시적 이미지의 가식을 해체하기를 바라는 반면에 후설은 현시적 이미지를 모든 존재의 고향이자 더 유력한 이유로 모든 지식의 고향으로 간주하기 때문이다. 브라지에는 현상학의 '원리 중의 원리'에 관한 후설의 유명한 구절을 인용한다. 그 구절은 실재가 경험 속에서 직접 직관될 수 있다고 서술하며, 그리고 모든 지식이 우리의 세계와의 직접적인 마주침에 근거를 두고 있다는 점을 참작하면 그런 직관이 인지적 문제에서 궁극적인 권위를 가진다고 서술한다. 더 간단히 진술하면 브라지에는 후설을 철학적 관념론자로 여기는데, 이는 내가 공교롭게도 현상학자들에게 맞서는 브라지에와 의견이 일치하는 평가다. 브라지에가 파악하지 못하는 것은 관념론 이상의 것이 후설에게서 진행되고 있다는 점이다. 지금까지 OOO가 종종 주장한

---

39. 같은 곳.

대로 후설의 진정한 미덕은 그의 명백히 한탄할 만한 관념론적 존재론에 있는 것이 아니라 오히려 그가 관념적 영역 혹은 현상적 영역의 내부에서 객체와 그 성질들 사이에 불화가 있음을 발견한 점에 있다. 우리가 후설의 고전적 실례 중 하나인 어떤 우편함과 마주친다고 하자. 후설이 그것을 독자적인 현상으로 검토하기 위해 그 우편함이 외부 세계에 현존하는가라는 물음을 '괄호에 넣'거나 '중지하는' 것은 사실이다. 후설의 관념론은 그가 우편함-자체의 모든 가능성을 부정한다는 사실에서 비롯되는데, 오히려 그는 우편함의 현존이 사실상 혹은 원리상 오로지 어떤 마음에 의한 주목의 대상이라는 것에 놓여 있다고 생각한다. 이 점에서 후설은, 그의 신봉자들이 세계에서 객체와 마주치는 경우에 우리는 "언제나 이미 우리 자신의 외부에" 있기에 그가 일종의 '실재론자'라고 아무리 떠들썩하게 주장하더라도 알리바이를 지닌 버클리일 따름이다. 요점은 후설의 세계에서는 이들 객체가 결코 서로 마주치지 않는다는 것이다. 요컨대 객체임은 어떤 심적 행위의 상관물이라는 것이다.

나의 현상학적 배경과 그 운동이 기여한 것들에 대한 나의 지속적인 열정에도 불구하고, 여기서 나는 후설이 우리를 인간 사유의 원 안에 가두어 버렸다는 브라지에와 메이야수의 의견에 동의한다. 그런데 후설에게는 그 이상의 것이 있다. 그런데 이런 사실은 일반적으로 간과된다. 버클리에게도 없고 경험주의자들에게도 없으며 오로지 후설에게만 있다고 우리가 깨닫게 되는 점은, 경험에서 먼저 나타나는 것은 인간 마음에 의해 객체에 임의로 형성되는 감각 자료가 아니라 오히려 한 객체라는 관념이다. 이것은 철학의 역사에서 하나의 중대한 진전이다. 브라지에는 현시적 이미지를 자세히 검토하지 않은 채로 외부의 어둠 속으로 서둘러 몰아내는 바람에 그 사실을 간과하게 된다. 후설이 인식하는 것 — 현상학 전체의 지속적인 통찰로서 존재하는 것 — 은 내가 한 객체를 하나의 단위체로서 맞닥뜨린다는 점과 그 객체가 매 순간에 그것의 외부 모습 혹은 '음영'Abschattungen이 급격히 바뀔 때도 내게는 여전히 동일한 객체라는 점이다. 그러므로 객체와 그 성질들 사이에는 한 가지 중요한 긴장이 존재하는데, 그것들은 오직 어떤 관찰자의 상관물로서만 현존하기에 OOO는 감각적 객체(SO)와 감각적 성질(SQ)들이라고 각각 일컬을 것이다. 그런데 후설의 철학에는 다른 한 종류의 성질이 존재하기에 이렇게 완결되지 않는다. 그 이유는 경험되는 객체의 모든 성질이 일시적인 우연한 사건들의 현기증 나는 감각적 만화경에 속하는 것은 아니기 때문이다. 오히려 객체의 일부 성질은 본질적이다. 왜냐하면 예를 들어 우리가 사실상 사과가 아니라 배를 보고 있다고 결정하는 경우처럼 우리가 어떤 사과-면모들이 결국 현시되지 않고 있다고 결정하면 그 사과를 더는 사과로 여기지 않을 것이기 때문이다. 후설이 '본질에 대한 직관' — 가장 불공평하게 조롱받는 후설의 개념 — 을 언급할 때 그가 뜻하는 바는 적절한 이론적 작업을 행함으로써 우리가 그 사과를 바로 그런 사과로 만드는 성질들을 이해하게 될 수 있다는 것일 따름이다. 이것은 그 사과의 우유적인 면모들을 심적으로 벗겨 내고 그것의 본질적인 면모들을 대면하는 것을 포함한다. 이런 작업은 감각에 의해서는 결코 이루어질 수 없고 지성에 의해서만 이루어질 수 있을 뿐이라고 후설은 주장한다(그렇지만 OOO는 지성조차도 그런 작업을 행할 수 없다고 생각한다). 그리하여 우리에게 주어지는 것은 그저 지각을 지각된 객체로 대체할 따름인 관념론 — 이것은 이미 대단할 것이지만 말이다 — 뿐만이 아니다. 이것 외에 자신의 감각적 성질들('음영')뿐만 아니라 실재적 성질들('본질')과도 긴장 관계에 놓여 있는 감각적 객체가 우리에게 주어진다. 후설의 관념적 객체는 실재적 성질들로 이루어져 있다는 기묘한 특성을 띤다. 그런데 이런 상황은 브라지에처럼 현시적 이미지의 유일한 임무가 과학에 의해 절멸되어야 하는 것이라고 생각한다면 전혀 이해될 수 없다.

브라지에 자신의 논증으로 되돌아가면 그는, 후설뿐만 아니라 분석철학자 존 설[1932-]도 외양을 다루면서 외양이 존재하는 전부이기에 그 자체로 이해되어야 한다고 생각한다는 이유로 그 두 철학자를 모두 비난한다. 브라지에는 이런 태도가 "내장된 순환성을 품고 있다"라고 불평한다.[40] "〔왜냐하면〕 외양의 자

---

40. 같은 책, 25.

명한 투명성에의 이런 호소는 모든 사람이 무언가가 자신에게
현시되는 것이 '어떠한 것인지' 이미 알고 있다고 주장함으로써
정당화의 필요성을 편리하게 배제하기 때문이다."[41] 이것은 전
혀 사실이 아니다. 후설은 언제나 현상의 다양한 윤곽으로 당
혹스러운 상태에 빠져 있던 채로 자신의 발견 결과를 검증하고
확인하기 위한 방대한 기술적 장치를 발달시키느라 자신의 경
력을 소진했다. 여기서 브라지에가 실제로 뜻하는 바는 그가 다
른 곳에서 이미 더 분명히 제기한 적이 있는 논점, 즉 후설은 우
리가 현상을 그 물질적 기반으로, 아래로 환원하지 말아야 한
다고 가정한다는 논점이다. 이것은 사실이지만, 다만 현시적 이
미지는 자연과학의 존재자들과 마찬가지로 설명되어야 하는
실재의 진정한 일부라기보다는 오히려 대체되어야 하는 조잡
한 과학적 이미지에 불과하다는 브라지에의 의견에 미리 동의
하는 경우에만 적절할 뿐이다. 이와 관련하여 브라지에가 독일
인 신경철학자 토마스 메칭거[1958-]의 도움을 구하는 것은 안심
이 되지 않는데, 나는 메칭거의 작업을 브라지에가 평가하는 것
보다 더 낮게 평가한다.[42] 브라지에가 서술하는 대로 "토마스 메
칭거는 현상학적 시각에서 믿음직하게 개체화될 수 없는 것은
바로 가장 단순한 대다수 원시적 형태의 현상적 내용이라고 지

---

41. 같은 곳.

42. Thomas Metzinger, *Being No One*; Graham Harman, "The Problem with Metzinger."

적했다. 그 이유는 우리가 이들 내용을 확인할 초시간적 동일성 규준이 전혀 없기 때문이다."[43] 메칭거는 다양한 현상이 실제로 동일한지 과학적으로 결정하기 위해 이들 현상에 대하여 "충분한 최소의 기능적인 신경적 상관물들"을 밝혀냄으로써 그런 규준을 획득하자고 제안한다. 다시 말해서 우리는, 한 개의 사과가 자신의 손에서 회전하면서 매우 다양한 성질들의 배치를 거쳐 갈 때 동일한 사과를 보고 있다는 후설의 보고를 신뢰하지 말아야 한다. 오히려 우리가 해야만 하는 일은, 그 사과가 저녁의 대기 속에서 외양을 바꿀 때 후설이 정말로 동일한 객체를 경험하고 있다는 결론을 내리기에 충분할 만큼 그 사과의 모든 음영이 신경적으로 그리고 기능적으로 유사한지 결정하기 위해 후설의 뇌를 분석하는 것이다. 그런데 이런 접근법과 관련하여 적어도 두 가지 문제점이 있다. 첫 번째 문제점은 이 실험을 수행하는 신경학자가 그 사과가 사실상 동일한 사과라는 것을 신경과학을 통해서 증명하려면 시간이 흐름에 따른 각각의 전선과 각각의 계기 기록, 각각의 노트북 항목의 동일성도 가정해야 할 것이라는 점이다. 그리하여 여기서 그 신경학자는 후설과 같은 처지에 있게 된다. 요컨대 그 신경학자는 시간이 흐르면서 현상적 객체들과 과학 기기들의 외양들이 바뀌는 동안에 자신이 느끼는 동일성에 대한 감각을 신뢰한다. 우리에게 후설에 관

---

43. Brassier, *Nihil Unbound*, 29.

한 신경학자의 발견 결과를 검증하기 위한 올바른 "초시간적 동일성 규준"이 있음을 확인하려고 그 신경학자의 뇌에 전선과 계기들의 두 번째 집합을 추가하는 것은 아무 효력이 없을 것이다. 왜냐하면 이제 우리는 전선들을 사용하는 사람들의 뇌들을 관찰하는 전선들의 무한한 악순환에 이르는 길에 들어서기 때문이다. 후설에 의해 사용된 동일성 규준은 모든 과학자가 사용해야 하는 것과 동일하다. 여기에 있는 사과는 현재 약간 다르게 보일지라도 내가 오 분 전에 바라본 그 사과와 같은 사과다. 여기에 있는 과학 기기는 현재 약간 다르게 보일지라도 내가 오 분 전에 바라본 그 과학 기기와 같은 기기다. 이렇게 해서 후설과 마찬가지로 어떤 신경학자도 자신의 직접적인 경험을 잠정적으로 신뢰할 수밖에 없다. 두 번째 문제점은 "충분한 최소의 기능적인 신경적 상관물들"에 대한 메칭거의 호소가 자신의 웅대한 책에서 유리하게 작용하지 않는다는 것이다. 메칭거의 저작에 관한 나의 비판적 논문에서 서술된 대로 희극적이게도 장마다 반복적으로 메칭거는 우리가 여전히 이런저런 현상에 대하여 충분한 최소의 상관물들이 무엇인지 알지 못한다는 것을 인정할 수밖에 없다. 요컨대 우리가 과학이 현상학 자체보다 제시할 것이 더 적은 화제들을 포함하여 지상의 모든 화제에 대한 최종 결정권을 과학에 부여해야 한다는 강령을 브라지에처럼 본능적으로 신봉하지 않는다면, 우리는 후설에 맞서서 메칭거에 의지할 이유가 전혀 없다.

다른 논의로 넘어가기 전에 후설의 유명한 제자였던 하이데 거 역시 『풀려난 허무』의 1장에서 비난을 받는다는 점이 언급 되어야 한다. 후설과는 달리 하이데거는 외양의 투명성을 믿지 않는다. 그 이유는 하이데거의 철학 전체가 정반대의 관점 — 의 식에의 현전은 모든 존재자의 더 깊은 존재를 감추는 한낱 눈-앞에- 있음에 불과한 것임을 뜻한다 — 에 근거를 두고 있기 때문이다. 브 라지에의 기분을 상하게 하는 것은, 하이데거의 경우에 과학은 사물의 성질들을 객관화하고 그것의 감춰진 실재를 무시함으 로써 사물을 눈-앞에-있는 것으로 변환하는 또 하나의 방식 에 불과하기에 우리를 이런 심층으로 데려갈 수 있는 것은 과 학이 아니라는 점이다. 이렇게 해서 브라지에가 언제나 공공연 히 경멸하는 비직서적이고 비논증적인 언어의 사용이 불가피 하게 요구된다. "하이데거 이후의 대다수 현상학은 여타 종류 의 개념화에 대하여, 특히 과학적 개념화에 대하여 본래적 저항 력을 갖추고 있다고 주장되는 하위표상적 심층을 가늠하기 위 해 비유적 차원의 언어를 채택하려고 계속해서 시도했다."[44] 브 라지에가 이런 상황에 그토록 적대적이어야 하는 이유는 불분 명한데, 시적 언어를 감행하는 하이데거의 모험적 기도가 당혹 스러운 검은 숲 키치로 종종 전락한다는 사실을 참작하더라도 말이다. 왜냐하면 하이데거의 과잉 행위로부터 언어의 논증적·

---

44. 같은 책, 28.

개념적·명제적 사용이 인지적 가치를 지닌 유일한 것이라는 결론이 당연히 도출되지는 않기 때문이다. 여기서 브라지에는 소크라테스가 결코 무언가에 대한 정의에 도달하지 않았다는 것, 철학philosophia이 지식을 뜻하지 않는다는 것, 그리고 『시학』에서 아리스토텔레스가 비유가 최고의 재능이라고 말한다는 것을 잊고 있다.[45] 또한 브라지에는 예술 - 브라지에가 유익한 말할 거리를 전혀 갖고 있지 않은 인간 경험의 중요한 한 영역 - 에 내재하는 모든 인지적 역량을 위한 여지를 남겨 두지 않는다. 오히려 브라지에는 철학에서 비유적 언어를 전적으로 추방할 것을 요구하느라고 바쁘다. "엄밀한 의미에서 현상학적 서술의 목표는 현상적 경험의 어떤 불가침의 지성소를 보존한다는 것 외에는 아무 이유도 없이 철학의 개념적 자원을 강탈하기보다는 오히려 문학의 교묘한 수단을 통해서 더 잘 이루어질 수 있다고 인정하는 것이 더 낫다."[46] 분석철학에서는 그런 견해들이 언제나 일반적이지만, 기본적으로 대륙철학적인 배경에서는 브라지에가 필시 그것들을 발설하는 최초의 저자일 것이다. 그렇지만 동일한 전문적인 물음이 거꾸로 제기될 수 있다는 점을 인식하자. 브라지에가 과학의 인지적 우월성을 그토록 확신한다면, 그는 소크라테스가 언제나 적당한 거리를 유지한 자연주의적인 유

---

45. * Aristotle, *Poetics*. [아리스토텔레스, 『시학』.]
46. Brassier, *Nihil Unbound*, 28.

사지식에 공헌하기 위해 소크라테스적 철학을 강탈하기보다는 오히려 과학에서 경력을 쌓음으로써 자신의 관심사를 더 잘 충족하지 않는 이유는 무엇인가? 나는 전혀 비꼬지 않은 채로 또다시 묻는다. 최적의 형식으로 추구되는 경우에 철학은 과학이 철학적 도움을 전혀 받지 않은 채 자력으로 이미 찾아낸 것에 대한 아첨에 지나지 않는 것이라면, 브라지에가 철학이 어떤 가치를 지니고 있다고 생각하는 이유는 무엇인가? 3장의 4절에서 나는 OOO가 특히 비유를 철학의 매우 중요한 성분으로 여기는 이유를 설명할 것이다. 여기서 더 중요한 점은, 비유적 언어에 대한 브라지에의 반감 역시 그가 하이데거의 가장 유명한 낱말, 즉 존재Sein라는 낱말을 거부하는 데서 비롯된다는 것이다. 브라지에는 하이데거에게 동조하여 존재란 모든 경험의 배후에 남겨진, 객관화할 수 없고 개념화할 수 없는 잔여물이라고 생각하기보다는 오히려 우리가 "이런 비현시적 차원은 과학을 특징짓는 3인칭 관점에서 완벽히 서술될 수 있다는 점을 인정하는 것"이 마땅하다고 말한다.[47] 사실상 브라지에는 철학이 예전에 종교의 시녀였던 것과 마찬가지로 철학이 자연과학의 시녀가 되기를 요구하고 있다.

이런 요구는, 『풀려난 허무』의 3장에서 브라지에가 메이야수에 관해 논의하면서 철학은 과학을 위한 "적절한 사변적 갑

---

47. 같은 책, 30.

옷"을 제공하기를 열망해야 한다고 무심코 말할 때[48] 또다시 확인할 수 있게 된다. 당연하게도 이 구절에서 브라지에가 공격하고 있는 것은, 과학은 경험적 영역을 관장하고 철학은 초험적 영역을 관장하는 친숙하지만 따분한 '분업'이다. 그런데 브라지에는 칸트 이전에 그러했던 대로 철학이 자신의 감옥에서 벗어나서 비인간 영역을 탐구하게 내버려 두기보다는 오히려 철학이 어떤 예속적 역할, 즉 과학이 이미 이룬 것을 단지 보충하는 역할을 채택하기를 바란다. 이런 기획은 현업 과학자들에게도 호소력이 점점 더 없게 되었는데, 그들 중 많은 사람이 철학에서 이보다 더 나은 것을 기대한다. 한 가지 실례만 인용하면 뛰어난 이탈리아인 물리학자 카를로 로벨리는 다음과 같이 진술한다. "나는 세계에 대한 과학적 구상에 관심이 있는 철학자들이 현존하는 파편적인 물리적 이론들에 [관해] 논평하고 그것들을 윤색하는 데 한정되지 않고, 오히려 예견하고자 하는 위험을 무릅쓰기를 바란다."[49]

그런데도 메이야수에 관한 『풀려난 허무』의 3장은 설득력이 있으며, 그리고 그 프랑스인 사상가의 사변적 유물론에 대한 브라지에의 이의는 그럴듯하다. 브라지에에 따르면 메이야수가 직면하는 중심적인 문제는 "존재는 수학화될 수 있다는 갈

---

48. 같은 책, 63.
49. Carlo Rovelli, "Halfway Through the Woods," 182.

릴레오-데카르트주의적 가설을 존재는 사유와 독립적으로 존속한다고 간주하게 하는 사변적 이접의 단언과 일치시키고자 하는 것"이다.[50] 우리는 메이야수가 데카르트와 피타고라스를 구분함으로써 그런 혐의에 맞서 자신을 방어한다는 점을 알게 될 것이다. 메이야수는, 자신과 데카르트는 (이를테면 피타고라스의 주장처럼) 존재 자체가 수학적이라고 주장하지 않고 단지 수학이 사유의 외부에 있는 실재 ─ 주지하다시피 데카르트는 연장된 사물res extensa이라고 일컫고 메이야수는 '죽은 물질'이라고 일컫는 것 ─ 를 지시하거나 가리킨다고 주장할 뿐이라고 단언한다. 그런데 브라지에는 우리가 죽은 물질보다 더 큰 고기를 잡아야 한다고 생각한다. 브라지에가 이해하는 대로 바디우와 라뤼엘(『풀려난 허무』의 4장과 5장에서 다루어지는 철학자들)은 둘 다 메이야수보다 더 나아간다. 바디우에 관해 언급하면, 메이야수는 "우리에게 비형이상적이고 비현상학적인 대안 ─ 예를 들면 공백에 관한 바디우의 공제적 구상에서 제시되는 것과 같은 대안 ─ 을 제공하지 않았다."[51] 브라지에는 이 논점을 부연하면서 "존재론적 현전화에 관한 바디우의 공제적 구상은 현상학적이든 형이상학적이든 간에 현전에 의거하여 직관을 배제하는, 본연의 존재에 있어서 분할을 초래한다"라고 덧붙인다.[52] 라뤼엘

---

50. Brassier, *Nihil Unbound*, 88.
51. 같은 곳.
52. 같은 곳.

의 공헌에 대하여 브라지에는 그것이 유사한 방향에서 비롯된다고 생각한다. "우리는 메이야수가 선조적 시간을 규정하는 것이라고 간주하는 통시성을 '일방화'의 구조에 의거하여 다시 규정할 것인데 … 그 구조는 궁극적으로 사유와 존재의 분리 가능성, 그것들의 비상관성으로 이해되는 통시성을 설명한다."[53] 또한 과학적 진보의 행진이 결국에는 메이야수 철학의 일부를 쓸모없게 만들 것이라는 브라지에의 평소 주장이 제시된다. "〔인지과학〕이 여전히 초기 상태에 있음은 명백하며, 그런데도 그것이 성숙하면 사유와 연장이라는 데카르트주의적 이원론은 폐기될 가능성이 있고, 게다가 어쩌면 메이야수에게 특유한 종류의 사변적 유물론에 존속하는 데카르트주의적 이원론의 잔여물도 폐기될 가능성이 있을 것이다 … ."[54]

이제 브라지에가 자신의 가장 중요한 무기를 도출하는 프랑스 사상가들, 즉 바디우와 라뤼엘에 관한 장들을 살펴보자. 브라지에는 그 두 저자를 개인적으로 알고 있으며, 지금까지 여러 번에 걸쳐 그들의 작업에 관한 선도적인 전문가 중 한 사람이라는 평판이 있었다. 바디우와 라뤼엘이 서로에 대하여 견지하는 명백히 낮은 평가를 참작하면 이처럼 동시적인 관심은 얼마간 이례적이다. 실제로 라뤼엘은 『안티 바디우』라는 제목의 책

---

53. 같은 책, 84.
54. 같은 책, 89.

을 출판했다.[55] 바디우는 이에 응대하여 그 정도까지는 나아가지 않았더라도 라뤼엘의 저작을 이해 불가능한 것으로 여긴다고 알려져 있다. 그런데 앞서 언급된 대로 브라지에는 그 두 저자가 모두 철학에 새로운 형태의 부정성 — 즉, 브라지에가 메이야수의 저작에는 빠져 있다고 간파하는 것 — 을 도입하는 데 유용하다는 점을 알아챈다.

무엇보다도 브라지에는 바디우가 대륙철학의 하이데거주의적 과잉 행태에 대한 해독제를 제공한다고 여긴다. 이것은 바디우가 존재론을 수학과 동일시하여 존재론을 탈신화화함으로써 이루어진다. 브라지에가 대담하게 요약한 대로 "이제 존재론은 수리과학의 영역이고, (하이데거의 견해와는 반대로) 존재는 본질적으로 유의미하지도 않고 진리의 전조도 아니기에 진리에 대한 성찰적 반추는 철학적 영역에 속하지 않는다."[56] 이렇게 해서 브라지에는 하이데거주의자들이 존재의 의미에 관한 물음의 더할 나위 없는 심오함이라고 여기는 것의 중요성을 삭제하고자 한다. 그런데 앞서 우리는 브라지에가 철학을 수학에 너무나 밀접히 비유하여 검토하는 행위의 위험성을 인식하고 있음을 알았다. 왜냐하면 메이야수가 데카르트와 갈릴레오의 수학주의와 매우 긴밀하게 제휴하여 실재론을 전적으로 상실할 위

---

55. * Francois Laruelle, *Anti-Badiou*.
56. 같은 책, 98.

험을 무릅쓴다는 이유로 브라지에는 메이야수를 비난하기 때문이다. 그리고 사실상 브라지에는 관념론을 이유로 바디우를 비난함으로써 『풀려난 허무』의 4장을 마무리할 것인데, 이는 관념론을 견지하는 거의 모든 사람을 비난하는 것과 같다. 그런데 그런 결론에 이르기 전에 브라지에는 바디우의 저작에서 어떤 영속적인 자원을 끌어내고자 한다.

바디우의 가장 유명한 발언 중 하나는 "일자一者는 없다"라는 발언이다. 무엇보다도 이 발언으로 인해 바디우는 들뢰즈와 구분되는데, 바디우는 들뢰즈를 본질적으로 일자의 철학자로 간주한다.[57] 그런데 여기서 바디우가 '일자'를 두 가지 다른 의미로 뜻함을 인식하는 것이 중요하다. 바디우는 그 두 가지 의미를 모두 거부한다. 일자의 첫 번째 의미는 우주 전체의 단일성이다. 바디우는 게오르크 칸토어1845-1910의 초한 수학에 몰입함으로써 이런 종류의 일자를 거부한다. 칸토어는 여타의 무한을 포괄할 수 있는 최대의 무한이 전혀 없는 채로 다양한 규모의 무한이 나타남을 규명했다. 이런 첫 번째 의미에서의 일자가 존재하지 않는 이유는 세계가 총체화될 수 없기 때문이다. 그런데 바디우가 거부하는 일자의 두 번째 의미는 어쩌면 그의 철학에 훨씬 더 치명적일 것이다. 여기서 나는 개별적 존재자들로 알려진 다수의 일자를 가리킨다. 아리스토텔레스주의적 전통에

---

57. Alain Badiou, *Deleuze*. [알랭 바디우, 『들뢰즈』.]

서 어떤 개는 하나의 개이고, 어떤 항성은 하나의 항성이고, 어떤 노래는 하나의 노래이고, 기타 등등. 『모나드론』에서 라이프니츠는 우리에게 존재함은 일자임이라고 말한다.[58] 그리하여 라이프니츠는 '하나'를 가리키는 그리스어 낱말에서 도출된 모나드라는 용어의 용법을 제시한다. 그런데 바디우의 경우에는 '일자들'로 여겨지는, 독립적으로 현존하는 존재자들이 전혀 없다. 우리가 '하나의' 사물이라고 일컫는 것은 바디우에게는 어떤 '셈'[count]의 소급적 결과다. 어떤 셈에서 비롯되는 모든 존재자는 바디우가 '정합적 다자^{多者}'라고 일컫는 것에 속하며, 그것들은 어떤 셈에서 비롯되기에 독자적인 개별적 사물들과 동일시될 수 없다. 이것에 앞서 나타나는 것은 바디우가 '비정합적 다자'라고 일컫는 것으로, 그가 그것을 '다자'라고 일컫는다는 사실에도 불구하고 그것은 정말로 어떤 정확한 수의 개별적 사물도 결코 포함하고 있지 않다. 바디우의 비정합적 다자는 전적으로 반^反객체지향적이다. 바디우가 객체를 다루는 방식은 『존재와 사건』[59]의 후속 저서인 『세계의 논리』[60]에서 제시된다. 여기서 객체들은 오로지 외양의 세계에만 속하는 것으로 여겨진다. 브라지에가 서술하는 대로 "바디우의 경우에 존재론이 어떤 '존

---

58. * G. W. von Leibniz, "Monadology," 213~25. [고트프리트 빌헬름 라이프니츠, 『모나드론 외』.]

59. * Alain Badiou, *Being and Event*. [알랭 바디우, 『존재와 사건』.]

60. * Alain Badiou, *Logics of Worlds*.

재의 개념'을 중심으로 배치될 수 없는 이유는 어떤 '존재의 개
념'이라는 바로 그 관념이 존재는 비정합적 다자라는 주장과 양
립할 수 없기 때문이다."[61] 더욱이 "구조의 필연성은 존재 자체
의 존재론적 특징이 아니라 오히려 담론적 표상의 법칙론적 면
모다."[62]

이렇게 해서 바디우는 정합적 다자와 비정합적 다자를 '즉
자'와 '우리에-대한-것' 사이 혹은 본체와 현상 사이의 고전적인
대립에 상응하는 자신의 고유한 판본의 대립쌍으로 채택하고
있는 것처럼 보이게 된다. 브라지에는 이것을 거부한다. "왜냐하
면 세어지는 정합성과 세어지지 않는 비정합성의 분할 혹은 구
조와 존재의 분할은 구조(즉, 셈)가 현존하지 않음과 비정합성
(즉, 존재 자체)이 현존하지 않음의 근본적인 동일성을 사실상
가리키는 지표이기 때문이다."[63] 이런 까닭에 "한낱 구조의 법칙
론적 지위에 불과한 일자의 비존재는 점근적으로 비정합적 다
자의 무無임에 수렴한다 … "[64] 브라지에가 보기에 이런 의미에
서 바디우는 사유와 존재가 동일하다는 파르메니데스대략 서기전
515-450의 격언을 채용한다. "사유와 존재는 둘 다 무다."[65]

---

61. Brassier, *Nihil Unbound*, 99.
62. 같은 책, 101.
63. 같은 곳.
64. 같은 곳.
65. 같은 곳.

브라지에의 독법에 따르면 바디우의 경우에 "현전화의 법칙은 사유와 존재 사이의 그야말로 공허한 동형성을 보증하는 것이다…."[66] 그리고 이것은 심각한 결과를 낳는다. "[바디우가 치르는] 대가는, 존재론적 담론의 관념적 질서를 실제로 방해하는 것으로서 호출된 비정합성이라는 보충물조차도 그 자체가 한낱 비조직적인 사유의 일례 — 사유 자체가 비정합성을 구체화하게 되는, 결정 불가능한 것을 우연적으로 결정하기로서의 사건 — 에 불과한 것이 되는 어떤 독특한 종류의 담론적 관념론이다."[67] 달리 말해서 사유는 비정합성을 하나의 '사건'으로 구체화하게 된다. 집합론에서 이런 결과를 도출하는 바디우의 경우에 모든 상황은 자신에 공식적으로 속하는 것 이상의 것을 포함한다. 한 가지 명백한 실례는 정치에 있어서 프롤레타리아 계급일 것이다. 그들은 현행 사태에서 공식적으로 고려되지 않더라도 그 속에 포함되어 있고, 그리하여 뜻밖에도 그들은 주체가 그것에 대한 소급적 충성을 유지하는 한에서만 사건으로서의 자격을 얻는 어떤 혁명적 사건에서 쏟아져 나올 수 있을 것이다. 대다수 근대 철학에서 그렇듯이 바디우에게도 모든 인간이 '주체'로 여겨지지는 않는다. 오히려 주체임은 바디우가 사건적이라고 인정하는 네 가지 영역, 즉 정치, 예술, 과학 그리고 사랑 중 하나에

---

66. 같은 책, 102.
67. 같은 곳.

서 일어난 한 사건에 자신의 실존 전체를 거는 것이다. 쇠렌 키르케고르1813-1855의 반향이 확실히 느껴진다.[68] 한 사건에 대한 충성은 그 결과에 무관하게 그 사건에의 절대적 헌신이 필요하다. 혁명에 대한 충성은 어쩌면 구금, 망명 혹은 카이로 거리에서의 죽음을 요구할 것이고, 마찬가지로 사랑(바디우는 사랑을 오로지 이성애적 견지에서 다룬다)에 대한 충성은 오랜 결혼 및 가정생활의 종말을 의미할 수도 있을 것이다. 브라지에는 사건에 관한 바디우의 개념을 그다지 존중하지 않으며, 『풀려난 허무』의 4장 뒷부분에서 『세계의 논리』가 특정한 구체적 사건들이 구성되는 방식에 관한 장황하고 종종 아름다운 성찰을 위해 공제적 존재 개념을 경시한다는 자신의 실망감을 표출한다.[69] 브라지에는 바디우에게 궁극적으로 그의 철학이 품은 부정적 측면들을 끝까지 밀어붙이라고 요구한다. 그 이유는 "공제적 고행을 위해 세속적 풍부함을 포기하는 쪽을 택하는 철학은 공제의 블랙홀로 뛰어들 채비를 갖추고 있어야 하"기 때문이다.[70] 이런 극단적인 공제적 고행이 브라지에가 자신의 철학적 작업을 이해하는 방식임은 명백하다.

앞서 이해된 대로 바디우와 브라지에가 서로 의견이 대단히 일치하는 지점은, 마치 "존재는 '절대적 타자' — 형언할 수도 없고

---

68. Søren Kierkegaard, *The Essential Kierkegaard*.

69. Brassier, *Nihil Unbound*, 114.

70. 같은 책, 100~1.

표상할 수도 없으며 합리적 사유를 통해서 이해할 수도 없기에 오직 어떤 우월하거나 기초적인 형태의 비개념적 경험을 통해서만 접근할 수 있는 것 - 로서 현전될 〔수 있을〕 따름인…" 것처럼, 어떤 간접적인 방식으로 도달하게 될 존재의 감춰진 불가사의한 차원이 전혀 없다는 그들의 주장에 자리하고 있다.[71] 이런 오류, 바디우가 거대한 유혹이라고 일컫는 오류에 대한 그 프랑스 사상가의 구제책은 "존재에의 직접적인, 비담론적 접근법은 전혀 없다"라는 그의 원칙이라고 브라지에는 주장한다.[72] 그런데 여기서 '직접적'이라는 낱말과 '비담론적'이라는 낱말의 연접은 한 가지 중대한 혼란을 초래한다. 브라지에는 이들 두 낱말을 동의어들로서 의도하는가 아니면 별개의 용어들로서 의도하는가? 그리고 만약 별개의 용어들로서 의도된 것이라면 그 두 낱말이 부적절하게 결합하는 경우에만 문제가 발생하는가? 내가 이런 논점을 제기하는 이유는 "형언할 수도 없고 표상할 수도 없으며 〔그리고〕 이해할 수도 없"는 것을 비판하는 위의 구절이 브라지에가 바라는 것이라고 추정되는 방식으로 하이데거에 대하여 작동하는지 불분명하기 때문이다. 왜냐하면 하이데거가, 특히 후기 하이데거가 비개념적 경험을 높이 평가한다는 것은 분명한 반면에 하이데거가 존재는 직접적으로 접근할 수 있는 것이

---

71. 같은 책, 107.
72. 같은 곳.

라고 생각하는지는 결코 분명하지 않기 때문이다(심지어 나는 하이데거가 그렇게 생각하지 않는다고 말할 것이다). 이것은 하이데거의 진술처럼 들리기보다는 오히려 플로티노스[204-270]와 신플라톤주의 학파의 진술처럼 들린다.[73] 어쨌든 하이데거가 존재 자체에 대한 직접적인 신비적 경험을 주장했다는 점이 어떤 식으로든 증명될 수 있을지라도 이것은 비개념적 경험을 위한 여지를 만든 모든 철학의 필연적인 결과는 아닐 것이다. 그런데 여기서 브라지에의 주요 논점은 바디우에 관한 것으로, "현전화의 법칙은 정합성의 허가와 비정합성의 금지를 표상할 수 없는 중간휴지 속에서 결합하는데, 거기서는 구조의 전개와 공제가 동시에 일어난다."[74] 이것은 바디우주의적 부족에 속하지 않는 독자라면 누구에게나 장황하고 과장된 말이지만, 그것의 의미는 비교적 직설적이다. 요컨대 어떤 비밀이 가시적 현상의 배후에 잠들어 있는 것처럼 현전에서 감춰진 것은 전혀 없다. 브라지에에게 바디우주의적 현전은 하나의 '반反현상'인데, 말하자면 정합적인 구조와 비정합성이라는 외관상 대립쌍이 전혀 만나지 않은 채로 마주치는 현장이다. 브라지에는 그것을 '분할된 본체'라고 일컫기도 하지만, 그것은 칸트주의적 본체의 방식으로 우리에게서 물러서 있지 않다. 그것은 사실상 하나의 내재적

---

73. Plotinus, *The Six Enneads*.
74. Brassier, *Nihil Unbound*, 107.

본체인데, 라뤼엘의 일자 역시 그런 것으로 판명될 것이다. 이렇게 해서 브라지에는 자신이 바라는 결과에 매우 가까이 이르게 된다. 조잡한 현시적 이미지보다 더 깊은 본체가 존재하지만 그것은 감춰져 있지 않고, 따라서 그 본체는 원칙적으로 수학과 자연과학의 명시적인 개념적 도구로 탐구될 수 있다.

이것은 바디우가 브라지에의 논점에 동의할 것이라고 말하는 것은 아니다. 앞서 알게 된 대로 바디우는 브라지에를 매우 매료시키는 초기의 '인지과학'에 관심이 전혀 없다. 바디우의 경우에, 자기 앞의 데카르트와 자기 뒤의 메이야수가 그런 것과 마찬가지로, 사유는 세계를 구성하는 비품의 독특한 한 조각이고 그것의 물리적 기반에 의거하여 직접 설명될 수 없다. 더 일반적으로 브라지에는 『풀려난 허무』의 4장이 거의 마무리될 때까지 계속해서 관념론을 구실로 삼아서 바디우를 비판한다. 브라지에에 따르면 이런 관념론은 '사건'에 대한 바디우의 과도한 신념에서 가시적으로 나타난다. 브라지에는 모든 현전에서 개념화되지 않은 과잉을 '내재적 틈새'로서 구상하기를 바라는 반면에, 브라지에가 보기에 바디우의 사건은 그 과잉을 "본래적 무근거성"으로 특징지어지는 "존재론적 정합성의 초월적 난입"으로 전환한다.[75] 이렇게 해서 브라지에는 바디우에 대한 마지막 평결에 이르게 된다. "바디우의 철학은 단지 담론과 현실,

---

75. 같은 책, 113.

논리적 귀결과 물질적 원인, 사유와 존재 사이의 동형성을 규정할 뿐이다. 사유가 세상을 바꾸는 데 충분하다. 그런 결론이 바디우 관념론의 궁극적인 진의다."[76] 그런데 나는 바디우의 사건론─내가 보기에는 영속적으로 중요한 통찰을 품고 있는 이론─에 대한 브라지에의 저평가를 공유하지 않는 한편으로 바디우주의적 사건의 한계에 대해서는 전폭적으로 동의한다. 바디우의 경우에 네 가지 종류의 사건들은 모두 그저 인간을 포함하고 있는 것이 아니라 오히려 사유자로서의 역량을 갖춘 인간을 포함하고 있다. "그리하여 빅뱅, 캄브리아기 폭발 그리고 태양의 죽음은 바디우가 거의 혹은 전혀 관심이 기울이지 않는, 세상이 돌아가는 중에 생겨난 일시적인 발작에 불과한 채로 있게 된다."[77] 여기서 문제적인 것은 인간중심주의라기보다는 오히려 예지중심주의라고 브라지에는 덧붙인다. 왜냐하면 바디우는 오로지 인간이 마침 사유하는 존재자인 한에서만 인간에게 관심이 있기 때문이다. 브라지에는 다음과 같은 진술도 올바르게 덧붙인다. 바디우의 철학은 "현전화의 관념적 법칙들과 완전히 독립적으로 얻게 되는, 실재적인 물리적 구조들에 뿌리박고 있는 인과적 특성들을 객체들이 나타낸다고 가정하는 물리과학의 실재론적 가설들과 상충한다."[78] 그러므로 바디우는 메이야수에

---

76. 같은 곳.
77. 같은 책, 114.
78. 같은 책, 116.

게서 나타나는 것보다 훨씬 더 위험한 수학주의의 위험을 무릅쓴다. 브라지에는 다음과 같은 수사적 물음을 제기한다. "그런데 수학적 기입과 독립적으로 현존하는 것은 아무것도 없다는 점을 수반하지 않은 채로 존재는 수학적으로 기입되어 있다고 주장할 수 있을까? 이것은… 사유와 존재 사이에 사전에 확립된 조화〔에 관한〕파르메니데스주의적 테제의 더 해로운 결과 중 하나인 것처럼 보일 것이다."[79] 그런데도 브라지에는 바디우의 틀림없는 관념론의 경향은 거부하면서도 감춰진 존재에 대한 바디우의 탈신화화는 수용한다.

『풀려난 허무』의 5장에서 브라지에는 이해하기가 엄청나게 어려운 철학자 라뤼엘을 고찰한다. 그런데 라뤼엘은 그의 작업을 지적 미래로 향하는 다리로 여기는 일종의 국제적인 열광적 추종자들이 있다. 나는 하마터면 '철학의 미래로'라고 적을 뻔했지만, 라뤼엘은 자신의 작업을 결코 철학으로 간주하지 않는다는 사실을 참작하면 나는 이런 표현이 혼란을 줄지도 모른다고 우려했다. 라뤼엘이 자신이 행하는 것을 지칭하는 이름은 '비철학'이다. 그런데도 브라지에는 이런 자평을 무시하고 라뤼엘을 단적으로 비상관주의적인 철학자로 해석할 것이다. 라뤼엘에 대한 브라지에의 태도는 복잡하고 흥미롭다. 한편으로 브라지에는 라뤼엘의 작업이 거의 불가해한 전문용어의 "불쾌한 껍

---

79. 같은 책, 117.

질"로 덮여 있음을 인정하고,[80] 게다가 라뤼엘이 최근의 프랑스 사상이 종종 나타내는 두 가지 악덕 ─ "전문용어의 모호성에 대한 관대한 취향과 결합한 비철학적 타자성에의 지겨운 몰입"[81] ─ 을 공유하는 것처럼 보인다는 점에도 동의한다. 다른 한편으로 브라지에는 라뤼엘의 철학적 성취를 "매우 특별한 것"으로 간주하며,[82] 심지어 라뤼엘의 "개념적 깊이(넓은 폭이 아니라)는 헤겔의 변증법적 논리의 개념적 깊이에 버금가는 동시에 도전한다"라고 주장한다.[83] 정말로 격찬이다! 브라지에가 라뤼엘에게서 매우 흥미롭다고 간파하는 것을 더 자세히 살펴보자.

브라지에가 라뤼엘에 대하여 가장 일관되게 제기하는 불평 중 하나는, 사실상 각각 고유한 특질들을 갖춘 다양한 별개의 철학이 존재할 뿐인데도 라뤼엘이 너무나 급하게 '철학' 전체는 단 하나의 본질이 있다고 주장한다는 것이다. 브라지에가 지적하는 대로 하이데거와 데리다는 비슷하게 지나친 일반화를 실행한다는 이유로 비난받을 것이지만, 그런데도 최소한 그들은 수천 페이지를 꼼꼼히 읽음으로써 역사적 숙제를 하는 반면에 라뤼엘은 그렇게 하지 않는다. 철학 본연의 본질은 존재하지 않는다는 주장이 브라지에에게서 비롯되는 것은 얼마간 기이한

---

80. 같은 책, 118.
81. 같은 책, 119.
82. 같은 책, 118.
83. 같은 책, 148.

데, 브라지에는 일반적으로 이런 종류의 로티주의적 초-유명론에 혐오감을 드러낸다. 예를 들면 어디에서도 브라지에는 다양한 과학적 분과학문과 실천을 포괄하기 위해 '과학'이라는 단일한 낱말을 사용하는 것에 이의를 제기하지 않으며, 사실상 그는 종종 과학=참된 인지=좋음과 같은 일종의 과학적 본질주의에 빠진다. 아무튼 라뤼엘은 철학 자체를 칸트의 철학과 마찬가지로 "내재성, 초월성 그리고 초험성이라는 세 가지 기본 용어를 결합하"는 어떤 '결정'決定 구조로 이루어져 있다고 간주한다.[84] 라뤼엘이 제시하는 대안은 그가 종종 내재적 '일자' – 필경 바디우가 짜증을 내게 할 용어 – 라고 서술하는 '근본적 내재성'이라는 개념이다. 불행하게도 라뤼엘은 비철학에 대한 자신의 견해를 읽기가 매우 고통스러운 복잡다단한 산문으로 전개하여서 여러 날 동안 연속으로 그 산문에 열중한다면 그것은 그야말로 두통을 유발할 수 있다. 라뤼엘이 이해하는 바에 따르면 철학은 초월적이라고 여겨지는 것과 내재적이라고 여겨지는 것을 절단한다. "[해당 실재]는 사유와 경험의 모든 가능성을 통합하고 구성하는 것으로서의 초험적 종합에 특유한 실재다…."[85] 반면에 비철학의 과업은 "초월성과 내재성, 초험성의 결정적 복합체가 궁극적으로 라뤼엘이 '실재적인 것'과 동일시하는 대상화될

---

84. 같은 책, 122~3.
85. 같은 책, 126.

수 없는 내재성에 의해 규정되는 방식을 〔보여주〕"는 것이다.[86]

이미 우리는 브라지에가 라뤼엘에게 관심을 갖는 이유와 더불어 브라지에가 라뤼엘과 라뤼엘의 표면상의 적인 바디우 사이의 밀접한 관계를 주장하는 이유를 감지할 수 있다. 그 두 프랑스 사상가는 모두 하이데거와 에마뉘엘 레비나스[1906-1995] 같은 부류가 매우 소중히 여기는 감춰진 영역에서 즉자적인 것을 떼어내어 내재성의 영역에 이식하는데, 이 영역에서 그것은 바디우가 쉽게 과학적 이미지와 양립할 수 있게 하는 방식으로 접근 가능할 뿐만 아니라 실재적이기도 하다. 그리고 사실상 라뤼엘에 대한 브라지에의 개인적 실망은 라뤼엘이 하이데거에게 너무 가까이 기울어질 때마다 가장 잘 드러난다. 예를 들면 "비철학의 급진성에 대한 〔라뤼엘의〕 주장에도 불구하고 그는 여전히 하이데거가 유한성에 대한 칸트 이후의 정념을 급진화한 것에 너무나 큰 신세를 지고 있다."[87] 무엇보다도 "라뤼엘은 실재적인 것의 대상화될 수 없는 내재성을 실제 '사람' 혹은 '인간'과 동일시해야 한다고 고집한다. '인간이 바로 철학에서 배제된 실재적인 것이다.'"[88] 그리고 또다시 "주체-객체 이원론이 폐기되었다는 이제는 익숙한 주장에도 불구하고 라뤼엘의 '일자'의 대상화될 수 없는 내재성은 객체 쪽에 자리하게 되기보다는 오히려 주체

---

86. 같은 책, 127.
87. 같은 곳.
88. 같은 곳.

쪽에 자리하게 되는 것처럼 보인다."[89] 결국에 브라지에는 우리에게 "이런 식으로 실재적인 것을 인간 개체와 동일시하는 궁극적으로 자의적인 구상은 라뤼엘의 칭찬받은 비철학적 급진주의를 초험적 개체주의로 환원할 우려가 있다 … 이것은 피히테주의적 유아론을 지나치게 상기시켜서 비철학적이라고 설득력있게 서술될 수 없다"라고 말할 것이다.[90]

그런데도 라뤼엘은 브라지에가 유용하다고 간파하는 어떤 논점들을 제기하기에 여전히 중요하다. 예를 들면 실재적인 것은 "반대물 혹은 대립물이 전혀 없다"라고 주장함으로써 라뤼엘은 '무-임'에 관한 바디우의 공제적 구상의 친밀한 동맹이 된다. 궁극적으로 라뤼엘이 중요한 이유는 브라지에가 매우 지루하다고 간파하는 비철학적 태도 때문이 아니라, 라뤼엘이 "사유가 자신의 객체를 의도하지도 반영하지도 재현하지도 않고 오히려 그 객체가 동일시화에서 '배제된' 실재적인 것과 최종-심급에서-동일시되는 한에서 그 객체의 대상화될 수 없는 불투명성을 흉내 내는 조건을 [규정하]"기 때문이다.[91] "이것이 라뤼엘이 '최종-심급에서의-결정'이라고 일컫는 것이다."[92] 브라지에는 다음과 같이 설명함으로써 이 논점을 분명히 하려고 시도한다.

---

89. 같은 곳.
90. 같은 책, 137.
91. 같은 책, 138.
92. 같은 곳.

"〔사유〕는 비정립적인 것이 되기에 객체 자체에서 대상화될 수 없는 것을 위한 운반체로 전환된다. 객체는 자신의 결정의 행위 대상인 동시에 행위주체가 된다."[93] 이것은 "실재적인 것을 관념적인 것에 편입시키지 않은 채로 실재적인 것과 관념적인 것 사이의 비상관적 적합을 표현하는…" 사유와 사물 사이의 "일방적 이중성"에 해당한다.[94] 브라지에에게 공정하게도 라뤼엘에 관한 브라지에의 설명이 아무리 이해하기 어렵더라도 라뤼엘의 원래 논변은 훨씬 더 모호한 방식으로 표현된다는 사실이 지적되어야 한다. 그런데 어쩌면 다음과 같은 서술이 그 논점에 대한 더 명료한 정식화일 것이다. "객체는 어떤 대상화 행위의 상관물로서 객관적으로 현시되기보다는 오히려 자신의 객관적 표현을 결정하는 주체가 된다. 객체는 자신의 초월적 대상화를 일방화하는 사유의 행위주체 속에서 그리고 행위주체로서 받아들여진다."[95] 독자가 이런 사유 노선을 쉽게 따라갈 수 있는지와 무관하게도 브라지에에게 그것의 유용성은 명백함이 틀림없다. 왜냐하면 그 사유 노선 덕분에 브라지에는, 상관주의를 벗어날 방법은 그것의 배후에 감춰진 불가사의한 실재적 객체를 찾는 것이라는 하이데거주의적 주장을 좇지 않은 채로 사유-세계 상관물에서 독립적인 객체를 추출할 수 있게 되기 때문이다. 과

---

93. 같은 책, 139.
94. 같은 곳.
95. 같은 책, 141.

학적 이미지의 경우에 브라지에가 언제나 주장하는 것과 마찬가지로 라뤼엘에게도 객체는 그것이 어떤 감춰진 더 심층의 실재에 대응하지 않더라도 지식의 목적에 적합한 것이 된다. 게다가 여기서 브라지에는 바디우에 대한 자신의 해석에서 그러한 대로 현상적이고 과학적인 세계를 비존재로 넘쳐나게 할 수 있으며, 더 바람직하게도 인간 실존의 의미와 궁극적 가치를 의문시할 수 있다.

브라지에는 "우리가 라뤼엘의 작업에서 추출한 일방화에 관한 설명은 우리가 바디우에게서 검토한 공제의 논리를 강화하고 심화한다"라는 자신의 견해를 확언함으로써 『풀려난 허무』의 5장을 마무리한다.[96] 이런 연결 관계는 절대 명백하지 않다는 점과 브라지에가 그 연계가 실현 가능한 것처럼 보이게 만들려면 엄청난 양의 작업을 수행해야 한다는 점이 기억되어야 한다. 라뤼엘이 이해하는 대로 라뤼엘주의적 일방화는 "초험적 종합의 신체 위에 가하는 외과적 개입으로 항들을 관계에서 잘라내고, 호혜성을 절단하며, 일방성을 선명하게 한다. 모든 종합은 양면성을 지니고 있기에 가역적이지만, 종합을 일방화하는 것은 그것에 불가역적이고 일방적인 절단을 실행할 수 있는 역량을 부여함을 뜻한다."[97] 『세계의 논리』에서 바디우는 객

---

96. 같은 책, 147.
97. 같은 곳.

체에 관한 절대적으로 새로운 구상을 얻었다는 것을 자랑스럽게 말하는데, 요컨대 그는 객체를 외양의 논리에 한정하거나 혹은 그 책의 제목처럼 세계의 논리에 한정한다. 브라지에가 이해하는 바에 따르면 라뤼엘 역시 객체에 관한 새로운 구상을 제시하는데, 말하자면 "객체는 더는 실체로 여겨지지 않고 오히려 존재론적 종합의 직조물에 생겨난 불연속적인 절단으로 여겨진다."[98] 이와 더불어 "객체를 규정하는 것은 더는 사유가 아니다… 오히려 객체가 사유를 장악하여 사유가 자신을 생각하도록 강요하거나, 혹은 더 정확한 표현으로 자신에 따라 생각하도록 강요한다. 앞서 알게 된 대로 이와 같은 객체에 의한 결정은 객체가 주체를 통해서 생각하게 되는 일방적 이중성의 형식을 취한다."[99] 나는 브라지에가 바디우의 무-임과 라뤼엘의 일방화에 의지함으로써 실재론적 대의에 도움이 되리라고 생각하지 않지만, 브라지에는 이들 두 개념을 전례가 없는 방식으로 종합하려는 영웅적인 해석의 노력에 관여함이 분명하다.

『풀려난 허무』의 6장은 대체로 하이데거와 들뢰즈에 대한 꼼꼼한 해석으로 이루어져 있더라도 그 제목은 「죽음의 순수하고 공허한 형식」이다. 결국에는 그 두 사상가가 모두 관념론자라는 예측 가능한 결과가 초래된다. 그런데 우리가 그 화제를

---

98. 같은 책, 149.
99. 같은 곳.

다루기 전에 브라지에는 그가 몹시 싫어한다고 이미 알려진 일종의 금욕주의를 이유로 그 두 철학자를 비판한다는 사실 역시 흥미롭다. 예측건대 하이데거의 경우에는 언제나 감춰진 실재에 관한 직접적으로 참인 명제를 그저 진술하기보다는 오히려 그런 실재를 해석해야 하는 해석학적 필요성으로 인해 브라지에가 짜증을 낼 것이다. 하이데거의 충성 대상은 "불편부당한 엄정함의 요구라기보다는 오히려 적절하거나 혹은 '진정한' 해석의 요구다. 해석의 문제에서는 재능이 엄밀함을 능가하고 수완이 엄정함을 압도한다."[100] 브라지에가 철학에서 수완과 재능이 수행하는 긍정적인 역할을 전혀 보지 못한다는 점이 내게는 기이한 인상을 주지만, 이런 태도는 사유하기를 심지어 기계도 사유하도록 프로그래밍이 될 수 있는 그런 식으로 가차 없이 엄밀하게 규칙과 규준을 따르는 문제로 여기는 극단적 합리주의자들 사이에서 종종 나타난다. 예술비평이나 외국어의 번역처럼 규칙을 엄밀히 따르는 것 이상의 문제임이 명백한 인간의 지적 생활의 영역들에 대하여 그런 합리주의자들은 일반적으로 이들 영역 역시 "불편부당하게 엄정한" 과학들 — 이것은 이미 과학 자체가 자신의 결과에 이르게 되는 방식에 관한 불건전한 설명이다 — 과 같은 위상의 인지적 활동이라는 점을 부정함으로써 응답한다. 브라지에는 이 노선을 철저히 좇아서 하이데거가 존재

---

100. 같은 책, 163.

와 존재자 사이의 존재론적 차이를 그 논점에 관한 어떤 논증도 전개하지 않은 채 그냥 '규정'할 따름이라는 정당화되지 않은 주장을 추가한다.[101] 지금으로서는 하이데거가 우리에게 그다지 중요하지 않기에 브라지에의 주장을 반박하는 것은 의미가 없는 일이다. 그렇다 하더라도 그 점은 하이데거가 어쩌면 브라지에의 가장 중대한 방해자일 것이라는 후속 증거로서 언급할 가치가 있다.

들뢰즈의 경우에 브라지에는 『차이와 반복』에서 찬란한 색상들과 보석들을 찬양하는 한 구절에 대하여 심술궂게도 불평을 제기한다.[102] 개인적으로 나는 브라지에가 앙리 마티스 1869-1954의 그림을 그 색상들이 예쁘다는 이유로 헐뜯는 말도 들은 적이 있는데, 모더니즘 회화의 중추적인 인물 중 한 사람으로서 마티스의 지위는 정말로 의문의 여지가 없지만 말이다. 이것은 언급할 가치가 있다. 왜냐하면 브라지에가 아름다움이라는 바로 그 개념이 적어도 철학적 맥락에서는 불쾌한 것이라고 간주하는 것처럼 보이기 때문이다. 브라지에가 이해하는 바에 따르면 "아름다움, 찬란함, 귀중함 그리고 생동성은 인지적 형용이라기보다는 오히려 심미적 형용이다. 여기서 구상된 변용은 초험적 유미주의의 시각을 드러낸다."[103] 철학자 피히테와

---

101. 같은 책, 164.

102. * Gilles Deleuze, *Difference and Repetition*. [질 들뢰즈, 『차이와 반복』.]

103. Brassier, *Nihil Unbound*, 189.

니체는 둘 다 우리 각자가 선택하는 철학은 객관적 논변의 모든 주장을 넘어서 자신이 어떤 종류의 사람인지에 의존한다는 취지의 유명한 의견을 진술했다. 이런 점에서 브라지에가 아름다움과 찬란함, 귀중함, 생동성의 인지적 의미를 이해하도록 설득하는 것은 어쩌면 불가능할 것인데, 재능과 수완은 말할 필요도 없다. 브라지에가 그런 현상을 거부하는 태도는 세계에 대한 집요하게 직서적인 접근법에 기반을 두고 있는 것처럼 보이며, 또한 그 접근법은 논변적인 명제적 언어로 환언될 수 없는 무언가가 있을 것이라는 관념에 대한 그의 적대감에 기반을 두고 있다. 이것은 나에게 무엇이 실재적이라고 여겨져야 하는가에 관한 황량한 구상이라는 인상을 준다. 그런데 후설이 자신의 애석한 관념론 덕분에 현상적 세계에 관하여 새로운 중요한 점들을 찾아낼 수 있는 것처럼 때때로 철학자의 한계는 고유의 부수적인 미덕을 산출한다. 어쨌든 아름다움 및 낙관주의와 관련된 무언가가 브라지에를 화나게 만드는 것처럼 보이며, 나는 그 이유를 전혀 알 수 없다고 깨닫는다.

한편으로 『풀려난 허무』의 6장은 주로 하이데거와 들뢰즈의 관념론적 경향을 예증하는 것과 관련이 있다. 하이데거의 경우에 그런 경향은 논란의 여지가 거의 없다. 브라지에는 하이데거가 시간을 객관적인 시계-시간을 희생하고서 인간(현존재)에 대한 시간으로 환원하는 직설적인 방식에 주목한다.[104] 들뢰즈의 경우에는 그 반항적인 철학자의 많은 열광적인 지지자가 그를 유물론자로 여긴다는 점과 마누엘 데란다[1952-] 처럼 들뢰즈를 철저한 실재론자로 여기는 뛰어난 전문가가 최소한 한 명은 있다는 점을 참작하면 그런 주장은 논란의 여지가 조금 더 있다.[105] 브라지에는 전혀 동의하지 않을 것이다. 어쩌면 바디우의 경우보다 훨씬 더 들뢰즈의 철학은 "생물학적 종별화와 조직화뿐만 아니라 물리적 조건과 구획도 사유 행위를 통해서 간단히 제거될 수 있다는 환상적 함의를 품고 있는 것처럼 보인다."[106] 들뢰즈는 실재론자가 아닐 뿐만 아니라 실재론을 품고 있지도 않기에 "실재의 방대한 구역들을 전적으로 고려하지 않은 채로 [내버려 두]"게 된다.[107] 들뢰즈는 "근육과 물은 현실적 경험의 영역 안에" 포함하지만 "은하와 전자는 [포함하지] 않는다."[108] 그런데 마찬가지로 우리는 브라지에가 은하와 전자는 현실적 경험의 영역 안에 포함하지만 예술 작품이나 산타클로스 혹은 유창한 추도사는 포함하지 않는다고 불평할 수 있을 것이다. 어쨌든 브라지에의 다음과 같은 주장은 옳을 것이다. "우리는 들뢰즈가 잠재적 관념태의 권리를 옹호하는 사변적 대담성에 현혹되어 [그의] 경험주의적 전제의 기이하게도

---

104. 같은 책, 156, 159.

105. Manuel DeLanda, *Intensive Science and Virtual Philosophy*. [마누엘 데란다, 『강도의 과학과 잠재성의 철학』.]

106. Brassier, *Nihil Unbound*, 188.

107. 같은 책, 199.

108. 같은 곳.

보수적인 본성을 깨닫지 못하면 안 된다."[109] 브라지에는 더 일반적으로 "들뢰즈에게 … 존재는 사유 속에서의 그 표현과 별개의 것이 아니고 사실상 그것은 단적으로 이 표현이다"라고 결론짓는다.[110]

마지막으로, 『풀려난 허무』를 마무리하는 7장을 살펴보자. 여기서 브라지에는 자신의 어두운 전망의 전모를 드러낸다. 그 장에서 브라지에가 제시하는 것은 필경 아르투르 쇼펜하우어1788-1860와 에두아르트 폰 하르트만1842-1906 이후로 서양철학에서 가장 철저한 염세주의다. 바로 이 장에서 브라지에는 현시적 이미지와 과학적 이미지의 무성無性의 배후에 어떤 감춰진 존재자도 현존하지 않음을 논의하는 것에서 그런 이미지들의 불가피한 물리적 파괴를 공표하는 것으로 이행한다. 브라지에는 그 장을 평소에는 그가 선호하는 저자가 아닌 니체에게서 인용한, 우주 속에서 인간 지성의 완전한 무의미함과 일시성에 관한 긴 제사로 시작한다. 브라지에가 이해하는 대로 니체의 그 구절은 "허무주의가 품은 가장 불안하게 하는 암시의 정수—유기적 감각이 최초로 출현한 시점에서 인간 지성이 궁극적으로 소멸할 때까지 '아무 일도 일어나지 않았을 것이다'—를 완벽히 제시한다."[111]

---

109. 같은 책, 200.
110. 같은 책, 203.
111. 같은 책, 205.

우리는 이미 죽어 있다. 이것이 브라지에 철학의 중심적인 주장이다. 이를 위해 브라지에는 장–프랑수아 리오타르[1924-1998]의 저서 『비인간』에서 다음과 같은 구절을 인용한다.[112] "리오타르가 지적하는 대로 지금부터 대략 45억 년 후에 태양이 소멸하고, '원초의 방주'[지구를 지칭하는 후설의 용어]가 소각되고, '자기유폐적인 것'[하이데거]이 말소되며, '탈영토화된 것'[들뢰즈]이 증발할 때 [그] 지상의 지평은 지워질 것이다."[113] 태양의 궁극적인 파괴로부터 우리를 구조하는 한 가지 방법으로서 행성의 식민지화를 옹호하는 경향이 있는 사람들에 대하여 브라지에는 그들이 단지 최후의 심판의 날을 연기하고 있을 뿐이라고 답할 것이다. 더 읽어 내려가면 브라지에는 그의 가장 멋진 구절 중 하나를 서술한다. "텅 빈 우주에 흩어져 있는 항성의 신체들은 기본 입자들의 덧없는 폭풍으로 증발할 것이다. 원자들 자체는 더는 현존하지 않을 것"이고 암흑 에너지라고 일컬어지는 여전히 불가해한 힘은 "소멸한 우주를 영원하고 가늠할 수 없는 어둠 속으로 더욱더 깊이 계속해서 밀어 넣을 것이다."[114] 그런 암흑의 우주론적 사유가 비교적 사소한 개인적 문제들을 도외시하는 데 이바지할 수 있다는 것은 의문의 여지가 없다. 그런데 브라지에는 더 포괄적이고 역설적인 결론을 끌어내는데,

---

112. * Jean-Francois Lyotard, *The Inhuman*.
113. Brassier, *Nihil Unbound*, 223.
114. 같은 책, 228.

결국에는 사유-세계 상관물이 멸절될 것이기에 그것은 이미 멸절되어 있다.[115] 당신이 자신의 일시적인 실존의 결과로서 지구에 남기고 싶어 하는 것이 무엇이든 간에 그것은 결국 우주 전체의 퇴화적 붕괴 속에서 무로 돌아갈 것이다. 이런 당혹스러운 결과는 바로 앞서 브라지에가 다음과 같이 서술할 때 가장 명료하게 드러난다. "우주의 소멸은 생물학적 죽음만큼이나 철학이 받아들이지 않을 수 없는 사실이다. 그런데 기이하게도 마치 친숙함이 철학적 적실성의 규준인 것처럼 철학자들은 생물학적 죽음이 아무튼 우주의 소멸보다 더 유의미하다고 가정하는 경향이 있다…."[116]

그런데 브라지에가 우주의 궁극적 죽음을 현시대의 철학적 사유의 한 인자로서 거론하는 것과 관련된 문제는 그것의 '생소함'이라기보다는 오히려 적실하지 않은 원격성이다. 브라지에는 철학이 수십 억 년 후 미래에 일어날 것이라 소문이 난 우주의 소멸 사건에 정초되어야 한다고 주장하고 있는데, 그 사건은 한 세기도 채 되지 않은 우주론적 이론들에 의해 과학혁명이 일어난 지 겨우 네 세기가 지난 시점에 제기되었다. 빅뱅이 실제로 일어났는지, 우주가 소멸하리라는 것은 정말로 불가피한 일인지, 그리고 심지어 물리학자 리 스몰린[1955-]이 『우주의 일생』이라

<hr>

115. 같은 책, 229.
116. 같은 책, 228.

는 흥미로운 책에서 시사하는 대로[117] 각 블랙홀의 내부에 어쩌면 완전히 새로운 우주가 존재할지에 관한 물음들이 과학의 주변부에서는 이미 제기되었다. 우주는 어쩌면 먼 미래에 실제로 소멸할지라도, 그리고 인간의 삶에 대한 이 사건의 함의가 무엇일지 사색하는 것은 흥미로울지라도, 우리는 우리의 생존에 훨씬 더 직접적인 위협들에 직면한다. 이들 위협에는 우리의 현행 생물학적 필멸이 포함된다. 이것은 관측 가능한 일상적 사실인데, 우주의 소멸은 절대 그런 식으로 관측될 수 없다. 게다가 그것들에는 가까운 장래에 불안정해질 기후, 초-역병, 소행성 충돌 혹은 날뛰는 인공지능에 의한 인간의 가능한 소멸도 포함된다. 이들 묵시록적 사건 중 어느 것도 발생하지 않는다고 하더라도 더 불가피하고 직접적인 위협들이 존재한다. H. P. 러브크래프트는 자신이 주고받은 서신 중 어딘가에서 필멸을 기꺼이 받아들이는 것과 관련하여 내가 지금까지 읽은 최고의 옹호 논변을 전개했는데, 그 취지는 다음과 같다. 우리가 나이를 먹음에 따라 현실은 우리 세대의 사람들에게 점점 더 불편해지는 방식으로 계속해서 변화하여 결국에 세계는 우리가 더는 살고 싶어 하지 않을 지경에 이르게 된다. 한편으로 나는 호랑이와 코끼리가 멸종하거나, 곤충이 주요 단백질원으로서 널리 소비되거나, 혹은 내가 알고 좋아하는 한 개 이상의 도시가 핵에 의

---

117. * Lee Smolin, *The Life of the Cosmos*.

해 파괴될 수 있는 미래까지 살고 싶은 마음이 전혀 없다. 이들 가까운 미래 전망은, 먼 미래에 모든 원자가 파괴되는 가설상의 사건은 결코 하지 못하는 방식으로 나를 몸서리치게 하고 나의 실존에 위협을 가한다.

또한 우리는 배후에 도대체 어떤 의미도 감추지 않은 표상의 내재적 부정성에 관한 브라지에의 견해가 그가 생각하는 만큼 염세주의적 결론을 낳는지 의심할 수 있을 것이다. 버클리는 우리가 경험하는 모든 것은 단지 신에 의해 배치된 일단의 이미지일 따름이라고 생각했지만, 결코 염세주의자가 아니었다. 바디우는 브라지에에게 자신의 핵심적인 염세주의적 도구 중 일부를 간접적으로 제공하지만, 인류에 대한 바디우의 전망은 결코 체념적인 것처럼 보이지 않는다. 브라지에가 생각하는 대로 공제적 접근법의 결과는 사실상 우리의 과학적 이미지조차도 궁극적으로 공백의 공허에 의거하고 있다는 것이다. 그런데 이런 본래적 공백과 우주가 파괴된 결과로 인한 공허 사이의 연계는 그다지 명료하지 않다. 내가 보기에는 우리가 공허한 표상 외에는 아무것도 없다는 주장에 낙담하는 경우에만, 우리가 세계는 그보다 많은 것을 제공해야 한다고 사전에 요구했을 경우에만 이런 연계가 성립한다. 브라지에는 우주의 소멸이 유발하는 말로 표현할 수 없는 음울함의 혜택을 누리지만, 니체가 의도한 대로의 영원회귀가 훨씬 더 몸서리치게 하는 관념이다. 소멸된 우주를 위한 브라지에의 끝없는 잠은 우리가 여태까지 견뎌야

했던 일상적인 발가락 부딪힘, 지루한 회의, 고통스러운 수술, 심장마비 그리고 작은 궤양의 끝없는 반복보다 훨씬 더 괜찮은 것처럼 들린다. 어쨌든 우리는 언젠가 죽을 것이라는 사실이 우리는 이미 죽어 있다는 것을 뜻하지 않음은 명백하다. 이 주장은, 직접적인 경험이 아무튼 무엇이든 뒤따르는 것에 어떤 보존된 흔적을 남기지 않는다면 그런 경험은 아무 가치도 없다고 가정한다. 많은 석기시대 사건이 영구적으로 역사에 묻혀 버렸지만, 그렇다고 해서 그런 사건들이 절대 일어나지 않았다거나 혹은 아무 가치도, 아무 의미도 결코 없다고 말하는 것은 잘못일 것이다.

2절의 연습문제

1) 현상학에 대한 브라지에의 비판을 간략히 요약하라.

2) 알랭 바디우는 "존재와 사유는 동일하다"라는 파르메니데스의 테제를 수용하는 반면에 브라지에는 그 테제를 거부한다. 브라지에는 이 테제가 바디우의 철학에 가져다주는 부정적인 결과가 무엇이라고 생각하는가?

3) '일방화'라는 프랑수아 라뤼엘의 개념을 간략히 설명하라. 브라지에가 그 개념이 매우 유망하다고 간파하는 이유는 무엇인가?

4) 브라지에가 우리는 "이미 죽어 있다"라고 말할 때 그가 뜻하는 바는 무엇인가?

5) 브라지에는 한편으로는 과학 이론이 언제나 오류가 있을 수 있다고 강력히 주장하면서 다른 한편으로는 우주의 궁극적 소멸 — 이런 예측 자체가 비교적 최근의 과학 이론이다 — 을 매우 확신하여서 그것이 인간 실존의 무의미성을 입증한다고 생각한다. 이들 두 논점 사이에는 모순이 있는가, 아니면 그것들은 어쨌든 조화를 이룰 수 있는가?

3. 앞에 놓인 길

『풀려난 허무』의 후속 저서가 출간될 때까지는 브라지에가 나아가고 있는 방향에 대한 감각을 얻으려면 지난 10년 동안 발표된 그의 논문들을 살펴봐야 한다. 2007년의 브라지에는 현대 프랑스 철학(바디우, 라뤼엘)과 분석적 심리철학(처칠랜드, 메칭거)을 독특하게 종합하려고 시도한 반면에 사변적 실재론 이후의 브라지에는 그의 초염세주의적 우주론에도 불구하고 오히려 주류 분석철학자 같은 인상을 준다고 말해도 무방하다. 프랑스 철학에 대한 참조는 감소하였고, 브라지에의 주의는 셀라스의 저작에 점점 더 집중되었다. 대륙철학 진영에서 셀라스가 새롭게 부각된 사태는 거의 전적으로 브라지에가 어떤 사람들에게 미친 강한 영향력에서 사실상 기인한다. 내게는 브라지에의 최근 논문 중 두 편이 오늘날 그의 지적 위상을 이해하는 열쇠인 것처럼 보인다. 나는 그 두 논문을 각기 주제적인 견지에서 논의하기보다는 오히려 연대순으로 논의할 것이다. 「프로메테우스주의와 그 비판자들」(2004)이라는 논문으로 시작할 것이다.[118] 그 이유는 브라지에와 그의 추종자들이 '프로메테우스주의'를 자신들의 집단을 지칭하는 브랜드명으로 내세웠기 때문이다. 그다음에 브라지에의 논쟁적이지만 유익한 「개념과 객체」(2011)라는 논문을 살펴볼 것이다.[119] 이 논문은 2007년 이후로 출간된 그의 가장 중요한 저작임이 틀림없다.

앞서 우리는 브라지에가 자신의 철학을 계몽주의적 기획을 급진적으로 확장하는 것으로 여긴다는 사실을 알게 되었다. 계몽주의적 기획의 목표는 전통과 미신을 이성이 발견한 해방적 결과로 대체하는 것이다. 계몽주의의 한 가지 중요한 측면은 제한 없는 개선이 투사될 수 있는 지평으로서의 미래에 주목한다는 것이다. 보수주의자들은 언제나 이런 투사에 이의를 제기하지만, 최근 수십 년에 걸쳐 정치적 진보주의자들조차도 근대주의가 여전히 실행 가능한 선택지인지 의문시하는 것이 더 흔한 일이 되었다. 근대주의에 대한 이의는 다양한 주제와 관계가 있지만, 「프로메테우스주의와 그 비판자들」에서 브라지에가 우선 거론하는 것은 정치다. 정치적 계몽주의에 대한 새로운 진보주의적 비판자들은 "우리가 희망할 수 있는 최선의 것은 정치

---

118. * Brassier, "Prometheanism and its Critics."

119. * Ray Brassier, "Concepts and Objects."

적·인지적 야망의 크기를 급진적으로 축소하는 마음가짐을 통해서 시민적 정의를 실현하는, 순식간에 사라지는 국소적인 고립 지역들을 구축함으로써 보편적 부정의를 소규모로 교정하는 것이라고 역설했다."[120] 이런 유보적 태도의 뿌리에 있는 것은 한 특정한 역사적 경험이다. "좌파든 우파든 간에 이들 서사는 갈릴레오 이후에 자연의 합리화를 옹호한 합리주의에서 전체주의의 악으로 똑바로 나아간다."[121] 여기서 함축된 준거는 아무도 계몽주의적 인물이라고 일컫지 않을 히틀러가 아니고 오히려 20세기 정치적 좌파의 치유되지 않은 큰 외상인 스탈린주의다. 또한 우리는 바디우가 공개적으로 회복시키고자 한 마오주의도 언급할 수 있을 것이다. 이들 운동의 과도한 행위들은 제쳐놓고, 브라지에는 우리에게 "상황은 마땅히 그러해야 하는 대로의 것이 아니라는 주장의 규범적 지위를 옹호하도록" 촉구한다.[122] 이렇게 해서 브라지에는 그 논문 제목에서 핵심이 되는 낱말을 규정하게 된다. "프로메테우스주의란 우리가 성취할 수 있는 것에 대하여, 혹은 우리가 우리 자신과 우리 세계를 변화시킬 수 있는 방식에 대하여 사전에 정해진 한계를 가정할 이유가 전혀 없다는 주장일 따름이다."[123] 브라지에에게 이것은 과

---

120. Brassier, "Prometheanism and its Critics," 469.
121. 같은 곳.
122. 같은 글, 470.
123. 같은 곳.

학적 합리성이 우리가 앞으로 나아갈 길을 가리켜야 한다는 점을 뜻함은 말할 필요도 없다. 게다가 메칭거를 모방하여 브라지에는 프로메테우스주의가 "자아 없는 주관주의"를 요구한다고 말한다.[124]

브라지에는 전혀 거리낌 없이 자신을 가로막는 사상가들을 거명한다. 그의 궁극적인 과녁은 "주관주의적 주의주의主意主義에 대한 비판"을 제기하는 하이데거다.[125] 더 구체적으로 브라지에는 자유주의적 정치철학자 한나 아렌트1906-1975와 아렌트를 추종하는 장-피에르 뒤피1941- 에게서 찾아볼 수 있는 하이데거의 전유에 대하여 비판적이다. 이와 관련하여 「나노윤리의 철학적 토대에 있어서 몇 가지 문제」라는 뒤피의 시론이 꽤 상세히 고찰된다.[126] 나노기술과 생명공학, 정보기술, 인지과학(약어로 NBIC)[127]에 관한 문제들이 지금까지 이들 발전의 궁극적 결과에 대한 우리의 무지에 의거하여 '인식론적으로' 잘못 해석되었다고 뒤피는 강력히 주장한다. 오히려 뒤피는 NBIC가 그런 기술들이 좋기도 하고 또한 나쁘기도 한 '존재론적' 상황을 가리킨다고 주장한다. 하이데거와 아렌트에게 크게 의지

---

124. 같은 글, 471.

125. 같은 곳.

126. * Jean-Pierre Dupuy, "Some Pitfalls in the Philosophical Foundations of Nanoethics."

127. * 'NBIC'는 nanotechnology, biotechnology, information technology, and cognive science를 가리킨다.

하는 뒤피는 인간이 어떤 본성을 지니고 있기보다는 오히려 어떤 조건, 우리의 독특한 초월성에 의해 규정되는 조건을 갖추고 있다고 여긴다. 이렇게 해서 우리는 동물 및 여타의 다른 것과 절대적으로 다르게 된다. 그러므로 브라지에가 뒤피의 입장을 서술하는 대로 "인간의 실존을 어떤 고정된 경험적 특성들의 목록에 편입함으로써 평평하게 하는 것은 인간이 되기에 고유한 것과 고유하지 않은 것 사이의 실존적 차이를 사라지게 한다 … "[128] 아렌트의 경우와 마찬가지로 뒤피의 경우에도 "인간의 조건은 주어진 것들과 만들어진 것들의 불가분한 혼합물이다."[129] 게다가 이 혼합물은 교란되면 우리를 위태롭게 할 뿐인 취약한 균형 혹은 평형으로 특징지어진다. 브라지에의 경우에 그는 "이처럼 만들어진 것과 주어진 것 사이의 '취약한 평형'을 고려해야 한다는 주장이 프로메테우스주의에 대한 뒤피의 철학적 비판에서 근본적인 것이라고 〔여긴다〕."[130] 인간을 세계와 자신에 대한 자유롭고 의식적인 고안자라고 여기는 점에서 프로메테우스주의자는 맑스와 하나가 되는 반면에 뒤피는 자신이 깊이 품은 하이데거주의적 성향으로 인해 이런 태도를 "인간 실존 — 유한한 초월성으로 제대로 이해된다 — 의 형이상학적 사물화"로 여기게 되고,[131] 따라서 주어진 것과 만들어진 것 사이의

---

128. Brassier, "Prometheanism and its Critics," 473.
129. 같은 글, 474.
130. 같은 곳.

균형을 선도하는 것으로 여기게 된다. 이런 균형은 프로메테우스주의자가 "만들어진 것과 주어진 것 사이의 평형을 〔파괴〕"할 때 위태롭게 되는데, "프로메테우스적 위반은 주어진 것을 만들기에 있다."[132]

'균형'에 대한 요구가 종종 문명의 주요한 측면들을 그대로 남겨두기를 바라는 반동적 형식을 취하는 한에서 브라지에의 논변은 강력한 호소력을 지니게 된다. 특히 브라지에는, 고통과 질병, 죽음이 인간 조건의 제거할 수 없는 면모들이고 "미리 정해진 어떤 한계 너머 생명을 연장하거나 건강을 개선하기를 바라는 것은 '터무니없다'"라고 여기는 철학자 이반 일리치 1926-2002의 견해를 언급한다.[133] 프로메테우스주의가 끔찍한 질병은 가능하다면 근절되어야 한다는 것을 뜻하는 한에서 그 사상은 확실히 지지할 가치가 있다. 오늘날 누군가가 어린이들에게 확고부동한 의지를 가르치는 한 방식으로서 무시무시한 천연두나 소아마비의 귀환을 바란다면 터무니없을 것과 마찬가지로 19세기에 마취에 반대하는 주장을 펼친 사람들이 오늘날에는 올바르게도 우리에게 터무니없다는 인상을 준다. '균형'을 옹호하는 도당이 무릅쓰는 영구적인 위험은 그들이 자의적으로 진보를 자신들이 우연히 서 있는 바로 그 지점에 동결시

---

131. 같은 글, 477.
132. 같은 글, 478.
133. 같은 글, 479.

키기를 바란다는 것이다. 필멸성의 문제에 여전히 직면해 있는 2017년의 사람들은 다양한 방식으로 그런 전망에 대처하는 방법을 배웠다. 예를 들면 하이데거가 주장하는 대로 우리 자신을 우리의 궁극적인 죽음을 향해 투사하는 구상은 존재를 위한 우리의 잠재력에 대한 더 진정한 감각을 얻는 데 도움이 될 것이다. 그런데 이로부터 물리적 죽음은 인간 조건의 본질적 요소로서 반드시 간직되어야 한다는 점이 명백히 도출되지는 않는다. 대다수 사람은 가까운 미래에 생명과 건강이 의학적으로 무한정 연장될 수 있을 것이라는 점을 알게 되면 몹시 기뻐할 것이다. 일부 사람은 그런 기술을 거부하고 지금까지 여타의 인간이 그러했던 대로 자기 죽음에 용감히 대처할지라도, 많은 혹은 대부분의 사람은 새로운 생명 연장 기술을 받아들여서 추가로 수 세기 혹은 수천 년 동안의 실존을 유익하게 향유할 것이다. 열렬한 무신론자인 브라지에는 종교가 프로메테우스주의적 가능성에 대한 부적절한 태도를 일반적으로 지니고 있다고 비난한다. "모든 종교의 근원에는… 고통은 해석되어야 하고 의미를 부여받아야 한다는 것이라는 취지에서 … 고통은 유의미하다는 주장이 놓여 있다."[134] 이것은 종교의 기능 중 하나가 참을 수 없는 고통에 직면했을 때 위안을 제공하는 것인 한에서 진실임이 확실하다. 종교는 종종 우연히 현재(혹은 최근 과

---

134. 같은 글, 481.

거의 선호되는 시기, 예컨대 1950년대)의 조건에 해당하는 것이 우리가 절대 벗어나지 말아야 하는 자연적 평형이라는 반동적인 단언의 근거가 되는 것도 마찬가지로 진실이다. 그런데도 종교는, 브라지에가 문명의 전진으로 그것이 제거되기를 아무리 절실하게 바랄지라도, 철저히 프로메테우스주의적인 미래에서도 궁극적인 불확실성을 다루는 방식으로서 자신의 자리가 있음이 확실하다.

어쨌든 브라지에는 올바르게도 다음과 같은 뒤피의 암묵적으로 하이데거주의적인 입장을 미심쩍게 여긴다. "일단 인간임이 더는 다른 한 종류의 차이―실존―가 아니라 그저 다른 한 종류의 존재, 즉 하나의 특별히 복잡한 자연적 메커니즘일 뿐이라면 문제는 우리가 우리 자신을 설명하고 이해하려는 시도의 방향을 정하는 목표나 목적을 투사할 수 있게 한 매개물로서의 의미형성 자원을 잃어버리게 될 위험이 수반된다는 것이다."[135] 누군가가 어떤 기기들―그것들이 삶을 더 편리하고 쾌적하게 만들 따름이더라도―을 금지된 위반물로 간주하는 데 현존재의 본질적 유한성에의 호소가 사용될 수 있음을 알려면 우리는 단지 타자기에 대한 하이데거의 기이한 적대감을 떠올리기만 하면 된다. 그런데 우리는 다음과 같이 진술할 가상의 반프로메테우스주의자를 향한 브라지에의 태도에 반대해야 한다. "맑스

---

135. 같은 글, 483.

주의는…만들어진 것과 인식된 것 사이의 차이를 숨기는 결점이 있다. 인간에 의해 만들어진 것만이 인간에 의해 인식될 수 있다."[136] 브라지에는 인간에 의해 만들어진 것뿐만 아니라 주어진 것도 마찬가지로 인식될 수 있기에 둘 다 인간의 자유로운 의식적 조작의 대상이 되어야만 한다고 주장하고 있는 것처럼 보인다. 반면에 나는 인간에 의해 만들어진 것도, 주어진 것도 마찬가지로 인식될 수 없지만 아무튼 둘 다 ─ 어떤 조건 아래서 ─ 조작의 대상이 될 수 있다고 주장할 것이다. 이런 까닭에 공교롭게도 나는 "우리가 생명을 창조할 수 있는 역능을 획득하게 되더라도 우리는 생명을 창조하지 말아야 한다"라는 반프로메테우스주의적 주장에 대한 브라지에의 회의적인 대응에 동의하게 된다.[137] 메리 셸리의 소설 『프랑켄슈타인』의 교훈은, 우리는 정상적인 인간의 창조 영역을 넘어서는 것을 창조하지 말아야 한다는 것이 아니라 오히려 그런 창조는 프로메테우스주의자든 그렇지 않든 간에 모든 인간이 예측할 수도 방지할 수도 없는 결과를 낳는다는 것일 따름이다.[138] 반프로메테우스주의자가 "당신은 불균형을 실존에 도입해 버렸다"라고 큰 소리로 말할 때[139] 우리는 조용히 모든 창조는 불균형을 초래한다

---

136. 같은 글, 484.

137. 같은 곳.

138. * Mary Shelley, *Frankenstein*. [메리 셸리, 『프랑켄슈타인』.]

139. Brassier, "Prometheanism and its Critics," 485. 강조가 제거됨.

고 응답해야 한다. 최근 기억의 범위 내에서도 신문과 우편 업무, 비디오 대여 사업이 신기술에 의해 쓸모없어져 버렸다. 이것은 맑스는 찬양했지만 너무나 많은 현대의 좌파 인사가 습관적으로 한탄하는 파괴의 일종이다. 브라지에는 "모든 진보는 무자비하고 난폭하다"라는 J. G. 밸러드의 진술을 수긍하듯 인용하면서 "사실상 합리성에는 반복되는 한 가지 만행이 있다. 그런데 모든 만행이 동등하다는 주장에는 일종의 감상주의가 잠재되어 있다…"라고 덧붙인다.[140] 그리고 브라지에는 계속해서 매우 올바르게도 "현상을 우회하거나 한정하거나 조작하려는 모든 시도는 본질적으로 병리적이라는, 자주 반복되는 주장…"을 공격한다.[141] 브라지에는 "더 합리적인 근거에 의거하여 우리 자신과 우리 세계를 개량하기라는 [맑스주의적이고 바디우주의적인] 기획"에 경의를 표함으로써 마무리한다.[142]

그런데 어떤 의미에서 브라지에는 프로메테우스주의에 너무나 수월하고 너무나 쉬운 목표를 제공한다. 브라지에와 같은 부류의 독자층을 갖춘 저자가 종교를 저격하는 것은 힘들지 않고, 고통이나 필멸성은 본래적으로 유의미하기에 인간의 오만에 의해 제거되지 말아야 한다는 주장에 이의를 제기하는 것도 어렵지 않다. 그런데도 근대주의가 난관에 부딪힌

---

140. 같은 글, 486.

141. 같은 곳.

142. 같은 글, 487.

몇 가지 충분한 이유가 있으며, 적어도 이 시론에서 브라지에는 이들 난관을 그다지 직시하지 않는다. 브라지에가 서둘러서 바디우를 정치적 프로메테우스주의를 상징하는 인물로 찬양하기에 명백히 초근대주의적이고 초프로메테우스주의적인 중국 문화대혁명 — 무수한 잔혹행위를 초래한 운동 — 에 대한 바디우의 지속적인 지지에 관해 브라지에에게 묻는 것은 공정하다. 이 논점을 제기하는 것은, 전체주의에 대한 많은 비판이 그렇듯이 최선이 최악으로 반전되지 않도록 사람들은 감히 최선의 것을 시도하지 말아야 한다고 요구하는 어떤 종류의 소심한 신중함에 반드시 빠져드는 것은 아니다. 그것은 단지 계몽주의 자체에 내재하고 적어도 세 가지 위험을 수반하는 과잉의 가능성을 지적하는 것일 뿐이다.

첫 번째 위험은 내가 외삽주의라고 일컬을 위험이다. 브라지에는 근대의 역사를 감탄하며 되돌아보면서 계몽주의가 부패한 성직자들과 기만적인 종교, 열등한 학문, 억압적인 구체제, 다수의 끔찍한 질병, 공공연히 제도화된 노예제를 몰아내는 것을 주시한다. 이들 투쟁의 결과는 명백히 유익한 것처럼 보여서 브라지에는 그냥 자신의 상상 속에서 그 계열을 연장하여 앞으로 투사할 따름이다. 브라지에에게 "상황은 마땅히 그러해야 하는 대로의 것이 아니다"라는 주장이 뜻하는 바는 우리가 철저히 밀어붙여야 했을 때 충분히 나아가지 못했다는 것이다. 우리에게는 과거에 끊임없이 누군가가 타파하려고 감행했던 것보다도 훨씬 더 소박하고 비과학적인 믿음을 타도할 더 급진적인 계몽주의가 여전히 필요하다. 브라지에는 우리가 진보를 위한 모델을 이미 알고 있다고 생각하고, 따라서 우리는 모든 반동적인 반대에도 불구하고 그것을 밀어붙일 용기가 필요할 따름이다. 문제는 역사가 결코 이런 식으로 무한정 작동하지 않기에 브라지에가 제시하는 방식으로 외삽될 수 없다는 것이다. 이전의 소극적이고 무성의한 조치의 급진적인 외삽이 바로 우리에게 필요한 것이 되는 시기들이 있음 — 철학과 정치를 비롯한 모든 분야에서 — 이 틀림없다. 하지만 궁극적으로는 흥미진진한 새로운 관념이 자신의 한계에 부닥치면서 자신에 올바르게 저항하는 것을 맞닥뜨리기 시작하는 시점이 언제나 도래한다. 근대 철학은 관념론에 점점 더 대담하게 경도되면서 마침내, 브라지에가 가장 먼저 동의할 것처럼 더는 해방적 관념이 아니게 되는 지경에 이르게 된다. 전 지구적 탐사 덕분에 유럽 사회의 자아 개념은 혁명적으로 바뀌게 되지만, 지구의 지도가 완전히 작성되고 제국이 자신의 승리와 착취에 빠져들게 되면서 더는 바뀌지 않는다. 산업 발전은 세계의 경제를 급진적으로 전환하지만, 따뜻해지는 대기와 혹독한 허리케인은 우리가 거주하는 환경의 한계를 가르쳐준다. 근대주의적인 계획적 주거지는 거주할 수 없을뿐더러 범죄가 들끓는 지역이 되고, 계획도시는 교통지옥으로 바뀌며, 인민의 혁명은 대량학살 기획이 된다. 브라지에의 저작에서 내가 찾아내지 못하는 것 중 하나는 그가 관념이 현실과 충돌하는 국면들에 관한 교훈을 숙지하고 있음을 나타내는 어떤 표식이다. 오히려 브라지에의 암묵적 경향은 그런 쟁점들을 오직 자신들의 기득권을 빼앗기지 않을까 두려워하는 종교적 자본가들에 의해서만 제기되는 사이비 문제로 일축하는 것이다.

이렇게 해서 우리는 브라지에가 직면하는 두 번째 위험에 이르게 된다. 그 위험은 브라지에가 지식은 아무튼 '적합'의 형식일 수는 있지만 '대응'의 형식일 수는 없음을 인식하고 있음에도 정치를 지식의 한 형식으로 간주하는 경향이다. 말하자면 브라지에는 원칙적으로 우리의 정치적 관념이 정치적 현실에 정확히 부합하지는 않는다는 점을 잘 알고 있음이 당연함에도 불구하고, 아무튼 그는 실재에 적합한 정치가 가능하다고 확신하는 것처럼 보인다. 브라지에가 바디우를 모든 사유의 노력과 상이한 것을 파악하는 데 어려움을 겪는 '예지중심주의적' 관념론자로 여긴다는 사실에도 불구하고 어떤 보편화할 수 있는 혁명적 사건에 대한 절대적 충성을 지지하는 바디우에게서 자신의 최근 정치적 모델을 보는 것은 특히 우려스러운 일이다. 정치에 대한 우리의 근본적인 무지를 이에 수반되는 적절한 정도의 신중함을 갖추고서 고려하지 않는 모든 정치적 신조는 정치적 관념론이 될 위험이 있다.

세 번째이자 마지막 위험은 브라지에가 정치를 언급하는 경우에 그것은 언제나 자유롭게 구성하는 인간 주체의 주의주의

主意主義에 의거하여 이루어진다는 것이다. 그런데 정치는 단지 인간 주체로만 이루어져 있지는 않은데, 또한 인간 사회를 안정시키는 역할을 수행하는 수많은 생기 없는 객체로도 구성되어 있다. 세계의 '취약한 균형'에 주의를 기울여야 한다는 관념에 대하여 브라지에가 가하는 때로는 근거가 있는 공격에도 불구하고, 지금으로서는 우리가 특별히 취약한 균형을 직시해야 하는 역력한 현실, 대체로 인간이 통제할 수 없는 현실이 존재한다. 브라지에가 존중한다고 공언하는 맑스주의조차도 초래한 끔찍한 환경 파괴를 참작하면, 현 상황에 대하여 단지 자본주의나 '신자유주의'를 비난하는 것만으로는 충분하지 않을 것이다. 세계를 원하는 대로 무한정 형성하는 인간만을 언급할 따름인 모든 정치 이론은 적어도 우리의 환경적 한계에 관한 물음을 다루어야 하는데, 그 이론이 죽음과 질병, 모든 무의미한 고통의 종식을 조장할 수 있다고 가설적으로 호언장담하더라도 말이다.

이제 2011년에 발표된 「개념과 객체」라는 논문을 살펴보자. 이것은 공동으로 집필된 골드스미스 강연 원고 다음으로 가장 많이 인용된 브라지에의 논문이고, 『풀려난 허무』 이후로 브라지에의 가장 중요한 글임이 틀림없다. 그 논문의 주요 장점은 철학에 관한 기본적인 물음과 관련된 솔직한 주장에 있다. "사유는 존재에의 보증된 접근이 아니다. 존재는 본래적으로 사유될 수 없는 것이다. 개념을 통하지 않고서는 실재적인 것에 인지적으로 진입할 수 없다. 하지만 실재적인 것 자체는 우리가 그것을 인식하게 되는 수단인 개념과 혼동되지 말아야 한다. 철학의 근본 문제는 이들 두 주장을 조화시킬 방법을 이해하는 것이다."[143] 여기서 브라지에의 생각에 내포된 중심 역설이 드러난다. 사유와 존재 사이에는 메이야수와 대다수 과학적 실재론자에게서 나타나는 것과 같은 동형성이 존재하지 않는다. 그런데도 "사유에서 존재로 이어지는 설명적 다리를 구축하는 것은 개념적 합리성의 임무가 된다."[144] 브라지에는 자신의 도구 상자에 그 밖의 가용 도구가 거의 없더라도 오직 개념적 합리성만이 이런 부담을 짊어져야 하는 이유를 우리에게 말해주지 않는다. 궁극적으로 브라지에에게는 '개념적 합리성'이 그저 일종의 합리성에 불과한 것이 아니라 오히려 유일한 종류의 합리성이다. 우리는 브라지에가 가장 빈번히 개념적 합리성과 구분하는 사조, 즉 현상학을 살펴봄으로써 이 어구를 더 잘 이해할 수 있게 된다. 이 사조에는 하이데거가 추구하는 해석학적 현상학이 포함된다. 하이데거는 후설과 마찬가지로 실재를 직접 보이기보다는 오히려 해석되어야 하는 것으로 여긴다. 이 주제에 관하여 브라지에는 다음과 같이 진술한다. "존재에 대한 형이상학적 탐구는 존재에 대한 탐구자의 해석학적 해석으로, 그리고 탐구자

---

143. Brassier, "Concepts and Objects," 47.
144. 같은 곳.

가 사물들이 존재하는 방식을 이해하는 다양한 방법으로 축소될 수 없다."[145] 또한 브라지에는 우리에게 "의미와 존재 사이의 현상학적 얼버무림을 〔회피하〕"라고 촉구한다. 이는 현상학의 선천적인 결함에 대한 완전히 타당한 실재론적 응수다. 브라지에는 훌륭한 기본적인 실재론적 정식 ─ 이 정식에 그는, 우리는 실재적인 것을 알 수 있는 우리의 능력에 대한 예비적 평가를 통해서 실재론적 존재론을 위한 길을 닦아야 한다는 주장을 덧붙인다 ─ 으로 논박한다. "우리는 무언가가 우리가 그것의 존재를 구상하고 해석하며 이해하는 행위와 독립적으로 존재한다는 것이 어떠한 것인지에 대한 적절한 이해에 도달해야 한다. 하지만 이런 일은 우리가 사물이 무엇인지 구상하고 이해하며 해석할 수 있는 우리 능력의 기원과 범위, 한계를 확고히 파악하고 있는 경우에만 이루어질 수 있을 것이다."[146] 그런데 개념적 실재의 경우에 해석학적 현상학이 그것의 유일한 적인 것은 아니다. 브라지에가 지나가는 길에 들뢰즈를 언급할 때 입증하는 대로 "존재를 차이로 구상하는 보편적 개념 ─ 여기서는 구상 역시 존재에 있어서 또 하나의 차이다 ─ 의 옹호자들은 사실상 '어떤 차이가 실재적인가?'라는 형이상학적 물음을 차이의 실재성에 대한 긍정으로 대체할 것이다. 분화가 실재의 유일하고 충분한 지표가 된

---

145. 같은 글, 48.
146. 같은 곳.

다."[147] 들뢰즈주의적 '내재성'과 '존재의 일의성'을 신봉함으로써 우리는 "생각과 의미, 존재의 전前 비판적 융합"이라는 큰 대가를 치르게 되며,[148] 결과적으로 브라지에가 매우 높이 평가하는 인식론적 문제들을 차이의 놀이 전체로 흡수하는 범심론을 낳게 된다.

이런 예비적인 비판적 논의에 의거하여 브라지에는 몇 가지 더 일반적인 주장을 제기한다. 이들 주장은 모두 브라지에가 곧 수행할 라투르 비판과 관련이 있다. 브라지에는 우선 "모든 것은 실재적이다"라는 들뢰즈의 주장이 "지독히 정보 가치가 없다"라고 말한다.[149] 사실상 그런 주장은 모든 철학에서 이루어지는 최초의 조치에 불과할 수 있지만 결코 정보 가치가 없지 않고, 게다가 '지독히' 정보 가치가 없는 것이 아님은 확실하다. 최소한 모든 것을 동일한 발판 위에 두는 평평한 존재론으로 시작하는 것은 합리주의적 편견으로부터 우리에게 넘겨진 세계의 통상적인 분류 ─ 무엇보다도 브라지에가 들뢰즈주의적 일의성에 맞서 고수하는 사유와 세계 사이의 구분 ─ 를 공격하는 한 방법이다. 브라지에는 이런 구상에 확실히 짜증을 낼 것이지만, 사유와 세계라는 두 극이 모두 파생되는 더 깊은 층을 먼저 식별하면서 작업을 행하기보다는 오히려 사유와 세계 사이의 절

---

147. 같은 곳.
148. 같은 곳.
149. 같은 곳.

대적 차이로 시작하는 철학들을 가리키는 수사로서 '속류 분류학적'이라는 용어보다 더 나은 용어를 나는 생각할 수 없다. 브라지에는 사유를 세계에서 일어나는 다양한 사건 중 또 하나의 사건일 따름이라고 여기는 적들에 관해 말할 악의적인 것들이 모자라지 않지만, 그런데도 그는 특별히 이들 두 영역 사이에 그런 엄청난 간극이 존재해야만 하는 이유를 결코 성공적으로 밝히지 못한다. 브라지에는 또다시 라투르 비판을 예고하면서 우리에게 "지식은 정보가 아니다. 안다는 것은 목적과 무관하게 무조건 진리의 규범에 일치하는 주장을 시인하는 것이다. 반면에 정보의 전달과 변환은 어떤 시인도 필요하지 않다. 정보는 결코 '참' 혹은 '거짓'이 아니라 어떤 목적에 상대적으로 적절하거나 혹은 부적절할 수 있다"라고 말한다.[150] 여기서 우리가 알게 되는 것은 단지 정보와 지식 사이의 존재론적 종류 차이에 대한 단언일 뿐이다. 중력 방정식과 씨름하는 아인슈타인과 허리케인에 가지가 휘는 야자수 사이에 중요한 차이가 있음은 틀림없다. 모든 사람이 그것에 동의할 것이다. 그런데 브라지에는 그들 사이의 차이 이상의 것을 옹호하는 논변을 펼치고 있다. 요컨대 그는 매우 근본적이어서 존재론의 바로 그 토대에 내장되어 있어야 하는 차이를 옹호하고 있다. 그런데 브라지에는 이런 물려받은 근대주의적 편견에 대한 좋은 이유를 결

---

150. 같은 글, 49.

코 제시하지 못하고 단지 그 문제를 다르게 바라보는 (들뢰즈와 라투르를 비롯한) 사람들을 조롱하는 데 만족하고 있을 뿐이다. 대다수 과학적 실재론자와는 달리 브라지에는 진리 대응설에 관한 어떤 관념도 거부하고, 따라서 '지식'의 특별한 존재론적 지위를 대응 없는 적합을 통해서 분명히 밝혀야 하는 복잡한 일이 추가된다. 이 주제는 『풀려난 허무』의 핵심 구절에서 환기되지만 또다시 결코 실제로 규명되지는 않는다. 여기서 제기되는 브라지에의 유일한 실제 주장 ― 그리고 이것은 대체로 철학자가 제기하는 주장이 아니다 ― 은, 과학은 우리에게 세계에 관한 어떤 특권을 갖춘 종류의 진리를 제공하는 것으로 널리 인식된다는 것과 이런 진리는 지식과 여타 종류의 힘의 전달 사이에 현격한 차이가 존재하지 않는다면 위태로워질 것이라는 점이다.

행위자-네트워크 이론에 대한 브라지에의 비판을 살펴보기 전에 두 가지 다른 논점을 정리하자. 첫 번째 논점은 브라지에가 다음과 같이 말할 때 드러나는 대로 그의 뿌리 깊은 자연주의적 편향성과 관련되어 있다. "의미는 실재의 원래적 구성요소로서도 언급될 수 없고…세계에 대한 접근의 원래적 조건으로서도 언급될 수 없다. … 의미는 상위인격적인 (사회문화적) 층위뿐만 아니라 하위인격적인 (신경계산적) 층위에서도 작동하는 무의미하지만 제어하기 쉬운 메커니즘들을 통해서 생성되는 조건화된 현상으로 인식되어야 한다. 이것은 자연주의적 명령이다."[151] 그것은 어쩌면 자연주의적 명령일 것이지만, 그렇다고 해서 자연주의는 참이라고 사전에 가정되지 않는다면 그것이 철학적 명령이 되는 것은 아니다. 또한 여기서 우리는 양방향 환원주의를 떠올릴 수 있는데, 그리하여 앞서 인용된 구절은 OOO가 '이중 환원하기' — 한 사물을 그것의 구성요소들로 아래로 환원하는 동시에 그것의 효과들로 위로 환원하는 한편으로 그 사물 자체는 이것들의 외부에 있지 않은 것이라고 가정하는 구상 — 로 비판하는 것의 훌륭한 일례가 된다.[152] 브라지에는 의미란 하이데거가 생각하는 대로의 것이 아니라 오히려 하위인격적인 신경 계산적 과정들 및 상위인격적인 사회문화적 과정들의 조합이라고 단언한다. 자연주의가 진정한 실재론이 아니고 오히려 단지 신경과 사회를 그 사이에 속하는 모든 것보다 특권시하는 속류 환원주의일 뿐이라는 더 명료한 증거는 있을 수 없을 것이다. 이 점은 언급되어야만 한다. 그 이유는 내가 (브라지에와 그의 추종자들에 의해 대표되는) 대륙적 자연주의가 비길 데 없는 철학적 엄밀함에 대한 명성을 아무 노력 없이 얻은 것이라고 여기기 때문이다. 긍정적인 측면을 살펴보면, 어떻게 해서 "즉자의 청산이 … 상관주의가 인식론적 절제에서 존재론적 방탕으로 빠져드는 사태를 나타내"는지를 한탄할 때 드러나는 대로

---

151. 같은 글, 48~9.

152. Graham Harman, "Undermining, Overmining, and Duomining."

브라지에가 칸트주의적 본체에 경의를 표하는 행위는 칭찬할 만하다.[153]

이제 라투르주의적 행위자-네트워크 이론에 대하여 브라지에가 다섯 쪽에 걸쳐 매우 논쟁적으로 제기하는 비판을 살펴보자.[154] 브라지에가 라투르에게 관여하는 맥락을 인식하는 것이 중요하다. 브라지에는 단지 『비환원』이라는 글 — 『프랑스의 파스퇴르화』라는 책의 확실히 중요한 부록으로 출판된 글 — 에서 전개된 라투르의 철학만을 아는 것처럼 보인다.[155] 브라지에의 라투르 비판은 라투르의 영향을 받은 OOO에 대한 대리 공격으로 이해될 수 있을 따름이다(OOO는 「개념과 객체」 51쪽의 풍자적인 각주 8에서만 언급될 뿐이지만 말이다). 브라지에가 라투르에게 그다지 진지하지 않게 관여한다는 것과 그 감춰진 목적이 OOO에 대한 우회적 비판이라는 것을 참작하면 브라지에의 진술은 결국 다양한 유용한 것과 그다지 유용하지 않은 것의 혼합물이 된다. 때로는 라투르의 철학적 입장의 결점에 대한 정당한 설명이 제시되지만 때로는 라투르의 작업의 배후에 감춰져 있다고 하는 은밀한 동기에 대한 사변적 비판이 나타난다. 때때로 브라지에는 서로 명시적이고 공공연히 의견이 불일치하는 주제들에 관하여 라투르와 OOO를, 심지어 라투르와 '포스

---

153. Brassier, "Concepts and Objects," 49.

154. 같은 글, 51~5.

155. * Bruno Latour, *Irreductions*.

트모더니즘'을 암묵적으로 뭉뚱그려 다룬다. 다른 부분들에서 브라지에는 행위자-네트워크 이론의 '궤변술'에 맞서 과학적 인식론의 중요성을 적나라하게 천명한다. 그런데 과학적 인식론을 옹호하는 그의 변론은 매우 단정적이어서 이미 브라지에주의로 개종한 사람들에게만 들려주기 위해 의도된 것처럼 보일 뿐이다.

브라지에의 비판은 라투르를 지지하는 OOO도 부분적으로 동의하는 한 가지 논점으로 개시된다. 브라지에는 다음과 같이 주장한다. 라투르의 철학에서는 "본체적인 것을 인식하라는 형이상학적 명령이 일몰에서 산타클로스에 이르기까지 모든 외양의 실재성을 구출하는 데 더 좋도록 외양과 실재의 인식론적 구분을 포기하는 포스트모던 '비환원주의'에 의해 철회된다."[156] 라투르가 본체적인 것을 거부함은 틀림없다(그것을 '인식하라'는 브라지에의 요구는 본체적인 것을 언급하는 기묘한 방식이지만 말이다). 라투르의 행위자-네트워크 형이상학에서 사물은 단적으로 그것이 행하는 것이다. 이것은 미국 실용주의와 알프레드 노스 화이트헤드1861-1947의 영향을 반영할 뿐만 아니라 알기르다스 그레마스1917-1992의 기호학의 영향도 반영한다. OOO는 거듭해서 라투르가 물자체를 거부하는 점을 비판했다. 불명료한 것은 브라지에가 본체를 거부하는 라투르의 태도가,

---

156. Brassier, "Concepts and Objects," 51.

예컨대 헤겔 혹은 바디우의 유사한 태도보다 훨씬 더 불쾌하다고 여기는 이유다. 추정컨대 이것은 라투르의 반反본체적 태도 자체 이외의 라투르 철학의 측면들에서 기인한다. 어쨌든 라투르에게 본체적 영역이 없는 이유는 그가 세계는 전적으로 네트워크들로 결합한 행위자들로 이루어져 있다고 여기기 때문이다. 그리하여 이들 행위자 중 어느 것도 자신의 현행적 행위들을 넘어서는 어떤 잉여도 포함하지 않고 있다. 이런 과장된 행위의 존재론은 라투르에게 사회과학을 위한 강력한 방법을 제공하며, 현재 그는 전 세계 사회과학 분야에서 가장 유력한 연구자 중 한 사람이다. 어떤 상황을 살펴보든 간에 중요한 것과 중요하지 않은 것에 대한 어떤 사전 결정도 내리지 않은 채로 단지 "행위자들을 쫓아라." 그런데도 이 방법은 『형이상학』의 9권(Θ)에서 제시된 메가라학파에 대한 아리스토텔레스의 비판까지 거슬러 올라가는, 철학에서의 '현실주의' 비판에 위배된다.[157] 라투르의 반본체적 견해는 존중할 만한 철학적 입장이라는 것은 여전히 옳다(그렇다 하더라도 나는 공교롭게도 그 견해가 유효하지 않다고 생각한다). 그 견해는 하나의 하찮은 수사법적 책략이라고 그냥 일축당하기보다는 오히려 그 장점들과 관련하여 비판받아야 한다. 불행하게도 그런 식으로 일축하는 태도가 라투르에 대한 브라지에의 견해를 잘 서술한다. "라투르는 무언

---

157. Aristotle, *Metaphysics*, Book Theta, Ch. 3. [아리스토텔레스, 『형이상학』.]

가를 증명하려고 시도하기는커녕 수사법을 특별히 교묘하게 전개함으로써 민감한 사람들이 비환원주의적 세계관을 수용하도록 설득하는 일에 명시적으로 관여한다. 이것은 소피스트의 전통적인 작업방식이다."[158] 이 구절은 명쾌하고 기지가 넘치는 것으로 유명한 라투르의 산문이 "정중하고 지나치게 거드름 피우는" 것으로 서술된 후에 겨우 두 쪽이 지나서 제시된다.[159] 이와 관련하여 적어도 두 가지 문제가 있다. 첫 번째 문제는, 브라지에가 종종 '미학'을 조롱하는 사실로부터 그가 철학에서 (그저 '명료한' 것만이 아니라) 생생한 글이 수행하는 중요한 인지적 역할을 이해하지 못한다는 사실이 드러남을 참작하면, 브라지에가 결코 훌륭한 산문 문체에 대한 믿음직한 판정관이 아니라는 것이다. 두 번째 문제는, 라투르의 멋진 문체가 때때로 '정중한' 것일 수는 있지만 '지나치게 거드름피우는' 것은 결코 아니기에 이 용어는 모욕적인 표현을 무작위적으로 생성하는 프로그램에서 비롯된 것처럼 느껴진다는 것이다. 브라지에는 셀라스의 저작이 매우 중요하다고 여기는데, 나는 셀라스의 여타 장점이 무엇이든 간에 그를 분석철학에서 최악의 산문 문체를 갖춘 저자 중 한 사람이라고 일컬을 것이다. 그리고 대륙철학에서는 라뤼엘보다 더 나쁜 문체를 갖춘 작가는 결단코 없다. 라뤼엘은

---

158. Brassier, "Concepts and Objects," 53.
159. 같은 글, 51.

브라지에 자신이 시인한 바와 같이 "데리다와 들뢰즈의 최악의 것들, 즉 해체주의적 불모성과 구성주의적 일탈성을 결합한다"라고 일축당하는 것이 합당할 것이다.[160]

라투르를 '포스트모더니스트'라고 일컫는 것에 관한 한 이 것은 포스트모더니즘에 대한 라투르 자신의 지독한 비판을 고려하고 난 이후에야 정당한 책략이 된다. 이런 비판은 라투르의 가장 잘 알려진 저작인 『우리는 결코 근대인이었던 적이 없다』에서 찾아볼 수 있다.[161] 브라지에가 이 책을 인용하지 않는 다는 확연한 사실로부터 필시 그는 그 책을 아직 읽지 않았을 것으로 짐작할 수 있다. 여기서 제시되는 라투르의 기본 관념은 포스트모더니스트는 단지 음의 부호가 첨가된 근대인일 뿐이라는 것이다. 근대인과 마찬가지로 포스트모더니스트도 (브라지에 자신이 그렇듯이) 주체의 객체로부터의 근대적 정화를 옹호한다. 더 실질적인 철학적 문제는 라투르가 일몰에서 산타클로스에 이르기까지 절대적으로 모든 것을 보존하기를 바란다는 브라지에의 불평에서 생겨난다. 그런데 브라지에가 일몰을 이중 환원의 대체물─하위인격적인 신경계산적 과정들과 상위인격적인 사회문화적 맥락들의 혼합물─을 위해 제거하기를 바라더라도 일몰은 인간의 경험 속에 현존한다. 산타클로스의 경우에도

---

160. Brassier, *Nihil Unbound*, 119.
161. * Bruno Latour, *We Have Never Been Modern*. [브뤼노 라투르, 『우리는 결코 근대인이었던 적이 없다』.]

사정은 당연히 마찬가지다. 브라지에가 세계와 마음의 대응은 불가능하다는 것을 시인함에도 불구하고 비교적 참된 외양(과학적 이미지)들을 대체로 거짓된 외양(현시적 이미지)들에서 걸러내는 데 기질상 관심을 둔다는 사실이, 존재론 전체가 아름다움과 크리스마스 캐릭터들에 대한 모든 개인적 경험을 배제해야 함을 뜻하지는 않는다. 철학이 자신을 특정 과학들과 여타 분야로부터 구분하는 어떤 특질을 갖추고 있다면, 그것은 철학이 그야말로 모든 것을 포괄하도록 가능한 가장 넓은 그물을 던지는 처지에 있다는 것임이 틀림없다. 일몰과 관련하여 언급될 것은 그것이 뇌 과정들을 포함한다는 사실보다 더 많이 있으며, 그리고 산타클로스의 경우에는 무엇보다도 산타클로스 역시 사회뿐만 아니라 신경 과정도 형성한다는 점을 참작하면 그 '사회문화적' 측면들보다 말할 것이 더 많이 있다.

이렇게 해서 우리는 앞서 언급된 풍자적인 각주에 이르게 된다. 이것은 과분하게 공손한 표현에도 불구하고 아무튼 그 논문에서 브라지에의 철학을 이해하는 데 가장 도움이 되는 구절이다.

예를 들어 '객체지향 철학들'의 방식으로 외양과 실재의 형이상학적 구분을 환기하는 것은 충분하지 않다. 그 이유는 외관과 존재 사이의 간극의 정확한 너비를 측정하고 규정하거나 혹은 객체의 비본질적 특성과 본질적 특성을 분별할 어떤 믿음직한

인지적 규준도 부재하기에 즉자에 관한 전적으로 임의적인 주장들이 허용되기 때문이다.[162]

이 책의 3장에서 알게 되듯이 OOO는 그것이 '실재적'인 것이라고 일컫는 것과 '감각적'인 것이라고 일컫는 것을 절대적으로 구분한다. 실재적 객체와 성질은 그것들이 현재 혹은 언젠가 맺게 될 모든 관계와 철저히 별개로 현존하는 것들인 반면에 감각적 객체와 성질은 그것들을 경험하는 누군가 혹은 무언가의 상관물들로서만 현존할 뿐이다. 모든 의도와 목적에도 불구하고 OOO의 실재적 객체는 브라지에가 매우 높이 평가한다고 주장하는 본체다. 그런데 브라지에가 대응의 불가능성을 시인함으로써 개념과 객체 사이의 영구적인 비대칭성을 인정하는 한에서 그는 OOO와 같은 배를 타고 있다. OOO에서 실재적인 것/감각적인 것의 구분이 '형이상학적'임은 참이지만, 브라지에 자신이 선호하는 구분 – 현시적 이미지와 과학적 이미지 사이의 셀라스주의적 균열 – 의 경우에도 사정은 마찬가지다. 브라지에가 세계는 그것에 관한 우리의 개념들과 동형적이지 않다는 것과 그러므로 세계 자체는 아무튼 '본체적'이라는 것을 시인함에도 불구하고, 한낱 두 종류의 이미지 사이의 구분에 불과한 것을 받아들이는 한에서 그는 본체적인 것을 위한 여지를 결코 남겨 두지

---

162. Brassier, "Concepts and Objects," 51.

않는다. 현시적 이미지와 과학적 이미지 사이의 셀라스주의적 갈등이 아무리 깊더라도 둘 다 이미지다. 이런 까닭에 이것과 저것을 구분하는 데 주어지는 모든 '규준'은 여전히 우리를 이미지의 층위에 남겨 둘 것이다. 이는 브라지에가 '유심론자'라고 싫어하는 사상가 앙리 베르그손1859-1941의 『물질과 기억』에서 나타나는 상황에 못지않다.[163] 게다가 브라지에는 과학적 이미지가 "오류가 있을 수 있다"라는 단서를 첨가할 것이지만, 어떤 새로운 과학적 이미지가 이전의 과학적 이미지를 대체하더라도 그것은 여전히 이미지에 지나지 않는다. 그러므로 과학적 이미지조차도 여전히, 브라지에 자신이 시인한 바와 같이 실재적인 것과 통약 불가능하다. 그런데 이것은 브라지에에 의한 객체와 개념 사이의 균열이 어느 모로 보나 OOO에 의한 실재적인 것과 감각적인 것 사이의 유사한 구분만큼이나 '형이상학적'임을 뜻한다. 브라지에가 '규준'에 대한 한 가지 추가적 요구를 제기하는 한에서 이들 규준 덕분에 단적으로 우리는 좋은 이미지들을 나쁜 이미지들 ─ 예컨대 산타클로스는 나쁜 이미지이고 양자론은 좋은 이미지다 ─ 에서 걸러낼 수 있게 된다. 그렇다 하더라도 양자론은 그것이 서술하는 실재와 동형적일 수가 없다. 그리고 브라지에는 OOO가 즉자에 대한 '자의적'인 주장들과 함께 남겨지게 될 것이라고 단언하지만, 그가 즉자에 대한 모든 진술을 다양한

---

163. * Henri Bergson, *Matter and Memory*. [앙리 베르그손, 『물질과 기억』.]

과학적 분과학문 ─ 그 자신은 결코 인가받은 실부자가 아니다 ─ 에 하청주지 않는다면 그 자신의 주장 역시 마찬가지로 자의적인 것처럼 보일 것이다.

또한 브라지에가 라투르는 환원주의를 비판하지만 아무튼 '제멋대로' 그것에 관여하는 수행적 모순을 나타낸다고 비난하는 문제가 있다. 브라지에는 또다시 진술한다. "라투르는 이성을 중재로, 과학을 관습으로, 지식을 조작으로, 혹은 진리를 힘으로 아무 거리낌 없이 환원한다. 그의 비환원주의적 계시의 진실한 대상은 환원 자체가 아니라… 오히려 설명이며, 특히 과학적 설명에 부여된 인지적 특권이다."[164] 지적할 첫 번째 것은, 브라지에와는 대조적으로 '비환원'이라는 라투르의 용어가 '무無환원'을 뜻하지 않는다는 점이다. 이것은 단적으로 잘못된 생각이다. 라투르의 논점은 아무것도 여타의 것에 의거하여 설명될 수 없다는 것이 아니라(물론 이런 설명은 언제나 시행된다) 오히려 모든 환원이 대가를 치른다는 것이다. 라투르는 특정한 한 종류의 환원을 여타 종류의 환원보다 바람직한 것으로 여기고, 따라서 그의 철학은 공공연히 그에 대한 대가를 치른다. 말하자면 우주의 모든 것은 행위자 또는 행위소로 환원된다. 라투르주의적 존재론의 세계에서는 일몰과 산타클로스 둘 다 과학에 못지않게 다른 것들에 작용하기에 모든 것이 동등하게 실재적

---

164. Brassier, "Concepts and Objects," 51.

이다. 나는 브라지에가 타로카드와 마술에 비해 양자론이 갖는 사회적 특권을 보호하는 데 관심이 있는 이유를 이해할 수 있지만, 이런 특권이 우리가 과학을 행위소들에 의거하여 재해석하지 말아야 한다는 점을 수반하는 이유는 잘 모르겠다. 바로 이런 재해석 조치 덕분에 라투르와 그의 동료는 과학적 사실의 생산에 관한 유익한 물음들, 단지 그것들이 때때로 옹호할 수 없는 사회구성주의로 잘못 들어선다는 이유로 금지될 필요가 없는 물음들을 제기할 수 있게 된다. 브라지에와 나는 둘 다 열렬한 실재론자이고, 따라서 우리는 둘 다 폐결핵이 아직 밝혀지지 않았었기에 람세스 2세는 폐결핵으로 죽을 수 없었을 것이라는 라투르의 주장에 동의하지 않는다.[165] 하지만 이것은 라투르의 존재론에서 교정되어야 하는 과잉에 지나지 않는 것을 보여주고, 더욱이 여타의 존재론과 마찬가지로 브라지에 자신의 존재론도 그 특유의 과잉을 품고 있다.

내가 보기에 브라지에의 존재론이 품고 있는 주요한 과잉은, 그 존재론이 어떤 이미지든 아무튼 이미지들 너머에 있는 실재에 적합할 수 있는 방식에 관해 말할 것이 전혀 없음에도 불구하고 좋은 이미지와 나쁜 이미지 사이의 구분을 유지하는 것에 대한 강박에서 찾아볼 수 있다. 브라지에가 보기에 라투르는

---

165. Bruno Latour, "On the Partial Existence of Existing and Nonexisting Objects."

"프레게에서 셀라스를 거쳐 그들의 현대 후예들에 이르기까지 어떤 철학적 전통을 온통 사로잡"은 이런 관계를 일축하고자 애를 쓸 뿐만 아니라[166] "데카르트에게서 셀라스까지 전개되는 인식론적으로 문제적인 것"을 "청산하"려고 애써 시도하며,[167] 그리고 마지막으로 "정말로 알고 싶어 하지 않는 사람들을 안심시키기 위해〔글을 쓰〕"고자 애를 쓴다.[168] 그런데 브라지에는 소크라테스가 아무것도 몰랐고, 바로 이런 이유로 인해 과학자라기보다는 오히려 철학자였다는 사실을 잊고 있다.

브라지에가 라투르는 "의미론적 공명의 함수가 되는 인지적 중요성을 갖춘 일련의 암시적 비유 — 말하자면 라투르의 비환원주의적 형이상학의 주요 비유들인 '행위자', '동맹', '힘', '권력', '강함', '저항', '네트워크' — 로〔설명을 대체한다〕…"라고 비난할 때[169] 그는 어느 정도 라투르와 OOO를 하나로 합친다. 이들 용어 중 어느 것에 관해서도 과잉의 비유적인 것을 찾아보기가 어렵다. 어원에 대한 가장 피상적인 이해만 갖추고 있더라도 '창'window('바람-눈'wind-eye) 같은 일상용어들을 비롯하여 대다수 낱말이 비유적 뿌리를 갖고 있음을 알 수 있다. 라투르의 전문 어휘와 관련하여 딱히 부정확한 것은 전혀 없다. 예를 들면 라투르가 행

---

166. Brassier, "Concepts and Objects," 52.
167. 같은 곳.
168. 같은 곳.
169. 같은 글, 51.

위자들은 네트워크를 통해서 동맹에 관여함으로써 힘겨루기를 견뎌낼 수 있는 자신의 능력을 향상한다고 말할 때 뜻하는 바는 완전히 명료하다. 다시 말해서 그런 형이상학에 반대하여 진술될 수 있는 것들 — 예를 들면 행위자-네트워크에서 생겨날 미래 변화를 설명할 수 없는 현실주의적 무능력 — 이 존재하지만 그것과 관련하여 불명료한 것은 조금도 없다. 어쩌면 브라지에는 '동맹'과 '협상' 같은 비유들이 생기 없는 존재자들에 귀속될 때 나타나는 '의인화'에 대한 청교도적인 반감을 품고 있을 것이지만, 라투르와 관련하여 범심론적인 것은 전혀 없을뿐더러 이들 용어도 여타의 용어만큼 양호하다. 그러므로 브라지에가 라투르는 "표상이 설명적 이해를 산출하게 하는 모든 실재적 구분을 차단하는 하찮은 비유법"을 구사한다고 맹렬히 비난할 때 그는 길을 잃어버린다.[170] 그 비유법과 관련하여 '하찮은' 것은 전혀 없다. 라투르의 모델은 '사회'와 '자본주의' 같은 모호한 추상관념들보다 오히려 국소적 행위자들에 새롭게 주목하고 생기 없는 객체들의 사회적 행위주체성을 옹호함으로써 사회과학에서 일종의 혁명을 일으켰다. 브라지에가 암시적 비유를 사용하는 라투르에 대하여 불평하는 경우에 그는 '암시'와 '비유' 둘 다를 전문용어들로 사용하는 OOO를 잘못 겨냥하고 있는 것처럼 보인다. 그런데 이 점과 관련하여 OOO는 라투르와 공유하고 있

170. 같은 글, 53.

는 것이 전혀 없다. 그 이유는 객체지향 존재론적 의미에서의 암시와 비유는 물러서 있는 물자체 ─ 라투르는 전적으로 축출하는 관념 ─ 에 배타적인 준거를 두고 있기 때문이다.[171]

이 논의를 마무리하기 위해 브라지에의 논문에서 나타나는 가장 파렴치한 인신공격의 사례를 살펴보자. "라투르의 (신자유주의적) 정치와 (로마 가톨릭) 종교가 합리성과 비판, 혁명에 대한 그의 반감을 궁극적으로 촉발하는 힘들의 가장 뚜렷한 지표들을 제공한다는 결론을 냉소주의자가 내리지 못하게 할 것은 전혀 없다."[172] 브라지에가 자신의 냉소주의를 시인한다는 사실이 그 진술을 더 구미에 맞게 하지는 않는다. 그런데 나는 공교롭게도 동기에 대한 이러한 종류의 성찰이 언제나 철학에 어울리지 않는다는 메이야수의 견해에 동의하지 않는다. 라투르가 로마 가톨릭 신자라는 점을 아는 것은 라투르의 철학을 이해하는 데 사실상 유용하다. 그렇더라도 냉소적으로 일축하는 브라지에의 방식으로 이해하는 것은 유용하지 않다. 지금까지 라투르의 독자들(특히 지지하는 독자들)은 종종 매개자에 대한 그의 매혹이 대체로 가톨릭교회의 정신에서 비롯된다고 인식했다. 가톨릭의 고해자들, 성인들의 개입 그리고 수많은

---

171. Graham Harman, *Immaterialism*, 101~4에서 이루어진, 라투르가 비유를 충분히 수용하지 못하는 점에 관한 나의 논의를 보라. [그레이엄 하먼, 『비유 물론』.]

172. Brassier, "Concepts and Objects," 53.

간접적인 예배 행위는 신에-직접-호소하는 프로테스탄트의 관점에 매우 낯선 것들이다. 누군가의 철학적 견해를 냉소적인 개인사적 설명으로 일축하는 행위와 관련된 진짜 문제는 그런 설명이 아무 관계도 없다는 것이 결코 아니라 오히려 그 자신의 개인사도 동등한 조사를 견뎌내는 경우가 드물다는 것이다. 브라지에의 철학적 견해의 원천을 개인사적 사고와 특이한 기질적 버릇까지 더듬어 올라가 밝혀내기는 마찬가지로 쉬울 것인데, 그렇더라도 그런 탐사가 유익할 정도는 한계가 있을 것이다. 라투르는 신자유주의자라는 주장의 경우에 이것은 그 용어를 부주의하게 사용하는 전형적인 사례다. 신자유주의자라는 용어는 오스트리아학파 및 시카고학파 경제학의 자유시장 정책에 준거를 두어야 하지만 오히려 오늘날에는 '멍청이'에 불과한 인물을 뜻하는 데 사용되고 있다.[173] 라투르를 정치적 자유주의자라고 일컫는 것은 공정할 것이지만, 다양한 존재 양식에 관한 자신의 책을 마무리하는 장들에서 경제학을 해체하고자 하는 시도에서 분명해지는 대로 라투르가 무제한의 자유시장주의자가 아님은 확실하다.[174] 그러므로 '신자유주의자'라는 서술은 적확하지 않다. 지나가는 말로 언급되는 '혁명'에 대한 찬양의 경우에 현재 이것은 덕담에 지나지 않는 것이다. 브라지에의 저작

---

173. Jamie Peck, *Constructions of Neoliberal Reason*을 보라.

174. Bruno Latour, *An Inquiry into Modes of Existence*.

에서 정치에 관한 어떤 지속적인 성찰을 찾고자 하는 독자는 누구나 무위에 그치게 된다.

브라지에의 라투르에의 관여는 너무나 냉담하여 그다지 유익하지 않지만, 브라지에가 제기하는 이의들이 그 자신의 입장에 대한 더 명료한 그림을 제공하는 순간들이 있다. 예를 들면 브라지에가 "라투르가 사물을 개념으로(객체를 '행위자'로) 환원하는 행위는 그가 개념을 사물로('진리'를 힘으로) 환원하는 행위와 일치하고 있다"라고 불평하는 것은 더할 나위 없이 공정하다.[175] 하지만 브라지에의 의견과는 반대로 이런 태도는 라투르를 어떤 종류의 '소피스트'로서 단적으로 규정하는 것이 아니라 오히려 본체적인 것을 배제함으로써 존재자를 그것의 외양 혹은 그것이 다른 것들과 맺은 관계들과 동일시하는 모든 철학이 치르는 불행한 대가일 따름이다. 브라지에는 올바르게도 실재와 실재에 관한 우리의 개념 사이의 간극을 역설하지만, 내가 보기에 그는 잘못되게도 그 간극을 과소평가한다. "우리는 사물의 비본질적 특성과 본질적 특성 사이의 차이뿐만 아니라 사물의 현상적 측면과 본체적 측면 사이의 간극을 측정하려면 사물이 무엇인지 알아야 한다."[176] 개념과 객체 사이의 두드러진 통약 불가능성을 참작하면 그런 간극이 아무튼 어떻게 '측정될'

---

175. Brassier, "Concepts and Objects," 55.
176. 같은 곳. 강조가 첨가됨.

수 있을지 알기 어렵다. "무언가가 무엇인지 (강한 과학적 의미에서) 아는 것은 그것을 개념화하는 것이다. 이것은 사물이 그 개념과 동일하다고 말하는 것은 아니다."[177] 확실히 브라지에는 사물이 실제로 어떠한지에 대하여 우리에게 가르칠 때 일부 이미지가 다른 이미지들보다 더 적합하다는 직관을 올바르게도 품고 있다. 의문시되어야 하는 것은 우리가 개념과 객체 사이의 거리를 "당신은 점점 더 따뜻해지고 있다"라는 진술과 "당신은 점점 더 차가워지고 있다"라는 진술의 측정 가능한 연속체를 따라 놓여 있는 것으로 간주할 수 있는지다. 여태까지 브라지에는, 한 개념이 어떻게 해서 다른 한 개념보다 그 두 개념 모두와 통약 불가능한 실재에 '더 가까운' 것일 수 있는지에 관한 이론을 전개하는 데에는 그다지 관심이 없는 것처럼 보이기까지 한다. 그 이유는 브라지에가 지식의 형이상학적 문제에 관심이 있기보다는 오히려 자신이 불합리하다고 여기는 사람들을 침묵시키는 데 동원되는 과학의 기능을 강조하는 일에 관심이 있기 때문이라고 나는 생각한다. 그 문제에 관하여 브라지에가 제시한 최선의 정식화조차도 적합하지 않다. 그 정식화는 진정한 해결책이라기보다는 오히려 재담에 기반을 둔 소망 목록처럼 보인다. 예를 들면 "개념적 동일성과 비개념적 차이 사이 ─ 객체에 관한 우리의 개념과 객체 자체 사이 ─ 의 간극은 되찾을 수 없

---

177. 같은 곳.

는 타자성의 표식 혹은 형언할 수 없는 틈새가 아니다. 그 간극은 개념적으로 어떤 동일체로 환원될 수 있다. 그 개념은 그 동일체에 관한 것일지라도 그 동일체는 그 개념에 관한 것이 아니다."[178] 브라지에가 경멸한다고 단언하는 비유적이고 수사적인 언어를 정말로 떠올리게 하는, "그 개념은 그 동일체에 관한 것일지라도 그 동일체는 그 개념에 관한 것이 아니다"라는 당혹스러운 어구로 인해 우리는 또다시 라뤼엘의 일방화 개념에 대한 브라지에의 의존성을 깨닫게 된다. 브라지에가 "개념적인 것과 개념-외적인 것 사이의 차이는… 앎 혹은 구상의 행위에서 이미 주어진 것으로 전제될 수 있다. 그런데 그 차이는 정립되지 않은 채로 전제되어 있다. 이것이 과학적 표상을 구분하고 객체에 대한 그 입장을 관장하는 것이다"라고 덧붙이는 것은 거의 도움이 되지 않는다.[179] 이것은 새로운 과학론의 유망한 출발점인가? 시간이 말해줄 것이다. 그런데 이것은 브라지에가 다른 사람들을 단지 "앎에 아무 관심이 없는 사람들"을 위해 글을 쓰는 "소피스트"일 뿐이라고 일축할 입장에 자리하게 할 만큼 충분히 설득력이 있는 것은 아니다.[180] 브라지에가 애타게 하려는 듯 "객체의 실재와 개념적으로 한정되는 대로의 그 존재 사이에 내재적이지만 초험적인 틈새가 존재한다…"라고 덧붙이는 경

---

178. 같은 곳.
179. 같은 곳.
180. 같은 곳.

우에도 사정은 마찬가지다.[181] 여기서 또다시 "내재적이지만 초험적인"이라는 표현은 어떤 미완의 탐색의 첫걸음에 불과하다. 그런 탐색은 언제나 모든 철학의 경계 지대에서 수행되고 있다. 왜냐하면 어떤 철학도 자신의 범위 내에 있는 모든 것에 대한 지배권을 결코 획득하지 못하기 때문이다. 그런데 페덴이 "시기상조의 반박"이라고 일컬은 것을 제기하는 브라지에의 경향을 고려하면, 과학이 현시적 이미지, 과학적 이미지 그리고 그 두 가지에 의해 결코 적절히 표현되지 않는 객체를 결합하는 방식에 관한 브라지에의 꽤 초보적인 구상조차도 자신의 적을 평가함에 있어서 그가 일반적으로 보여주는 것보다 더 많은 주의와 인내심을 권고하는 것처럼 보일 것이다. 지금까지 과학이 "두드러진 인지적 성취"를 이루었다는 사실로부터 철학자는 이런 성취의 영광을 빌려 다른 사람들을 서둘러 웃음거리로 만들어야 한다는 점이 당연히 도출되지는 않는다.[182] 과학의 인지적 성취는 브뤼노 라투르의 인지적 성취가 아닌 것과 마찬가지로 레이 브라지에 자신의 인지적 성취도 아니고, 따라서 브라지에가 자신을 과학의 승인 받은 대변인으로 여기는 이유가 무엇인지 불분명하다.

그런데 이왕 말이 나온 김에 나는 브라지에가 갈릴레오 이

---

181. 같은 곳.
182. 같은 글, 65.

후 과학의 배후로 가서 자신이 품은 관념들의 흥미로운 전조를 중세 사상에서 찾아내는 참신한 국면을 특히 언급하고 싶다. "객체의 개념적 실재와 객체의 형이상학적 실재의 구분은 객관적 표상과 형상적 표상의 스콜라철학적 구분과 유사하다."[183] 그런데 그 논문의 마무리 부분에서 브라지에는 여전히 계시적이라는 인상을 준다는 이유로 이런 스콜라철학적 용어법을 회피하는데, 이는 내가 보기에 잘못된 처사다. "즉자를 추적하는 것은 즉자의 '본질'(혹은 형상적 실재)을 개념적으로 한정하는 것이라는 문제적인 형이상학적 가정에 의지하지 않은 채로 과학적 구상이 즉자를 추적한다고 우리는 어떻게 인정할 수 있을까? 그 이유는 우리가 과학은 실재와 실체적 형상을 동일시하는 아리스토텔레스주의에 의지하지 않는 채로 실재를 인식한다고 주장할 수 있기를 바라기 때문이다."[184] 브라지에는 왜 실체적 형상이 '문제적'인지 말해주지 않는다. 추측건대 그 이유는 단지 그런 형상들을 배제하고 수량화할 수 있는 연장과 운동으로 대체하는 것은 쉬운 일이라고 근대 과학이 밝혀내기 때문이다. 하지만 과학주의가 목적 자체가 되지 않았다면, 자연과학에서의 성공적인 방법들이 형이상학에서의 진리들과 일치되어야 하는 본질적인 이유는 전혀 없다. 어쨌든 브라지에는 실체적

---

183. 같은 글, 57.
184. 같은 글, 64.

형상에 관한 자신의 진술이 "실재의 구조는 이산적으로 개체화된 객체들의 구조를 포함하지만 그 구조에 의해 망라되지는 않는다"라는 점을 뜻한다고 부연한다.[185] 어떤 의미에서 이것은 명백히 OOO에 대한 암묵적 비판인 한편으로, 또한 그것은 셀라스가 객체에 맞서 과정을 옹호하는 사실을 가리키는데, 브라지에가 일찍이 골드스미스 워크숍에서 그랜트의 과정주의에 대한 우려를 표명하였음에도 불구하고 말이다.

또한 우리는 브라지에가 종종 능숙하게 참조하는, 논쟁을 좋아하는 오스트레일리아인 철학자 데이비드 스토브[1927-1994]의 이름을 따서 지어진 '스토브의 보석'Stove's Gem에 관해 언급해야 한다.[186] 왜냐하면 여기서 우리는 브라지에와 OOO가 공유하는 또 하나의 논점, 즉 상관주의적 순환 ― 메이야수는 우리가 이 순환이 갖춘 것으로 추정되는 개념적 엄밀성을 깊이 이해하고 나서야 비로소 그 순환을 극복하기를 요구한다 ― 을 거부하는 공동의 논점을 발견하기 때문이다. 스토브의 보석은 노골적인 관념론적 논변이라기보다는 오히려 상관주의적 논변일 따름이기 마련

---

185. 같은 글, 65.

186. David Stove, *The Plato Cult and Other Philosophical Follies*. [* '스토브의 보석'은 스토브 자신이 고안한 "세상에서 최악의 논변"을 지칭하는데, 그 논변은 다음과 같다. 우리는 어떤 사물이 (1) 우리의 개념적 도식에 포함되는 한에서 (2) 우리의 지각 및 이행의 형식들 아래 (3) 우리와 관련되어 있을 때에만 그 사물을 알 수 있다. 그리하여 우리는 사물을 그 자체로 있는 그대로 알 수는 없다.]

이지만("당신은 사유 외부의 무언가를 사유하지 않은 채로 그 것을 사유할 수 없다"), 버클리의 주요 논변이 여전히 스토브의 보석에 대한 가장 분명한 실례다. 우리는 무언가를 생각하거나 지각하지 않은 채로 그것을 생각하거나 지각할 수 없기에 무언 가는 생각되거나 지각되지 않은 채로 현존할 수 없다. 브라지에 가 지적하는 대로 "버클리의 전제가 동어반복인 이유는 우리가 무언가에 관해 사유하지 않은 채로 그것에 관해 사유할 수 없 다는 주장은 어떤 합리적 존재자도 부인하지 않을 주장이기 때 문이다. 그런데 이런 동어반복적인 전제로부터 버클리는 동어 반복적이지 않은 결론을 끌어낸다. 말하자면 사물은 자신의 현 존을 생각됨 혹은 지각됨에 의존하며, 따라서 사물은 우리가 그것을 생각하거나 지각하는 행위와 별개의 것이 아니다."[187] 그 런데 스토브는 그 보석을 여태까지 이루어진 최악의 철학적 논 변이라고 일축했음에도 불구하고 그것은 오늘날까지 널리 수 용되고 있다. 그 보석은 "한편으로 굿맨과 로티로부터 또 다른 한편으로 라투르와 푸코에 이르기까지 20세기 말의 온갖 다양 한 상관주의를 위한 믿음직한 조수"로서의 역할을 수행한다.[188] 그 보석이 아무리 잘못되었더라도 브라지에는 너무 지나치게도 그 보석을 그것의 광범위한 수용이 단지 "정서적" 인자와 "심리

---

187. Brassier, "Concepts and Objects," 57.
188. 같은 글, 59.

적" 인자, "정치적" 인자에 의해서만 설명될 수 있을 정도로 나쁜 것이라고 일컫는다.[189] 누구보다도 라투르가 우리에게 가르쳐 준 대로 우리가 이들 인자를 사용하여 우리 적의 견해를 설명한다면 우리는 우리 자신의 견해를 설명하는 데에도 그것들을 사용할 채비를 갖추고 있어야 하지만, 브라지에가 그런 시험을 여타의 사람보다 더 잘 통과할 수 있을지는 분명하지 않다. 더욱이 그 보석이 잘못된 것이더라도 그것은 터무니없이 잘못된 것이 되지는 않는다. 피히테와 메이야수처럼 근면한 사상가들은 그 보석을 활용하였고, 게다가 내가 그 보석에 대한 메이야수의 호감에 브라지에가 드러내는 낭패감을 공유하더라도 상관주의적 순환에 대한 메이야수의 변론은 어떤 형식적 엄밀성을 갖추고 있다. 그 변론은 메이야수의 개인적 심리학에서 잘못된 무언가로부터 생겨나는 '정서적' 인자들에 의해 전혀 설명될 수 없다. 여기서 또다시 우리는 브라지에가 종종 나타내는, 과학이 포괄적 권위를 보유하고 있음을 서둘러 확실하게 하려는 성마름과 자기 적의 심리를 악마화하려는 광신자의 경향이라는 악덕과 마주친다. 반면에 메이야수는 적어도 과학들의 선조적 데이터와 상관주의 사이의 긴장을 끈기 있게 검토한다. 그렇다 하더라도 그 보석에 반대하는 브라지에의 논변이 경탄할 만한 명료성과 힘을 갖추고 있다는 것은 사실이다. 예를 들면 "우리는 룹알

189. 같은 곳.

할리 사막에 관해 사유하지 않는 채로 그것에 관해 사유할 수 없다는 것은 확실히 참이다. 하지만 이로부터 룹알할리 사막이 내가 그것에 관해 사유함으로써 점유될 수 있다는 결론이 당연히 도출되지는 않는다."[190] 그리고 훨씬 더 나은 표현으로 "일단 우리가 피히테의 위협적인 튜턴 민족주의가 취약한 버클리주의적 보석들을 가린다는 점을 깨닫게 되면 버클리주의적 비유물론을 반박할 수 있는 것과 마찬가지로 피히테를 반박할 수 있게 된다."[191]

그 논문이 거의 마무리되는 부분에는 나에게 브라지에의 철학적 입장 전체에 관한 탁월한 진술이라는 인상을 주는 한 구절이 있다. "과학적 표상이 실재에 대한 인지적 접근의 가장 믿음직한 형식이라고 여기는 사람들의 경우에 중요한 것은, 과학이 그것이 존재한다고 말하는 것에 관한 입장을 바꾼다는 점을 인정하면서 세계에 대한 과학적 표상에 최대의 권위(하지만 교정할 수 없는 것은 아님을 주의하라)를 부여하는 것과 관련된 문제다."[192] 이른바 구조적 실재론은 과학 이론들이 시간이 흐름에 따라 더 나은 이론들로 대체될 때도 어떤 수학적 핵심은 여전히 불변인 채로 남는다고 주장함으로써 이런 난제에서 벗어나고자 한다. 그런데 브라지에는 때때로 구조적 실재론

---

190. 같은 글, 63.
191. 같은 곳.
192. 같은 글, 64.

자들과 시시덕거리지만 지금까지 무언가가 그가 공개적으로 그 부류에 합류하지 못하게 막았다. 추정컨대 그 이유는 브라지에가 보기에 구조적 실재론자들은 그가 메이야수에게서 찾아내는 수학에 대한 마찬가지의 과도한 호감의 잘못을 저지르기 때문이다.[193] 한편으로 과학이 즉자에 대응할 수 없거나 즉자와 일치할 수 없음에도 불구하고 즉자를 추적해내는 방식에 관한 자신의 이론을 전개하는 데 필요한 여유를 브라지에에게 제공하는 것이 공정하다. 하지만 내가 보기에 이런 상황 속에서 과학에 '최대의 권위'를 부여하고 싶은 브라지에의 바람은 내가 그의 철학의 가장 불쾌한 측면이라고 간파하는 것 ─ 대륙철학자들보다 오히려 분석철학자들 사이에서 일반적으로 나타나는 그런 종류의 과도한 과학 숭배의 경향 ─ 을 상당히 밝혀준다. 브라지에가 미학과 수사법, 비유에 대한 경멸을 표명한다는 사실로부터 알게 되는 대로 이런 경향은 브라지에 철학의 양식과 내용에 끼친 영향이 없지 않으며, 그리고 브라지에에게 학제적 독자들 ─ 철학자의 영향권에 매우 중요하다 ─ 이 많이 모이지 않았던 사실을 설명하는 것처럼 보인다. 적극적으로 과학주의적인 좌익 성향의 젊은 세대 남성들로 이루어진 자신의 당연한 독자층 기반을 확대하려면 브라지에는 경성 과학에서 소개되는 것들과는 다른 종

---

193. James Ladyman and Don Ross, *Every Thing Must Go*를 보라. 또한 그들에 대한 나의 응답은 Graham Harman, "I Am Also of the Opinion that Materialism Must Be Destroyed"를 보라.

류들의 인지적 수행에 더 많이 공감해야 할 것이다.

3절의 연습문제

1) 프로메테우스주의가 인간에게 주어진 것과 인간이 만들어 내는 것 사이의 '취약한 균형'을 위태롭게 한다는 비판에 브라지에는 어떻게 대응하는가?

2) 「개념과 객체」라는 논문에서 브라지에는 세 가지 별개의 적, 즉 현상학과 들뢰즈, 라투르에 맞서 '개념적 합리성'에 호소한다. 이들 세 가지 사조 각각에 대한 브라지에의 연관되어 있지만 상이한 불평은 무엇인가?

3) 스토브의 보석이란 무엇인가? 브라지에는 상관주의적 순환을 옹호하는 메이야수의 변론을 반박하기 위해 그 보석을 어떻게 이용하는가?

4) 브라지에가 인식론(지식에 관한 이론)의 핵심적 역할을 강조할 때 걸려 있는 철학적 쟁점은 정확히 무엇인가?

5) 어딘가에서 브라지에는 형상적 실재와 객관적 실재의 스콜라철학적 구분에 관해 긍정적으로 언급한다. 이 구분은 브라지에 자신의 사유가 나타내는 어떤 측면과 유사한가?

2장 생기론적 관념론

이에인 해밀턴 그랜트[1963-]는 브리스틀 소재 웨스트잉글랜드대학교[UWE]의 철학 교수로, 2007년 골드스미스 워크숍이 개최된 당시에도 그랜트는 그 대학에 근무하고 있었다. 브라지에와 마찬가지로 그랜트는 워릭대학교에서 박사학위를 받았다. 그 대학에서 그랜트는 처음에 새디 플랜트[1964-]가 이끌었고 나중에 문제의 닉 랜드[1962-]가 이끌었던 사이버네틱 문화 연구단(이하 CCRU)[1]에 가담했다. 또한 1990년대에 그랜트는 프랑스 포스트모더니즘에서 가장 강력한 카리스마를 갖춘 두 권의 책 ─ 장-프랑수아 리오타르의 『리비도 경제』[2]와 장 보드리야르의 『상징적 교환과 죽음』[3] ─ 을 번역했다. 지금까지 그랜트는 무엇보다도 셸링의 철학과 더불어 더 최근의 프랑스 사상가들인 질 들뢰즈와 펠릭스 과타리[1930-1992]의 철학에 의존하는 생기론적 철학을 발전시키는 데 자신의 철학적 경력을 바쳤다. 들뢰즈와 과타리는 그랜트와 브라지에가 지적으로 성년에 이른 1990년대의 영국에서 지배적인 영향력을 행사했다. 그런데 그랜트에게 특히 중요한 철학자는 셸링이다. 셸링은 자신보다 나이가 많고 더 유명한 동급생인 헤겔보다 더 빠르게 성숙한 다채로운 천재였다. 이어지는 글에서는 셸링을 자연철학자로 간주하는 그랜트의 해석이 논의되며, 이로부터 그랜트가 현대 철학을 위해 끌

---

1. * CCRU는 'Cybernetic Culture Research Unit'의 약어다.
2. * Jean-Francois Lyotard, *Libidinal Economy*.
3. * Jean Baudrillard, *Symbolic Exchange and Death*.

어낸 귀결이 검토될 것이다. 하지만 먼저 2007년 4월 27일 런던에서 개최된 사변적 실재론자들의 첫 번째 모임에서 그랜트가 진술해야 했던 것을 고찰하자.

1. 골드스미스에서의 그랜트

골드스미스에서 행해진 그랜트의 강연은 간결했다. 그 강연 원고는 모임 녹취록의 334쪽에서 345쪽까지 수록되어 있고 그보다 훨씬 더 긴 일단의 질의응답이 이어진다. 그런데 열한 쪽의 이 원고는 그랜트의 지적 작업의 정수를 음미하기에 충분하며 현재까지 출간된 그의 꽤 다른 두 권의 책 ─ 『셸링 이후의 자연철학』(2006)이라는 단독저서와 『관념론』(2011)이라는 공저 ─ 을 미리 통합하였다. 그랜트의 셸링 책을 논의할 때 더 자세히 알게 되듯이 1790년대에 그 이전 10년에 걸쳐 칸트가 저술한 세 권의 위대한 저서에 대한 갖가지 중요한 반응으로 개시된 칸트 이후의 시기에 철학이 그다지 진보하지 않았다는 점이 그랜트의 걱정거리다.[4] 그랜트가 이해하는 대로 셸링의 방대한 생산물은 우리가 그것을 진지하게 여기게 될 수만 있다면 칸트의 한계에서 벗어나도록 인도하는 영구적인 철학적 횃불이다. 그랜트가 그

---

4. Immanuel Kant, *Critique of Pure Reason* [임마누엘 칸트, 『순수이성비판 1·2』]; *Critique of Practical Reason* [『실천이성비판』]; *Critique of Judgment* [『판단력비판』].

런 주장을 최초로 제기한 사람인 것은 전혀 아니다. 모리스 블 랑쇼1907-2003의 저작이나 모리스 메를로-퐁티1908-1961의 후기 저작에서 그렇듯이 셸링은 미개발의 광물로 가득 찬 '미래의 철학자'로 항구적으로 여겨진다. 그랜트에 의해 해석된 셸링의 특별한 관심사는 이 책의 세부 내용에서 찾아볼 수 있다.

철학에서 칸트 이후 시기에 대한 표준적인 설명은 대체로 다음과 같다. 칸트는 외양과 물자체 사이 혹은 '현상'과 '본체' 사이의 연결 불가능한 간극을 공표했다. 인간이 시간과 공간이라는 우리의 순수 직관들과 인간 오성의 열두 가지 범주를 벗어나서 무언가를 직접 지각할 방법은 전혀 없기에 철학은 유한한 인간의 인지에 나타나는 대로의 사물들을 논의하는 것에 만족해야 한다. 재기 넘치는 알코올 중독자이자 방랑자였던 살로몬 마이몬1753-1800으로 시작하여 호전적인 천재 피히테를 거쳐 헤겔에 이르기까지 칸트의 가장 재능 있는 추종자들은 물자체의 역할을 점점 더 경시함으로써 자신의 철학을 전개했다. 칸트는 스스로 인과관계가 모든 범주와 마찬가지로 본체적 세계에 적용될 수 없는 오성의 한 범주일 따름이라고 생각하면서 물자체가 외양의 '원인이 된다'고 어떻게 말할 수 있을까? 그리고 더 일반적으로 우리가 사유 너머 물자체의 현존을 안다고 주장한다면 이 주장은 그 자체로 하나의 사유이기에 내부 모순으로 인해 붕괴한다. 그리하여 유일한 정합적인 반응은 울며 겨자 먹기로 우리가 언급할 수 있는 모든 것이 사유 너머 어딘가에 자리하고 있기보다는 오히려 그 모든 것에 사유가 배어들어 있다는 점을 수용하는 것이라고 한다. 이런 조치로 우리는 독일 관념론의 세계로 들어서게 된다. 현상과 본체라는 칸트의 이중 세계에 대한 피히테의 반응은 피히테 자신에게 철학의 지배적인 주제인 것에, 즉 인간 자유에 기반을 둔 윤리에 자연을 완전히 흡수하는 것이다.『정신현상학』[5]이라는 헤겔의 책 제목은 다른 곳에서 논의되어야 하는, 정신 너머에 자리하고 있는 본체가 존재함에 대한 인정이 아니라 오히려 실재 전체에 관해 말하겠다는 주장이다. 헤겔은『정신현상학』과 짝을 이루는『자연본체학』이라고 일컬어지는 책을 결코 저술할 수 없었을 것이다. 셸링이 어떻게 해서 이 이야기에 어울리는지는 여러분이 누구에게 묻느냐에 달려 있다. 대부분의 헤겔주의자와 주류 역사가에게 셸링은 헤겔과 그의 더 성숙한 체계로 대체된 과도기적 인물로, 자신의 과잉행위로 인해 철학적으로 불건전하게 된 통제 불능의 낭만주의자였다. 셸링을 하이데거만큼 중요한 인물들에 포함하는 셸링 옹호자들의 경우에 헤겔의 변증법은 그 자신을 인공 감옥에 가둔 반면에 셸링은 그런 감옥 벽을 넘어 자연의 자기적·전기적·화학적 힘, 인간 자유의 본질, 그리고 고뇌하는 신의 맹목적인 회전 구동 장치로 향하는 길을 우리에게 보

---

5. * G. W. F. Hegel, *Phenomenology of Spirit*. [게오르그 빌헬름 프리드리히 헤겔, 『정신현상학 1·2』.]

여준다.[6]

그랜트는 셸링이 칸트 이후의 철학자 중에서 가장 중요하고 가장 미래주의적인 인물임을 알아보는 사람들에 속한다. 더욱이 그랜트는 다작의 셸링이 자신의 경력에서 여러 단계 — 학자마다 약간 다르게 분류하는 단계들 — 를 거쳤다는 통상적인 학술적 견해에 반대한다. 예를 들면 앤드루 보위는 셸링의 경력을 (1) 초험적 철학, (2) 자연철학, (3) 동일성의 철학, (4) 세계의 시대들에 관한 철학, 그리고 (5) 적극적 철학으로 나눈다.[7] 그런데 그랜트는 자연철학이 셸링의 유일한 단계였다는 상반되는 견해를 단호하게 고수한다. 우리 시대의 철학이 계속해서 칸트의 두 세계 존재론에 갇혀 있는 상황에서 벗어나기를 바라는 사람이라면 누구나 오로지 자연철학 같은 것을 추구함으로써 벗어날 수 있을 뿐이라고 그랜트는 생각한다.

이제 골드스미스 워크숍에서 개진된 그랜트 자신의 진술을 살펴보자. (각자 다른 방식으로) 사변적 실재론자인 여타의 철학자와 마찬가지로 그랜트는 세계 자체에 관해 철학하기로의 귀환을 지지하여 인간이 세계에 관한 지식에의 접근권을 획득하는 방법에 영구적으로 집중하는 상황에서 벗어나기를 열망한다. 그랜트가 서술하는 대로 "자연철학이 꾸준히 추구된다

---

6. Martin Heidegger, *Der deutsche Idealismus (Fichte, Hegel, Schelling) und die philosophische Problemlage der Gegenwart*.

7. Andrew Bowie, "Friedrich Wilhelm Joseph von Schelling."

면, 그 결과로 우리가 지닌 접근권을 평가하는 수단이 아니라 사유를 생산하는 유일한 수단으로서의 사변이 필요하게 됩니다."[8] 말하자면 그랜트는 단지 사유와 세계 사이의 통상적인 근대적 대립에서 시작하기보다는 오히려 사유가 세계에 의해 생산되는 방식을 보여주기를 바란다. 피상적으로 바라보면 이것은 단지 또 다른 형태의 과학주의인 것처럼 들릴 것이다. 결국에는 인지과학과 신경철학 역시 사유의 기원을 설명하는 과학적 담론을 지지하여 사유에서 특별한 근대적 지위를 박탈하고자 한다. 하지만 질의응답 시간에 그랜트가 제시한 토스카노에 대한 답변[9]과 브라지에에 대한 답변[10]에서 추산될 수 있듯이 그는 그런 식으로 바라보지 않는다. 그랜트는 사유를 어떤 생물학적 개체에 그 기체基體가 있을 필요가 없는 형식적 패턴으로 구상하는 토스카노의 관념에 마음이 편치 않은 것처럼 보이며, 그리고 사변철학은 경험적 연구에 의거하여 실제로 존재하지 않는 존재자들을 제거하고 형이상학적 개념들을 수정하는 데 관여하게 되어야 한다는 브라지에의 견해를 철저히 거부하는 것처럼 보인다. 어쩌면 더 중요하게도 자연에 관한 그랜트의 구상은 두 가지 중요한 측면에서 다른 사람들의 구상과 다르다. 자연을 단지 사유의 단일체적 대大타자일 뿐이라고 여기기보다는 오히려

---

8. Brassier, Grant, Harman, and Meillassoux, "Speculative Realism," 334.

9. 같은 글, 345~8.

10. 같은 글, 364~6.

다층적 왕국으로 여긴다는 점에서 그랜트는 대다수 관념론자와 다르다. 그랜트의 표현대로 "우리는 생각에 선행하는 무언가가 있다는 점을, 그리고 생각에 선행하는 것의 전체에 걸쳐 의존 관계의 층이 여럿 있다는 점을 받아들〔여야〕 합니다. 생각에 선행하는 것은 단 하나의 것이 아니고, 그것은 복합적인 일련의 사건의 전체입니다."[11] 과학적 성향을 지닌 주류 철학자들, 즉 흔히 '자연주의자'로 일컬어지는 철학자들도 방금 언급된 구절에 동의할 것이다. 하지만 그들은 그랜트의 훨씬 더 사변적인 그 다음 조치로 인해 재빨리 그에게서 떠날 것이다. 왜냐하면 우리가 자연의 하위인지적 과정들과 사유의 층위에서 생겨나는 그 결과 사이의 직접적인 인과적 연계를 도출하고자 하더라도 그랜트에게는 그런 과업이 다음과 같이 인식됨을 알게 되기 때문이다. "그런 과업은 단지 사실상 무궁무진한 것이 아니라 원칙적으로 무궁무진한 것입니다. 그것이 원칙적으로 무궁무진한 이유는 생산되는 사건의 토대가 되는 조건이 다른 사건들을 생산하기 위한 토대도 되기 때문입니다."[12] 이 구절에 대한 나의 해석이 올바르다면 그랜트는 많은 자연주의자가 선호하는 기계론적이고 선형적인 의미에서의 인과적 연계에 관해 말하고 있는 것이 아니라 오히려 실제로 취한 경로와 다른 다양한 경로를 자

---

11. 같은 글, 334.
12. 같은 곳.

연에서 취할 수도 있었을 감춰진 잠재력으로서의 원인에 관해 말하고 있다. 인과관계에 관한 이런 접근법은 들뢰즈주의적 '잠재태'의 조짐을 나타내고 로이 바스카1944-2014와 마누엘 데란다의 반경험론적 견해에 필적한다.[13] 그랜트의 일부 독자는 그랜트의 입장이 과학철학의 '자연화' 입장과 양립 가능하다고 역설하지만, 이는 우리가 그 두 입장 사이의 한 가지 중요한 차이점을 무시하는 경우에만 성립될 수 있다. 그랜트의 경우에 자연은 모든 것이 환원되어야 하는 기반이 아니라 오히려 그로부터 모든 것이 생산되어야 하는 기반이다. 그랜트가 우리의 일상적인 기분 이야기를 '통속심리학'으로 일축하는 데 어떤 관심을 두기에는 쿼크와 인간 정서 사이에 놓여 있는 실재의 복잡한 층이 너무나 많이 존재한다. 또한 각각의 인과적 층에서 다르게 전개될 수 있었을 수많은 상황을 참작하면 그랜트주의적 지적 우주에서는 결과를 그것의 궁극적인 물리적 원인으로 환원할 어떤 직접적인 방법도 존재하지 않는다. 그랜트는 자연주의자가 아니라 오히려 사변적 자연철학자다. 그랜트가 모든 것은 자연적 생산의 사슬에서 비롯된다고 주장하더라도, 이른바 통속심리학의 층위 같은 더 파생적인 층위들을 '제거하'기 위해 이 사슬을 반전시켜 최초의 설명적 원인으로 거슬러 올라갈 쉬운 방법은

---

13. Roy Bhaskar, *A Realist Theory of Science*; DeLanda, *Intensive Science and Virtual Philosophy* [데란다, 『강도의 과학과 잠재성의 철학』].

전혀 없다.

이제 그랜트는 골드스미스 강연의 두 번째 주요 논점을 제기하는데, 이 논점은 나중에 관념론에 관한 공동 저서에서 상세히 논의된다. 우리는 사변적 실재론자로서의 그랜트가 모든 형태의 철학적 관념론에 반대하리라 기대할 것이다. 결국에 지금까지 철학에서 '관념론'은 전통적으로 세계의 현존이 그것을 관찰하는 사람들에 의존한다는 견해를 뜻했고, 따라서 이것은 자연을 직접 다루려는 그랜트의 야망을 확실히 꺾을 것이다. 그 역설에 대한 해결책은 단지 그랜트가 관념론에 통상적인 의미와는 다른 의미를 부여하는 것이다. 사실상 이런 새로운 의미에서의 관념론이 그랜트가 소중히 여기는 것이다. "저는 이른바 관념론이 우리가 생각하는 것과 같지 않다는 점을 보여주기를 몹시 바랍니다. 저는 우리가 이것이 사실임을 이해하고 인정하기를 몹시 바랍니다. 그 이유는 관념론에 내장된 사변적 도구들이 방대하기 때문입니다."[14] 그랜트는 관념론을 세계가 마음의 외부에 현존하지 않는다고 주장하는 학설로 여기기보다는 오히려 단적으로 더 넓은 형태의 실재론으로 여긴다. "제가 보기에 관념론은 모든 사물에 관한 실재론, 즉 자연과 관념에 마찬가지로 적용되는 실재론에 상당합니다."[15] 그랜트는 그 생각을 이

---

14. Brassier, Grant, Harman, and Meillassoux, "Speculative Realism," 336.
15. 같은 글, 338.

어가면서 다음과 같이 묻는다. "19세기 전환기(즉, 셸링의 시대)에 그러했던 것처럼 이것은 칸트주의의 협착을 벗어나는 출구를 제공할까요? 아니면 그렇지 않을까요? 분명하게도 저는 그렇다고 생각하며, 그리고 그것은 내부성이 무슨 역할이든 수행한다는 것을 부인함으로써 그 출구를 제공합니다."[16]

그랜트가 '내부성'을 거부하는 태도와 관련된 쟁점은 무엇인가? 내부성에 대한 가장 간단한 실례는 내가 어떤 사유를 품고 있으므로 그 사유는 나에게 속하고 내 안에 들어 있다는 믿음에서 찾아볼 수 있다. 그랜트는 나에 의한 사유의 생산이 자연에 의한 힘과 종種, 동물, 꽃의 생산과 같은 종류의 것이라는 모형을 지지하여 그런 관념을 거부한다. 어떤 생산물 ─ 물리적이든 심적이든 간에 ─ 도 그것에 선행하는 것으로 환원할 방법은 전혀 없다. 왜냐하면 모든 것은 원인이 필요하더라도 그 원인은 그 생산물이 나중에 어떤 형태를 띠게 되는지 결정할 만큼 충분하지 않기 때문이다.

관념은 그것을 품은 사유의 외부에 있고, 사유는 그것을 품은 사유자의 외부에 있으며, 사유자는 사유자와 사유와 관념을 모두 생산하는 자연의 외부에 있습니다. 사유자, 사유, 관념, 그런 사건을 생산하는 데 필요한 ─ 필요하지만 충분하지는 않다는

16. 같은 글, 339.

점이 강조되어야 합니다 ─ 자연의 다양한 층 사이에는 일련의 외부성이 존재합니다.[17]

가장 놀라운 함의 중 하나는 다음과 같다. "우리는 더는 그 속에서 누구나 자신의 사유를 생산하면서 자신을 인식할 수 있는 일련의 내부성을 갖추고 있지 않습니다. 우리가 사유를 품는다는 것이 어떤 느낌인지 아는 것은 평범한 우연적 사건일 뿐입니다. 그것은 특별히 중요하지 않습니다. 중요한 것은 사유입니다."[18] 여기에는 라투르의 널리 활용되는 행위자-네트워크 이론(이하 ANT)의 토대에 자리하고 있으며 지금까지 객체지향 존재론에도 영감을 제공한 라투르식 번역의 형이상학과 공명하는 바가 있다.[19] 라투르는 기억할 만한 실제 사례를 제시한다. "산업공학도가 사우디아라비아의 지층에 깊이 매장된 석유와 프랑스의 잘리니Jaligny라는 작은 마을에 있는 오래된 주유소에서 내 차의 연료통에 주유하는 휘발유 사이에 다수의 변형과 매개가 있었다고 단언할⋯ 때 휘발유의 실재성에 대한 자격은 결코 줄어들지 않는다."[20] 라투르는 진리 '대응'설과 진리 '정합'설 사

17. 같은 곳.

18. 같은 글, 340.

19. Latour, *Irreductions*; Bruno Latour, *Pandora's Hope* [브뤼노 라투르, 『판도라의 희망』].

20. Latour, *Pandora's Hope*, 137. [라투르, 『판도라의 희망』.]

이의 전통적인 논쟁에 직면하여 하나의 대안적인 '산업적' 모형을 제시한다. 사우디아라비아의 원유와 잘리니의 휘발유 둘 다에 현존하는 어떤 본질적 '형상'은 없으며, 과정의 각 단계에서 이루어지는 일련의 변형이 있을 따름이다. 물론 차이점은, 라투르는 주로 인간이 변형 작업을 수행하는 방식에 관심이 있는 과학과 기술의 철학자인 반면에 그랜트는 우리에 선행하는 모든 하위인간적 과정에 비하여 인간이 비교적 최근의 단계라고 여기는 자연철학자라는 것이다. 그런데도 그랜트는 메이야수 같은 인물보다 라투르에게 훨씬 더 가깝다. 메이야수는 마음이 세계에서 수학적 형식들을 깔끔하게 추출할 수 있기에 사물들의 제1성질들을 알 수 있다고 주장한다. 그랜트 자신의 표현대로 "이른바 사유와 그것에 선행하는 것 사이에는 필연적인 비대칭성이 존재하며, 그리고 이런 비대칭성은 사유가 언제나 그것에 선행하는 것과 다른 동시에 언제나 그것에 선행하는 것을 자신의 필요 근거 ― 필요하지만 충분하지는 않은 근거 ― 로서 요구한다는 것을 뜻합니다."[21] ANT와 OOO의 경우와 마찬가지로 그랜트의 경우에도 생산 혹은 번역의 중간 단계들은 너무나 많고 너무나 변형적이어서 한 단계와 다른 한 단계 사이에 어떤 종류의 대응도, 어떤 종류의 동일성도 보증할 수 없다. 이런 까닭에 지젝은, 브라지에와 메이야수는 사변적 실재론의 '과학적'

---

21. Brassier, Grant, Harman, and Meillassoux, "Speculative Realism," 343.

진영에 속하고 그랜트와 OOO는 그 반대 진영에 속한다고 올바르게 주장한다.

앞서 우리는 그랜트의 입장과 주류 자연주의 사이의 차이에 관해 언급했다. 골드스미스의 강연을 마무리할 무렵에 그랜트는 주류 자연주의에서 흔히 도외시되는 사변의 정신을 찬양하면서 그 주제를 다시 한번 거론한다. "저는 사변이 자연적 생산성에 수반된다는 주장을 제기하고 싶습니다."[22] 그랜트가 사변으로 뜻하는 바는 근거와 생산물 사이에 자리하고 있는 모호한 간극, 즉 칸트가 스스로 탐사할 수 없음을 깨달은 간극을 탐사하는 사유의 일종이다. 그랜트는 또다시 진술한다. "우리에게는⋯ 되돌아가서 우리 자신에게 다음과 같이 말할 안락지대가 없습니다. '아, 보라. 우리는 사유를 가능하게 하는, 그것도 유일하게 가능하게 하는 조건의 총체를 회복했다.'"[23] 그 문제는 한낱 가설적인 것에 불과한 것도 아니다. 그 이유는 그것이 사유와 세계의 관계에 관한 우리의 통상적인 구상에 이의를 제기하기 때문이다. 그랜트는 계속해서 진술한다. "또한 〔이것〕은 상당히 세속적인 층위에서, 준거의 층위에서 인식론적으로 매우 당혹스러운 것을 뜻합니다. 우리가 사물에 관해 생각할 때 일어나는 일은 무엇입니까? 두 가지 일이 일어납니다. 사물이 있고

---

22. 같은 곳.
23. 같은 곳.

사유가 있습니다. 그것들이 맺은 관계의 기반은 무엇입니까?"[24] 그 관계의 부담을 짊어지는 것은 사유자가 아니다. 왜냐하면 사유자와 그의 사유는 자연 자체에 의해 생산되기 때문이다. 이런 점에서 이 관계에서 발언하는 것은 우리 자신이 아니라 오히려 세계다. 그랜트의 경우에는 세계와 그것을 생각하는 존재자사이에 수많은 층이 산재되어 있다. 그런데 또다시 (대다수 근대철학자와는 달리) 그랜트의 경우에는 사유와 관련하여 특별한 것이 전혀 없다. 티머시 모턴[1968-]의 생태론적 저작 중 하나에서 비롯되었을 한 구절에서 그랜트는 다음과 같이 주장한다.[25] "자연이 생각한다면, 틀림없이 자연은 마치 자연이 '산을 형성하'거나 자연이 '강을 형성하'거나 자연이 '행성을 형성하'거나 혹은 자연이 우리가 가진 것을 형성하는 것처럼 생각할 것입니다. 이것들은 사실상 동일합니다. 달리 말해서 사유가 이루어질 때마다 새로운 생산물이 있습니다. 이렇게 해서 근거의 문제가 생겨납니다."[26] 우리는 셸링에 관한 그랜트의 책에서 이런 근거의 문제와 다시 한번 마주칠 것이다. 그 이유는 그것이 객체 또는 존재자에게 우선권을 부여하는 OOO의 신조 ─ 그랜트는 이것을 '신체주의'라는 이름으로 비판한다 ─ 에 대한 그랜트의 거부와 관계

---

24. 같은 글, 344.

25. Timothy Morton, *Ecology Without Nature*; *The Ecological Thought*; *Hyperobjects*.

26. Brassier, Grant, Harman, and Meillassoux, "Speculative Realism," 344.

가 있기 때문이다.

골드스미스에서 행해진 그랜트의 상당히 간결한 강연에 대한 요약을 마무리하기 전에 그의 정치적 견해에 관해 물음을 제기할 가치가 있다. 그 이유는 오늘날의 대단히 많은 독자가 정치가 가장 중요하다고 생각하기 때문이다. 자신의 강연 이후에 이어진 질의응답 시간이 마무리될 무렵에 그랜트는 최근의 정치적 유물론의 부정적인 측면 중 몇 가지를 인용함으로써 최근의 추세에 완강히 저항한다. 그랜트가 진술하는 대로 "비판적 유물론은 유물론이 아닙니다. 근본적으로 그것은 비판에 의해 정향된, 추동된, 조종된, 고안된 유물론입니다. 달리 말해서 그것은 물질의 일부에 대해서만 어떤 용도를 지닌 사람들에 의해 견지된 물질론입니다."[27] '비판'에 대한 그랜트의 빈정거림은 명백히 칸트를 그 대상 중 하나로 삼을지라도 그 워크숍에서 나는 좌파의 비판 이론에 대한 어떤 불만도 감지했다. 이런 까닭에 나는 그랜트에게 영국의 지적 생활에서 강력한 존재감을 나타낸 지 오래된 맑스주의에 대한 그의 입장을 말하게 하려고 시도했다. 그랜트는 이 학파를 활발히 공격함으로써 응답했다.

〔맑스주의적 유물론〕참 좋죠! 그렇지 않습니다. 그것은 단적으로 틀렸습니다. 이른바 물질에 대한 어떤 한정된 영역에 호소할

---

27. 같은 글, 360.

수 있고, 여러 종류의 행위주체들의 경제적·목적론적 목적들을 "한낱 천연 그대로의 물질에 불과한 것"의 영역 ─ 여기서 그것은 절대적으로 아무 영향도 미치지 못하고, 여기서 그것은 철학적 문제와 정치적 문제의 한쪽에 방치됩니다 ─ 에 채우지 못하는 것은 무엇이든 비난할 수 있다는 관념은 제게 정치적 재난의 비결처럼 보입니다.[28]

그랜트는 맑스주의의 철학적 기반에 대한 이런 의혹을 OOO와 공유하는 반면에 메이야수는 맑스에 대한 공공연한 공감을 표현하며, 그리고 앞서 우리가 살펴본 대로 브라지에 ─ 그의 정치철학은 여태까지 충성 혹은 묵살에 관한 모호한 진술들로만 표현되었지만 말이다 ─ 는 적어도 한 구절에서 '혁명'을 긍정적으로 언급한다.[29] 이런 차이는 정치적 본능(그랜트와 OOO는 모두 중도좌파다)의 어떤 근본적인 차이에 의해 설명되기보다는 오히려 앞서 지젝이 SR에 관한 진술에서 지적한 것 ─ 브라지에와 메이야수에 의한 합리주의의 공개적인 수용과 더불어 그랜트와 OOO에 의한 합리주의에 대한 지속적인 의심 ─ 에 의해 설명된다.

1절의 연습문제

---

28. 같은 곳.

29. Brassier, "Concepts and Objects."

1) 그랜트가 자신은 접근으로서의 사유가 아니라 생산으로서의 사유에 관심이 있다고 말할 때 뜻하는 바는 무엇인가? 이것의 함의는 무엇인가?

2) 그랜트는 철학적 자연주의자들과 어떤 면에서 유사하고 어떤 면에서 다른가?

3) 그랜트가 사유에 선행하는 자연의 매우 다양한 층위가 존재한다고 말하는 것은 왜 그토록 중요한가?

4) 그랜트는 우리에게 자연, 사유자, 사유 그리고 관념 사이에 '일련의 외부성'이 존재한다고 말한다. 그 철학적 함의는 무엇인가?

5) 그랜트는 왜 자연에 관한 사변이 매우 중요하고 필요하다고 생각하는가?

6) '관념론'에 관한 그랜트의 개념은 그 용어의 통상적인 철학적 의미와 어떻게 다른가?

2. 그랜트의 『셸링 이후의 자연철학』

원래 2006년에 출판된 셸링에 관한 그랜트의 책은 독일 관념론 연구의 중요한 저작인 동시에 어떤 독창적인 철학적 프로그램의 개요이기도 하다. 셸링이 그 책의 초점인 것은 명백하지만, 셸링이 평생에 걸쳐 자연철학자였다는 그랜트의 해석은 칸트와 피히테, 헤겔에 대한 참신한 해석에 기반을 두는 경우에만 가능하다. 또한 그랜트는 『티마이오스』[30]가 틀림없이 플라톤의 핵심적인 대화편이라고 짐작함으로써 플라톤을 재해석한다. 이런 짐작은 여러 세기 전에는 일반적이었지만 오늘날에는 덜 일반적인 관념이다. 게다가 그랜트는 노르웨이-덴마크 사상가 헨릭 스테픈스[1773-1845] 같은, 셸링과 헤겔의 대략 동시대인들인 여러 자연철학자에 관해 논의한다. 논의 전체를 이끄는 것은 들뢰즈와 과타리의 저작들에 대한 그랜트의 호감이다. 그랜트는 현대 철학자 중에서 그 두 인물을 가장 애호한다. 이 책의 목적을 위해 그랜트의 책에서 제기된 모든 중요한 역사적 주장을 좇는 것은 실용적이지 않다. 오히려 우리는 화산의 분화구에서 다이아몬드를 캐내는 것처럼 그랜트의 가장 중요한 철학적 테제들을 밝히는 데 주력할 것이다.

사변적 실재론자들은 때때로 언급되는 만큼 반反칸트주의적이지는 않더라도, 그들은 모두 칸트가 여전히 현대 철학의 지평을 규정하기에 철학의 새로운 시대가 출현할 수 있으려면 극복되어야 하는 철학자라는 점에 대해서 의견이 일치할 것이다. 그랜트는 자신의 책의 서장에서 다소 암울한 어조로 다음과 같이 서술한다. "포스트칸트주의는 19세기에 그러했던 것과 그야말로 마찬가지로 현대 철학의 지평을 나타낸다."[31] 포스트칸트

---

30. * Plato, "Timaeus." [플라톤, 『티마이오스』.]

31. Iain Hamilton Grant, *Philosophies of Nature After Schelling*, 8.

주의는 "칸트의 뒤를 잇는다는 역사적 의미에서뿐만 아니라, 철학적 활동에 대하여 칸트가 설정한 배치에 의해 규정된다는 점에서 철학적 의미에서도" 칸트 이후의 것이다.[32] 칸트는 물자체를 직접적인 탐구의 주제에서 배제함으로써 자연에 관한 모든 물음을 일종의 인간 지식으로서의 과학의 물음들로 전환한다. 칸트의 『판단력비판』의 2부를 살펴보자. 여기서 칸트는 전형적인 칸트적 방식으로 자연이 어떤 목적을 지니고 있는지의 여부를 인식할 모든 희망을 버리고서 이 물음을 인간이 그런 목적에 대하여 무엇을 인식할 수 있는지에 관한 더 협소한 물음으로 전환한다. 현대의 많은 독자가 독일 관념론이 물자체를 제거한 방식에 현혹되지만, 그랜트는 셸링의 경우를 제외하고 독일 관념론이 자연의 철학적 지위에 행한 바에 공개적으로 경악한다. 지금까지 대체로 자연은 자연과학에 맡겨진 한편으로 철학은 윤리, 언어 혹은 상호주관적 소통에 점점 더 협소하게 몰두하는 것으로 축소되었다. 독일 관념론이 갈림길에서 잘못된 길을 택했다고 생각하는 사람들이 흔히 선택하는 과녁은 헤겔이지만, 그랜트는 피히테를 자신의 특별한 분노의 대상으로 삼는다. 왜냐하면 이 주요한 칸트 이후 사상가는 '비非자아'를 '자아'에 의해 상정된 것으로 여겼고, 인간 영역을 넘어서는 그의 모험은 식물 영역에도 무생물 영역에도 과감히 진입하지 않고 동물

---

32. 같은 책, 9.

에서 멈추었기 때문이다.

이렇게 해서 우리는 현대 철학에 대한 그랜트의 실망, OOO
가 공유하는 실망에 관한 중요한 부차 쟁점에 이르게 된다. 너
무나 흔히 인간 주체의 벽을 벗어났다고 대담하게 주장하는 현
대 철학자들은 결국에 '신체화' 혹은 '생명'이라는 개념들에 머무
르면서 전체상에서 무기적 실재를 여전히 배제한다. 데란다는
'신체'를 "단지 소수자의 구성원을 적어도 하나는 포함하도록 존
재론에 초대된, 일종의 명목상의 물질적 객체"로 재치 있게 서
술함으로써 그런 상황을 묘사한다.[33] 그랜트는 자기 나름의 적
절하고 정확한 비평이 준비되어 있었다. "생명은 철학의 물리적
인 것으로의 하강에 대한 일종의 오르페우스적 수호자로서의
역할을 수행한다. 그 이유는 생명이 철학의 '반물리학'적 경향
에 대한 비난에 맞서는 효과적인 알리바이를 제공하는 동시에
윤리-정치적이거나 실존적인 문제점들을 철학의 진정한 영역의
중심에 두기 때문이다."[34] 이렇게 해서 셸링은 그랜트에게 핵심
적인 인물이 되는데, 그 이유는 셸링이 다음과 같이 주장했기
때문이다. "조직이 기계론적 자연 질서에 대한 예외가 아니라 오
히려 자연 자체의 원리가 되도록, 유기적 자연을 '비유기적' 자연
에서 분리하는 경계는 자연주의적으로 지지할 수 없고 철학적

---

33. Manuel DeLanda and Graham Harman, *The Rise of Realism*.

34. Grant, *Philosophies of Nature After Schelling*, 10.

으로 해로운 것으로서 제거되어야 한다."[35]

이제 그랜트는 계속해서 "수數 아니면 동물"이라는 바디우의 그릇된 이분법 – 바디우가 플라톤과 아리스토텔레스 사이의 차이와 동일시한 이분법 – 을 거부한다. 자연을 동물과 연계할 때 바디우는 그랜트가 피히테의 초보적인 실수로 여기는 행위를 반복한다. 그랜트는 모든 인간의 응시, 인간의 신체–실천적 취급 혹은 심지어 순전한 동물 행동과 별개로 "심원한 지질학적 시간"이 자율적으로 현존하는 장소를 지지함으로써[36] '동물성,' '신체화' 혹은 '유기적'인 것에 관한 연구에 대한 칸트 이후의 통상적인 알리바이를 피하고 싶어 한다. 자연과학이 성공함으로써 거의 근절된 분과학문인 자연철학은 무기적인 것과 유기적인 것을 동시에 다룰 수 있어야만 한다. 그랜트는 이것이 결정적으로 중요하다고 생각한다. 그 이유는 오직 자연만이 우리 시대에도 여전히 지배적인 칸트 이후의 철학적 배치에서 우리가 벗어날 수 있게 하기 때문이다. 셸링에게 철학의 요점은, 칸트가 인간 지식의 유적으로 물려주었고 현재 " '자연'을 오직 언어 속에서 그리고 언어에 대해서 결정되는 것으로 표상하는 언어적 관념론과 더불어 대다수 현상학적 철학과 모든 윤리–정치적 철학의 반석"을 오염시키는 유한한 표상들 너머로 우리를 데려가는

---

35. 같은 곳.
36. 같은 글, 6.

것이다.[37] 이들 역겨운 귀결에 견주어 그랜트는 "그러므로 셸링주의에 대한 해설은 [칸트의] 비판 혁명의 체계적 무효화를 수반한다"라고 강조한다.[38]

모든 사람이 셸링에 관한 그랜트의 의견에 동의하는 것은 아니다. 적어도 두 가지 이유에서 그러하다. 우선, 앞서 알게 된 대로 셸링에 대한 정통적 해석은 그를 다양한 별개의 단계를 거친 철학자로 여긴다. 자연철학은 이들 단계 중 두 번째 단계라고 하는데, 이 단계는 잇따라 생겨난 이른바 동일성의 철학과 자유의 철학에 의해 재빨리 극복되었다. 그 책 전체에 걸쳐서 그랜트는 셸링이 언제나 자연철학자였다는 자신의 주장으로 거듭해서 돌아감으로써 학술적 합의의 조류를 거스른다. 그런데 그랜트의 평결은 명료하다. "자연철학을 그저 하나의 단계라기보다는 오히려 셸링주의의 핵심으로 여기기를 … 꺼리는 주석자들의 태도는 그 철학에 관한 모든 정합적인 구상을 망친다 … [그러므로] 셸링의 철학에 대한 거의 모든 해설에서 나타나는 시대구분 경향은 기껏해야 오해를 낳을 소지가 있다."[39] 나머지 다른 한 갈등은, 그랜트의 해석과는 정반대 방향으로 나아가서 윤리, 정치 혹은 '실존적' 주제들에서 셸링의 주요한 의의를 찾아내는 일반적인 경향에서 비롯된다. 여기서 주요한 과녁

---

37. 같은 책, 15.
38. 같은 책, 6.
39. 같은 책, 3.

은 하이데거의 동시대인 철학자 칼 야스퍼스1883-1969다. 그랜트에 따르면 야스퍼스는 "자연철학이 칸트의 비판철학 혹은 피히테의 비판철학을 연장한 것에 해당한다는 자주 반복되는 잘못된 명제의 기본형을 제공한다."[40] 번역가 키스 피터슨에 대한 그랜트의 비판적 언급에서 볼 수 있듯이 더 최근의 사례도 거론하기 힘들지 않다. 그랜트가 보기에 피터슨은 "[셸링의] 자연철학은 명시적으로 윤리적 프로젝트다"라고 생각한다.[41] 이에 반하여 그랜트는 "셸링은 칸트를 연장하고 있는 것이 아니라 오히려 무효화하고 있다"라고 말한다.[42] 그리고 야스퍼스는 추종자가 전혀 없고 어떤 운동도 어떤 학파도 생성하지 않았다는 이유로 셸링을 책망하는 반면에 그랜트는 사실상 모든 사람이, 혹은 적어도 가치 있는 철학적 소명을 품은 모든 사람이 셸링의 추종자라고 주장한다. "철학이 칸트에 의해 고무된 형이상학 비판, 그것의 주관주의적-인식론적 초험주의, 그리고 자연학과 형이상학의 분리를 넘어설 때마다 셸링주의는 되살아난다."[43] 이런 부활이 만연할 때까지 우리는 하이데거 등이 나타내는 언어를 우선시하는 태도와 실천이성의 끝없는 지배에 갇혀 있게 될 것이다. "따라서 자연철학은 … 자연의 논리-언어적 결정 혹

---

40. 같은 책, 14.
41. 같은 책, 61.
42. 같은 곳.
43. 같은 책, 5. 강조가 제거됨.

은 현상적 결정을 거부하며 〔그리고〕 실천적인 것의 우위를 거부한다."[44]

부주의한 독자는 셸링에 관한 그 책의 서두를 대충 훑어보고서 그랜트가 철학을 과학의 손에 전적으로 맡기는 것에 찬성하는 주장을 개진한다고 가정할 것이다. 결국에 그랜트가 인용하는 셸링은 자연 자체가 인간 종이 자연에 관해 생각한 모든 것에 선행한다고 말한다. 그리고 그랜트는 "철학의 자연주의적 근거 혹은 물리주의적 근거가 존재한다는 … 셸링의 가설"을 분명히 지지한다.[45] 그런데 곧 알게 되듯이 그랜트는 자연을 과학의 방식으로 (혹은 이와는 다른 방식이지만 OOO의 방식으로) 이산적인 개별적 사물들의 영역으로 여기기보다는 오히려 탈신체화된 인격적 힘으로 여긴다. 왜냐하면 자연철학은 "'철학을 자연과학에 적용〔하기〕'라는 '한심한 세속적 업무에'" 시간을 낭비하지 말아야 한다는 셸링의 의견에 그랜트가 동의하기 때문이다.[46] 이어서 그랜트는 칼 포퍼1902-1994의 다음과 같은 충고에 대한 자신의 경멸감을 표현한다. "자연에의 철학적 개입은 자연과학이 필요하다고 여기는 경우에 급히 참조될 이론적 자원으로 〔축소되어야 한다〕. 말하자면 자연철학에서 그 형이상학의 '새로운 중세의 몽매주의'를 벗겨냄으로써 사용하기 적합한 핵심

---

44. 같은 책, 19.
45. 같은 책, 2.
46. 같은 책, 11.

을 입수해야 한다."[47] 그랜트는 현대의 자연주의 및 전면적인 과학주의와는 달리 형이상학적 사변이 현대의 과학적 분과학문의 시녀가 되어야 한다는 모든 주장에 맞서서 그런 사변의 권리를 옹호한다. 사실상 그랜트는 자연을 가시적인 모든 것으로 부풀어 오르는 무형의 원초적 힘으로 여길 뿐만 아니라, 또한 하나의 거대한 객체라기보다는 오히려 하나의 주체로 여긴다. 이것은 대다수 현업 과학자가 그랜트를 존중할 만한 사상가의 부류에서 추방할 추가 근거를 제공할 것이다. 그랜트에게 자연은 주체라는 용어의 모든 친숙한 의미에서의 주체가 당연히 아니다. 오히려 그랜트의 표현대로 "무조건의 자아는 경험적 의식보다 오히려 주체자연(혹은 주체객체)의 자동 작용에 해당하는 본성을 지니고 있다."[48] 이것은 그랜트가 그 연원을 멀리 플로티노스까지 거슬러 추적하는 개념이다. 주체에 대한 이처럼 철저히 비인격적인 의미에 의거하여 그랜트는 자신의 입장이 "관념론은 자연을 의인화한다거나 혹은 관념론은 오로지 지성에 의한 자연의 결정으로 특징지어질 뿐이라는 등 관념론을 둘러싸고 있는 일반적인 진부한 문구들"에 취약하다는 점을 부인한다.[49]

이렇게 해서 우리는 플라톤과 아리스토텔레스에 대한 그랜트의 놀라운 해석을 고찰할 때 다시 나타날 두 가지 쟁점에 이

---

47. 같은 곳.
48. 같은 책, 16.
49. 같은 곳.

르게 된다. 첫 번째 쟁점은 자연을 개별적 신체들이 행하는 작용들의 총합으로 여기는 것 — 그랜트가 소마soma(신체)라는 그리스어 낱말을 본떠 '신체주의'somatism라고 일컫는 신조 — 에 대한 그랜트의 적대감이다. 특히 그랜트는 자연을 "모든 사물의 총합"으로 유사하게 규정하는 칸트의 정의를 거부할 뿐만 아니라 "자연을 '존재자들 전체'에 의거하여 규정하"는 하이데거의 정의도 거부한다.[50] 그의 동시대인 영웅 들뢰즈의 경우와 마찬가지로 그랜트에게 더 흥미로운 것은 개별적 신체들을 파생적 부산물로 생성하는 하나의 생산력으로서 자연을 구상하는 관념이다. 들뢰즈의 지적 사촌인 질베르 시몽동1924-1989의 경우와 마찬가지로 그랜트에게는 개체화 과정이 이미 형성된 개체들보다 더 흥미롭다.[51] 그랜트는 이런 사실을 멋진 어구로 서술한다. "자연철학 자체는… 더는 (신체들의 특성들이나 우연한 사건들)에 근거를 두고 있는 것이 아니라 오히려 모든 근거와 모든 신체가 비롯되는 원동력에 근거를 두고 있다."[52] 고찰해야 할 두 번째 쟁점은 그랜트가 칸트와 플라톤 사이에 쐐기를 박는 방식이다. 칸트는 현상에 집중하는 반면에 플라톤은 칸트가 완전한 형상들의 본체적 세계라고 일컬을 것에 집중함에도 불구하고 칸트

50. 같은 책, 7.

51. Gilbert Simondon, *L'individuation à la lumière des notions de forme et d'information*. [질베르 시몽동, 『형태와 정보 개념에 비추어 본 개체화』.]

52. Grant, *Philosophies of Nature After Schelling*, 8.

와 플라톤은 둘 다 통상적으로 '두-세계' 사상가로 여겨진다. 그랜트는 플라톤의 『티마이오스』에 의지함으로써 그 쐐기를 박는다. 그 대화편의 우주론은 고대 및 중세 독자들을 매혹시켰지만 수리물리학이 발흥한 이후 근대에서는 그 평판이 추락했다. 겨우 최근 들어서야 그 대화편은 자크 데리다1930-2004와 그의 학도가 주의를 기울인 덕분에 다시 회자하게 되었다. 그랜트가 지적하는 대로 "셸링의 자연철학은 칸트의 비판철학에서 비롯된 문제들을 배경으로 삼고서 플라톤의 『티마이오스』에서 제시된 일-세계 자연학에 관한 연구로 시작한다."[53] 플라톤에 대한 정통적 독법은 각 사물의 에이도스eidos를 물질적 세계에서 나타나는 모든 불완전한 실례가 모사하는 완전한 형상 — 완전한 말馬, 흰색, 정의 혹은 덕 — 으로 여기는 반면에 그랜트는 에이도스를 각 사물의 자연적 원인으로서 결코 자신의 생산물을 '닮지' 않은 것으로 해석한다. 이것이 그랜트가 완전한 형상들과 불완전한 모상들의 두-세계 형이상학 — 교과서에서 일반적으로 제시되는 형이상학 — 에 의거하기보다는 오히려 '일-세계 자연학'에 의거하여 플라톤의 철학을 해석할 때 뜻하는 바다. 이렇게 해서 그랜트는 포스트모더니즘의 주요 표상이 된 지 오래된 영구적인 '플라톤주의의 극복'을 거부하는 바디우와 제휴하게 된다. "우리는 철학이 플라톤주의를 전복하는 것을 그만두

---

53. 같은 책, 10.

어야 하고 (같은 이유로 그런 것은 아닐지라도) 오히려 칸트주의를 거부해야 한다는 바디우의 반들뢰즈주의적 견해를 수용한다…"[54] 이것은 어쩌면 그랜트가 여태까지 모든 철학적 쟁점에 관하여 들뢰즈에 맞서 바디우의 편에 서는 유일한 경우일 것이다. 심지어 이 경우에도 그랜트는 바디우가 플라톤주의의 진짜 요점을 놓친다고 생각한다. 바디우의 플라톤은 우리를 진정한 철학의 길로서의 형식화로 인도하는 수학자인 반면에 그랜트의 플라톤은 바디우의 체계에서는 결코 어떤 중요한 역할도 수행하지 않는 영역인 자연(퓌시스physis)의 옹호자다.

그럼 지금부터 그랜트와 OOO가 다양한 논점에서 의견이 일치하더라도 그랜트와 OOO의 의견 차이를 부각하는 데 매우 중요한 것으로 판명되는 물음을 살펴보자. 자연은 세계에서 현존하는 것처럼 보이는 수많은 개별적 존재자들과 어떻게 관련되어 있는가? 일자와 다자 사이의 관계는 당연히 고대 그리스 철학의 가장 중요한 주제 중 하나이다. 파르메니데스의 경우에 우리가 이성을 따른다면 존재는 본질적으로 일자인 한편으로 다양한 존재자는 단지 억견(독사doxa)의 영역에 속할 뿐이다. 모든 개별적 존재자에 선행하는, 형태도 경계도 없는 아페이론apeiron이라는 유사 개념을 옹호하는 소크라테스 이전 철학자들의 경우에 그 물음은 단지 이 아페이론이 애초에 개별적 사물

---

54. 같은 책, 8.

들로 분할되는 방식에 대한 인과적 설명을 제시하는 문제일 뿐이다. 최초의 소크라테스 이전 철학자인 아낙시만드로스대략 서기전 610-546는 정의正義가 궁극적으로 모든 대립자를 파괴함으로써 해소되는 갈등의 결과로 최후의 아페이론이 생겨난다고 주장했다. 피타고라스대략 서기전 570-500와 아낙사고라스대략 서기전 510-428는 둘 다 아페이론이 어떤 파국적 사건이 존재에서 다양체를 만들어내기 이전에 현존했다고 여겼다: 피타고라스에게 그 이유는 아페이론이 자신의 환경에서 공허 혹은 진공을 흡입하기 때문이고, 아낙사고라스에게 그 이유는 강력한 정신(예지)으로 인해 아페이론이 매우 빠르게 회전하게 되면서 생겨난 진동이 아페이론을 오늘날 우리가 보는 셀 수 없이 많은 개별적 사물로 분할했기 때문이다. 우리가 21세기의 사람인 그랜트는 그런 창조 신화를 전혀 제시하지 않을 것이라고 기대함은 옳다. 그런데 그랜트는 계속해서 그런 개별적 존재자들을 경시한다. OOO를 좇아서 이산적인 객체들을 철학의 중심에 두는 사람이라면 누구나 곧 그랜트가 '신체주의'라고 일컫는 추정상의 궁지에 몰리게 될 것이다. 그런데도, 골드스미스에서 브라지에가 질문한 대로, 그랜트는 일자에서 다자로의 이행을 어떤 식으로 설명하고자 하는가?

그랜트가 이 구절을 설명하는 데 사용하는 주요한 전문용어는 '지연'이다. 자연은 아무튼 그 흐름이 지연되거나 차단당하는 힘이고, 그리하여 자연은 우리가 개별적 객체들(우리 개인들

도 명백히 포함한다)로 간주하는 것을 생성한다. 이 용어는 그
랜트가 셸링의 자연철학에서 작동하고 있는 두 가지 힘을 서술
하는 그 책의 뒷부분에서 처음 나타난다. "첫 번째 힘은 '모든
운동의 원리'이고, 두 번째의 부정적 힘은 첫 번째 힘을 지연하
며,〔그리고〕그것들의 필연적 결합은 무한히 느려져 현상을 생
산하는 지경에 이르게 된다."[55] 달리 말해서 두 번째의 '지연하
는' 힘이 없다면 자연은 단지 무한한 생성을 과시할 뿐이기에 일
반적으로 코스모스에 거주하고 있는 것처럼 보이는 어떤 개별
적 자아도, 지각도, 객체도, 사건도 없을 것이다. 그런데 그 두
가지 힘은 도처에 존재하기에 순전한 생성과 순전한 지연이라
는 두 가지 극단적인 상태에 이르게 되는 경우가 결코 없다고
그랜트는 생각한다. 게다가 셸링의 경우에 그리고 명백히 그랜
트의 경우에도 한 가지 흥미로운 이원론이 작동하고 있다. 모든
존재자의 반쪽 면을 설명하는 무한한 생성(그것의 지연화가 나
머지 절반 면에 대한 설명을 제공한다)과 더불어 "현상의 대대
적인 변환을 영속화하"는 힘들도 존재한다.[56] 이들 힘이 발견되
는 기본 '세포'는 세계영혼인데, 이는 신플라톤주의의 가장 친숙
한 개념 중 하나다. "자연의〔순차적인 층위들〕에서 다양성을 만
들어내는 제1의 안티테제인 세계영혼이 그렇게 일컬어지는 바

---

55. 같은 책, 143.
56. 같은 책, 145.

로 그 이유는 그것이 신체가 아니면서도 물질이기 때문이다. 그것이 바로 현상성을 생성하는 한에서 그것은 '모든 것 가운데 가장 어두운 것'이다."[57] 이런 식으로 모든 대립의 역동적인 본거지로서의 물질에 호소함으로써 그랜트는 셸링 자신과 마찬가지로 이탈리아의 다채로운 사상가 조르다노 브루노[1548-1600]의 사유에 근접하게 된다. 브루노는 10년 동안 투옥과 고문을 겪은 후에 로마에서 화형에 처해짐으로써 궁극적으로 가장 비극적인 운명에 의해 무너졌지만 철학자 중 가장 희극적인 인물이었다. 무한한 힘이 더 국소적인 지연된 힘들로 변환하는 양상을 언급할 때 셸링은 플로티노스처럼 '유출'이라는 용어를 사용하거나 혹은 니콜라우스 쿠자노스[1401-1464]처럼 '수축'이라는 용어를 사용하기보다는 오히려 '분해'decomposition라는 용어를 사용한다. 셸링의 경우에는 "물질로서의 무한한 힘이 분해되기 시작하고, 그다음에 이어서 물질이 물질의 다양한 변양태 – 발열적, 기체적, 전기적, 자기적, 유기적 등의 변양태 – 로 분해된다."[58] 그것은 "절대 끝나지 않는 연쇄적인 분해"다.[59] 셸링의 경우와 마찬가지로 그랜트의 경우에도 무한한 생산성이 제일 먼저 나타나며, 모든 개별적 생산물은 현상적이다. 역으로 모든 현상적인 것은 생산물일 따름이기에 생산성 자체와 동일시될 수 없다. 각각

---

57. 같은 곳.
58. 같은 책, 148.
59. 같은 곳.

의 개별적 생산물은 동일성의 '요약적 반복'으로 여겨진다. 그랜트는 니콜라우스 쿠자노스의 표현으로 되돌아가서 다음과 같이 보고한다. "생산물이 있는 곳마다 동일성이 … 있다. 그러므로 우리는 동일성을 유한한 것 속에 수축되거나 지연된 무한한 것으로 규정하거나, 아니면 생산물 속에 수축되거나 지연된 생산성으로 규정할 수 있을 것이다."[60] 다소 들뢰즈처럼 들리게도 그랜트는 우리가 정적인 대립에 관해 언급하지 않고 오히려 "절대적인 것을 가로지르는 안티테제적 '궤적'"에 관해 언급해야 한다고 덧붙인다.[61] "절대적인 것은 정의상 열린 영토다. 그 이유는 만약에 그것이 경계와 한계를 지니고 있다면 그것은 절대적이지 않고 오히려 그런 한계에 상대적일 것이기 때문이다."[62]

일자와 다자의 오래된 딜레마에 대한 그랜트의 해결책은 얼마나 성공적인가? 나 자신이 개별적 객체들이 철학의 출발점이라고 간주하는 OOO 이론가라는 점을 참작하면 내가 그랜트는 잘못된 순서로 나아간다고 생각하는 것은 전혀 놀랍지 않은 일일 것이다. 나중에 알게 되듯이 그랜트는 칸트와 아리스토텔레스가 적어도 세 가지 별개의 결점 – 현상주의, 논리주의 그리고 신체주의 – 을 공유한다고 비판한다. 처음 두 결점에 관해서 나는 철학적으로 그랜트의 의견에 동의한다. 그렇더라도 나는

---

60. 같은 책, 175.

61. 같은 책, 173.

62. 같은 곳.

아리스토텔레스에 대한 그의 해석에는 동의하지 않는다. '현상주의,' 즉 외양들이 일차적으로 현존하는 것이라는 견해를 열렬히 신봉하는 사람은 결국 버클리의 입장과 같은 입장에 처하게 되기 마련인데(그랜트는 버클리를 다르게 해석함을 알게 될 것이지만 말이다), 그 입장에 따르면 외양 이외의 어떤 것에 관해서도 언급하는 것은 이치에 맞지 않는다. 혹은 어쩌면 그런 사람은 헤겔의 관념론처럼 더 약화된 관념론에 빠지게 될 것인데, 그것은 현상/본체 구분을 접근 가능한 현상의 측면으로 완전히 내파하고자 한다. 물자체의 현존을 인정함으로써 실재론을 위한 어떤 여지를 제공하는 칸트의 철학조차도 우리에게 그런 물자체를 논의할 기회를 거의 남겨두지 않기에 '현상주의'는 버클리의 경우와 마찬가지로 칸트의 경우에도 공정한 술어다. 그런데 또한 우리는 그랜트가 물자체와 다소 애매한 관계를 맺고 있다는 점을 인식해야 한다. 여기서 나는 물자체의 단수형을 강조한다. 왜냐하면 그랜트는 다수의 사물들 자체를 결코 허용할 수 없을 것이기 때문이다. 어떤 의미에서 그랜트는 셸링이 칸트의 유한성을 뛰어넘는 점을 찬양한다. 그 이유는 결국에 그랜트가 철학은 우리가 일상 경험의 유한한 경계를 벗어날 수 있게 해야 한다는 셸링의 의견에 동의하기 때문이다. 그런데도 그랜트는 메이야수와 같은 합리주의자가 전혀 아니다. 메이야수는 수학적 수단으로 실제로 있는 그대로의 사물들의 제1성질들이 획득될 수 있다고 생각하는 반면에 그랜트의 물질 속에는 어둠

이 있고 그의 세계영혼 속에도 어둠이 있다. 더욱이 사유가 하나의 현상적 생산물Scheinprodukt에 불과하다는 점을 고려하면, 저 너머에서 모든 끓어 넘침을 인도하기 위해 모든 존재자를 초월하는 동시에 모든 존재자의 핵심에서 끓어 넘치는 무조건적이고 무한한 생산성에 대한 직접적인 전망을 사유가 획득하기를 바랄 수는 없다.

같은 이유로 논리주의 — 실재는 논리 혹은 언어로 적절히 포착될 수 있다는 개념 — 에 대한 그랜트의 반대를 이해하기는 쉽다. 왜냐하면 논리와 언어 역시 세계영혼이 발견될 수 있는 장소만큼 깊은 곳에 파고들 수 없는 현상적 생산물이기 때문이다. 셸링이 우리에게 그런 강력한 우주적 정신에 관하여 몇 가지 사항을 말해줄 수 있더라도 도대체 우리는 세계영혼이 자신의 핵심에 감춰놓은 것의 깊이를 어떻게 가늠할 수 있을까? 그랜트에게 퓌시스 또는 자연은 작용이 있는 곳이며, 사유뿐만 아니라 더 일반적으로 인간의 개체성도 자연의 구성요소라기보다는 오히려 자연의 생산물이다. 다만 셸링이 인간을 매우 높이 평가하여 의학이 과학의 왕관 보석으로 여겨지는 소수의 일탈적인 구절이 존재한다.

나는 신체주의에 대한 그랜트의 반대를 이해하기가 더 어렵다고 간파하며, 그리고 이런 반대가 심층에 자리하고 있는 잠재적 역능에 대립하는 '불모의 표면-효과'라는 들뢰즈의 개념에 대한 그랜트의 편애에서 비롯된다고 추측한다. 모든 개별적 사물을 넘어서는 하나의 더 깊은 통일된 힘을 상정하는 구상의 명백한 이점은 이로부터 사물들이 서로 관계를 맺는 방식에 대한 더 흥미로운 모형을 손에 넣을 수 있다는 것이다. 이를테면 일부 철학자가 '투박한 인과성'으로 조롱하는 일상적 인과작용을 통하기보다는 오히려 공통의 기원에서 비롯되는 것을 통해서 사물들이 서로 관계를 맺는 모형을 구상할 수 있다. 그런데 그랜트는 자연에 관한 셸링의 일원론적 구상에 동조함으로써 큰 대가를 치른다. 단일체적 대자연에 관한 모든 개념이 대단히 명백하게도 다수의 사물에 대한 우리의 경험과 상충한다는 점과 이성(모든 것은 일자라고 말한다)과 한낱 억견에 불과한 것(그릇되게도 세계는 다자라고 말한다)을 구분하는 파르메니데스의 이원론이 명백히 부적절하다는 점을 참작하면, 그랜트에게는 개체들이 생겨나는 방식에 대한 '물리적' 설명 외에는 어떤 선택지도 남지 않게 된다. 우리가 마주치는 개체들이 생겨나려면 일차적인 생산력이 이차적인 지연력에 의해 저지되어야 한다. 하지만 일차적인 힘이 도처에서 동일하다는 점을 고려하면 이런 상황은 개체성의 모든 짐을 지연의 등 위에 지우게 된다. 여기에 항성이 생겨나고, 여기에 부처의 조각상이 생겨나고, 저기에 귀에 거슬리는 독일 권주가가 생겨나고, 여기에 고립된 양성자가 생겨나며, 저기에 프란치스코회 수도원이 생겨나도록 코스모스의 다른 부분에서 다른 지연력이 존재해야 하는 이유는 무엇인가? 그리고 이처럼 다양한 지연력이 미리 코스모스에 속하는 것으로 가정되어야 한다면 어떤 존재론적 간결성도 얻어지지 않기에 우리는 처음부터 개별적 객체들의 현존을 수용했었을 것이다. 이 쟁점은 조만간에 다시 논의될 것이다. 당분간은 플라톤과 아리스토텔레스에 대한 그랜트의 독특한 해석을 살펴보자.

최근에 현대 대륙철학자들 사이에서 플라톤의 『티마이오스』에 대한 관심이 고조된 국면으로 인해 이 대화편이 수 세기 동안 유행에서 멀어졌던 사실이 가려지지 말아야 한다. 틀림없이 그 이유는 그 대화편이 제시하는 자연론이 근대 유럽의 물리학에 비해서 원시적인 것처럼 보이고 심지어 약간 말도 안 되는 것처럼 보이기 때문이다. 이런 까닭에 셸링은, 또 그랜트도 그들 각자의 시대에 비춰보면 약간 이례적이게 된다. 그런데 "셸링은 주석하기 위한 대화편으로 『티마이오스』를 채택함으로써 고대 및 토마스 아퀴나스 이전의 주석자-철학자 전통에 합류한다. 이 전통에 따르면 플라톤주의 전체는 단적으로 『티마이오스』에서 제시된 우주론'이었다."[63] 그랜트는 이 대화편을 읽는 가장 최근의 독자들도 "계속해서 『티마이오스』를 윤리-정치적 알레고리로서 제시한다 …"라고 불평한다.[64] 셸링 자신의 주석조차도 그랜트를 분노하게 한다. 왜냐하면 그것은 "칸

---

63. 같은 책, 26.
64. 같은 책, 28.

트가 물려받은 아리스토텔레스주의적 설정에서 비롯되는 문제들을 여전히 해결할 수 없"기 때문이다.[65] 게다가 훨씬 더 나쁘게도 "몹시 고통스럽게도 그 주석은 모든 것을 인정함으로써 끝을 맺는다…〔왜냐하면〕 그것을 결론짓는 문장은 플라톤에 대한 아리스토텔레스의 비판을 특징짓는, 자연학의 형이상학으로부터의 분리 ─ 그러므로 물질의 관념으로부터의 분리 ─ 를 되풀이하기 때문이다….”[66] 그러므로 어떤 의미에서 그랜트는 『티마이오스』를 옹호하는 논변을 셸링이 시도한 것보다 훨씬 더 확대한다.

그런데 그랜트는 단지 셸링을 희생시키면서 플라톤을 추종할 뿐인 것은 결코 아니다. 그랜트는 셸링이 플라톤을 온건하게 비난하는 한 중요한 구절을 인용한다. 플라톤은 가시적 세계를 매우 경멸하여 "세계의 형상을, 규칙과 법칙에의 그 순응성을 물질에 내재하는 것으로서 혹은 심지어 물질에서 창발하는 것으로서" 파악할 수 없다.[67] 사실상 그랜트는 플라톤주의적 이데아를 현세적이기에 비천한 것으로 여겨지는 물질과 이질적인 내세의 완전한 것으로 간주하기보다는 오히려 물질에 내재하는 것으로 간주한다. 이것은 브루노뿐만 아니라 플로티노스도 떠올리게 한다. 플로티노스의 "관념적 물질을 옹호하는 논변은 아

---

65. 같은 책, 29.
66. 같은 책, 29~30.
67. 같은 책, 36.

리스토텔레스가 관념의 실체성을 일축하는 신체주의적 근거에 대한 거부를 셸링과 공유한다."[68] 그렇지만 플로티노스보다 셸링이 물질에 훨씬 더 높은 지위를 부여하는 것은 사실이다. 이를테면 셸링은 우리에게 "절대적인 것은 순전히 물질로 여겨져야 한다"라고 말하며,[69] 그리고 브루노식으로 "물질은 나중의 발전 국면에서 진화하는 모든 것이 감춰져 있는, 우주의 일반 종자다"라고 말한다.[70]

셸링뿐만 아니라 그랜트도 선호하는 브루노의 또 다른 관념은 존재가 단적으로 역능이라는 개념이다.[71] 그랜트는 이 관념을 추가로 뒷받침하는 것을 셸링 이후 세대의 한 탁월한 과학자에게서 찾아낸다. "[물질]은 작용들로만 이루어져 있다고 역동적으로 구상된다. [마이클] 패러데이[1791-1867]가 서술한 대로 '실체는 그 역능들로 구성되어 있다.'"[72] 역본설力本說은 셸링과 그랜트 둘 다의 표어에 속하며, 그리고 그들은 플라톤에게서 강력한 동맹을 찾아낸다. "물질 자체에 관한 플라톤주의적 관념은 칸트주의적인 범주적 틀에 역동적인 압력을 가한다."[73] 셸링의 저작에는 생산물에 대한 생산의 우위와 관련하여 얼마간의

---

68. 같은 곳.
69. 같은 책, 28.
70. 같은 책, 26.
71. 같은 책, 28.
72. 같은 책, 39.
73. 같은 책, 38.

애매함이 나타나지만, 그랜트는 궁극적으로 다음과 같은 원리를 지지하면서 마무리한다. "생산은 존재가 생성되게 하는 원인이다."[74] 플라톤에 대한 이런 역본설적 해석은 완전한 형상들이 물질적 세계와 상호작용하는 방식에 관한 통상적인 견해를 배제함이 명백하다. "악명 높은 플라톤주의적 '모상'은 기계적 재현물이 아니다."[75] "아리스토텔레스가 형이상학과 자연학을 분리하는 데 동원하는, 관념과 〔자연〕의 상호 배제"와는 대조적으로 플라톤의 이데아는 자연학과 모든 점에서 관련되어 있다.[76] 그것은 생산, 생성 혹은 창발의 원리다. 한 개체로서의 말은 말의 관념(이데아)과 '유사'하지 않다. "종류는 관념의 모상을 제시하지 않는다. 그 이유는 관념이 자연 속에 상관물을 지니고 있지 않기 때문이다 … 관념의 존재는 자연적 생성물과의 현상적 대응을 요청하지 않는 견지에서 구상되어야 한다."[77] 이렇게 해서 그랜트는 들뢰즈에 대한 데란다의 해석과 매우 비슷하게 들리는 정식화를 행하게 된다. 이를테면 그랜트는 플라톤주의적 종류를 "무제한적인 비존재, 즉 언제나 생성 중에 있는 것에 있어서 관념의 위상공간"으로 언급한다.[78] "여기서 관념은 존재가

---

74. 같은 책, 43.
75. 같은 곳.
76. 같은 책, 33.
77. 같은 책, 46~7.
78. 같은 책, 45.

결코 그것을 향한 생성을 그만두지 않는 극한-끌개의 역할을 수행한다….".[79] 위상공간은 어떤 체계가 자신의 제약에 의거하여 나타낼 수 있는 가능 상태들의 총체다. 예를 들면 주방에 세 개의 전등이 있다면 이들 전등의 위상공간에는 여덟 가지의 가능 상태 ― 켜짐-켜짐-켜짐, 켜짐-켜짐-꺼짐, 켜짐-꺼짐-켜짐, 꺼짐-켜짐-켜짐, 켜짐-꺼짐-꺼짐, 꺼짐-켜짐-꺼짐, 꺼짐-꺼짐-켜짐 그리고 꺼짐-꺼짐-꺼짐 ― 가 있다. 말이나 정의 혹은 여타의 플라톤주의적 관념의 경우에 무언가를 하나의 위상공간으로 간주하는 것은 그것을 그 관념에 대한 방대한 다수의 가능한 개별적 화신을 위한 여지로 여기는 것이다. 극한-끌개는 위상공간에서 체계의 모든 개별적 상태가 그것을 중심으로 공전하는 점이다. 한 가지 실례는 어떤 날씨 도표들이 결코 현실적으로 나타나지 않는 다른 한 상태를 중심으로 공전하는 날씨의 모든 현실적 상태를 보여준다는 것이다. 어떤 욕조 배수구 주위를 굴러다니는 한 개의 구슬에 관한 단순한 사례도 있는데, 여기서 그 구슬의 모든 개별적 상태는 그것들의 궁극적인 종점으로서 바닥의 배수구에 의해 인도된다. 그런데 구슬이 결국에는 배수구에 도달할 것처럼 보이는 이 경우에도 수학적으로 고려하면 그것은 결코 배수구에 정확히 도달하지 않고 오히려 그 최종점에 도달하면 배수구를 중심으로 계속해서 진동한다.[80] 어쨌든 셸링과 마

---

79. 같은 곳.

찬가지로 그랜트의 경우에도 철학적 개념들의 배후에서 발견되는 이런 역본설은 철학이 "우리 마음의 자연사"에 해당한다는 점을 수반한다.[81] 그렇더라도 이 역사는 인지과학에서 수용될 것보다 훨씬 더 기묘한 역사다. 또한 칸트의 경우에 그런 것처럼 실재에 있어서 선험적인 것에 관한 논의는 인간의 판단과 아무 관계도 없다는 점도 당연히 도출된다. 오히려 선험적인 것은 그것에 대한 우리의 표상보다 자연 자체와 관련되어 있다. 하이데거는 자신의 스승인 후설에게 선험적인 것의 의미가 마음에 있어서 선험적인 것을 뜻하기보다는 오히려 존재에 있어서 선험적인 것을 뜻한다고 수정한 영예를 귀속시킬 때 유사한 주장을 제기했다.[82] 여기서 하이데거는 자연을 언급하기보다 오히려 존재를 언급한다는 명백한 차이가 있다.[83]

이것은 아리스토텔레스에 대한 그랜트의 해석을 살펴볼 좋은 계기다. 그 해석은 대단히 비판적이라고 서술될 수 있다. 무엇보다도 "아리스토텔레스의 『형이상학』에서 이루어진 잘못된 분석이 플라톤의 자연학에 끼친 피해는 가늠할 수 없다…"[84]

---

80. 현대 철학에서 이들 주제에 관한 전형적인 논의는 DeLanda, *Intensive Science and Virtual Philosophy* [데란다, 『강도의 과학과 잠재성의 철학』]에서 찾아볼 수 있다.

81. Grant, *Philosophies of Nature After Schelling*, 45.

82. Martin Heidegger, *History of the Concept of Time*, 72ff.

83. Grant, *Philosophies of Nature After Schelling*, 49.

84. 같은 책, 30.

더 일반적으로 물질적 존재자들에 의한 형상들의 '분유'라는 오래되고 외관상 잘 이해된 플라톤주의적 주제가 있다. 그랜트는 이 주제를 재해석하여 플라톤의 이론에 대한 아리스토텔레스의 더 주류적인 설명에 대적한다. "아리스토텔레스는 자연 속이데아들의 '분유'와 관련하여 이론이 분분한 문제를 관념의 자연학과 관련된 문제로 여기기보다는 오히려 단지 … 감각적 사물들에 의한 수의 '모방'에 관한 피타고라스주의적 문제에서 도용된 것으로 간주한다."[85] 심지어 그랜트는 아리스토텔레스가 플라톤을 소크라테스 이전 사상가들의 잘못된 집단과 연계한다고 주장한다. 주지하다시피 — 그리고 정확하게도 — 『형이상학』에서 아리스토텔레스는 소크라테스 이전 사상가들을 세계가하나 이상의 원초적 요소(물, 공기, 공기/흙/불/물 혹은 원자들)로 이루어져 있다고 생각하는 사람들과 이들 요소가 너무 특정적이라고 생각함으로써 분할되지 않은 무한정의 아페이론 — 분절되지 않은 것이거나 혹은 겨우 분절된 걸쭉한 덩어리 — 에 의거하는 사람들로 나누었다. 아리스토텔레스는 플라톤을 아페이론이론가들과 연계하지만, 오히려 그랜트는 플라톤이 이데아들에엄격히 물리적·인과적·자연적 기능을 귀속시킨다는 점을 참작하여 플라톤을 원자론자들과 한통속으로 여긴다.

그랜트는 아리스토텔레스의 가르침도 마찬가지로 비정통적

---

85. 같은 책, 32.

인 방식으로 해석한다. 이것은 방금 언급된 대로 아리스토텔레스가 소크라테스 이전 사상가들을 두 종류로 분류하는 방식에 대한 그랜트의 의구심으로 개시된다. "아리스토텔레스는 플라톤의 자연학뿐만 아니라 자연학 자체의 경우에도 단지 두 가지 선택지가 있을 뿐이라고 여기는 것처럼 보인다. 모든 것을 포괄하는 하나의 신체 혹은 기체든 간에, 아니면 모든 것에 스며들어 있는 다수의 신체든 간에 자연학은 언제나 신체에 관한 학문에 지나지 않는다."[86] 앞서 이해된 대로 역사가들이 그다지 자주 짝을 이루게 하지 않는 아리스토텔레스와 칸트가 그랜트에게는 개별적 신체 지향의 철학을 추구하는 마찬가지의 잘못을 저지른다고 여겨진다. "달리 말해서 셸링의 동시대인들의 경우에 자연과학을 '오직 신체에 관한 학설'로 한정시킨 칸트의 기계론적 제약에 깊이 새겨져〔있던〕 신체주의는 단지 '제일 철학'(존재로서의 존재에 관한 학문)을 '자연학 또는 제이 철학'에서 분리한 아리스토텔레스의 구상을 반복할 따름이다."[87] 그런데 아리스토텔레스와 칸트가 어떤 의미에서는 '신체주의자'로 일컬어질 수 있을지라도 그들이 동일한 방식으로 신체주의자인지는 전혀 분명하지 않다. 아리스토텔레스의 경우에는 '신체주의'가 구체적인 개별 사물들에 관한 자신의 이론을 가리킬 것이

---

86. 같은 책, 31.
87. 같은 곳.

다. 아리스토텔레스에 대한 거의 모든 해석 아래서 이들 사물은 인간 마음의 외부에 독립적으로 그리고 복수로 현존하는 실재적 존재자들이다. 하지만 칸트의 경우에는 '단일성'과 '복수성'은 세계가 정말로 우리와 분리된 방식을 서술하는 방법이라기보다는 오히려 오성의 범주에 불과하다는 점을 고려하면 외부 세계에 있는 존재자들의 본성에 관하여 어떤 확고한 진술도 이루어질 수 없고, 심지어 물자체가 사실상 사물들-자체라고 복수형으로 단언할 권리도 당연히 없다.

이런 요인만으로도 아리스토텔레스와 칸트가 아무튼 어떤 유의미한 방식으로 철학적 형제라고 주장하기가 상당히 어렵게 된다. 그런데 그랜트는 그 주장을 옹호하는 논변을 언제나 설득력이 있게 표명하지는 않더라도 대담하게 표명한다. 그랜트는 아리스토텔레스가 '신체주의' ─ 아리스토텔레스의 애호가들조차도 그가 탈신체화된 플라톤주의-셸링주의-들뢰즈주의-그랜트주의적 생성과 강도에 주목하기보다는 오히려 개별적 사물들에 주목한다는 점을 인정할 것이다 ─ 라는 잘못을 저지를 뿐만 아니라 현상주의와 논리주의라는 잘못도 저지른다고 주장함으로써 그 논변을 전개한다. 여기서 그랜트의 책으로부터 특히 적절한 한 구절을 인용하자. "경험적 형태학 혹은 현상학으로서의 아리스토텔레스 자연학은 자연에서 질료를 추출하는 반면에 형이상학은 더 나아가서 질료를 형상으로 대체하며 '실체적 존재'〔우시아 ousia〕를 이것이 서술될 수 있을 뿐인 한에서 단지 서술될 수 있는 주어로 환원한다."[88] 적어도 이 책을 읽는 독자에게는 그 랜트의 이 구절이 최소한 두 가지 점에서 이해하기 어렵다. 주 지하다시피 아리스토텔레스가 브루노와 그 이후의 다른 사상 가들 — 그중에서도 특히 그랜트 — 을 미치게 하는 방식으로 질료 를 경시한다는 점은 의문의 여지가 없다. 아리스토텔레스의 경 우에 형상이 중노동을 한다는 것은 사실인데, 질료는 기껏해야 "식물과 동물의 발생" 같은 상황에서 최소한의 역할을 수행한 다.[89] 하지만 이로부터 아리스토텔레스에게는 '경험적' 혹은 '현 상적' 형상만이 남게 될 뿐이라는 점이 당연히 도출되지는 않는 다. 그랜트는 아리스토텔레스 사후 수천 년 동안 그의 추종자 들이 기본으로 삼은 실체적 형상 — 어떤 존재자 자체에서 능동적 으로 작동함으로써 그 존재자를 그런 존재자로 만들고, 게다가 감각 적으로 입수할 수 있는 모든 형상과 동일시될 수 없는 형상 — 의 현존 을 잊고 있다. 바로 이런 이유로 인해 아리스토텔레스에게는 형 상이 합리적인 언어적 진술의 상관물에 지나지 않는다는 그랜 트의 다음과 같은 추가적 주장도 우리는 받아들일 수 없다. "아 리스토텔레스의 형이상학은 실체와 관련된 학문인데, 이 실체 가 특정하거나 감각적이거나 혹은 물질적이지 않고 오히려 서술 될 수 있는 본질인 한에서, 즉 그것이 … 로고스logos를 뒷받침하

---

88. 같은 책, 34.
89. 같은 곳.

는 주어인 한에서만 그럴 뿐이다."[90] 그런 주장에 맞서는 아리스
토텔레스의 주요한 구절 중 하나가 『형이상학』에서 그가 다음
과 같이 진술할 때 제시된다. 개별적 사물은 정의될 수 없는데,
왜냐하면 정의는 보편자들로 구성되는 반면에 개별적 사물은
언제나 구체적이기 때문이다.[91] 그랜트는 아리스토텔레스에게
서 한 가지 유사한 구절을 인용한다. 하지만 여기서 아리스토텔
레스는 정반대의 방식을 취하여 실체가 정의될 수 없는 이유는
그것이 이성으로는 꿰뚫을 수가 없는 질료를 포함하고 있기 때
문이라고 말한다. 그랜트에게 이것은 아리스토텔레스가 질료를
경시하는 또 하나의 사례로 여겨진다. 그랜트는 그 쟁점에 너무
나 강하게 몰입하여서 방금 인용된 다른 구절 ― 실체는 그것에
관한 모든 종류의 논리적 또는 언어적 진술과 통약 불가능하다는 점
을 분명히 하는 구절 ― 을 간과한다.

　내가 OOO의 입장에서 그랜트의 책에 대한 몇 가지 이의를
제기했더라도 『셸링 이후의 자연철학』은 어떤 매혹적인 사변철
학에 관한 개요를 제시한다. 나는 그랜트가 근대 철학에서 자
연이 점진적으로 사라지는 사태에 대한 비난을 아리스토텔레
스에게 가득 퍼붓는 주장을 승인할 수 없다. 아리스토텔레스가

---

90. 같은 곳.

91. Aristotle, *Metaphysics*, 148 [아리스토텔레스, 『형이상학』]. 이 쟁점을 OOO
　의 관점에서 논의한 것에 대해서는 Graham Harman, "Aristotle with a
　Twist"를 보라.

자연적 현상을 연구하는 데, 특히 생물학을 연구하는 데 기울인 부단한 노력과 통찰을 참작하면 그것은 상당히 직관에 반하는 주장이다. 그런데 그랜트가 대다수 근대 철학에서 자연이 수행하는 역할이 아주 작다고 지적하는 것은 확실히 옳고, 게다가 '생명', '유기체' 혹은 '신체화'를 언급함으로써 자신들이 비인간 영역으로 대담하게 진입하고 있는 것처럼 보이기 위해 주류의 초험주의적 철학자들이 만들어내는 끊임없는 구실을 경멸하는 것도 옳다. 그랜트가 자연적 견지 혹은 물리적 견지에서 플라톤주의적 이데아를 해석하는 경우와 마찬가지로 그랜트가 "관념의 자연으로부터의 분리"를 비난하는 행위 역시 고무적이다.[92] 그랜트가 『티마이오스』에 대단히 많이 의존함으로써 지상의 수많은 존재자가 예시하고 있는 것으로서의 이데아가 실행하는 전통적인 기능을 위한 여지를 너무나 적게 남겨두더라도 그것이 고무적인 것은 여전히 사실이다. 또한 흥미로운 것은 그랜트가 자연을 적어도 두 가지 다른 층위로 구분한다는 점이다. 주류의 자연주의적 철학은 경험과학에 의해 추구되는 것과 같은 자연을 숭상하는 반면에 그랜트는 더 심층적인 잠재적 자연, 즉 끌개들과 위상공간들의 자연을 탐색하고 있다. 그랜트는 셸링을 좇아서 그 자연을 모든 가능한 경로를 따라 진화하는 "진보적" 자연이라고 일컫는다.[93] 그랜트가 철학은 우리에

---

92. Grant, *Philosophies of Nature After Schelling*, 52.

게 사유의 자연사를 제공해야 한다는 개념을 단언하더라도, 이는 주류 과학의 자연사가 아니라 오히려 1970년대 파리에서 들뢰즈와 과타리가 고안한 것과 유사한 자연사다. 그랜트 자신의 진술로 마무리하면 "자연사는 시간의 방향 및 감각생리학의 방향으로 현상적 자연 또는 감각적 자연을 넘어서는 생성의 지도들에 있다."[94] 이 기회를 이용하여 그다음 절에서는 그랜트가 이들 관념을 서양철학의 역사에 더 자세히 적용하는 사례를 검토할 것이다.

2절의 연습문제

1) 독일 관념론 철학자 J. G. 피히테의 지속적인 영향에 대하여 그랜트는 어떤 이의를 제기하는가?

2) 그랜트가 '생명' 혹은 '신체'에 주목하는 현대의 많은 철학자에 대하여 의혹을 품는 이유를 설명하라.

3) 아리스토텔레스의 철학과 칸트의 철학에서 찾아내는 '현상주의', '논리주의' 그리고 '신체주의'에 대하여 그랜트가 제기하는 이의는 무엇인가?

4) '지연'이라는 개념으로 그랜트가 뜻하는 바는 무엇인가? 이 개념과 관련하여 어떤 가능한 문제들이 있는가?

---

93. 같은 책, 49, 52.
94. 같은 책, 55.

5) 그랜트가 플라톤의 철학을 '두-세계 존재론'으로 해석하기보다는 오히려 '일-세계 자연학'으로 해석한다고 말하는 것은 무엇을 뜻하는가?

6) 아리스토텔레스에 대한 그랜트의 해석은 상당히 비정통적이라고 말해도 무방하다. 아리스토텔레스주의자는 그랜트의 해석에 대하여 어떤 종류의 반론을 제기할 것인가? 그랜트는 어떻게 응답할 것인가?

3. 관념론의 한 가지 새로운 의미

2011년에 그랜트는 그의 뛰어난 학생이었던 제레미 던햄 및 션 왓슨과 함께 『관념론 : 어느 철학의 역사』라는 책을 공동저서로 출판했다. 이어지는 글에서 나는 DGW라는 약어를 그 세 저자의 이름들을 가리키는 약칭으로 사용할 것이다. 그 책이 공동저서라는 사실은 공동의 저작에 기여한 모든 저자가 그것에 포함된 모든 진술에 대해서 책임을 져야 하는지에 관한 일반적인 물음을 제기한다. 공동 집필을 시도한 적이 있는 사람이라면 누구나 그 과정의 다음과 같은 면모들을 알고 있다. (1) 일반적으로 공동 기획에 참여하는 저자라면 누구도 여타의 공동저자와 의견이 일치하기 위한 광범위한 기반이 없다면 공동 집필에 관여하지 않는다. (2) 공동 저자라면 누구든 의견이 불일치함에도 불구하고 어떤 주장을 그대로 내버려 두는 타협의 순간이 통상적으로 존재한다. 그 이유는 단지 그 주장이 그다지 중요하지 않아서 논쟁을 벌일 필요가 없기 때문이다. 예를 들면 레비 브라이언트, 닉 서르닉 그리고 나는 『사변적 전회』(2011)라는 논문집에 대한 편집자 서문을 작성했다.[95] 내 기억이 틀림없다면 서르닉은 브라이언트와 내가 동의하지 않은 두 가지 논점과 내가 특히 반대한 한 가지 논점을 제기하였다. 하지만 아무것도 논쟁을 벌일 가치가 없는 것처럼 보였고, 모든 경우에서 서르닉의 뜻대로 되었다. 서르닉이 침묵하면서 단지 예의상 나 혹은 브라이언트가 그와 의견이 다른 것들을 쓰도록 내버려 둔 다른 논점들도 있었음이 틀림없다. 어떤 중요한 논점에 관하여 저자들 혹은 편집자들이 지닌 의견들이 유달리 매우 다른 경우에 관행은 이런 상황을 미리 명기하는 것이다. DGW의 『관념론』이라는 책의 서두에는 그런 단서 조항이 전혀 없다는 점을 인식하자. 더욱이 그 책에는 그랜트의 『셸링 이후의 자연철학』에서 제기된 주장들과 상충하는 것이 전혀 없다. 더 나아가서 『관념론』은 그랜트의 철학적 견해를 서양철학의 역사에 적용했을 때 얻게 되는 논리적 결과물과 매우 유사할 것이다.

그런데 『관념론』은 진지한 철학적 관심을 지닌 모든 개방적인 독자를 즐겁게 해 주는 책이지만 그것을 분류하기 어렵게

---

95. Levi R. Bryant, Nick Srnicek, and Graham Harman, "Towards a Speculative Philosophy."

만드는 '이도 저도 아닌' 점이 있다. 그 책의 표면상의 주제는 관념론일지라도 그 장들은 관념론의 다양한 구조적 면모로 나뉘어 있기보다는 오히려 고유명의 개인들에 관한 개관 형식으로 나뉘어 있다. 이렇게 해서 그 책은 여러 명의 분석철학자를 능숙하게 다루고 있음이 명백한데도 불구하고 두드러지게 대륙적인 분위기를 띠게 된다. 그 책은 관념론과의 관련성이 전혀 분명하지 않은 다양한 철학자가 구상한 체계들의 측면들도 규칙적으로 규명한다. 이렇게 해서 그 책은 한층 더 철학의 일반사처럼 느껴지게 된다. 그런데 이런 느낌이 그다지 정확하지 않은 이유는 서양의 수많은 주요 철학자가 독자적인 장에서 개별적으로 검토되지도 않고 거의 언급되지도 않기 때문이다. 추정컨대 그 이유는 그들이 그 책의 진술된 범위 아래 귀속되기에 충분할 만큼 '관념론자'가 아니기 때문이다. 철학사에 대한 그랜트의 관점에서 일반적으로 악당으로 여겨지는 아리스토텔레스는 어떤 장에서도 검토되지 않는다. 기독교도든 유대교도든 혹은 이슬람교도든 간에 중세의 사상가도 전혀 검토되지 않는다. 2장에서는 「플라톤과 신플라톤주의」가 검토되고, 3장에서는 곧장 1600년대로 건너뛰어 「데카르트와 말브랑슈」가 검토된다. 그랜트만큼 정신적으로 들뢰즈주의적 태도를 갖춘 인물로서는 다소 놀랍게도 스피노자, 흄, 베르그손 등의 인기 있는 들뢰즈 선구자들에 관한 장도 전혀 없다. 이 모든 것은 그 책이 모든 대륙철학의 역사서와 대다수 분석철학의 역사서에서 찾아볼 수 있는 주요 인물들에 관한 포괄적 요약과 관념론에 관한 주제 연구 사이 어딘가에 있다고 주장하는 것일 따름이다. 이처럼 그 책이 나타내는 혼성 장르에도 불구하고 『관념론』은 독자의 관심을 끝까지 붙들어 두는 데 성공한다. 또한 그 책은 다른 곳에서는 찾아보기 힘든 몇 가지 특별한 면모를 포함하고 있다. 이들 면모 중 가장 두드러지는 것은 영국 관념론에 대한 예순세 쪽의 해설로 T. H. 그린1836-1882, F. H. 브래들리1846-1924, 제임스 워드1843-1925, J. M. E. 맥태거트1866-1925 그리고 버나드 보우전켓1848-1923뿐만 아니라 그들 모두의 여파로 출현한, 더 널리 존경받는 주요 사상가인 알프레드 노스 화이트헤드에게도 초점을 맞춘다. 영국에서 초기 분석철학자 버트런드 러셀1872-1970과 G. E. 무어1873-1958가 등장한 후에 그들 중 화이트헤드 외에는 모든 인물이 상대적으로 잊혀 버린 점을 고려하면 이 해설만으로도 그 책은 제 값어치를 한다.

그런데 어쩌면 일부 독자에게는 마지막 두 장이 훨씬 더 흥미로운 것으로 판명될 것이다. 왜냐하면 여기서 DGW는 자신들이 박식한 철학사가일뿐더러 과학과 철학의 현대적 추세에 대한 기민한 관찰자이기도 하다는 것 — 보기 드문 조합 — 을 보여주기 때문이다. 14장은 생명과학에서 이루어진 자기생산과 자기조직화에 관한 연구를 고찰하는데, 먼저 칠레의 면역학자 움베르토 마투라나1928-2021와 프란시스코 바렐라1946-2001의 공동 연구를 검토한 다음에 미국의 복잡계 이론가 스튜어트 카우프만[1939-] 의 연구를 검토한다. 15장은 훨씬 더 큰 그물을 던져서 현대 철학에 여전히 현존하는 관념론들 – DGW가 구상하는 의미에서의 관념론들 – 을 논의한다. 먼저 영향력이 있는 피츠버그학파의 헤겔주의자 존 맥도웰[1942-] 과 로버트 브랜덤[1950-] 이 고찰된다. 그들은 둘 다 최근의 분석적 사상에서 지배적인 인물이다. 그다음에 세 명의 더 모험적인 사변적 철학자, 즉 캐나다의 존 A. 레슬리[1940-], 이제는 고인이 된 영국인 사상가 티머시 스프리그[1932-2007], 그리고 맥도웰과 브랜덤의 피츠버그학파 동료로서 놀랍도록 많은 저작을 저술한 독일 태생의 니컬러스 레셔[1928-] 에 관한 길지만 흥미로운 논의가 이어진다. 들뢰즈와 지젝, 그리고 프랑스에서 그 위대한 독일 사상가 헤겔이 수용되는 방식을 양분한 호적수인 두 명의 헤겔 해석자, 즉 러시아인 이민자 알렉상드르 코제브[1902-1968]와 프랑스인 학자 장 이폴리트[1907-1968]에 관한 간결하지만 유익한 논의로 그 책은 마무리된다.

인기 없는 철학적 신조에 관하여 긍정적으로 글을 쓰는 경우에 한 가지 유용한 전략은 지금까지 그것의 옹호자들이 생각보다 더 많이 있었음을 보여줌으로써 시작하는 것이다. 『서양의 범심론』이라는 데이비드 스커비나의 훌륭한 책은 모든 것이 어느 정도의 마음을 지니고 있다는 처음에는 충격적인 관점을 전개하기 위해 이 전략을 실행하며,[96] 그리고 『관념론』에서 DGW는 유사한 전략을 구사하여 범심론보다는 덜 불신 받지만 여전히 그다지 인기가 없는 이런 철학적 입장의 편재성을 옹호하는 논변을 펼친다.[97] 그렇지만 그런 작업을 수행하기 위해 DGW는 관념론이 뜻하는 바를 한정하고 재규정해야 하며, 그리하여 그 결과로 출현하는 것은 여러 시대에 걸친 관념론적 풍경에 대한 뜻밖의 초상이다. 보통의 독자 — 나 자신을 포함하여 — 에게 관념론은 사물들의 외양 너머에 아무것도 존재하지 않는다는 일종의 현상주의를 뜻한다. 그러므로 마찬가지로 보통의 독자 — 또다시 나 자신을 포함하여 — 에게 전형적인 관념론적 철학자는 버클리인데, 그는 에세 에스트 페르키피esse est percipi, 즉 "존재하는 것은 지각되는 것"이라는 구절로 유명하다. 관념론에 관한 이런 표준적인 구상에 대한 DGW의 반응은 세 가지 측면을 지니고 있으며, 그리고 그 반응이 지닌 각각의 측면은 자세히 고찰할 만하다.

무엇보다도 DGW는 현상주의가 관념론의 가장 흥미롭거나 유용한 의미가 아니라고 주장한다. 그들은 "우리가 참조한 현대의 여덟 가지 사전 중 여섯 개가 관념론을 실재가 마음에 의존적이라는 이론으로 제시했다"라고 불평한다.[98] 그들이 이해하는 대로 이것은 관념론이 회의주의에 의해 고무된다는 것을 함축한다. 하지만 그들이 보기에는 관념론은 사실상 "체계적인 완

96. * David Skrbina, *Panpsychism in the West*.
97. Dunham, Grant, and Watson, *Idealism*, 1.
98. 같은 책, 4.

전성" ─ 금속, 바위 그리고 나무와 더불어 관념도 실재에 관한 우리의 구상에 포함되어야 함을 뜻하는 것 ─ 에 대한 열망에 의해 고무된다.[99] 예컨대 범심론이 사실이라고 판명된다면 보편적 유심성은 실재에 관한 우리의 구상을 침식하기보다는 오히려 단적으로 확장할 것이다. 셸링에 관한 그랜트의 책에서 제시된 대로 통상적으로 플라톤에게 귀속되는 두-세계 존재론은 사유와 사유의 외부에 자리하고 있는 것(플라톤의 경우에는 완전한 형상)이 그 종류가 전적으로 달라서 진지한 철학이라면 무엇이든 이런 구분을 중심으로 공전하는 수밖에 없다고 가정한다. 하지만 DGW와 마찬가지로 일단 사유를 또 하나의 실재에 지나지 않는 것으로 간주한다면 우리는 플라톤에 관한 전형적인 이해와는 완전히 다른 것을 얻게 된다. 다시 말해 "우리는 플라톤에 대한 해석 중에서 애용되는 두-세계 관념론에 관한 구상이 아니라 오히려 부풀려진 일-세계 관념론에 이르게 된다. 변화와 탄생, 쇠퇴의 세계는 관념의 세계와 인과적으로 분리된 세계가 아니다. 왜냐하면 예컨대 『파이돈』에서 분명히 밝혀지는 대로 관념은 본성상 자신의 생성물에 대한 원인이어야 하기 때문이다."[100] DGW는 이처럼 플라톤주의적 관념의 원인작용적 역능을 애호함으로써 플라톤을 바로 이런 방식으로 해석한, 종

---

99. 같은 곳.
100. 같은 책, 6.

종 무시당하는 신플라톤주의자들과 자연스럽게 어울리게 된다. 또한 이렇게 해서 DGW는 플라톤주의적 관념에 대한 통상적인 유명론적 비판 – 플라톤이 이데아 또는 형상을 현세의 타락한 존재자들이 모방하는 내세의 완전한 것으로 간주한다는 주류의 해석을 전제로 하는 비판 – 에서 벗어날 수 있게 된다. DGW가 서술하는 대로 "그런 비판자들은 '빨강 자체'는 존재하지 않고 오히려 빨간 것들만 있을 뿐이라고 생각한다. 그렇다면 어느 누가 어떻게 해서 보편자들이 특수자들의 세계보다 더 실재적이라는 것과 보편자들이 별개의 영원한 영역을 차지한다는 것을 주장할 수 있겠는가?"[101] 오히려 DGW는 그 문제의 신플라톤주의적 판본을 도입함으로써 다음과 같이 일자를 강조한다. "일자는 모든 사물의 원천이고, 물질은 그 생산성의 최저 수준이다. 일자의 역능은 생산에 의해 증강되는 반면에 그 생산물들은 일자로 되돌아갈 충분한 역능을 갖추고 있지 않다. 이들 플라톤주의자는 관념의 원인적 차원에 대한 신념을 공유하기에 관념을 세계가 그러함에 대한 내재적 이유로서 세계에 통합시킨다…"[102] 더 일반적으로 DGW는 자신들을 다른 많은 이른바 관념론자와 구분하는 어떤 삼중의 관념론적 플랫폼으로 그 책의 서론을 마무리한다. "첫째, 관념은 조직organization의 견지에

---

101. 같은 책, 7.
102. 같은 곳.

서 원인이다. 둘째, 이것은 분리 가능한 의미에서 형식적이거나 추상적인 조직이 아니라 오히려 부분을 통째로 전체에 구체적으로 관련시키는 조직이다. 그리고 셋째, 그러므로 그런 관념론은 결과적으로 자연을 진지하게 고려해야 하는 일-세계 관념론이다."[103] 관념론이 그런 식으로 다시 정의될 때 그것은 골드스미스 워크숍에서 소개된 대로의 사변적 실재론의 플랫폼과 양립할 수 없는 것이 아니다. 이런 까닭에 그랜트가 표면상 반실재론적 경향을 찬양하는 『관념론』이라는 책에 관여한 점은 사변적 실재론으로부터의 이탈을 수반하지 않는다. 그렇지만 이런 식으로 관념론을 정의하는 DGW의 결정을 본받아야 한다는 의미는 아니다.

DGW가 관념론의 통상적인 '현상주의적' 의미를 경시하는 두 번째 이유는 그들이 이전에는 누구나 애초에 현상주의자였다는 점을 부정하고 싶어 하기 때문이다. 조만간 우리는 그들이 일반적으로 교과서적인 관념론 철학자인 버클리조차도 통상적인 의미에서의 관념론자로 간주하지 않는다는 것을 알게 될 것이다. 그 책의 뒷부분에서 그들은 심지어 버클리를 "이런 상식적 실재론을 그 자체로 추종하는 상식적 실재론자"라고 일컬을 것이다.[104] 그런데 당분간 우리가 버클리에 대한 논란의 여지가

---

103. 같은 책, 8.
104. 같은 책, 203.

있는 이런 해석에 의지하더라도, DGW는 여전히 누군가 실재의 현존을 부인하는 잘못을 저지르는지 여부와 관련하여 다소 갈등을 겪고 있는 것처럼 보인다. 예를 들면 그들은 독일 관념론자들(DGW의 견해와는 달리 결국 관념론자들이었다) 사이에서도 "오직 피히테만이 모든 형식의 자연주의를 철학적으로 중요한 것으로서〔받아들이지 않았다〕"라고 단언한다.[105] DGW가 맑스[106]와 지젝[107] 같은 나중의 사상가들에게 잠복해 있다고 여기는 피히테주의적인 윤리-실천적 독단과 더불어 "현대의 관념론들은 압도적으로 자연을 배제하는 경향이 있다"라는 그들의 불평을 참작하면,[108] 그런 단언은 피히테가 모든 진정한 실재론에 끼친 피해의 정도에 대한 그들의 견해를 상당히 축소해서 말한다. 이들 반례에도 불구하고 DGW는 그 서론에서 다음과 같이 단언한다. "존재자들의 현존이 마음에 달려 있다고 믿는 철학자들은 물리적 실재의 현존을 주장할 수 없다고 여겨지고 있다. 우리는 이러한 견해에 부합하는 관념론자를 한 사람도 알고 있지 않다."[109] 그리하여 DGW는 버클리 혹은 심지어 피히테도 아무튼 어떤 유의미한 의미에서 물리적 실재의 현존을 지

---

105. 같은 책, 3.
106. 같은 책, 105.
107. 같은 책, 295.
108. 같은 책, 8~9.
109. 같은 책, 5. 강조가 첨가됨.

지한다고 주장함으로써 어려움에 직면하게 된다. 게다가 우리 시대에도 지젝은 어떤 인간 주체도 없는 상황에서는 물리적 영역이 존재함을 부인한다고 명확히 말할 수 있다. 심지어 명백한 관념론들도 종종 물리적 세계를 부정하지 않는다고 말하는 것에 대한 DGW의 정당화는 다음과 같다. "예를 들면 칸트의 초험적 관념론은 근본적으로 제대로인 물리적 우주라는 자연을 갖는 뉴턴주의에 전제를 두고 있다…."[110] 하지만 이것은 자연 자체와 자연에 관한 과학 — 그랜트가 자신의 작업에서 일반적으로 매우 주의 깊게 보존하려는 구분 — 을 융합하는 것이다. 칸트주의적 관점에서 바라보면 뉴턴의 『프린키피아』는 인간 경험을 구성하는 범주들과 순수 직관들을 초월하여 물자체에 도달할 수 없음이 명백하다. 무엇보다도 뉴턴은 자신의 위대한 저작을 제대로 만들려면 원인과 결과라는 개념이 필요하지만, 칸트는 이 개념이 주관적 영역 너머에 적용되도록 허용할 수 없다. 게다가 뉴턴은 우리 마음의 외부에 있는 텅 빈 용기로서 현존하는 절대 공간과 절대 시간에 대한 가장 확고한 옹호자 중 한 사람인데, 이런 관념은 칸트가 절대 구상할 수 없는 것에 속한다. 칸트는 자신의 저작에서 선험적 외양에 관한 학문으로서의 과학을 위한 충분한 여지를 남겨 두지만 자연 자체에 관한 셸링-그랜트 식의 사변을 위한 여지는 전혀 남겨 두지 않는다.

---

110. 같은 곳.

세 번째이자 마지막으로, DGW는 버클리가 결코 관념론자가 아니라 오히려 언제나 실재론자였다는 놀라운 주장을 제기한다. 그들은 이 주장을 비교적 명료하고 상식적인 주장으로 제시하고자 하지만, 그것은 버클리의 의의와 실재론의 바로 그 의미 둘 다에 대한 급진적인 재해석에 해당한다. 그들은 버클리가 실재 자체가 아니라 단지 원자론적 자연관 혹은 미립자적 자연관만을 공격하려고 시도하고 있었다고 주장하고자 한다. 그들이 서술하는 대로 "버클리는 기계론적 유물론이 설명 모형으로서 부적절할 뿐만 아니라 존재론으로서도 부적절하다고 논박하고 있었다. 그런데 이런 논박은 반과학에 해당한다는 주장이 종종 제기되지만, 사실은 명백히 그렇지 않다. 오히려 버클리는 사물들을 설명하는 데 적용되는 하나의 특정한 과학적 해설에 반대한다."[111] 당분간 이 논점은 제쳐두고서 버클리에 대한 DGW의 수정주의적 해석의 다른 주요 논점, 즉 관념론은 사실상 다른 한 형식의 실재론일 따름이라는 주장을 살펴보자. 이 주제는 일찍이 서론에서 공표된다. 여기서 DGW는 "그러므로 버클리를 반실재론자라고 일컫는 것은 실재의 특질에 관한 물음을 회피하는 것이다"라고 주장한다.[112] 그들의 서론만 살펴보더라도 "관념론은 다른 한 종류의 실재론일 따름이다"라는

---

111. 같은 곳.
112. 같은 책, 4.

주장이 발견될 수 있는 우연한 진술이 적어도 세 번 나타난다. 첫 번째 진술은 다음과 같다. "관념론자가 반실재론자라기보다는 오히려 사실상 추가적으로 실재에서 대체로 배제되는 요소들에 대한 실재론자다 … 즉, 관념론은 반실재론적이지 않고 오히려 바로 관념의 현존에 관하여 실재론적이다."[113] 두 번째 진술은 다음과 같다. "적절한 물질론은 관념들 – 관념론자는 관념에 관한 실재론자다 – 을 비롯하여 모든 현상의 현존에 대한 설명을 수반해야 하는 한에서 관념론은 그런 적절한 물질론에 도달하기 위한 유일한 철학적 수단이다."[114] 그리고 세 번째 진술은 다음과 같다. "관념에 관한 실재론자임은 관념이 무엇인지에 관한 이론을 지니고 있음을 수반한다."[115] 이 논증 역시 간략히 검토될 것이다.

이들 세 논점 각각에 대한 OOO의 비판을 개진하기 전에 우리의 의견이 틀림없이 일치할 한 가지 중요한 문제를 살펴보자. 즉, DGW는 자신들이 관념론을 수용하는 동기 중 하나(유일한 동기는 아니라고 그들은 역설한다)는 오늘날의 지배적인 자연주의를 극복하는 한 가지 방법으로 삼기 위함이라고 공표한다.[116] 여기서 나는 그들의 동기는 수용하더라도 그것을 실행

---

113. 같은 곳.
114. 같은 책, 6.
115. 같은 책, 7.
116. 같은 책, 2.

하기 위해 그들이 선택한 수단은 수용하지 않는다. 지금까지 철학자들은 과학자들에게 자연에 관한 것을 말할 때 극히 소심해져서 자발적으로 자신을 피히테와 그의 후계자들에 의해 분할된, 폐소공포증을 유발하는 비자연적이고 윤리-정치적인 영역에 한정시키는 경향이 있었다. 누군가가 철학자는 과학에 더 직접적으로 이의를 제기해야 한다고 요구하는 물리학자 스몰린의 진술을 인용하는 경우에 언제나 신선한 분위기가 느껴지는데, DGW는 그 일을 해낸다.[117] 또한 그들은 피츠버그학파 헤겔주의자들과 그 밖의 철학자들로 인해 철학적 관념론이 "자연주의에 대한 대안으로서 제기된 규범성에 의거하여 형이상학을 구축하는 것"에 너무나 한정되어 버렸다고 주장한다.[118] 여기서 나는 모든 철학적 자물쇠의 열쇠로 추정되는 것으로서의 '규범성'에 대한 그들의 의혹을 공유한다. 그들과 마찬가지로 나 역시 베르나르 데스파냐[1921-2015], 줄리안 바버[1937-], 카우프만 그리고 롤랑 옹네[1931-] 같은 과학 사상가들에게서 나타나는 더 사변적인 물리적 어조에 경의를 표한다.[119] 게다가 그랜트와 나는, 바디우의 철학에 대한 우리의 신중한 회의주의에도 불구하고 둘 다 현대 철학(바디우는 "민주적 유물론"이라고 일컫는다)이 "신

---

117. 같은 책, 255.
118. 같은 책, 1.
119. Bernard d'Espagnat, *On Physics and Philosophy*; Julian Barbour, *The End of Time*; Stuart Kauffman, *The Origins of Order*; Roland Omnès, *Quantum Philosophy*.

체"와 "언어"의 허약한 이중 존재론에 전념한다는 바디우의 불평에 동의할 법하다.[120] 골드스미스 워크숍이 끝난 직후에 그웨나엘 오브리와 퀑탱 메이야수는 런던에서 그들이 감지했던 그랜트와 OOO 사이의 어떤 밀접한 유사성을 지적했다. 이런 유사성은 어쩌면 나와 그랜트 둘 다 생명 없는 실재를 철학적 권역으로 복귀시키기를 원한다고 말함으로써 가장 잘 포착될 것이다. 그렇더라도 우리는 브라지에를 비롯하여 자연주의자들 사이에서 나타나는 예술과 인문학에 대한 적나라한 혐오와 너무나 흔히 결합하는 수학과 과학에 대한 물신주의적 숭배를 배제한다.

이제 앞서 검토된 DGW의 세 가지 논점으로 되돌아가서 각각의 논점에 대해 차례로 응답하자. 첫 번째 논점은, '관념론'이 마음의 외부에 있는 실재를 부인하는 현상주의적 입장 — DGW가 수많은 사상가의 지지를 받지 못한다고 말하는 입장 — 보다 관념의 실재성을 수용하는 철학을 가리키는 낱말로서 더 잘 활용된다는 것이다. 이처럼 확장된 DGW 의미에서의 관념론은 버클리의 철학에 대한 통상적인 해석과 구분되어야 할 뿐만 아니라 범심론과도 구분되어야 한다. DGW는 관념 역시 실재적이라고 주장할 따름이고 버클리는 "존재하는 것은 지각되는 것이다"라고 주장한다면, 범심론은 존재하는 것은 지각하는 것이라

---

120. Badiou, *Logics of Worlds*.

고 단언하기에 아무리 원시적이라도 어떤 종류의 마음을 지니지 않은 채로 현존할 수 있는 것은 전혀 없다. 더욱이 '생기론'은 범심론과 흔히 혼동되는 용어다. 하지만 생기론은 현존하는 모든 것이 살아 있음을 뜻할 따름인 반면에 범심론은 모든 것이 영양 섭취와 재생산을 위한 식물성 역량에 불과한 것을 갖추고 있기보다는 오히려 실제적인 심성을 갖추고 있어야 한다고 요구한다. 문제는 DGW가 실재는 마음-의존성을 뜻한다는 점을 수반하는 입장으로서의 '관념론'의 통상적인 의미를 제거하기를 원하는 이유가 무엇인가이다. 우리는 관념 역시 실재로 여겨져야 한다는 그들의 주장에 경의를 표할 수 있지만, 그런 경우에는 '관념론'이라는 용어보다 '평평한 존재론'이라는 용어를 사용하면 충분하기 마련이다. 앞서 알게 된 대로 그들은 또한 우리에게 관념론이 회의주의적 우려에 의해 고무되기보다는 오히려 체계적 완전성에 의해 고무된다고 말한다.[121] 그런데 본격적인 관념론이 회의주의와 연계되어야 하는 이유가 불분명하다. 회의주의자는 무언가가 우리의 그것과의 마주침과 독립적으로 현존하는지 여부를 의심하지만 버클리에게서는 그런 의심을 찾아볼 수 없다. 왜냐하면 단적으로 존재하는 것은 지각되는 것이라는 신조가 버클리의 특유한 신조이기 때문이다. 정확히 말하면 회의주의적 의심은 관념론자에게 귀속되지 않고 오히

---

121. Dunham, Grant, and Watson, *Idealism*, 4.

려 메이야수가 '상관주의자'라고 일컫는 철학자에게 귀속되어야 한다.

이렇게 해서 우리는 두 번째 논점에 이르게 된다. 그 논점은, 마음의 외부에 현존하는 것이 전혀 없다고 정말로 생각하는 사람은 아무도 없다는 점을 고려하면 통상적인 의미에서의 관념론에 관해서는 언급할 가치가 없다는 DGW의 견해다. 하지만 애초에 이 견해는 그야말로 그릇된 것이다. 우리는 버클리에 대한 직서적인 주류적 해석을 회피하고자 하는 그들의 시도가 실패한다는 점과 버클리가 관념론이라는 용어의 통상적인 의미에서 전형적인 관념론 철학자의 역할을 매우 잘 수행한다는 점을 알게 될 것이다. DGW 자신들은 하마터면 피히테의 경우에도 사정은 마찬가지라고 인정할 뻔하게 된다. 피히테는 자연을 자유로운 인간을 위한 도구에 지나지 않은 것으로 치부하고 '세계'를 기껏해야 인간 행위에 대한 저항의 원천으로 여긴다. 그런데 이 논점 전체는 지젝과 아무 관계도 없다. 지젝이 정립하는 '유물론'은 세계가 우리의 그것과의 마주침과 독립적으로 현존하지 않는다는 역설적인 요건을 갖추고 있다. 지젝의 지적 영웅인 자크 라캉[1901-1981]의 경우에도 상황은 마찬가지라고 말할 수 있다. 라캉에게 실재계는 상상계 및 상징계 – 둘 다 필시 생기 없는 물질에서는 찾아볼 수 없을 것이다 – 와 얽힌 보로메오 매듭의 외부에 현존할 수 없다.[122] DGW조차도 마투라나와 바렐라가 자기생산에 관한 그들의 이론에서 폐쇄성을 지나치게 강조함으로써 유아론으로 경도되는 경향이 있다고 인정함을 우리는 알게 될 것이다. 그래서 사실상 관념론이라는 용어의 주류적 의미에서 근본적인 관념론 사상가의 실례는 숱하게 많다. 하지만 이것은 그다지 중요하지 않다. 왜냐하면 중요한 것은 어떤 철학자가 관념론자인지에 관한 물음이 아니라 오히려 어떤 철학이 이런 서술에 부합하는지에 관한 물음이기 때문이다. 말하자면 어떤 철학은 그 저자가 그 철학에 관해 말하는 것과 언제나 동일한 것은 아니다. 예를 들면 라이프니츠는 자신의 철학에 자유의지를 위한 충분한 여지가 있다고 말하지만, 모나드들이 미리 확립된 조화에 종속되어 있다고 구상하는 철학을 대상으로 그런 주장을 제기하기는 쉽지 않다. 결국 이것이 의미하는 바는 라이프니츠가 용어 게임을 통해서만 자유의지를 구조할 뿐이라는 것이다. 메이야수의 철학처럼 어떤 존재자를 수학적으로 표현함으로써 그 존재자의 제1성질들을 포착할 수 있다고 구상하는 철학은 예컨대 어떤 나무에 대한 수학적 모형과 그 나무 자체의 차이를 설명하고자 할 때 매우 큰 어려움을 겪을 것이라고 나는 종종 말했다. 메이야수는 당연히 어떤 사물을 그 사물에 대한 수학적 모형과 혼동할 만큼 우둔하지 않다는 응답이 메이야수가 아니라 그의 대리인이라고 자처하는 사람들에 의

---

122. Slavoj Žižek and Glyn Daly, *Conversations with Žižek* ; Jacques Lacan, *The Sinthome*.

해 때때로 제기된다. 그리고 사실상 메이야수는 우둔하지 않은데, 그 인물과 관련하여 우둔한 것은 전혀 없다. 하지만 문제는, 퀑탱 메이야수가 제정신의 균형 잡힌 사람으로서 '깨닫는' 것이 아니라 오히려 그의 철학이 그가 제정신으로 깨닫는 모든 것을 충분히 설명하는지 여부다. 나의 논점은 다음과 같다. 어떤 정상적인 사람도 관념론에 대한 자신의 신념을 예증하기 위해 절벽에서 앞으로 걸어 나가거나 산^酸이 담긴 통에서 헤엄칠 만큼 불안정하지는 않기에 우리는 DGW를 본받아서 지구라는 행성에는 사실상 일관된 관념론자가 결코 있었던 적이 없다고 말할 수 있더라도, 일관된 관념론을 수반하거나 혹은 적어도 그런 방향으로 나아가는 철학은 숱하게 많다. 그랜트가 헤겔이 자연을 다루는 방식을 낮게 평가한다는 사실을 참작하면 어쩌면 그랜트도 헤겔이 그런 실례라는 나의 견해에 동의할 것이다. 후설이 무엇이든 최소한 원칙적으로 어떤 사유 행위의 상관물이 아닌 채로 현존할 수 있다고 생각하는 것은 터무니없다고 간주한다는 점을 고려하면 어쩌면 그랜트는 후설이 본격적인 관념론자라는 나의 견해에도 동의할 것이다.

일단 우리의 논의를 철학자가 자신이 알고 있다고 생각하는 것에서 그의 철학이 실제로 함축하는 것으로 이행하면 관념론이 관념론자라고 일컫기로 합의되는 어떤 한정된 일단의 철학자도 훌쩍 넘어서는 진지한 문제라는 것을 쉽게 알 수 있다. 사실상 관념론적 철학과 상관주의적 철학 둘 다에서 비롯되는 위험이 매우 큰데도 우리가 오히려 '평평한 존재론' 같은 것을 의도하는 경우에 '관념론'이라는 용어를 사용하면 우리에게 상당히 중요한 적을 가리키는 명칭이 하나도 남지 않게 된다. 이들 이유로 인해 나는 관념론의 의미에 대하여 DGW와 동의하지 않는다. 최소한 실재론은 "실재가 마음의 외부에 존재한다"라는 견해를 뜻해야 한다. 물론 이것만으로는 충분하지 않다. 그것이 충분하지 않은 이유는 실재가 마음 외에 더 많은 것의 외부에 존재하기 때문이다. 어떤 암석의 외부에 실재가 있는데, 이를테면 그 암석이 가만히 남아 있게 되는지, 산사태로 능선을 따라 운반되는지 혹은 용암의 흐름에 의해 액화되는지를 결정하는 실재가 존재한다. 태양계의 외부에는 그 체계가 지나가는 불량 항성들에 의해 간섭받기 전까지 얼마나 오랫동안 안정한 상태를 유지할지 결정하는 실재가 있다. 마음의 존재론적 지위가 너무나 높이 평가된 근대 시대에서만 생겨날 수 있었을 정식대로 실재는 '마음의 외부에' 있지 않고 오히려 모든 것의 외부에 있다.

여기서 구체적으로 버클리를 살펴보자. DGW는 버클리를 오해받은 실재론자로 간주하지만 대다수 독자에게 버클리는 관념론의 상징이다. 앞서 검토된 DGW의 주장 중 하나를 떠올리면 버클리가 무언가가 마음의 외부에 존재함을 외관상 거부하는 태도는 사실상 과학적 원자론에 대한 전략적 공격의 일환이었을 따름이라는 것이 그 주장의 취지다. 독자의 기억을 새롭게 하면 "버클리는 기계론적 유물론이 설명 모형으로서 부적절할 뿐만 아니라 존재론으로서도 부적절하다고 논박하고 있었다. 그런데 이런 논박은 반과학에 해당한다는 주장이 종종 제기되지만, 사실은 명백히 그렇지 않다. 오히려 버클리는 사물들을 설명하는 데 적용되는 하나의 특정한 과학적 해설에 반대한다."[123] 내가 다른 근거에서 DGW의 『관념론』이라는 책에 아무리 감탄하더라도 이런 특정한 주장이 정당성을 확보할 수 있는지는 분명하지 않다. 단지 기계론적 유물론을 반대하는 것만으로는 누군가를 '반과학'적이라고 불릴 만하게 만들기에는 충분하지 않다는 DGW의 주장은 틀림없이 옳다. 이것은 한낱 허수아비에 불과한 것도 아니다. 과학적으로 경도된 철학자는 종종 자신이 수용 가능한 과학적 담론으로 기꺼이 간주하는 것을 한정하는 데 있어서 상당히 독단적이다. 그런데도 기계론적 유물론에 대한 그런 협량한 헌신이 버클리의 주요 목표가 아님은 명백한데, 그는 훨씬 더 큰 게임을 벌이고 있다. 잠깐 이 문제적 인간 버클리가 어떤 사람이었는지 상기하자. 버클리의 가장 중요한 저서의 앞부분에서 인용된 구절로서 그의 철학적 관점에 관한 가장 명료한 진술 중 하나는 다음과 같다.

집, 산, 강 그리고 세계 속 모든 감각적 객체가 오성에 의해 지각되는 것과는 별개로 자연적이거나 실재적인 현존을 갖추고

---

123. Dunham, Grant, and Watson, *Idealism*, 5.

있다는 것은 사실상 기묘하게도 사람들 사이에 널리 퍼져 있는 억견이다. 그런데 세상에서 이 원리가 아무리 큰 확신과 묵종으로 향유될 수 있을지라도 자신의 마음속에서 그 원리를 의문시하고 있음을 깨달을 사람은 누구나, 내 생각에 잘못이 없다면 그것이 자명한 모순을 품고 있음을 지각할 것이다. 앞서 언급된 객체들이 우리가 감각으로 지각하는 사물들이 아니라면 무엇일까? 우리는 우리 자신의 관념들 혹은 감각들 외에 무엇을 지각하는가? 게다가 이들 사물 중 어떤 것도 그리고 그것들의 어떤 조합도 지각되지 않은 채로 존재해야만 한다는 것은 분명히 자가당착적이지 않은가?[124]

이것은 원자론에 대한 비판이 전혀 아니다. 확실히 그것은 실재가 지각되는 것과 독립적으로 존재한다는 널리 이해된 의미에서의 실재론에 대한 비판이다. 그것은 기계론적 유물론을 소멸시키기 위한 것일 뿐만 아니라 모든 형식의 과학적 실재론 – 질료에 내재하는 실체적 형상에 대한 데카르트 이전의 중세적 신조, 물질을 수학적 용어들로 서술될 수 있는 하나의 통일된 충만한 공간으로 여기는 데카르트 자신의 물질관, 그리고 심지어 무조건적인 생산력으로서의 자연에 대한 셸링의 모형 – 을 반대하는 데에도 유효할

---

124. George Berkeley, *A Treatise Concerning the Principles of Human Knowledge*, 24. [조지 버클리, 『인간 지식의 원리론』.]

것이다. 집도 산도 강도 "오성에 의해 지각되는 것과는 별개로" 존재할 수 없다면 우리는 확실히 가장 순수한 형식의 관념론을 얻게 된다.

그런데도 버클리는 '관념에 대한 실재론자'이기에 실재론자라고 반박하는 최초의 인물은 DGW가 아님이 확실하다. 그런데 이런 책략으로 '실재론'이라는 낱말을 절대적으로 모든 철학적 입장에 적용하게 만듦으로써 그 용어의 가치를 떨어뜨리는 것 외에 무엇이 성취되는지 불분명하다. 같은 취지로 우리는 어떤 철저한 유아론자의 경우에도 역시 그는 '자신에 대한 실재론자'이기에 실재론자라고 말할 수 있을 것이다. 이처럼 '실재론'이라는 낱말의 격을 떨어뜨리는 통상적인 동기는 그것을 무력화시켜야 할 적으로 여기는 데서 비롯된다. 이것에 대한 일례는 데리다가 '사물들 자체'의 철학자라는 존 D. 카푸토의 주장이다. 하지만 데리다는 『그라마톨로지』 — 그리고 어딘가 다른 곳 — 에서 모든 맥락으로부터 자유로운 실재를 명확히 부인한다.[125] 카푸토를 추동하는 동기는 자신의 영웅인 데리다를 근본적 반실재론자로 일축하는 다양한 '소박한 실재론자'를 무력화하는 것임이 분명하다. 내가 훨씬 더 좋아하는 저자인 브뤼노 라투르도 유사한 동기가 이끄는 대로 움직인다. 『판도라의 희망』에서

---

125. John D. Caputo, "For Love of the Things Themselves"; Jacques Derrida, *Of Grammatology* [자크 데리다, 『그라마톨로지』].

라투르는 자신의 작업을 불공정하게 일축하는 과학적 실재론자들과 싸우기 위해 구사하는 전략적 조치로서 '실재론'이라는 용어의 가치를 떨어뜨린다. 그런데 이것은, 실재론에 대한 어떤 특별한 적의도 품고 있지 않을뿐더러 결국에 심지어 관념론이 일종의 실재론임을 예증하는 데에도 관심이 있는 DGW를 고무하는 동기가 아님이 틀림없다! DGW의 경우에 전략적 동기는 우리의 주의를 그들이 관념론의 긍정적인 측면으로 여기는 것 (즉, 관념의 원인적 실재성) − 그들이 생각하기에 불행하게도 관념론과 실재론의 통상적인 대립 관계에 의해 억압당하는 것 − 을 향해 기울이게 하는 것임이 명백하다. 데란다와 내가 나눈 대화가 수록된 『실재론의 부상』이라는 공동저서에서 데란다가 실재론에 대하여 DGW와 마찬가지의 주장을 제기하는 경우에도 유사한 사태가 발생한다. "독실한 그리스도교도는 확실히 천당과 지옥에 대한 실재론자입니다. 왜냐하면 그는 그런 초월적 공간들에 대한 나의 불신이 어쨌든 그것들의 실제적 현존에 영향을 미친다는 것을 받아들이지 않을 것이기 때문입니다. 하지만 그런 그리스도교 실재론자는 틀림없이 유물론자가 아닐 것입니다."[126] 여기서 데란다는 아무튼 DGW보다 훨씬 더 열렬하게 친실재론적인 관점을 지니고 있지만, 그들과 마찬가지로 데란다도 자신이 훨씬 더 높이 평가하는 용어 − 그의 경우에는 유물론 − 를

---

126. DeLanda and Harman, *The Rise of Realism*, 116.

장려하기 위해 '실재론'이라는 용어의 가치를 기꺼이 떨어뜨린다. 한편으로 나는 실재론이 희생당하거나 축소되거나 혹은 경시되기에는 너무나 중요한 용어라고 생각한다. 현대 철학은 여전히 무엇이 실재론으로 여겨져야 하는지에 대한 자체의 기준을 충분히 요구하고 있지 않고, 따라서 나는 우리의 철학적 분위기가 두드러지게 바뀔 때까지 실재론이라는 용어가 언제든지 쓰일 수 있도록 계속해서 엄밀히 다듬어지는 것을 선호할 것이다.

방금 논의된 논점들은 모두 DGW의 책 전체의 핵심 관념들로, 그 서론에서 이미 언급된다. 이어지는 것은 자연에 관한 그랜트주의적 존재론의 관점에서 바라본, 철학사에서 주요한 인물들에 대한 일련의 한결같이 의미심장한 해석이다. 이 책에서는 이들 의미심장한 해석 중 단지 소수의 해석만을 논의할 여유가 있다. 나는 관념론의 세 가지 역사적 전환점과 현대의 세 가지 경향에 관한 DGW의 논의만을 제한적으로 검토할 것이다. DGW가 보기에 관념론의 세 가지 역사적 전환점은 (1) 신플라톤주의가 미래의 모든 관념론에서 마주치게 되는 세 가지 기본적인 종류의 관념론적 철학을 확립하는 방식, (2) 이전의 플라톤주의적 종류의 관념론을 넘어서는 데카르트의 관념론적 혁신, 그리고 (3) 버클리와 칸트의 차이다. 여기서 DGW는 버클리를 놀랍도록 실재론적인 인물이라고 평가하게 되고, 또한 칸트를 그가 인간의 인지 너머 물자체의 현존을 고수하더라도 관념론적인 인물이라고 평가하게 된다. 우리가 DGW와 더불어 검토할 현대의 인물들은 (1) 마투라나와 바렐라, (2) 카우프만, 그리고 (3) 그랜트의 철학 전체에 대한 그다지 감춰지지 않은 핵심 인물인 들뢰즈다.

오늘날까지 존속하는 세 가지 가능한 형식의 관념론을 낳은 플로티노스의 삼중 해석에 관해 DGW가 언급한 것으로 시작하자. 이것은 소크라테스 이전 철학자 파르메니데스의 유명한 언명을 해석할 수 있는 다양한 방식과 밀접히 연관되어 있다. 그 언명은 대충 "존재함과 생각함은 동일하다"라는 것이다. 이것은 정확히 무엇을 뜻하는가? 한 가지 가능한 해석은 윌리엄 랄프 잉게와 마리아 루이사 가티라는 학자들에 의해 제기된 플로티노스 해석에서 그런 것처럼 사유의 외부에는 어떤 존재도 없다고 말하는 것이다.[127] 그 두 학자는 "플로티노스의 형이상학을 버클리 혹은 피히테에게서 나타나는 주관적 관념론 ─ 존재하는 유일한 실재는 그것이 존재하기 위해 마음에 의존한다는 신조 ─ 의 전조로 만들"기에 이것은 DGW가 선호하는 판본의 플로티노스가 아님이 명백할 것이다.[128] 두 번째 선택지는 플로티노스를 헤겔을 떠올리게 하는 견지에서 해석하는 '범논리주의적' 독법일 것인데, 결과적으로 이른바 주체/객체 구분을 극복한다고 추정되는 '객관적' 관념론처럼 보이는 관념론을 낳

---

127. Dunham, Grant, and Watson, *Idealism*, 25.

128. 같은 곳.

는다.[129] 또다시 이것 역시 DGW가 찾고 있는 관념론이 아니다. 세 번째 선택지, 즉 브리스틀의 세 저자가 확실히 옹호하는 것은 "라이프니츠와 셸링, 보우전켓이 물려받는 '자연주의적' 노선의 관념론"이다.[130] 그 저자들은 "신플라톤주의의 체계적 야심은 관념론의 세 가지 주요한 순차적인 변양태 ― 주관적 관념론, 객관적 관념론 그리고 자연주의적 관념론 ― 를 포괄한다"라는 결론을 내린다.[131]

앞서 우리는 DGW가 파르메니데스와 플로티노스에 대한 '주관적' 해석에 동의하지 않음을 알게 되었다. 그런데 또한 그들은 "데카르트 이전에는 관념론을 구상하는 것조차 가능하지 않았는데, 왜냐하면 관념론은 데카르트가 과장된 회의주의를 통해서 성취하는 주관적인 인식론적 전환을 필요로 하기 때문이다"[132]라고 진술하는 마일스 번이트라는 학자의 테제에도 동의하지 않는다.[133] DGW는 어떤 모험적인 반사실적 취지로 진술되는 대런 힙스의 상반되는 테제를 더 지지하는 경향이 있는 것처럼 보인다. 그 테제에 따르면 당시에는 그런 신조를 받아들일 좋은 철학적 동기가 없었더라도 주관적 관념론이 일찍이 플

---

129. 같은 책, 25~6.
130. 같은 책, 26.
131. 같은 곳.
132. 같은 책, 34.
133. Myles Burnyeat, "Idealism and Greek Philosophy."

로티노스의 시대에 나타났던 것은 가능한 일이었다.[134] DGW 는 힙스의 테제를 더 확장하여 "데카르트의 철학에서 중요한 것은 현상주의적 입장을 구상할 수 있는 것으로 만드는 주관주의적 조치일 뿐만 아니라, 그가 물리적 자연의 모든 측면을 설명하려고 연장된 세계에 관하여 완전히 발전된 기계론적 이론을 제시함으로써 그런 관점을 옹호하기 위한 동기도 도입했다는 점이다"라고 주장한다.[135] DGW는 계속해서 다음과 같이 덧붙인다. 연장된 것res extensa은 마음을 설명할 수 없는 반면에 사유하는 것res cogitans은 원칙적으로 물리적 연장을 설명할 수 있는 데카르트의 두 가지 유한한 실체로 인해 균형은 관념론에 유리하게 바뀐 다음에 라이프니츠와 버클리에 의해 더욱더 심화되었다. 하지만 이것이 다소 기묘한 이유는 DGW의 주장이 데카르트가 현상주의적 관념론을 위한 길을 닦았음을 함축하기 때문이다. 그렇더라도 DGW는 라이프니츠와 심지어 버클리에게서 이 요소를 축소하고 싶어 한다. 하지만 그 주장에서 흥미로운 것은 DGW가 너무나 드물게 시도되는 방식으로 철학사의 다른 가능한 길을 기꺼이 답사한다는 점이다.

그다음에 칸트와 버클리 각자의 장점에 대한 DGW의 평가를 살펴보자. 여기서 DGW는 다소 놀라운 결론에 다다른다. "실

---

134. Darren Hibbs, "On the Possibility of Pre-Cartesian Idealism."
135. Dunham, Grant, and Watson, *Idealism*, 35.

재가 인식 가능성에 영향을 미친다면 무어와 보우전켓, 번이트에 대한 〔친실재론적〕 비판의 공동 목표는 버클리가 아니라 칸트여야 한다."136 이 진술은 우리의 주의를 사로잡는다. 그 이유는 그것이 이들 사상가에 대한 통상적인 평가에서 두드러지게 벗어나기 때문이다. 버클리는 존재하는 것은 지각되는 것이라는 자신의 유명한 단언으로 인해 원형적 관념론자인 반면에 칸트는 모든 지각 너머 물자체의 현존을 역설한다. 심지어 칸트는 『서설』의 서두에서 이 핵심적인 존재론적 논점에 관한 그 자신과 버클리의 견해들 사이에 상정된 유사성을 분연히 부인한다.137 그런데도 DGW는 칸트가 그들이 버클리에 대한 오도된 공격이라고 주장하는 것의 더 적절한 목표일 것이라고 결론짓는다. DGW는 어떤 근거에서 이런 결론을 끌어내는가? 앞서 이해된 대로 그들의 첫 번째 조치는 버클리가 현상주의적 관념론자라는 통상적인 견해 — 현대의 대다수 독자뿐만 아니라 과거의 중요한 철학자들도 공유하는 견해 — 를 부정하는 것이다. "〔G. E.〕 무어는 버클리를 환영주의자로 간주한 유일한 사람이 아니다. 칸트 역시 자신의 첫 번째 비판서에서 유사한 비난을 제기한다. 하지만 그 두 철학자는 모두 잘못을 저지르고 버클리의 감각적 실재론의 중요성을 간과한다."138 DGW가 보기에 무어가 버클

---

136. 같은 책, 207.

137. Immanuel Kant, *Prolegomena to Any Future Metaphysics*. 〔임마누엘 칸트, 『형이상학 서설』.〕

리를 관념론자라고 여기는 유일한 이유는 그가 버클리의 철학이 회의주의에 의해 고무된다고 생각하기 때문이며, 그리고 무어는 버클리가 물질에 대하여 회의적이라면 마음에 대해서도 마찬가지로 회의적이어야 한다는 주장 ― 결국 "모든 실재의 부정"을 초래할 주장 ― 도 과감히 제기한다.[139] 그런데 DGW는 이런 참담한 결과를 버클리가 처한 상황에서 멀리 떨어져 있는 것으로 여긴다. 왜냐하면 "버클리는 사실상 최대한 상식적 실재론을 추종하는 상식적 실재론자이[기 때문이다]. 우리가 자신의 지각을 신뢰할 수 있다면 이들 감각을 단지 부분적으로 신뢰할 이유가 있을까?"[140]

우리가 버클리를 그의 바로 직전 선행자인 존 로크[1632-1704]와 비교하면 실재론자 버클리를 옹호하는 자신들의 논변이 명료해진다고 DGW는 진술한다.[141] 존 로크는 제1성질과 제2성질을 구분함으로써 버클리에에서 발견되는 실재적인 것의 직접적인 현시 혹은 적어도 최대한 입수될 수 있는 실재의 현시와 대조를 이루는 표상적 지식론을 얻게 된다.[142] 달리 말해서 DGW는 마음과 독립적인 실재의 현존을 둘러싼 전통적인 실재론/반

---

138. Dunham, Grant, and Watson, *Idealism*, 202.

139. 같은 책, 203.

140. 같은 곳.

141. 같은 책, 203~4.

142. John Locke, *An Essay Concerning Human Understanding*. [존 로크, 『인간 지성론 1·2』.]

실재론 논쟁을 결국에는 버클리가 실재론자처럼 보이게 되는 순전히 인식론적인 갈등으로 전환한다. 왜냐하면 버클리는 파악될 수 있는 모든 것을 파악한다는 주장－로크는 확실히 제기할 수 없는 주장－을 제기하기 때문이다. 칸트가 그런 주장을 제기할 가능성은 훨씬 덜하고, 따라서 DGW는 앞서 인용된 구절에서 이렇게 진술했다. "실재가 인식 가능성에 영향을 미친다면 무어와 보우전켓, 번이트에 대한〔친실재론적〕비판의 공동 목표는 버클리가 아니라 칸트여야 한다."[143] 그런데 마음과의 독립성에 관한 확립된 물음을 대수롭지 않게 만드는 DGW의 동기는 무엇인가? 앞서 우리는 부분적으로 그 동기가 마음과 독립적인 실재를 애초에 부정하는 사람은 전혀 없다는 그들의 그다지 정확하지 않은 견해에서 비롯됨을 깨달았다. 우리는, 중요한 것은 어떤 사람이 자신이 알고 있거나 믿고 있다고 주장하는 것에 관한 물음이기보다는 오히려 그 사람의 철학이 실제로 수반하는 것에 관한 물음이라고 말함으로써 반박했다. 하지만 DGW의 훨씬 더 강한 동기는, 그들이 마음과의 독립성에 관한 물음과는 달리 정말로 '존재론적'인 것으로 여길뿐더러 중대한 것으로도 여기는 한 가지 다른 물음으로 우리의 주의를 돌리고 싶은 바람인 것처럼 보인다. 전통적으로 실재론적이라고 여겨지는 입장들과 관념론적이라고 여겨지는 입장들 사이의 진정

---

143. Dunham, Grant, and Watson, *Idealism*, 207.

한 차이는 "실재론자는 원자들에서 시작하여 위로 쌓는 반면에 관념론자는 구조에서 시작하여 아래로 쌓는다"라는 것이다.[144] 당연히 우리의 예상에 들어맞게도 DGW는 이 문제에 관하여 중립적인 태도를 유지하지 않고 오히려 관념론자의 편에 서기로 작정한다. 그들이 이 입장에서 찾아내는 이점은 실재론과 달리 관념론에서는 "마음이 더는 수동적인 불활성의 자연에 대한 외부 관찰자로 여겨지는 것이 아니"라 오히려 자연의 본질적인 한 요소로 여겨진다는 것이다.[145]

소크라테스 이전 철학자들에서 셸링과 헤겔에까지 이르는 철학자들에 대한 DGW의 해석이 이미 고찰되었기에 이제는 더 최근의 중요한 몇몇 인물에 관한 그들의 설명을 살펴보자. 우선 검토될 인물들은 마투라나와 바렐라라는 칠레인 동료들인데, 그들은 독일의 위대한 사회학자이자 철학자인 니클라스 루만 1927-1998에게 엄청난 영향을 끼쳤다.[146] 면역학 분야에서 연구를 수행한 마투라나와 그의 연하 동료 바렐라는 살아 있는 유기체가 외부 세계와 관계를 맺는 방식에 관한 근본적인 물음을 제기하게 되었다. 그들이 내린 결론 중 하나는 살아 있는 세포가 주변 환경을 정확히 표상하기보다는 오히려 본질적으로 항상성을 지향한다는 것, 즉 스스로 어떤 안정한 내부 상태에 계

---

144. 같은 책, 208.
145. 같은 곳.
146. Niklas Luhmann, *Social Systems*. [니클라스 루만, 『사회적 체계들』.]

속해서 있고자 한다는 것이다. 이 테제는 루만을 거쳐 인간이 자신의 사회와 직접 상호작용하지 않는다 ─ 개체들이 소통하는 것이 아니라 오직 소통들이 소통할 따름이다 ─ 는 현저히 비관적인 이론이 된다. OOO에 친숙한 독자는 어떤 유사점을 알아챌 것이다.[147]

그런데 자기생산 이론에 매우 가까울뿐더러 그 이론으로부터 매우 멀리 떨어져 있기도 한 것은 OOO뿐만이 아니다. 그랜트의 철학도 사정은 마찬가지다. 물자체에 대한 그랜트의 양면적인 관계를 떠올리자. 한편으로 그랜트는 인간의 유한성을 초월하여 실제로 있는 그대로의 실재를 제시하려는 셸링의 노력에 경의를 표한다. 다른 한편으로 그랜트는, 자연에 관한 모든 사유가 그 자체로 자연의 생산물이기에 그것이 인식하기를 바라는 것과 종류가 다르다는 점을 고려함으로써, 물자체에 직접 도달한다는 자연주의적 주장에 대하여 회의적이다. 이런 양면성은 DGW에게 도움이 된다. 그 이유는 내재성과 초월성의 동일한 이중 혼합물이 애초에 자기생산 이론의 핵심에 자리하고 있기 때문이다. 왜냐하면 어떤 의미에서 마투라나와 바렐라는 전적으로 항상성과 폐쇄성에 관심을 두기 때문인데, 그리하여 살

---

147. 이쪽의 OOO와 저쪽의 마투라나와 바렐라 및 루만 사이에서 이루어지는 공명에 관한 한 가지 직접적인 설명에 대해서는 *The Democracy of Objects*, 137~74 [브라이언트, 『객체들의 민주주의』]에 제시된 레비 브라이언트의 뛰어난 개관을 보라.

아 있는 세포는 사실상 결코 자신을 벗어날 수 없다. DGW가 진술하는 대로 "[자기생산적] 기계가 되먹임 메커니즘을 통해서 스스로 재생산하고 자신의 어떤 측면들을 일정하게 유지한다는 것은 사이버네틱스 이론의 오래된 견해다. 그런 되먹임은 항상성 효과를 낳는다. 자기생산적인 살아 있는 존재자는 그런 되먹임 고리들의 집합체다."[148] 화이트헤드나 라투르의 철학처럼 극단적인 관계적 철학들과는 대조적으로 자기생산 이론이 항상성을 강조한다는 점은 그것이 어느 주어진 세포에 환경이 미칠 수 있는 영향을 한정한다는 것을 뜻한다. "유기체는 일반적으로 자신의 인지 작용의 결과로 사라지거나 해체되지 않는다."[149] 하지만 이 모든 것에도 불구하고 마투라나와 바렐라를 직설적인 칸트주의자로 해석하는 것, 즉 그들의 세포는 자신의 내적 유한성에 갇혀 있어서 거대한 피안에 도달할 수 없다고 해석하는 것은 불가능하다. DGW는 이 점을 분명히 이해한다. "헤겔과 마찬가지로 그리고 칸트와 달리 마투라나와 바렐라는 원칙적으로 생명의 자기생산적 실재를 파악할 수 있는 인간 지성의 능력을 전적으로 확신한다."[150] 더욱이 마투라나와 바렐라는 "우리의 지성이 생명에 침투할 수 없다는 주장을 조롱한다."[151] 그들의 경우에 아름다움은 이해 불가능성과 아무 관계

---

148. Dunham, Grant, and Watson, *Idealism*, 233.
149. 같은 책, 238.
150. 같은 책, 227.

도 없다.[152] 얼마간 DGW 판본의 버클리처럼 들릴 것처럼 마투라나와 바렐라는 다음과 같이 말하는 것으로 읽힌다. "인지 작용에는 아무 표상도 없다. 우리도, 여타의 유기체도 미리 주어진 세계에서 정보를 추출하여 자신에게 '표상'하지 않는다…그렇다면 인지는 어떤 세계에 관한 것이 아니고 오히려 (버클리와 칸트, 헤겔, 화이트헤드의 경우에 조금씩 다른 식으로 그런 것처럼) 인지는 '세계를 산출한다'."[153] 이로부터 마투라나와 바렐라가 DGW 의미에서의 '관념론자'로 여겨지는 이유가 명백하기 마련이다. 그런데도 DGW는 아무튼 버클리의 경우보다 자기생산 이론에서 비롯되는 결과에 대하여 더 불안해한다. 버클리는 통념과는 반대로 우리 감각에 대한 일관된 신뢰만을 겨냥할 뿐인 상식적 실재론자로서 찬양받은 반면에 마투라나와 바렐라는 경계의 메시지로서 제시된다. 왜냐하면 한편으로 그들이 "자기생산과 인지에 관한 이론에서 관념론이 과학에서 발휘하는 힘에 대한 탁월한 일례를 제공하"는 것은 좋은 일이기 때문이다.[154] 그것에 대해서는 의문의 여지가 없다. 하지만 또한 마투라나와 바렐라의 "조직적 폐쇄성에 관한 설명, 그리고 조직에 의한 구조적 변조의 완전한 규정이 지나치게 중시〔되〕"는 것

---

151. 같은 책, 227~8.
152. 같은 책, 228.
153. 같은 책, 234.
154. 같은 책, 237.

도 틀림없다.[155] "이 결과는 최선의 경우에는 칸트주의적 구성주의 혹은 현상학적 구성주의로 귀착되고 최악의 경우에는 완전한 허무주의적 유아론으로 귀착된다."[156] DGW는 자기생산에 관한 그들의 설명을 목하의 철학적 문제에 관한 강력한 해설로 마무리한다. "환경은 단적으로 구조적 변조의 '촉발자'일 수가 없다. 어떤 형식이 환경에서 자기생산적 존재자로 옮겨져야 한다."[157] 달리 진술하면 물자체는 직접 인식될 수 없는 것일지라도 여전히 그것은 어떻게든 인식될 수 있어야 하고, 게다가 세포의 자족적인 내부 세계로 뚫고 들어가지 못하는 외부 원인적 인자에 불과한 것이 아니어야 한다.

마투라나와 바렐라에 관한 절 바로 다음에 스튜어트 카우프만에 관한 DGW의 논의가 이어진다. 그 전환은 실행하기 어렵지 않다. 그 이유는 카우프만이 그 칠레인들과 마찬가지로 다윈주의적 정설을 수용하지 않는 생물학자이면서 살아 있는 유기체의 독립적인 역량에 특별한 관심을 기울이기 때문이다. 카우프만은 자기생산에 관해 언급하기보다는 오히려 "자율적인 행위주체"에 관해 언급하는데, 카우프만이 그것으로 의미하는 바는 "스스로 재생산하고 '열역학적 일 순환과정'을 실행하는 무언가"다.[158] 일 순환과정은 외부로부터 에너지를 흡

---

155. 같은 곳.
156. 같은 곳.
157. 같은 책, 238.

수하여 해당 체계를 "우주의 총체적인 엔트로피의 양은 증가했을지라도 국소적으로는 어떤 새로운 질서가 생겨난" 평형에서-멀리-떨어진 상태를 향해 추동하는 데 그 에너지를 사용한다.[159] 이런 사정은 공장 기계의 경우에도 마찬가지다. 그렇지만 물론 (여태까지 역사상) 공장 기계는 자신을 진정한 자율적인 행위주체로 만들 자기 재생산의 역량을 갖추고 있지 않았다. 카우프만의 경우에 그런 행위주체는 "우주의 존재론적 비품의 일부"이기에 자신의 구성요소들로 더는 환원될 수 없다.[160] 하지만 그런 행위주체들이 우주의 비품 전체인 것은 아니다. 그것들 외에 행위주체들의 행동을 관장하는 '끌개'들이 존재한다. '끌개'는 그랜트와 데란다에게서 찾아볼 수 있을 뿐만 아니라 복잡계 이론의 곳곳에서도 찾아볼 수 있는 개념이다. DGW가 카우프만을 요약하는 대로 "[끌개]는 그 자체로 실체적이지는 않지만, 명백히 실체적인 존재자에서 나타나는 조직을 생성하는 실재적 존재자다. 이것은 그의 저작 전체에 걸쳐 있는 강한 관념론적 주제다."[161] 그런데 데란다는, 끌개들이 자연계의 실제 거동을 관장한다는 점을 고려하면 끌개는 강력히 실재론적인 개념이라고 반박할 것이다. 하지만 바로 앞서 우리는 '관념론자'에

---

158. 같은 책, 241.
159. 같은 곳.
160. 같은 책, 243.
161. 같은 책, 240.

관한 그랜트의 이례적인 의미가 '실재론자에 관한 통상적인 의미와 양립 불가능하지는 않다는 점을 이해했다. DGW가 덧붙이는 대로 "〔끌개〕는 실제로 결정하는 힘을 갖춘 실재적 존재자다. 끌개는 우리가 이미 마주친 조직에 관한 관념론적 개념과 관련되어 있음이 분명하다. 사실상 조직은 그런 끌개들의 다양체, 즉 관념들의 정돈된 위계로 여겨질 수 있다."[162] 그런데 이런 공식적 언명은 카우프만이 염두에 두고 있는 것보다 더 전체론적인 표현일 것이다. 더 일반적으로 그랜트가 자신의 존재론에서 일반적인 생산력으로서의 자연에 집중하고 개별적 존재자들을 상대적으로 경시하는 점은 그랜트와 체계 이론가들 사이의 주요한 의견 차이 – DGW의 『관념론』에서는 결코 분명히 규명되지 않은 것 – 를 가리키는 것처럼 보인다. 어쨌든 DGW는, 카우프만이 자율적인 행위주체의 조직적 측면이 지나치게 강조되지 말아야 한다는 점을 간파함으로써 마투라나–바렐라 '유아론' 문제에 응답한다고 요약한다. 적응과 변화가 생겨날 수 있으려면 무질서도 중요하다. 자기생산적 행위주체는 "질서와 혼돈 사이의 경계 지역에서 〔살아가〕"야 한다.[163] 왜냐하면 "그것은 해체되지 않는 한에서 가능한 만큼 '민감'하"기 때문이다.[164] 이것이 작동하는 방식은 "다수의 교란이 행위주체에 미치는 동일한

---

162. 같은 책, 245.
163. 같은 책, 247.
164. 같은 곳.

구조적 효과로 수렴하는 경향이 있다"라는 것이다.[165] "달리 말해서 많은 유사한 교란이 동등한 것으로 등록된다."[166] 여기서는 야곱 폰 윅스퀼1864-1944의 유명한 생태적 저작에서 비롯된 반향이 명백히 인식된다. 윅스퀼의 경우에 근육은 수축함으로써 모든 자극에 반응하며, 그리고 각각의 동물 종의 주변환경(움벨트Umwelt)은 그것의 진정한 객관적 환경(움게붕Umgebung)의 작은 부분에 지나지 않는다.[167]

그런데 어쩌면 그랜트주의적 목적에 대하여 카우프만의 작업이 갖추고 있는 가장 매혹적인 측면은 그 작업이 환원주의에 반대할 뿐만 아니라 과학의 훨씬 더 중요한 하나의 기둥에도 반대한다는 점일 것이다. 즉, "카우프만은 엔트로피 일반에 대한 거부를 향해 이행하고 있는 것처럼 보인다."[168] 카우프만은 "화학적 다양성이 그것을 제한하는 메커니즘이 존재하지 않는다면 모든 체계에서 필연적으로 증가함을 보여준다."[169] 달리 말해서 현재 "우주는 평형에서 멀리 떨어져 있지만 초기에는 비교적 단조로웠다."[170] 이 사태를 설명하기 위해 심지어 카우프만

---

165. 같은 곳.
166. 같은 곳.
167. Jakob von Uexküll, *A Foray into the World of Animals and Humans*. [야곱 폰 윅스퀼, 『동물들의 세계와 인간의 세계』.]
168. Dunham, Grant, and Watson, *Idealism*, 253.
169. 같은 책, 240.
170. 같은 책, 249.

은 "가능한 열역학 제4법칙"을 제안하기까지 한다.[171] 그 법칙은 대략 체계들이 평균적으로 다양성을 가능하게 만드는 물려받은 질서를 파괴하지 않는 한에서 가능한 한 빨리 다양성을 생산하는 경향이 있다고 진술한다. DGW는 이것을 참신성과 창조성에 대한 화이트헤드의 매혹과 그럴듯하게 연계한다. 카우프만의 경우에 그는 이런 사태가 발생하는 방식과 관련하여 꽤 구체적이다. 우리가 일단의 유기적 분자를 고려하여 그 분자들을 "현실적인 것"들이라고 일컫는다면, 우리는 그것들이 현재 현실적이지 않고 오히려 단 하나의 반응 단계가 남아 있는 "인접한 가능한 것"들인 수많은 다른 분자를 생산하기 위해 반응할 것이라는 사실을 알고 있다.[172] 더 일반적으로 인용되는 열역학 제2법칙보다 인접한 가능한 것들로의 불가피한 흐름이 '시간의 화살' ─ 즉, 시간이 가역적이라기보다는 오히려 한 방향으로만 흐르는 것처럼 보이는 사실 ─ 의 참된 근거라고 카우프만은 주장한다. 100조 개의 유기화학적 종이 현존한다면 그것들 사이에는 10^{28} 가지의 반응이 일어날 수 있는데, 이것은 사실상 엄청나게 큰 수다.[173] 카우프만이 서술하는 대로 "여타 조건이 동일하다면 체계 전체는 인접한 가능한 것으로 흘러가기를 '바란다.'"[174] 여기서 그

---

171. 같은 책, 249~50.
172. 같은 책, 250.
173. 같은 책, 251.
174. 같은 곳.

랜트에게 중요한 것은, 그런 흐름이 미래(인접한 가능한 것들)로부터 현재(현행의 현실태들)에 미치는 역행적인 소급적 원인작용을 포함하고 있다고 해석될 수 있기에 그 흐름은 작용인의 견지에서 서술하기가 쉽지 않다는 점이다. 그리하여 불신당한 지 오래된 목적인이라는 주제가 데란다에 못지않게 그랜트의 경우에도 되살아나게 된다. 이를테면 '끌개'라는 개념은 그에 대한 생생한 일례일 따름이다. 또한 DGW는 마투라나와 바렐라에게 (유아론을 향한 그들의 경향에 대해서) 한 가지 주요한 이의를 제기한 반면에 카우프만의 견해에 대해서는 어떤 극명한 불평도 그의 작업에 관한 그들의 설명에서 찾아볼 수 없다는 점도 인식할 가치가 있다.

마지막으로 질 들뢰즈에 관한 DGW의 고찰을 살펴보자. 플라톤과 셸링처럼 자신이 가장 애호하는 역사적 인물들에 관한 그랜트의 해설을 읽는 독자는 종종 그의 논의에 깔린 철저히 들뢰즈주의적인 배경을 느끼게 된다. 그랜트와 마찬가지로 브라지에 역시 워릭대학교에서 박사과정을 이수했으며, 그리고 브라지에는 그 시기에 워릭대학교를 다닌 대다수 학생처럼 들뢰즈를 끼고서 시간을 보냈다. 그렇다고 하더라도 애초의 사변적 실재론자 중에서 가장 들뢰즈주의적인 인물은 그랜트라고 말해도 무방할 것이다. 들뢰즈에 대한 DGW의 해석은 그랜트의 단독 저서를 알고 있는 어떤 사람에게도 놀랍지 않을 것이다. "지금까지 들뢰즈는 종종 일종의 유물론자로 해석되었다 …"라는 사실 ─ 데란다의 해석이 필시 가장 좋은 실례일 것이다 ─ 에도 불구하고 "들뢰즈는 사실상 철학적 관념론자라는 것이 우리의 주장이다."[175] 이 주장으로 DGW가 뜻하는 바는 완전히 명백하다. "『차이와 반복』에서 들뢰즈는 관념[이념]의 철학을 상당히 공공연하고 명시적으로 전개한다.[176] 그 책에서 들뢰즈는 관념이 존재론적으로 일차적이라는 설명을 제시한다. 그리하여 현실적인 물리적 실체는 관념에 의해 생성된 현실태들의 세계에서 뒤늦게 추출된 추상물이다."[177] 바디우와 마찬가지로 DGW는 들뢰즈를 일원론자로 해석한다.[178] 이것이 사실이라면 들뢰즈는 철학의 역사에서 여타의 일원론자와 같은 곤경에 처한다. 즉, "들뢰즈는 하나의 통일된 존재자의 다양한 현실적 표현을 설명하는 문제에 직면한다. 세계에서 다양한 형식이 어떻게 생겨날 수 있는가? 들뢰즈는 이들 특수한 것의 현존을 주어진 것으로 간주하지 않고 오히려 그것들이 어떻게 생성되는지 묻는다. 어쩌

---

175. 같은 책, 284.

176. * 이 책과 『관념론』의 맥락에서 '관념'이라는 한국어 용어로 번역되는 'Idea'라는 영어 용어가 들뢰즈 철학의 경우에는 일반적으로 '이념'이라는 한국어 용어로 옮겨지지만, 이 경우에도 옮긴이는 이 책에서 전개되는 논의에 부합되도록 일관성 있게 '관념'으로 옮겼다. 주지하다시피 들뢰즈의 기계 존재론에서 '이념'은 '기관 없는 신체'와 함께 존재자의 잠재적 이중체를 구성한다(이에 대한 자세한 내용은 아연 클라인헤이런브링크의 『질 들뢰즈의 사변적 실재론』[갈무리, 2022]을 참조하라).

177. 같은 곳.

178. Badiou, *Deleuze*. [바디우, 『들뢰즈』.]

면 바로 이것이, 들뢰즈의 철학 전체를 특징짓는 그의 기본적인 의문일 것이다."[179]

그다음에 DGW는 들뢰즈주의적 용어법 중 가장 기본적이고 친숙한 것에 주의를 기울인다. "들뢰즈는 앙리 베르그손의 저작에서 파생되고 수정된 어휘를 사용하여 이들 두 측면을 실재적 현존의 '잠재적' 측면과 '현실적' 측면이라고 일컫는다…잠재적 측면은 현실적 측면을 생성하면서 언제나 현실적 측면에 내재하고, 따라서 세계에 나타나는 현실적인 특수한 것들은 어떤 근저의 잠재적 활동에 의해 생성된다."[180] 여기서 그랜트의 셸링 책에서 그런 것처럼 우리는 관념과 현실적 형식 사이의 '유사성'에 관해 언급할 수 없고 오히려 단지 그것들 사이의 발생적 연계에 관해서만 언급할 수 있다. "관념에 관한 〔들뢰즈의〕 이론은 관념이 현실적 형식을 생성하기 위한 편재적이고 무궁무진하며 영원한 잠재력의 역할을 수행한다는 것이다."[181] 우리가 들뢰즈에게 동조하여 관념을 그것의 특정한 화신 중 어느 것에 의해서도 사실상 결코 "해결되"지 않는 "문제"로 간주한다면, 우리는 "힘들, 역능들 그리고 강도들 사이의 해소되지 않을 뿐만 아니라 해소될 수도 없는 긴장"에 관해 언급할 수 있다.[182]

---

179. Dunham, Grant, and Watson, *Idealism*, 284.
180. 같은 책, 285.
181. 같은 곳.
182. 같은 책, 287.

강도란 그 정체가 결코 규정될 수 없는 힘인데, 왜냐하면 강도들은 서로 간의 호혜적 상호작용에서 분화될 따름이기 때문이다. "관념은 … 호혜적으로 규정된 그런 강도들의 유동적 배치로 … 여겨질 수 있다. 그 배치는 평형 상태를 향해 추동되지만 평형 상태에 결코 도달할 수 없다."[183] 이와 같은 강도들의 끊임없는 흐름에서 우리가 알게 되는 것은 들뢰즈의 경우에 "생성은 분화다"라는 점이고, 따라서 "질적으로 특수한 현실적인 것"은 "전前개체적이고 전前객체적"인 "강도적 차이 … 에서 생겨나는 내재적인 강도적 흐름의 외향적 표현이다."[184] "의식 자체와 그것의 모든 심적 내용이 모든 현실적인 것들을 생성하는 그 동일한 차이의 '무효화'에 의한 생산물들이다"라는 점을 참작하면, 우리는 "우리가 심적 내용을 세계에 주어진 특수한 것의 표상으로 간주하게 되는 '재현'의 환영으로 우리를 이끄는 근원적인 사물의 강도적 생성에 대한 무지"에 시달리게 된다.[185] DGW는 이 철학을 화이트헤드의 철학과 동등하다고 여기지만 나는 화이트헤드에 관한 이런 견해가 올바르지 않다는 주장을 글로 표현한 적이 있다.[186] '과정'에 대한 들뢰즈와 화이트헤드 둘 다의 외관상 헌신으로 인해 우리는 오도될 수 있을 것이지만, 들

---

183. 같은 곳.

184. 같은 책, 287~8.

185. 같은 책, 288.

186. Graham Harman, "Whitehead and Schools X, Y, and Z."

뢰즈에게 '현실태'는 전개체적 과정의 최종 결과인 반면에 화이트헤드에게 개별적 현실태는 철학의 바로 그 출발점, 즉 여타의 것이 구축되는 요소다. 내가 두려워하는 것은, 베르그손-시몽동-들뢰즈 사상가 집합을 엄청나게 상이한 화이트헤드-타르드-라투르 집합과 함께 묶는 성급한 경향이 두 집합에서 개별적 존재자에 주어진 엄청나게 상이한 운명을 가릴 수밖에 없다는 점이다. 더 일반적으로 들뢰즈주의적 분화에 대한 그랜트의 명백한 헌신에도 불구하고 그의 저서들에 대한 나의 한 가지 아쉬움은 그것들이 그랜트 자신이 가장 공감하고 가장 큰 영향을 받은 사상가들을 구분하는 더 많은 차이점을 제시할 수 있었을 것이라는 점이다. 그랜트는 셸링이 어떻게 해서 플라톤과 어울리는지, 셸링과 플라톤이 들뢰즈에게 중요해지는 주제들을 어떻게 논의하는지, 카우프만의 복잡성 이론이 매우 유사한 주제들을 어떻게 탐구하는지, 그리고 이 모든 것이 그랜트 자신의 철학적 입장에 어떻게 이바지하는지를 보여주는 훌륭한 작업을 수행한다. 하지만 견해가 일치하는 상태보다 지적 긴장 상태가 미래의 씨앗을 함유하고 있을 개연성이 언제나 더 크다는 점을 고려하면, 그랜트가 이들 다양한 저자 사이의 긴장관계에 관한 더 많은 논점을 제시할 수 있었더라면 독자에게 훨씬 더 도움이 되었을 것이다.

3절의 연습문제

1) 철학적 관념론에 대한 통상적인 정의는 무엇이며, 그리고 던햄과 그랜트, 왓슨(DGW)은 그것에 관해 어떻게 달리 구상하는가?

2) 철학자 조지 버클리는 일반적으로 서양의 철학적 전통에서 가장 극단적인 관념론자로 여겨진다. DGW는 왜 이런 평가에 동의하지 않는가? 여러분은 그들의 그런 태도가 올바르다고 생각하는가?

3) DGW가 신플라톤주의자들을 매우 중요하게 여기는 이유 중 적어도 한 가지를 제시하라.

4) DGW는 자연에 대한 그랜트의 개인적 관심을 철학의 주요한 주제로서 존속시킨다. 여러분은 그들이 왜 도시, 공구, 정유 공장 혹은 수력 발전용 댐 같은 중요한 인공적 사물들을 덜 강조한다고 생각하는가?

5) DGW는 플라톤을 이후의 관념론적 철학자들에게 강력한 영향을 미친 인물로 여기더라도 한 가지 중요한 관념론적 혁신에 대한 영예를 데카르트에게 귀속시킨다. 무엇이 이 혁신을 이루는지 설명하라. 이 점에 관한 번이트와 힙스라는 학자들의 상이한 견해들은 무엇이며, 그리고 DGW는 어느 학자의 견해를 선호하는가?

6) DGW에 따르면 마투라나와 바렐라의 자기생산적인 생물학적 이론에 본질적으로 내재된 철학적 위험은 무엇인가?

3장 객체지향 존재론

'객체지향 존재론'이라는 용어는 1997년에 내가 작성한 몇 몇 메모에서 나타나기 시작했음이 명백하지만, 이 접근법의 전사는 일찍이 1991~2년에 한 대학원생이 하이데거의 유명한 도구 분석을 이해하려고 노력하는 과정에서 비롯된다.[1] 사변적 실재론의 여타 노선 중 어느 것도 하이데거 혹은 현상학에 유의미한 지적 부채를 지고 있지 않다는 점은 특히 언급할 만하다. 반면에 나의 판본의 OOO는 — 데리다, 들뢰즈 혹은 바디우가 아니라 — 후설과 하이데거를 우리가 여전히 받아들여야 하는 가장 최근의 위대한 철학자들로 여긴다. 1997년 이후로는 화이트헤드와 하비에르 수비리[1898-1983]가 OOO에 영향을 미친 핵심 인물들에 포함되었으며,[2] 1998년부터는 라투르의 행위자–네트워크 이론이 핵심적인 준거점이 되었다. 그런데도 이 장의 뒷부분에서 논의될 것처럼 OOO의 참된 근거는 후설과 하이데거에게서 찾아볼 수 있다. 하지만 우선 그 유명한 골드스미스 워크숍에서 OOO가 어떻게 발표되었는지 고찰하자.

1. 골드스미스에서의 OOO

---

1. 이 접근법에 관한 초기의 잔존 실례들에 대해서는 Graham Harman, *Towards Speculative Realism*의 앞쪽 부분을 보라.
2. Alfred North Whitehead, *Process and Reality* [알프레드 노스 화이트헤드, 『과정과 실재』]; Xavier Zubiri, *On Essence*.

골드스미스에서 발표된 나의 강연문은 녹취록의 367쪽에서 388쪽까지 수록되어 있으며, 그다음에 거의 스무 쪽에 이르는 논의가 이어진다. 강연 자체를 살펴보면 그것은 이 장의 뒷부분에서 강조될 네 가지 논점 중 세 가지 — OOO에서 하이데거가 수행하는 역할, OOO에서 후설이 수행하는 역할, 그리고 대리적 인과관계에 관한 이론의 필요성 — 를 언급한다. 골드스미스에서 상세히 거론되지 않은 네 번째 논점은 OOO가 미적 경험을 매우 중시하는 사실과 관련되어 있다. 브라지에에게는 자연과학이 실재에의 접근권을 획득하는 모범적인 양식이고 메이야수에게는 수학이 그런 양식이라면, OOO는 미적 경험을 예술뿐만 아니라 철학에서도 가장 중요한 인지 형식으로 여긴다.

2007년 4월 27일 사변적 실재론 워크숍이 개최되기 하루 전에 골드스미스 칼리지는 H. P. 러브크래프트의 공포소설에 관한 하루짜리 학술회의를 주최했다. 내 기억이 틀림없다면 그 학술회의는 고인이 된 마크 피셔1968-2017 — 그를 아는 기쁨을 누렸던 모든 사람이 그의 죽음을 애도했다 — 에 의해 조직되었다. 네 명으로 이루어진 최초의 사변적 실재론자들이 단일한 철학적 영웅을 공유하지는 않더라도 그들 모두가 독자적으로 러브크래프트의 찬양자였던 것으로 판명되었다는 점은 특히 언급할 만하다. 각자 러브크래프트를 찬양하는 이유가 다를지라도 나 자신의 관심은 그의 괴기소설이 하나의 온전한 철학적 장르를 위한 무대를 설정한다는 나의 견해에서 비롯된다.[3] 4월 27일의 강연에서 내가 진술한 대로 "어제의 러브크래프트 학술회의 제목[4]이 시사한 것처럼 어떤 의미에서 실재론은 언제나 기이합니다. 실재론은 우리가 실재로 투사하지 않은, 실재 속 기묘함과 관련이 있습니다. 실재적이라는 바로 그 이유로 인해 기묘함은 이미 존재합니다. 그리하여 [기이한 실재론]은 상식 없는 실재론의 일종입니다."[5] 지금까지 내가 '기이함'에 관해 언급할 때면 주류의 과학적 실재론자들은 때때로 낄낄거리며 웃었지만, '기이한 실재론'이라는 용어에는 중요한 철학적 힘이 존재한다. 대체로 철학에서 실재론은 상식이나 자연과학을 뒷받침하는 데 활용되었다. 실재론자라는 것은 엉뚱한 괴짜의 기묘한 사변을 차단하고서 눈으로 관찰되거나 과학적 기기에 의해 제공된 엄밀한 데이터에 집중하는 것이다. 때때로 철학은 유망한 기이함으로 시작하여 과학적 정론에의 단조로운 호소로 끝난다. 훌륭한 일례는 솔 크립키[1940-[2022]]의 지시 이론이다. 그 이론은 그것에 관한 모든 가능한 서술 너머에 있는 사물을 '견고하게 지시함'으로써 시작하지만(금은 사실상 황색 금속이 아닐 것이다) 금의 본질은 정확히 79개의 양성자를 갖는다는 것이라고 주장함으로써 끝난다. 골드스미스에서 내가 진술한 대로 "제가 [크립키의 철학

3. Graham Harman, "On the Horror of Phenomenology"; *Weird Realism*.
4. * 그 학술회의 제목은 "기이한 실재론 : 러브크래프트와 이론"(Weird Realism : Lovecraft and Theory)이었다.
5. Brassier, Grant, Harman, and Meillassoux, "Speculative Realism," 367.

을) '실망스러운 실재론'이라고 일컫는 이유는 그것이 결국…사물과 관련하여 실재적인 것은…사물의 물리적 구조라는 것으로 끝나기 때문입니다. 그래서 금과 관련하여 실재적인 것은 그것이 79개의 양성자를 지니고 있다는 것입니다. 제가 판단하기에 그런 귀결은 매우 실망스럽습니다."6 눈에 보이는 금의 황색 금속성 외관의 상식적 현시는 크립키가 미지의 무언가에 호소함으로써 전복되지만 결국에는 단지 79개의 양성자라는 과학적 특권으로 대체될 뿐이다.7 대륙철학이 지금까지 너무나 흔히 그랬던 대로 과학적 사실을 경시할 좋은 이유는 전혀 없지만, 크립키의 양성자 수법은 내가 나중에 '아래로 환원하기'라고 일컬은 것 – 한 사물을 그것의 원인적·물질적·구성적 요소들로 대체하는 것 – 의 일례일 따름이다. OOO가 기이함에 관해 언급하는 경우에 그것은 실재와 그 명시적 표현들 사이의 간극을 포착하려고 노력하고 있다. 그런 간극은 러브크래프트의 저작에서 찾아볼 수 있을 뿐만 아니라 셰익스피어의 『맥베스』8와 밀턴의 『실락원』9, 토니 모리슨의 『빌러비드』10에서, 에드거 앨런 포가 저술한 거의 모든 글에서, 그리고 광범위한 다른 문학적 고

---

6. 같은 글, 380.

7. Saul Kripke, *Naming and Necessity*. [솔 크립키, 『이름과 필연』.]

8. * William Shakespeare, *Macbeth*. [윌리엄 셰익스피어, 『맥베스』.]

9. * John Milton, *Paradise Lost*. [존 밀턴, 『실락원 1·2』.]

10. * Toni Morrison, *Beloved*. [토니 모리슨, 『빌러비드』.]

전에서도 찾아볼 수 있다. OOO는 모든 존재자가 아래로 환원된 자신의 구성요소들 이상의 것일뿐더러 '위로 환원된' 자신의 모든 효과보다 더 깊은 잉여물이기도 하다는 점을 참작함으로써 기이하지 않은 어떤 실재론도 단지 하나의 항복문서, 상식이나 자연과학의 시녀가 되겠다는 계약서일 뿐이라고 주장한다.[11]

앞서 언급된 대로 OOO는 하이데거에 대한 해석에서 시작되었고, 나는 여전히 하이데거를 20세기의 선도적인 철학자로 여긴다. "꽤 일찍이 〔1991년 혹은 1992년의〕 어느 시점에 저는, 하이데거의 전부가 … 그가 말하고 있는 것이 존재든 도구든 〔인간〕 현존재든 혹은 여타의 것이든 간에 계속해서 되풀이되는 단 하나의 근본적인 대립 − 사물의 은폐성과 그 가시적인 눈-앞에-있음 사이의 부단한 단조로운 반전 − 으로 요약된다는 생각이 떠올랐습니다."[12] 도구 분석은 하이데거의 철학에서 틀림없이 중요한 자리를 차지하고 있는데, 이를테면 『존재와 시간』[13]이라는 그의 주저에서 처음 구체적으로 논의되었을 뿐만 아니라 그보다 팔 년 전에 『철학의 정의를 위하여』[14]라는 그의 첫 번째 대학 강좌의 중심 주제를 이루기도 했다. 에드문트 후설의 현상학은 우리가 오로지 모든 것이 우리에게 나타나는 방식

11. Harman, "Undermining, Overmining, and Duomining."
12. Brassier, Grant, Harman, and Meillassoux, "Speculative Realism," 369.
13. * Martin Heidegger, *Being and Time*. [마르틴 하이데거, 『존재와 시간』.]
14. * Martin Heidegger, *Towards the Definition of Philosophy*.

에만 집중하도록 요청하는 반면에 그 반항적인 청년 하이데거는 외양이 인간 경험에서 상당히 드문 사례라고 지적한다. 대체로 우리는 그저 존재자들에 의존하거나 그것들을 당연히 여길 뿐이고, 그리하여 일반적으로 그것들이 망가지거나 다른 식으로 잘못되는 경우에만 그것들을 인식한다. 이런 까닭에 하이데거는 손-안에-있는 기기Zuhandenheit와 눈-앞에-있는 존재자Vorhandenheit 사이의 근본적인 차이를 제시한다. 그 구분은 하이데거 연구의 초심자조차도 잘 알고 있고, 그 분야의 전문 학자는 언제나 자신이 이런 대립을 철저히 이해하고 있다고 확신한다. 그런데도 OOO는 하이데거의 도구 분석이 지금까지 거의 언제나 심하게 잘못 해석되었고, 어쩌면 하이데거 자신에 의해서도 잘못 해석되었을 것이라고 주장한다.[15] 무엇보다도 도구 분석은 일반적으로 모든 이론과 지각이 실천적 행동의, 사전에 인식되지 않은 배경에 근거를 두고 있음을 뜻한다고 여겨진다. 우리는 어느 개별적 사물을 인식하기 전에 이미 대체로 무의식적인 방식으로 실용적 목적의 어떤 전체 체계에 얽혀 있다. OOO는 이 모든 것을 하이데거가 보여준 것의 실제 깊이를 파악하지 못하는 일련의 진부한 실용주의적 신조로 여긴다. 4월 27일의 강연에서 내가 진술한 대로 "또한 저는 이론과 마찬가지로 실천 역시 객체의 실재에 도달하지 못한다는 생각이 떠올랐

---

15. Harman, *Tool-Being*.

습니다. 그것이 다음 단계였습니다. 그렇습니다. 저는 이 의자를 응시함으로써 그 존재를 망라하지 못하며, 또한 저는 그 의자에 앉음으로써 그 존재를 망라하지 못합니다. 그 의자의 실재에는 인간의 앉는 행위가 결코 망라하지 못할 대단히 많은 심층이 있습니다."[16] 달리 말해서 이론과 실천은 둘 다 담장의 같은 쪽, 즉 그 실재의 심층을 제대로 다루지 못하는 사물의 표면 쪽에 자리하고 있다. 이론 및 실천에 맞서서 객체 자체가 서 있다.

이렇게 해서 우리는 OOO가 교정하기를 바라는 두 번째 만연하는 잘못된 해석, 즉 불행하게도 하이데거가 자신의 위대한 사고실험을 잘못 해석함으로써 산출된 것에 이르게 된다. 앞서 손-안에-있는 기기와 눈-앞에-있는 존재자 사이의 차이가 언급되었으며, 그리고 하이데거의 경우에도 존재자는 자신의 지위를 전자에서 후자로 이행할 수 있다. 어느 순간에 우리는 새로운 카페를 세우려는 목적에 몰입하여 무의식적으로 망치를 사용하고, 그다음 순간에 망치는 우리 손 안에서 부서져서 우리가 곤혹스럽게 주목하는 명시적인 객체가 된다. 지금까지는 괜찮다. 하지만 또한 하이데거는, 기능성 망치 같은 손-안에-있는 도구는 어떤 관계들의 전체 체계에 속하는 반면에 부서진 망치 같은 눈-앞에-있는 존재자는 그 이전의 관계적 존재에서 분리되어 단절되어 버렸다고 주장한다. 게다가 하이데거는 자신의

---

16. Brassier, Grant, Harman, and Meillassoux, "Speculative Realism", 371.

구분에 등급을 매긴다. 요컨대 관계적 실재는 일차적이고, 비관계적 실재는 파생적이거나 이차적이다. 이런 식으로 사태를 바라보는 방식은 두 가지 심각한 문제점이 있다. 첫째, 눈-앞에-있는 존재자와 관련하여 비관계적인 것은 조금도 없다. 왜냐하면 그 존재자는 단지 그것이 현시되는 현존재(인간)와의 관계 속에서만 현존하기 때문이다. 놀라게 하는 부서진 망치 같은 것은 홀로 존재하지 않는다. 왜냐하면 그것은 언제나 나 아니면 여타의 누군가에게 놀라운 것이기 때문이다. 이런 까닭에 손-안에-있음과 눈-앞에-있음 사이에 상정된 간극은 결코 그다지 넓지 않다. 둘 다 인간과의 관계 속에서만 현존할 따름이다. 그리고 우리는 이미 도구 분석의 진정한 교훈이 이론이나 실천보다 더 깊은, 손-안에-있음과 눈-앞에-있음 둘 다에 대한 통상적인 이해보다 더 깊은 객체의 현존이라는 것을 깨달았다. 그런데 이것은 객체가 자신이 인간과 맺은 모든 관계보다 더 깊다는 것을 뜻한다. 하이데거는 이 점을 인식했었어야 했다. 왜냐하면 그가 도구는 언제나 다른 도구들의 전체 체계와의 관계 속에서만 현존한다고 주장함에도 불구하고 또한 우리에게 도구는 부서질 수 있다는 사실에 주의를 기울이도록 요청하기 때문이다. 그리고 도구가 여타 존재자에 대한 자신의 기능적 관계들에 지나지 않는다면 그것은 부서질 수 없을 것이다. 무언가가 부서지려면 그것은 자신의 현행 효과와 영향 아래에 자리하고 있는 확고한 잉여물, 즉 언젠가 증상처럼 분출함으로써 우리가 그것을 진지하게 여기도록 요구하는 잉여물을 포함하고 있어야 한다.

여기까지 이루어진 하이데거에 대한 OOO의 해석은 이미 두 가지 반직관적인 논점을 확립했다. 첫째, 이론과 실천은 거대한 철학적 대립의 두 항이 아니라 오히려 둘 다 사물들을 망라하지 못한 채로 다루는 방식이다. 어떤 나무를 바라보기, 그것에 관한 이론을 전개하기, 그리고 그것을 사용하여 그늘이나 목재를 만들기는 모두 그 온전한 실재를 결코 망라하지 못하는 그 나무에 대한 번역이다. 둘째, '손-안에-있음'과 '눈-앞에-있음' 쌍은 '관계적 실재'와 '비관계적 실재' 쌍과 동등하지 않다. 하이데거의 유명한 두 가지 세계-내-존재 양식(손-안에-있음, 눈-앞에-있음)은 모두 순전히 인간과 관련하여 현존하며, 그리고 하이데거가 관계적 존재가 비관계적 존재보다 더 근본적이라고 찬양함에도 불구하고 도구가 관계를 맺을 수 있는 유일한 이유는 그것이 사전에 비관계적 존재를 갖추고 있기 때문이다. 망치가 부서지는 이유는 그것이 해당 건설 현장 전체와 관계를 맺고 있기 때문이 아니라 해당 건설 현장이 결코 고려하지 않는 내부의 약점이나 균열을 지니고 있기 때문이다. 그런데 OOO는 그런 구상에 또 하나의 견해, 즉 우리를 칸트 이후 철학의 틀 바깥으로 완전히 벗어나게 하는 견해를 덧붙인다. 칸트의 경우에는 인간의 모든 가능한 접근 너머에 자리하고 있는 물자체가 인간의 인지에 계속 문제가 된다. 그런데 OOO 판본의 하이데거의 경우에는 이론과 실천이 둘 다 어떤 사물이 우리와 맺은 관계 속에서 결코 완전히 전개될 수는 없는 그 사물의 더 깊은 존재를 번역할 따름이다. 달리 말해서 물자체가 우리를 벗어나는 이유는 우리가 생각하는 인간이기 때문이 아니라 오히려 면화와 관계를 맺는 불이나 양철 지붕과 관계를 맺은 빗방울과 마찬가지로 우리가 관계를 맺는 존재자이기 때문이다. 바로 이런 이유로 인해 인간의 지각과 인지의 유한성에 관한 칸트의 논점은 불이 면화의 모든 특성과 상호작용하지는 않은 채로 어떤 면화 덩어리를 태우는 경우에 드러나는 불의 유한성에 관한 논점으로 확대되거나 혹은 비가 공교롭게도 비와 무관한 양철의 실재적 면모들과 아무 관계도 맺지 않은 채로 양철 지붕을 때리는 경우에 드러나는 비의 유한성에 관한 논점으로 확대되었어야 했다. 요약하면 근대 철학에서 가장 중요한 사유와 세계의 구분은 객체와 관계의 구분으로 대체되어야 한다. 많은 근대주의적(그리고 '포스트'-근대주의적) 관찰자로 하여금 자신이 생기 없는 물질의 당혹스러운 의인화로 잘못 여기는 것에 대하여 본능적으로 혐오감을 느끼도록 이끄는 것은 바로 OOO의 두드러지게 비근대적인 이런 감각이다.

이제 우리는 코스모스에 대한 기본적인 OOO 모형을 갖게 된다. 코스모스는 서로 물러서 있어서 직접 접촉할 수 없는 객체들로 가득 차 있다. 여기서 우리는 많은 비판자가 수용하기 어렵다고 깨닫는 OOO 철학의 다른 한 측면과 마주치게 된다. 객체들이 언제나 서로 영향을 미친다는 것은 사실임이 명백하지 않은가? 과학은 이들 상호작용을 매우 정확히 계산하지 않는가? 과학은 그 결과를 이용하여 몹시 필요한 의료 기기를 제작하고 탐사선을 태양계 깊이 발사하지 않는가? 당연히 OOO는 이것을 잘 알고 있다. OOO의 논점은 객체들이 접촉하지 않는다는 것이 아니라 오히려 객체들이 직접 접촉할 수 없다는 것이다. 당구대 위에서 충돌하는 두 개의 당구공처럼 외관상 명백한 사례에서 충돌이 발생하는 것은 분명한데, 우리는 이 점을 반박하지 않는다. 하지만 하이데거의 도구 분석에 대한 OOO 해석의 견지에서 바라보면 이들 당구공의 충돌 현상은 사실상 각자의 가장 피상적인 면모들과 상호작용하고 있을 뿐인 그 두 공과 관련된 문제다. 적색 당구공이 청색 당구공을 때릴 때 적색 당구공은 청색 당구공 자체를 때리는 것이 아니라 오히려 적색 당구공의 상당히 메마른 세계에 편입될 수 있는 어떤 번역된 청색 당구공을 때리고 있을 따름이다. 이들 빈약한 청색-당구공-면모를 거쳐 적색 당구공은 청색 당구공 자체와 간접적으로 접촉하고, 청색 당구공 자체도 어떤 다른 방식으로 자신의 청색-당구공-면모들과 접촉한다. 그것은 간접적인 인과관계, 혹은 OOO가 일컫는 대로 대리적 인과관계의 문제다.[17] 초기 이슬람의 사변에서 이미 나타난 대로 바스라의 아쉬아리파는 신이 우주의 유일한 창조주일 뿐만 아니라 유일한 원인적

---

17. Graham Harman, "On Vicarious Causation."

행위주체라고 주장했다. 골드스미스에서 내가 진술한 대로 "〔그런 사상가들의 경우에〕 신이 존재하는 것은 모든 행위를 설명하고 모든 것을 끊임없이 재창조하기 위함입니다. 그리고 그 신학이 현재 우리에게는 약간 터무니없는 것처럼 보일 것이지만 그것은 매우 심오한 형이상학적 관념, 즉 사물들은 관계를 맺을 수 없다는 것, 본질적으로 사물들 자체는 서로 전적으로 봉쇄되어 있다는 것에 관한 관념입니다."[18] 몇 세기가 지난 후에 이 관념은 마침내 기회원인론이라고 일컬어지는 것으로서 유럽의 철학에 편입되었다. 데카르트의 경우에는 마음과 물질의 불가해한 상호작용을 설명하는 데 신이 동원되어야 한다. 데카르트의 찬양자이자 계승자인 니콜라 말브랑슈1638-1715의 저작에서는 몸-마음 상호작용뿐만 아니라 (이라크의 초기 기회원인론자들의 경우와 마찬가지로) 몸-몸 상호작용에도 신의 개입이 이루어져야 한다. 또한 신은 바루흐 스피노자1632-1677와 G. W. 폰 라이프니츠1646-1716, 버클리 같은 중추적인 근대 철학자들에서도 배타적인 원인적 역할을 수행한다. 스피노자는 자연 전체를 단일한 신적 실체로 여기고, 라이프니츠는 궁극적 실체들 또는 모나드들이 '창이 없'지만 상호작용하는 것처럼 보이도록 신에 의해 사전에 조정되어 있다고 주장한다. 그리고 버클리에게는 독립적인 사물들이 존재하기보다는 오히려 이미지들만

---

18. Brassier, Grant, Harman, and Meillassoux, "Speculative Realism," 374.

이 존재할 뿐이다. 그 이미지들은 우리에게 믿음직한 자연법칙들에 대한 인상을 제공하도록 신에 의해 조정되어 있으며 때때로 신자를 현혹하고 회의주의자를 개종시키는 놀라운 기적의 묘미가 더해진다.

이것은 어쩌면 초기 근대 철학의 역사에 한정된 유별난 한 장면에 불과한 것처럼 보일지라도 그런 기회원인론의 변양태가 흄과 칸트 같은 더 현대적인 것처럼 보이는 근대 철학자들에게서 나타난다. 이 두 사상가 중 누구도 인과관계가 신의 개입의 문제라고 주장하지는 않지만 둘 다 모든 인과관계의 근거를 한 가지 다른 특권적 존재자, 즉 인간 경험에 둔다. 흄의 경우에 원인과 결과라고 일컬어지는 것은 우리가 음식을 먹으면 배고픔이 누그러지거나 혹은 우리 손을 불에 가까이 내밀면 대단한 열기를 느끼는 것과 같은 '관습적 연접'에 대한 우리의 경험에 지나지 않는다. 칸트의 경우에 인과관계는 훨씬 더 명시적으로 마음의 외부에 있는 세계의 면모라기보다는 오히려 인간 오성의 범주로 전환된다. 골드스미스에서 내가 진술한 대로 "기회원인론자의 경우에는 '아무도 〔사물들 사이의 관계를 창출〕할 수 없습니까? 아니요, 신이 할 수 있습니다.' 흄〔그리고 칸트〕의 경우에는 제 마음이 그 작업을 행하고, 제 마음이 관습적 연접을 통해서 객체('다발')를 창출하고 연계를 창출합니다."[19] 그런데 여

19. 같은 글, 375.

타의 객체가 인과적 연계를 창출할 수 없을 때 그렇게 할 수 있는 하나의 마법적 초-존재자 — 그것이 신이든 인간의 마음이든 간에 — 를 선택하는 것은 전적으로 임의적인 것처럼 보인다. 이렇게 해서 OOO는 한 가지 다른 종류의 해결책을 모색하게 된다.

그 해결책은 몹시 기묘하게도 하이데거의 스승인 후설의 현상학에서 비롯된다. 후설에게는 그가 하이데거가 사물이 눈앞의 현전으로부터 물러서 있음에 관하여 우리에게 가르쳐주는 것을 이미 알고 있었다고 주장하는 동지가 여전히 많이 있지만, 이 주장은 옹호될 수 없다. 후설의 경우에 원칙적으로 의식을 갖춘 어떤 마음의 대상이 아닌 무언가가 현존할 것이라는 점을 고려하는 것은 터무니없다. 달리 말해서 칸트의 물자체는 이율배반적인 개념이다. 이렇게 해서 후설은 칸트를 반박하는 독일 관념론자들의 편에 서게 된다. 하이데거는 어떤가 하면, 그는 정합적인 실재론자가 아님이 확실하고, 게다가 그는 자신의 철학에서 인간 현존재가 수행하는 역할을 끊임없이 과장하더라도 칸트에 관한 자신의 유명한 책에서 다음과 같이 서술한 철학자이기도 하다. "칸트가 획득했었던 것 — 즉, 형이상학의 본질적인 가능성과 필연성은…유한성 문제의 독창적인 전개와 탐색 연구로 지속되고 유지되는 것이라는 앎 — 을 점진적으로 망각했다는 점을 제외하면 '물자체'에 맞서 독일 관념론에서 개시된 투쟁의 의의는 무엇인가?"[20] 이런 점에서 하이데거는 후설보다 사물들 자체에 관한 OOO의 실재론에 훨씬 더 가까운 상태에 있다. 그런데 후설 역시 하이데거에게서는 단적으로 보이지 않는 몇몇 수수께끼 조각을 덧붙이며, 그리고 이들 조각은 하이데거가 자신의 스승을 넘어 나아간다고 믿는 일반적인 분위기 속에서 상실되지 말아야 한다.

첫 번째 수수께끼 조각은 후설이 객체란 무엇인가에 관한 경험론적 전통 전체를 거부한다는 것이다. 골드스미스에서 내가 진술한 대로 "여러분이 〔후설의〕『논리 연구』의 전반부 전체를 읽는다면, 그가 심리주의를 반박하는 일을 끝낸 후에 그의 진정한 적은 영국 경험론이고 그는 우리가 마주치는 것은 성질들이며 아무튼 성질들은 우리에 의해 다발로 묶인다는 개념과 맞서고 있다는〔 것을 알 수 있을 것입니다〕."[21] 경험론은 '객체'를 우리 자신의 마음에 의해 다발로 묶이는 일단의 성질에 불과한 것으로 간주하는 경향이 있다. 경험의 대상은 어떤 고유한 단일성도 없다. 왜냐하면 그 대상은 단지 미리 주어진 성질들로부터 우리에 의해 회집될 뿐이기 때문이다. 거리 아래로 돌진하는 어떤 택시도 없으며, 오직 우리의 마음이 아무튼 하나의 '사물'로 조직하는 일단의 색상과 형태가 있을 따름이다. 어쩌면 현상학의 핵심 통찰에 해당할 것 ― 심적 생활 너머 모든 실재에 대한 설득력이 없는 부정보다도 훨씬 더 중요한 통찰 ― 에서 후설은 이런 경

20. Martin Heidegger, *Kant and the Problem of Metaphysics*. [마르틴 하이데거, 『칸트와 형이상학의 문제』.]

21. Brassier, Grant, Harman, and Meillassoux, "Speculative Realism," 376.

험론적 편견을 뒤집는다. 우선하는 것은 객체 자체다. 한 객체가 나타내는 성질들은 우리가 다른 각도와 거리에서 그것을 경험함에 따라 끊임없이 바뀌더라도 그 객체는 불변하는 단위체로서 확고히 자리하고 있다. 그리하여 사실상 현상학의 가장 중요한 것은, 한 사물의 변화하는 모든 성질과 실루엣, 즉 후설이 그것의 '음영'Abschattungen이라고 일컫는 것을 전부 제거함으로써 그가 그 객체의 '본질'이라고 일컫는 것에 궁극적으로 도달하는 것이다.

한 가지 사실을 상기시키면, 여기서 후설이 언급하는 '객체'는 여전히 의식의 권역에 내재하기에 하이데거의 도구 분석에서 부서지거나 우리를 놀라게 하는 실재적 객체와 같지 않다. 하이데거가 우리를 실재적 객체로 이끈다면, 오히려 후설은 마음에 의해 겨냥된 '지향적' 객체를 언급했다. 하지만 '지향적'이라는 낱말의 추한 면모와 더불어 현대 철학에서 이 낱말을 빈번히 둘러싸는 혼란 상태를 참작하면 OOO는 지향적 객체를 감각적 객체라고 일컫는 것을 선호한다. 그러므로 실재적 객체[이하 RO]와 감각적 객체[이하 SO]의 이원성이 존재하는데, 이에 덧붙여 실재적 성질[이하 RQ]과 감각적 성질[이하 SQ]의 부가적 이원성이 수반되는 것으로 판명된다. 그리고 성질 없는 객체도 전혀 없고 객체 없이 자유롭게 부유하는 성질도 전혀 없기에 세계는 결국 네 가지 가능한 객체-성질 쌍 — SO-SQ, RO-SQ, RO-RQ 그리고 SO-RQ — 에 의거하여 서술될 수 있다. 『쿼드러플 오브

젝트』(2011)라는 내 책에서 이들 쌍은 시간, 공간, 그리고 OOO
가 본질과 형상이라고 부르는 것의 근거로서 설명된다.[22] 더 일
반적으로 후설의 감각적 객체는 대리적 인과관계 문제를 해결
하는 방법에 대한 중요한 실마리도 제공한다. 이 문제가 생겨나
는 이유는 두 개의 실재적 객체가 서로 철저히 물러서 있기에 접
촉할 수 없는 것으로 판명되었기 때문이라는 점을 떠올리자. 그
것은 두 개의 자석으로 작업하면서 두 개의 N극 혹은 두 개의
S극이 서로 밀어내는 상황에서 도대체 어떻게 접촉할 수 있는
지 묻는 것과 유사하다. 자석의 경우에는 그 해결책이 간단한
데, 두 자석 중 하나를 뒤집어서 한 자석의 N극을 나머지 다른
한 자석의 S극과 접촉하게 하면 된다. 이런 식으로 자석들의 끝
없는 사슬이 구축될 수 있다. 객체들 일반의 경우에도 사정은
비슷하다. 두 개의 실재적 객체가 접촉하는 것은 불가능하지만,
실재적 객체가 감각적 객체와 접촉하는 것은 전혀 어렵지 않다.
결국에 감각적 객체와 접촉하는 일이 바로 실재적 객체가 행하
는 것이다. 인간 농부를 비롯하여 여타의 것이 실재적 면화로부
터 차단된 것과 마찬가지로 불도 실재적 면화로부터 영원히 차
단되어 있더라도 불은 감각적 면화와 접촉함으로써 면화를 태
운다. 모든 기대에 어긋나게도 후설의 현상학은 인과관계의 깊

---

22. Graham Harman, *The Quadruple Object* [그레이엄 하먼, 『쿼드러플 오브젝
트』]; "Time, Space, Essence, and Eidos."

은 존재론적 불가사의를 해결하는 자원을 제공한다. 하지만 그것은 상당히 기묘한 방식으로 그렇게 한다. 이렇게 해서 우리는 그다음 논점에 이르게 된다.

후설에 의해 제시된 두 번째 수수께끼 조각은 첫 번째 조각보다 훨씬 더 기묘하다. 골드스미스 녹취록에서 또다시 인용하면 "후설은 사실상 아무도 한 객체가 다른 객체들을 포함하는 것, 즉 의식에 관해 결코 말할 수 없다는 또 하나의 당혹스러운 사태를 깨달았습니다."[23] 어떤 기묘하지만 실제적인 의미에서 지향성은 둘이자 하나다. 첫 번째 의미에서 실재적 객체로서의 나는 감각적 객체로서의 탁자에 기대는 한편으로 실재적 객체로서의 탁자는 감각적 객체로서의 나에게서 비롯되는 압력에 대하여 반응한다(이 관계는 호혜적이지만 모든 관계가 호혜적인 것은 아니다). 그런데 동시에 나와 탁자 사이의 지향적 관계는 수적으로 하나이기도 하다. 어떻게 그러한가? "왜냐하면 저는 이 관계에 관해 말할 수 있고, 저는 소급하여 그것에 관해 생각할 수 있고, 저는 다른 사람이 저 대신에 그것을 분석하게 할 수 있으며⋯ 그리고 그런 분석 중 어느 것도 그 관계를 결코 망라할 수 없기에 그것이 하나의 객체가 충분히 될 수 있기 때문입니다."[24] 이 새로운 복합 객체는 누군가가 주목하고 있는지 여

---

23. Brassier, Grant, Harman, and Meillassoux, "Speculative Realism," 377.
24. 같은 곳.

부와 무관하게 존재하기에 감각적 객체가 아니라 실재적 객체라는 것을 인식하자. 이것이 뜻하는 바는 실재적 객체와 감각적 객체가 오로지 제3의 객체의 내부에서만 만날 수 있다는 것이다. 우리가 '심적'이라는 낱말을 그저 동물 뇌에 수반되는 것이라는 의미에서 간주하기보다는 오히려 감각적 객체들 일반이라는 의미에서 간주하는 한에서 인과관계는 오직 심적 영역에서 생겨날 뿐이다. 골드스미스 녹취록에서 계속 인용하면 "저는 그것이 기묘하게 들릴 것임을 알고 있습니다. 하지만 저는 그로부터 일반화하여 인과적 관계는 언제나 제3의 존재자의 내부에서 생겨난다고 말합니다. 그것은 단지 인간의 의식과 현상학의 경우에만 타당한 것은 아닙니다. 포함이 바로 관계의 정체입니다."[25]

OOO의 기초는 충분히 거론되었다. 골드스미스 강연에서 진술된 나의 나머지 발언은 논의를 촉발하기 위하여 여타 세 명의 사변적 실재론자와 불일치하는 견해들을 간단히 요약하려는 시도였다. 브라지에의 경우에는 두 가지 관련된 차이점이 떠오른다. 브라지에에게 매우 중요한 것은 실재론이 어떤 명백한 비존재들 — 호빗과 이빨요정이 그의 선호 목록에서 상위에 자리하고 있음이 분명하다 — 을 제거할 수 있다는 점이다.[26] OOO는 지나치다 싶을 정도로 포괄성과 평평함을 선호한다. 그 이유는 호

---

25. 같은 곳.
26. 같은 글, 378.

빗과 이빨요정도 철학이 고려해야 하는 어떤 존재론적 지위를 지니고 있음이 확실하기 때문이다. 또 다른 현대의 실재론자로 서 본에 거주하는 마르쿠스 가브리엘도 브라지에의 허무주의에 맞서서 동일한 주장을 제기한다.[27] 이와 관련된 또 하나의 의견 불일치는 '존재론적 차이'라는 하이데거의 용어, 즉 존재와 존 재자 사이의 차이와 관계가 있다. 자연과학에 의해 제기되는 인 지적 우선권에 관한 주장에 언제나 적대적인 하이데거의 경우 에는 어쩌면 과학혁명의 사례를 제외하면 가장 엄밀한 과학적 결과조차도 여전히 서술되는 존재자의 존재에 관해서는 아무 것도 말해주지 않는다. 그러므로 과학은 정말로 존재론적이라 기보다는 오히려 '존재자적'인 것으로 남게 되는데, '존재자적'이 라는 낱말은 하이데거의 가장 적대적인 경멸적 용어 중 하나에 속한다. 하이데거보다 과학에 인지적으로 더 매혹된 브라지에 의 경우에는 존재자에 관한 과학적 발견을 능가하는 존재에 관 한 물음 같은 것이 전혀 없다. 그것은 골드스미스 워크숍이 개 최되기 훨씬 전에 브라지에와 내가 종종 논쟁을 벌였던 쟁점으 로, 그의 의문에 대한 나의 응답은 "저에게 존재론적 차이는 사 물 자체와 그것이 여타의 것과 맺은 관계 사이의 차이입니다" 라는 것이었다.[28] 달리 말해서 모든 객체의 존재는 그것의 비관

---

27. Markus Gabriel, *Fields of Sense*.

28. Brassier, Grant, Harman, and Meillassoux, "Speculative Realism," 379.

계적 실재다. 하지만 브라지에에게는 비관계적 지위에 있는 사물과 관계적 지위에 있는 사물 사이에 어떤 명료한 구분도 없다. 오히려 브라지에는 모든 것의 현시적 이미지와 과학적 이미지를 구분하는 셀라스의 견해를 고수한다. 예를 들면 달의 현시적 이미지는 우리에게 특정한 색깔을 보여주면서 어떤 시적 분위기를 초래할 것이고, 한편으로 달의 과학적 이미지는 우리에게 그것이 어떤 종류의 암석 — 전혀 시적이지 않고 수십억 년 전에 끔찍한 충돌로 생겨났을 뿐인 암석 — 으로 이루어져 있는지 말해준다.[29] 2007년에는 브라지에가 아직 셀라스에 관해 그다지 많이 언급하고 있지는 않았지만, 골드스미스에서 내가 그 견해에 대하여 제기한 이의는 브라지에가 크립키의 '실망스러운 실재론'으로 빠져들 위험이 있다는 것이었다. 크립키는 금이 어떻게 해서 그것이 황색 금속이라는 서술과 동일하지 않은지에 대한 궁극적인 답변으로서 79개의 양성자를 제시할 따름이다. 이런 종류의 과학주의가 지금까지 언제나 브라지에와 그의 집단에 위험의 원인이 되었던 이유는, 그들이 일반적으로 '과학주의'라는 용어를 허수아비라고 비웃음으로써 대응하더라도 브라지에가 사실상 세계에 관한 모든 물음에 대하여 과학에 '최대의 권위'를 부여하기를 바라기 때문이다. '과학주의'는 이런 종류의 과학적 권위주의에 대한 더할 나위 없이 정확한 용어다. 더 광범

---

29. Wilfrid Sellars, "Philosophy and the Scientific Image of Man."

위한 논점은 이렇다. 요컨대 현시적 이미지와 과학적 이미지는 둘 다 이미지다. 현시적 이미지를 제거하여 일종의 새로운 이미지를 제공하거나 혹은 이들 이미지의 '아무것도-아님'을 지칭하는 어떤 무성無性의 배경 지평을 제공하는 것에 지나지 않는 기획에 몰두하는 것은 필연적으로 하나의 철학적 기획으로서 실패할 것이다. 왜냐하면 그것은 어떤 존재자 자체와 바로 그 존재자의 과학적 이미지 사이의 차이를 적절히 설명할 수 없기 때문이다.

그런데 OOO와 그랜트 사이의 명백한 차이는 개별적 존재자들이 철학의 일차적 소재인지 아니면 어떤 더 심층적인 힘의 파생물인지와 관련되어 있다. "크게 다른 점은 이에인은 그가 '신체주의'라고 일컫는 것에 반대하고 저는 그것을 전적으로 지지한다는 것입니다. 이에인의 경우에 철학은 신체들에 관한 것이 아니라… 신체들이 비롯되는 어떤 더 심층적인 힘에 관한 것입니다. 제게 중요한 것은 단지 객체들뿐이기에 다양한 개체로 솟아오르는 전개체적인 역동적 흐름이 전혀 없습니다."[30] 나는 이런 차이가 어쩌면 들뢰즈에 대한 그랜트의 애호와 관련이 있을 것이라는 의견도 표명했다. 들뢰즈는 개별적 존재자들을 강조하기보다는 오히려 솟아오름, 흐름, 궤적 그리고 탈주선을 강조함으로써 OOO의 지적 영웅에 속하지 않게 된다(그런데 레비 R. 브라이언트는 예외다). 바로 이 논점으로 인해 아리스토텔레

---

30. Brassier, Grant, Harman, and Meillassoux, "Speculative Realism," 383.

스에 대한 OOO와 그랜트의 견해차가 커지게 된다. 골드스미스에서 내가 진술한 대로 "〔그랜트〕는 아리스토텔레스를 칸트와 같은 쪽에 서 있다고 여깁니다. 그는 아리스토텔레스주의적 실체를 칸트주의적 현상과 같은 쪽에 있다고 여기는데, 저는 그 견해에 동의하지 않을 것입니다."[31] 이와는 대조적으로 OOO의 관점에서 바라보면 "여러분이 실재론자라면 아리스토텔레스는 우군에 속합니다. 아리스토텔레스는 전통적으로 그렇게 여겨졌고, 그래서 이에인은 아리스토텔레스가 사실상 칸트 쪽에 서 있다는 것과 플라톤이 우군에 속한다〔는 것〕을 말함으로써 급진적인 움직임을 보이고 있습니다. 반직관적이지만 흥미로운 움직임입니다."[32] 이런 견해차는 마지막 쟁점에서 절정에 이른다. "또한 저는 이에인과는 반대로 생산성보다 생산물을 지지할 것입니다. 제가 알기에 이것은 그다지 유행하지 않는 태도입니다. 최근 수십 년 동안 아방가르드는 언제나 생산물이 아니라 과정과 관련되어 있었습니다.〔하지만〕저는 과정보다 생산물을 옹호할 것입니다. 왜냐하면 저는 생산물이 만들어질 때 〔그〕 과정이 대부분 사라져 버리기에 여러분은 그 과정을 알 필요가 없다고 생각하기 때문입니다. 많은 정보가 상실됩니다."[33]

　　OOO와 메이야수의 견해차를 살펴보면 주요한 차이점은

---

31. 같은 곳.

32. 같은 책, 383~4.

33. 같은 글, 384.

상당히 명백하다. 메이야수는 사물의 제1성질이 수학적으로 표현될 수 있다고 생각하는 반면에 OOO의 경우에는 수학이나 여타의 것을 통해서 제1성질에 직접 접근할 방법이 전혀 없다. 하지만 이것은 내가 골드스미스 강연에서 강조한 견해차가 아니다. 내가 주목한 견해차는 2007년에 『필로소피 투데이』에 실린 메이야수에 관한 나의 논문에서 제기된 바로 그것이었다.[34] 현장에서 메이야수가 지적했고 메이야수의 신학을 다룬 책에서 크리스토퍼 왓킨스가 지적한 대로 이 논점은 올바르지 않았다.[35] 그런데 나중에 알게 되듯이 그것은 한 가지 흥미로운 이유로 틀렸다. 그 강연의 서두에 나는 다음과 같이 진술했었다. "쾽탱은 〔사변적 실재론자 가운데〕 인과율 자체에 반대한 유일한 인물입니다. 그의 세계관 속에는 모든 것 사이에 어떤 필연적 관계도 있을 여지가 전혀 없습니다."[36] 그 녹취록의 뒷부분에서 나는 그 주제를 계속해서 언급한다. "제게는 인과관계가 핵심적인 것이지만 메이야수의 경우에는 인과관계가 사라집니다…메이야수는 사물들 사이에 인과적 필연성이 전혀 없음을 절대적으로 알고 있습니다."[37] 그리고 마지막으로, "〔메이야수〕가 정말로 의심쩍게 여기는 것은 어떤 합리성이 여하튼 존재한다는 점입

---

34. Graham Harman, "Quentin Meillassoux."

35. Christopher Watkins, *Difficult Atheism*, 144.

36. Brassier, Grant, Harman, and Meillassoux, "Speculative Realism," 369.

37. 같은 글, 385.

3장 객체지향 존재론 **259**

니다. 모든 것이 여타의 것으로부터 절대적으로 단절되어 있는 이유는 한 사물이 다른 한 사물과 연결될 수 있거나 혹은 다른 한 사물에 영향을 미칠 수 있다면 절대적 우연성이 더는 존재할 수 없을 것이기 때문입니다…이런 까닭에 저는 메이야수를 초-기회원인론자라고 일컬었습니다."[38] 하지만 이 주장은 전적으로 옳지는 않았다. 질의응답 시간에 메이야수가 대응한 대로 "저는 법칙이 현존한다고 말합니다. 법칙은 있습니다. 예를 들면 제가 뉴턴주의자라면 저는 중력 법칙이 있다고 말할 수 있습니다. 저는 법칙의 현존을 부정하지 않습니다. 저는 법칙의 안정성을 부정하지 않습니다. 어쩌면 이들 법칙은 영원히 존속할 것입니다. 저는 알지 못합니다. 다만 저는 법칙이 그냥 작동하기를 멈추는 것이, 법칙이 사라지는 것이 가능하다고, 정말로 가능하다고 말할 뿐입니다."[39] 달리 말해서 메이야수는 우연성을 코스모스의 도처에 자리하게 하는 일원론자가 아니라 오히려 우연성과 필연성의 이원론자다. 자연법칙은 하여간 아무 이유도 없이 언제나 변할 수 있다. 이것이 바로 그 유명한 메이야수주의적 '초-카오스'다. 그런데 우리가 어떤 법칙들이 지배적인 어느 주어진 시점에 자리하고 있는 한에서 그런 법칙들은 사실상 실제 법칙이기에 그것들이 적용되는 모든 것의 행동을 관장

---

38. 같은 글, 386.

39. 같은 글, 393.

한다. 여기서 언제나 그렇듯이 메이야수의 경우에 모든 것은 시간의 흐름에 따른 카오스에 달려 있기에 현재 순간에 카오스가 없는 이유는 현행의 자연법칙이 사실상 엄밀한 방식으로 적용되기 때문이다.

나의 강연이 마무리된 후에 이어진 질의응답 시간은 전체적으로 흥미로웠다. 이를테면 토스카노는 '실재'가 총체화될 수 있는지에 대한 이의를 제기하였고, 대니얼 밀러는 실재적 동전과 가상적 동전 사이의 칸트주의적 차이에 대한 이의를 제기하였으며, 피터 홀워드는 OOO가 하고자 하는 대로 존재론에서 관계를 제거하는 것이 좋은 착상인지에 대한 이의를 제기하였다. 하지만 주어진 지면이 충분하지 않기에 나는 나의 논문이 여러 편 실린 『콜랩스』라는 저널을 출판하는 어바노믹Urbanomic 출판사의 로빈 맥케이가 제기한 이의만을 다시 살펴볼 것이다. 여러 해 동안 맥케이는 일반적으로 OOO에 대하여 부정적이었다. 그것을 다시 언급하는 이유는, 내 생각에 맥케이의 주장이 OOO에 입문하는 많은 사람이 객체를 세계의 기초에 두는 것에 대하여 의구심을 갖는 까닭의 근거에 자리하고 있기 때문이다. 맥케이 자신의 표현대로 "저는 우리가 실재를 그것이 그것에 대한 우리의 관계에 갇힌 사태에서 벗어나게 만들고자 시도해야 한다는 착상에 매우 공감합니다…하지만 제게는 물리학이 이미 그런 일을 하는 것처럼 보입니다. 그런데 물리학은 바로 객체란 무엇인가에 관한 통념을 희생하고서 그 일을 합니다. 그리하여 당신의 체계와 관련하여 저를 당혹스럽게 하는 것은 당신이 객체란 무엇인가에 관한 그런 통념을 이 다른 영역으로 끌어들이는 것처럼 보인다는 사실입니다."[40] 자신의 진술 뒷부분에서 맥케이는 러브크래프트의 저작을 언급하는 한편으로 자연과학도 명백히 거론하고 있다. "제게는 이것이 러브크래프트의 심오함이며, 그가 심오한 실재론자인 이유입니다. 왜냐하면 당신이 문을 통과할 때, 실재가 당신에게 현시될 때 그것은 바로 당신이 객체화할 수 없는 이 완전한 카오스이기 때문입니다. 그리고 그런 점에서 러브크래프트는 칸트주의적임이 명백하지만, 저는 당신의 체계가 그런 문제에서 어떻게 벗어날 수 있을지 알 수 없습니다."[41]

여기서 인용된 맥케이의 진술에는 적어도 두 가지의 다른 주장이 포함되어 있다. 첫 번째 주장은 객체에 관한 상식적 개념이 물리학에 의해 제거된다 ─ 그리고 제거되어야 한다 ─ 고 말하는 것에 상당한다. 그 이유는 그 개념이 우리의 일상 경험의 전前철학적 인공물에 지나지 않음이 분명하기 때문이다. 두 번째 주장은, 일단 우리가 그것이 선진적인 공포소설의 문이든 자연과학의 문이든 간에 "문을 통과하"면 우리는 객체와 마주치는 것이 아니라 "바로 당신이 객체화할 수 없는 이 완전한 카오

---

40. 같은 글, 404.
41. 같은 글, 404~5.

스'와 마주친다는 주장이다. 두 번째 주장을 먼저 살펴보자. 양
자론(상식과 어긋나는 과학적 이론의 교과서적 실례)은 우리
의 일상적인 거시-세계가 움직이고 있는 것처럼 보이는 방식으
로 움직이지 않는 양자 세계를 제시하지만, 그 양자 영역은 결
코 '완전한 카오스'가 아니다. 절대 그렇지 않은 이유는, 만약 양
자 영역이 속박되지 않은 카오스라면 양자론은 여태까지 전개
된 과학의 가장 정확한 계보일 수가 없게 되고 레이저와 광섬
유 같은 중요한 기기들을 만들어내는 데 필수적인 역할을 수행
할 수 없게 되기 때문이다. 더욱이 양자론의 바로 그 토대는 실
재가 연속체로 나타나기보다는 오히려 이산적인 다발로 나타난
다는 상당히 객체지향적인 것처럼 들리는 주장이다. 대체로 자
연과학은 누군가가 '완전한 카오스'의 세계를 찾고자 한다면 마
지막에 살펴볼 장소다. 러브크래프트의 공포소설은 어떤가 하
면 그의 세계 역시 객체들이 자리하고 있으며, 그리고 그것들은
바로 OOO 의미에서의 객체들로, 인간 지성의 통상적인 메커니즘
들로 지각할 수도 없고 심지어 서술할 수도 없는 것들이다.[42]

이렇게 해서 우리는 맥케이의 첫 번째 주장으로 되돌아가게
된다. 러브크래프트가 기이하게도 "모든 창조의 중심에서 거품
이 일며 모독하"는 것에 관해 언급하거나 "정말로 유추에 의해

---

42. Harman, *Weird Realism*; "On the Horror of Phenomenology"; H. P. Love-
craft, *Tales* [H. P. 러브크래프트, 『하워드 필립스 러브크래프트』].

서만 색채였던 어떤 색채"에 관해 언급할 때 그는 객체임이 뜻하는 바에 대한 우리의 편안한 감각을 제거하고 있다.[43] 하지만 러브크래프트는 결코 객체를 제거하고 있지는 않다. OOO의 경우에 '객체'는 자신의 구성요소들로도, 효과들로도 철저히 환원될 수 없는 하나의 통일된 사물에 지나지 않는 것을 뜻함을 떠올리자. OOO가 상식의 객체를 전(前)지각적 세계로 투사한다는 것은 단적으로 사실이 아니다. 왜냐하면 OOO의 전체 요점은 객체가 상식이나 여타의 것에 대한 그것의 관계들로 환원될 수 없다고 말하는 것이기 때문이다. 사실상 OOO는 서양철학의 역사에서 객체에 대한 가장 러브크래프트주의적인 감각을 제공했다는 주장을 펼칠 수 있는 이유는 객체의 상식적 면모 중 어느 것도 OOO의 실재적 객체에 적용되지 않기 때문이다. 그런데도 OOO의 감각적 객체는 종종 상당히 상식적이지만, 이렇다고 해서 존재론에서 그런 객체들을 보전하여 논의하지 않을 이유는 없다. 반면에 브라지에의 경우에는 감각적 영역이 파괴당하기에 적합할 뿐이다. 누군가가 우연히 싫어하는 모든 것을 코스모스에서 제거한 후에도 우리는 사람들이 호빗과 이빨요정에 관해 언급한 적이 있었다는 점을 떠올릴 뿐만 아니라 철학이 그런 존재자들을 쿼크라거나 언젠가 과학적으로 인식될 여전히 발견되지 않은 존재자들만큼이나 설명할 수 있어야 한다는 점

---

43. Lovecraft, *Tales*. [러브크래프트, 『하워드 필립스 러브크래프트』.]

도 떠올린다. 맥케이가 우리는 의식 너머에 자리하고 있는 것을 사물화할 수 없다고 주장하면서 칸트에 의지하는 사태는 바디우가 포함되도록 쉽게 확대될 수 있다. 바디우의 구상에 따르면 무언가가 세어지기 전에는 단지 무정형의 '비정합적 다자'가 있을 따름이다.[44] 그리고 브라지에는 그것을 무효의 것으로 해석한다. 이것은, 당신이 무언가를 바라보지 않으면 당신은 그것을 바라볼 수 없다는 것과 당신이 그것을 바라보고 있을 때 그것을 객체화한다면 당신은 그것이 당신이 바라보기 전에는 어떠했는지 확신할 수 없다는 것이라는 오래된 철학적 주장에 상당한다. 여기서 언제나 그렇듯이 이 주장과 관련된 문제는 두 가지 선택지만 있을 뿐이라는 가정이다. 우리는 세계를 바라보고서 그것에 우리 자신의 인지적 메커니즘의 면모들을 각인하거나 아니면 우리는 세계를 바라보지 않고서 그것에 관해 아무것도 알지 못하거나 둘 중의 하나다. 하지만 이런 견해는 대단히 비철학적이다. 그 이유는 그것이 선택지를 지혜 아니면 무無로 환원함으로써 철학이 근거를 두고 있는 지혜에 대한 소크라테스적 사랑을 위한 여지를 남겨두지 않기 때문이다. 철학은 과학이 아니고 사실상 결코 지식도 아니다. 철학은 논증적인 산문적 명제들로 실재에 접근하는 것이 아니라 오히려 예술과 마찬가지로 힌트와 암시, 빗댐의 방식으로 실재에 접근한다. 이 논점

----

44. Badiou, *Being and Event*. [바디우, 『존재와 사건』.]

은 나중에 또다시 논의될 것이다.

또다시 이런 식으로 살펴보자. 맥케이의 이의 ─ 그리고 골드스미스 워크숍 이후로 나는 종종 그 이의를 다른 사람들에게서 들었다 ─ 는 이렇게 요약되는 것처럼 보인다. "일상 세계는 객체들로 이루어져 있는 것처럼 보일 것이지만 실재 자체는 객체가 없기에 당신은 그릇된 상식적 세계관을 실재 자체에 부당하게 투사하고 있다." 그런데 그것은 OOO가 행하고 있는 것이 아니다. OOO는 무엇을 행하고 있는가?

우선, 브라지에 및 메칭거와는 달리 OOO는 후설을 좇아서 감각적 권역이 자유롭게 부유하는 성질들의 다발들로 이루어져 있기보다는 오히려 객체들로 이루어져 있음을 인정한다. 브라지에-메칭거 조치는, 우리는 이 점에 관한 현상학적 경험을 신뢰할 이유가 전혀 없고 오히려 일상적 경험에서 실제로 진행되고 있는 것에 관한 과학적 설명을 신뢰해야 한다는 것이다. OOO의 대응은, 앞서 1장에서 진술된 대로 메칭거가 후설의 이른바 지향적 객체에 대한 "최소로 충분한 신경적 상관물"을 찾아내기 위해 제안한 실험은 현상학 자체에 중심적인 객체와 성질 사이의 구분을 마찬가지로 전제하지 않고서는 수행될 수 없다는 것이다. 메칭거 역시 자신의 데이터를 다른 각도에서 그리고 다른 분위기에서 바라볼 때에도 동일한 데이터로 식별할 수 있어야 한다. 객체와 그것의 변화하는 성질 사이의 근본적인 균열을 넘어설 수 있는, 실재에의 과학적 접근법은 전혀 없다.

둘째, 실재적 세계 역시 객체들로 분할되어 있다는 OOO 주장은 "체험이 객체들로 이루어져 있는 것처럼 보이기에 경험보다 더 심층적인 실재적 세계의 경우에도 사정은 마찬가지라고 그냥 가정하자"라는 것이 아니다. 그렇지 않다. 오히려 그 주장은, 우리가 세계 자체는 객체들로 분절되어 있지 않지만 아무튼 인간의 경험은 그렇다는 이원론적 이론을 채택하면 곧바로 난국에 이르게 된다는 것이다. 이런 곤경은 아낙시만드로스, 피타고라스, 아낙사고라스 그리고 그들의 지적 사촌인 '존재는 하나다'라는 이론가 파르메니데스 같은 소크라테스 이전의 아페이론 이론가들에게서 처음 나타나는데, 그들 중 누구도 단일한 덩어리의 실재가 조각들로 분할될 수 있는 방식을 설득력 있게 설명할 수 없다. 그 문제는 20세기의 철학에서도 존속한다. 이를테면 인간의 마음에 의해서만 조각들로 분할되는 하나의 통일된 일리야$^{il\ y\ a}$('있음')에 관한 레비나스의 이론에서 나타나거나, 혹은 개별적 객체들은 우리 인간이 그것들과 마주치는 동시에 생겨난다는 제임스 래디먼과 돈 로스(한때 브라지에의 집단에서 크게 지지를 받은 인물들)의 주장에서 찾아볼 수 있다.[45] 포스트모던 철학자 캐런 배러드[1956-]가 위대한 닐스 보어에 의지함으로써 관계항들은 그것들의 관계에 선행하지 않는다고

---

45. Emmanuel Levinas, *Existence and Existents* [에마뉘엘 레비나스, 『존재에서 존재자로』]; Ladyman and Ross, *Every Thing Must Go*.

주장할 때에도 마찬가지의 문제가 나타난다.[46] 그런 노력의 명백한 실패로부터 세계는 일상적인 상식적 경험에 의한 그것과의 모든 마주침에 앞서 다자임이 추론될 수 있다. '카오스로서의 세계'라는 맥케이의 변형 이론의 경우에는 이 카오스가 일자와 다자 둘 중 하나다(바디우의 '비정합적 다자'는 양다리를 동시에 걸치려고 시도할 따름이다). 그 카오스가 일자라면 맥케이는 또 하나의 소크라테스 이전 일원론자에 불과하다. 그것이 다자라면 객체지향적 입장이 이미 수용된 셈이다. 마찬가지로 적절치 못한 것은 베르그손에게 그 영예가 귀속되는, 잠재적인 것이 "불균질하면서 연속적"이라는 들뢰즈의 해법이다. 이렇게 해서 들뢰즈는 대가를 치르지 않은 채로 다자와 일자를 동시에 갖고자 한다는 점에서 바디우에 합류한다.[47]

1절의 연습문제

1) OOO는 하이데거의 도구 분석에 대한 통상적인 해석과 관련된 문제가 무엇이라고 생각하는가?

2) OOO에 따르면 하이데거주의자들이 후설에게서 놓친 매우 중요한 것은 무엇인가?

---

46. Karen Barad, *Meeting the Universe Halfway*. 배러드에 대한 부분적으로 공감적인 비판에 관해서는 Graham Harman, "Agential and Speculative Realism"을 보라.

47. Gilles Deleuze, *Bergsonism*. [질 들뢰즈, 『베르그손주의』.]

3) 왜 OOO는 직접적인 인과관계를 부인하고 오히려 대리적 인과관계를 매우 상세히 논증하는가?

4) 브라지에는 셀라스에 의한 '현시적 이미지'와 '과학적 이미지' 사이의 구분을 지지하는 반면에 OOO는 이 구분이 핵심을 놓치고 있다고 생각한다. 양쪽의 논증을 설명하라.

5) 아리스토텔레스에 관한 OOO와 그랜트의 견해가 일치하지 않는 이유를 설명하라.

6) 인과관계에 관한 OOO와 메이야수의 견해차의 본성은 무엇인가?

2. 물러서 있는 것

'객체지향 철학'이라는 용어는 1999년에 런던 근처 브루넬대학교Brunel University에서 행해진 어떤 학술회의 강연의 제목으로 처음 공표되었다.[48] 그렇지만 그 용어가 최초로 활자화되어 나타난 것은 『도구-존재』라는 나의 책에서였다. 『도구-존재』의 실재론적 하이데거에 동조하여 들뢰즈에 대한 실재론적 해석이 제시된 마누엘 데란다의 『강도의 과학과 잠재성의 철학』이 동시에 출판되었다는 견지에서 2002년은 대륙철학에서 실

---

48. 그 후에 이 강연은 Harman, *Towards Speculative Realism*의 6장, 93~104쪽에 「객체지향 철학」이라는 제목으로 실렸다.

재론이 등장한 해로 기념할 만한 한 해였다. 『도구-존재』는 긴 세 개의 장으로 이루어져 있다. 첫 번째 장에서는 하이데거의 유명한 도구 분석에 대한 이례적인 해석이 제시되고, 두 번째 장에서는 가장 뛰어난 분석철학 및 대륙철학 하이데거 학자 중 몇 사람과의 비판적 대화가 이루어지며, 세 번째 장에서는 하이데거에 대한 그 책의 독법을 독창적인 철학적 방향으로 진전시키려는 노력이 전개된다. 이제 출판된 지 한 세대가 지난 『도구-존재』는 주류 하이데거 연구의 석화된 숲에서는 거의 눈에 띄지 않는 영향을 미쳤지만 다른 분과학문들에서는 넓은 독자층이 나타났다.

『도구-존재』에서 가장 중요한 구절들을 살펴보기 전에 '물러섬'이라는 그것의 핵심 용어가 종종 유발하는 적대감에 관한 몇 가지 예비적 진술을 제시하는 것이 적절하다. OOO에 대한 많은 비판자는 이 용어의 요점이 하이데거의 용법에 대한 갚을 수 없는 빚을 나타내는 것이라는 점을 잊고서 그 용어를 빈정대는 인용부호로 조롱할 만하다고 생각하는 것처럼 보인다. 또 하나의 흥미로운 반전은, 한 야심만만하고 젊은 데리다 학자가 (나에게서 그 용어를 차용했던) 나의 OOO 동료 중 한 사람이 자신의 책―『도구-존재』보다 더 나중에 출판되었기에 하이데거의 모든 저작보다도 훨씬 더 나중에 출판된 책―을 표절했다고 비난하는 가운데 그 용어를 자신이 발명했다고 주장했을 때 나타났다. 그런데 어쩌면 그 용어에 대한 가장 중요한 비판은 아무릇 그 의도가 나빴더라도 객체들이 우선 '물러서 있'어야 하는 이유에 대하여 공개 석상에서 나에게 장난스럽게 반문한 한 거만한 디자인 교수에게서 비롯되었을 것이다. 그는 그 물음에 대한 답변이 첫 번째 시도에서 성공적으로 이루어진 이후에도 그것을 '그냥 한 가지 단순한 물음'이라고 거듭해서 거론하는 것을 즐기는 것처럼 보였다. 그 응수의 논조는 참으로 견딜 수 없을 정도였지만, 그 이의는 더 공정한 취지로 제기되었다면 유용했었을 것이기에 여기서 몇 마디 언급할 가치가 있다. 내가 그 물음의 핵심을 파악하자면, 그것은 객체들의 자연적 상태가 아무튼 우리에게든 혹은 서로에 대해서든 간에 직접 현전할 수 있다고 가정하는 것처럼 보인다. 이것이 사실이라고 상정될 때 객체들이 코스모스에서 어떤 접근 불가능한 장소로 마법적으로 물러서 있어야 하는 이유에 대한 의구심이 들게 될 것이다. 하지만 물러섬은 세계에서 사물들이 현전하는 기본 상태에 부과되는 까닭 없는 보완적 행위가 아니다. 요점은 각각의 사물이 독자적인 형상 혹은 구조를 갖추고 있다는 것과 한 객체가 다른 한 객체와 접촉할 때 전자는 후자의 형상을 완전히 복제할 수는 없다는 것이다. 이렇게 해서, 예를 들면 어느 기린이 질료에 내재하는 하나의 형상일 따름이기에 내가 그 형상을 추출하여 질료를 동반하지 않은 채로 나의 마음에 가져올 수 있다는 것 ─ 이것은 아리스토텔레스의 철학적 전통이 지닌 가장 설득력이 없는 면모 중 하나다 ─ 은 사실이 아닌 것처럼 보인다. 요컨대 내가 생각하는 기린-형상은 기린 자체에 내재하는 기린-형상과 일치하지 않는다. 이것이 사실이 아니라면 기린에 관한 완전한 수학적 지식은 그 자체로 기린일 것이다. 이런 견해는 자신이 그 견해를 지니고 있음을 부인하는 많은 사람의 관점에도 직접 수반되는 확실히 터무니없는 견해다. 메이야수처럼 뛰어난 철학자의 경우에도 사정은 마찬가지다. 메이야수는 수학이 참조하는 '죽은 물질'을 고집함으로써 피타고라스에게서 거리를 유지하고자 하지만, 메이야수 자신을 비롯하여 아무도 그런 중립적이고 무정형의 물질이 어떠할지 전혀 구상하지 않는다. 요약하면 '물러섬'은 사물이 아무튼 내재적 현세로부터 불필요하게도 불가사의하게 사라짐을 가리키는 것이 아니라 오히려 한 형상은 오직 한 장소에서만 현존할 수 있다고 말하는 또 다른 방식일 따름이다. 한 형상은 그 자체와 다른 무언가로 번역되지 않은 채로 마음으로든 혹은 여타의 곳으로든 간에 이동될 수는 없다. 이런 오해가 너무나 빈번하게 일어나서 최근에 나는 '물러서다'withdraw라는 용어 대신에 '감추다'withhold라는 용어를 사용하기 시작했다. 어느 것이 더 좋은지는 시간이 말해 줄 것이다.

OOO에 대한 이 주제의 중요성으로 되돌아가면 그것은 여기서 우리의 주요 텍스트로써 활용될 수 있는 『도구-존재』의 1절, 즉 「보이지 않는 영역」에서 처음 언급되었다.[49] 물러섬은

---

49. Harman, *Tool-Being*, 15~24.

눈-앞에-있음^{Vorhandenheit}과 대립되는 손-안에-있음$^{\text{Zuhanden-}}$ heit이라는 하이데거의 핵심 용어에 대한 한 가지 가능한 등가물이다. 하이데거는 눈-앞에-있음에 대한 다양한 실례를 제시하는데, 이를테면 우리 앞에 놓여 있는 가시적 객체의 순전한 현전, 더는 작동하지 않지만 주제넘게도 우리의 주의를 요구하는 부서진 도구, 혹은 질량과 시공간적 위치에 의거하여 자연과학에 의해 객관화되는 사물이 있다. 하이데거에 따르면 그런 모든 실례가 공유하고 있는 것은 그것의 부재라기보다는 오히려 그것의 현전일 뿐만 아니라, 여타의 것에 본질적으로 무관하게 독립적인 존재자로서 표명되는 그것의 현존이기도 하다. 하이데거의 경력 전체는 눈-앞에-있음이 플라톤 이후의 서양철학을 지배했다는 주장과 (수리물리학과 선진 기술 같은) 이 입장의 명백한 이론적 승리에도 불구하고 그것이 우리를 문명적 재난으로 이끌고 있다는 주장에 기반을 두고 있다고 말하는 것이 타당하다. 눈-앞에-있음의 지배에 맞선 하이데거의 첫 번째 주장은, 자신의 스승 후설의 현상학적 주장에도 불구하고 우리가 세계와 갖는 일차적 접촉은 사물의 마음에의 직접적 현전이라는 방식으로 이루어지지 않는다는 것이다. 왜냐하면 현상학이 우리에게 말해주는 것에도 불구하고 "모든 인간 행위는 뒷받침하는 장치의 수많은 품목 가운데 묻어 들어가 있는데, 그리하여 실험실에서 벌어지는 가장 미묘한 논쟁은 바닥, 볼트, 환기통, 중력 그리고 대기 산소의 조용한 기반에 좌우되"기 때문이다.[50]

장치가 매끈하게 작동하는 한에서 우리는 무언가 잘못될 때까지 그것을 무시하는 경향이 있다. "우리는 '창유리'와 마주치기보다는 오히려 '밝은 방'의 형태로 이 품목을 간접적으로 사용하는 경향이 있다. 우리는 일반적으로 시멘트 조각들과 씨름하지 않고 오히려 그 결과, 즉 쉽게 걸을 수 있는 표면 구역과 씨름할 따름이다. 대체로 도구는⋯ 우리의 의식에 진입하지 않은 채로 자신의 마법을 실재에 적용한다."[51] 그것은 하이데거가 명인의 솜씨로 실행하는 분석이지만 그의 철학을 하여간 극복할 수 있으려면 처리해야 하는 적어도 세 가지의 불필요한 편견이 포함된 분석이다.

이들 편견 중 첫 번째 것은 도구 분석의 인간 중심적인 특질에서 비롯된다. 망치와 그 부서짐에 관한 이야기는 일상적인 인간 생활에 관한 일화로 쉽게 해석되는 이야기이기에 도구 분석이 "이론적 이성에 대한 실천적 활동의 우위"를 입증한다고 주장하는 경향이 만연한다. 그리고 전적으로 타당하게도 하이데거 자신도 이런 해석에 동의할 것이다. 그런데도 그런 해석은 그다지 잘 작동하지 않는다. 내가 어떤 망치를 사용하기보다는 오히려 응시한다면 그 망치는 한낱 눈-앞에-있는 것에 지나지 않는다. 내가 바라보는 망치는 한낱 그 망치의 존재에 대한 캐리

---

50. 같은 책, 18.
51. 같은 곳.

커처에 지나지 않는다. 그 망치가 부서짐으로써 나를 놀라게 하는 경우에도 사정은 마찬가지이고, 어떤 이유로 어느 과학자가 그 망치를 주의 깊게 계량하고 측정하는 경우에도 사정은 마찬가지다. 그런데 그 망치를 사용함으로써 우리가 갑자기 캐리커처에서 해방되고 우리에게 그 망치 자체가 주어진다는 것은 사실이 아니다. 그 망치를 응시하거나, 그 망치에 의해 놀라게 되거나 혹은 그 망치를 계량하고 측정하는 경우에 우리는 그것을 명시적으로 의식하는 반면에 그것을 사용하면서 우리는 대체로 그것을 의식하지 않는 경향이 있다는 것은 맞는 말이다. 하지만 이런 사실로부터 '의식' 대 '무의식'이 하이데거의 체계의 토대에 놓여 있을 만한 근본적인 존재론적 균열이라는 점이 당연히 도출되지는 않는다. 결국에 어떤 망치를 사용하는 것은 우리가 그 망치를 직접 응시할 때와 마찬가지로 그것을 왜곡하거나 번역하거나 혹은 희화화하는 것이다. 한 객체를 사용하는 것은 그것을 바라보는 경우와 마찬가지로 간접적인 관계에 지나지 않는다.

그런데 OOO의 실제 논점은 이 경로를 따라 한 걸음 더 나아가기를 요구한다. 왜냐하면 그 논점은 객체들이 인간에 의해 이론적으로, 실천적으로 마주치게 됨에서 물러서 있다는 것(하이데거에 대한 실용주의적 독법이 애초에 실패하는 원인이 되는 논점)일 뿐만 아니라 객체들이 서로로부터도 물러서 있다는 것이기 때문이다. 이것은 OOO의 반칸트주의적 국면이다. OOO

는 눈-앞에-있음의 현상적 영역 너머 사물 자체의 현존과 관련된 칸트의 견해에는 동의하지만 본체계가 인간의 세계에의 관계에 문제가 될 뿐이고 더 일반적으로 관계에 문제가 되는 것은 아니라는 칸트의 가정에는 동의하지 않는다. 『도구-존재』에서 서술되는 대로 "하이데거는 인간이 객체를 사용하는 행위가 그것에 존재론적 깊이를 부여하여 그것을 한낱 눈-앞에-있는 물리적 물질의 조각에 지나지 않은 것으로서의 노예 상태에서 벗어나게 하는 것이라고 생각하는 듯 보인다."[52] 하지만 이처럼 잘못된 해석과는 반대로 "객체 자체는 이미 눈-앞에-있음 이상의 것이다. 먼지와 콘크리트 블록과 광선의 상호작용에는 언어나 격렬한 인간의 분위기에 못지않게 현전과 물러섬의 드라마가 붙어 다닌다."[53] 이런 까닭에 OOO는 하이데거의 철학처럼 인간의 현존재를 지향하는 철학이 아니라 오히려 객체를 지향하는 철학이다.

하이데거의 자기 이해에서 나타나는 두 번째 편견은, 눈-앞에-있음은 별개로 여겨지는 존재자들을 가리키는 반면에 손-안에-있음은 도구들이 하나의 거대한 전체론적 체계에서 서로 그리고 우리에게 배정됨을 뜻한다는 그의 견해다. '어떤 하나의' 장치 같은 것은 전혀 없다는 하이데거의 견해를 참작하면 그가

---

52. 같은 책, 16.
53. 같은 곳.

그렇게 생각한다는 것은 꽤 분명하다. "별개로 방치된 볼트와 전선은 오히려 최소한의 실재를 누린다. 엄밀히 제작된 수천 개의 다른 조각들과 결합함으로써 그것들은 교량으로 알려진 복합적인 가시적 장치로 융합된다."[54] 도구들은 그 전체가 나 자신의 존재의 잠재력에 의해 조직되는 단일한 제국을 형성한다. 왜냐하면 장치 전체의 의미는 궁극적으로 내가 암묵적으로든 혹은 명시적으로든 간에 그것에 대하여 구상하는 용도에 의해 결정되기 때문이다. 그런데도 둘러싸고 있는 장치 전체와 전체론적 관계를 맺고 있는 것으로서의 손-안에-있음에 대한 의미는 하이데거의 주장과 반대로 일차적인 것이 아니라 파생적인 것이다. 그 이유는 도구들이 서로 배정되어 있을 뿐만 아니라 부서질 수 있다는 사실도 알려져 있기 때문이다. 이것은 각각의 도구-존재가 현행의 도구-체계에 완전히 기입되지는 않은 잉여물임을 뜻한다. 사실상 하여간 개별적 존재자들이 존재한다는 사실만으로도 장치적 전체론의 현존을 반증하기에 충분하다. 왜냐하면 그렇지 않다면 우리는 하이데거가 여러 가지 점에서 닮은 파르메니데스의 경우와 마찬가지로 모든 존재자가 하나라는 일원론을 갖게 될 것이기 때문이다. 평소와 달리 들뢰즈주의적인 것처럼 들리게도 『도구-존재』에서 다음과 같이 서술된다. "우리는 대지 위를 표류하면서 앵무새-사건 및 빙하-사건의 결

---

54. 같은 책, 22.

정화結晶化와 마주치는데, 그것들 각각은 의미의 문맥적 직조물에서 생겨나는 운명적인 찢어짐, 즉 무시할 수 없는 개별적 힘의 탄생을 규정한다."[55]

세 번째이자 마지막으로,『도구-존재』에서 나는 도구와 부서진 도구에 대한 분석이 이미 하이데거의 철학 전체를 포함하고 있다고 주장한다. 학자들이 일반적으로 이 주장에 반대하는 이유는 그것이 눈-앞에-있는 존재자와 손-안에-있는 존재자 같은 '세계-내의' 존재자들만 다루고 있는 것처럼 보이기 때문이다. 하이데거조차도 인간 현존재와 존재 자체는 그런 용어로 환원될 수 없다고 주장하는 것처럼 보인다. 하지만 이런 유보는 우리가 도구 분석의 핵심을 특정한 종류들의 존재자들에 분류학적으로 한정되어 있는 것으로 잘못 해석하는 경우에만 사리에 맞다. 오히려 우리가 그것을 은폐된 것과 드러난 것 사이의 영구적인 하이데거주의적 상호작용에 관한 것으로 해석한다면 그것은 현존재와 존재를 비롯하여 모든 것과 관련되어 있음이 명백하다. 왜냐하면 어떤 의미에서 나의 가장 깊은 현존재는 여타의 것과 마찬가지로 나에게서 숨어 있는(손-안에 있는) 한편으로 또 다른 의미에서 나는 적어도 부분적인 자기 이해를 갖추고 있기(눈-앞에-있기) 때문이다. 그리고 하이데거의 경우에도 존재에 대한 사정은 마찬가지인데, 존재는 모든 현전으로

---

55. 같은 책, 47.

부터 숨어 있음에도 각각의 역사적 시기에 부분적으로 드러난다. 이런 고찰의 견지에서 우리는 OOO의 첫 번째 주요한 축에 도달하였다. 요컨대 실재적인 것(더 심층적이고 비관계적인 의미에서의 손-안에-있음)과 감각적인 것(후설의 현상학에서 가장 분명히 표현되는 대로의 눈-앞에-있음)을 구분하는 이원론이 있다.

2절의 연습문제

1) 객체가 그저 그 자리에 머무르고 있기보다는 오히려 '물러서 있'어야 하는 이유를 묻는 사람들에게 OOO는 어떻게 응답하는가?

2) 하이데거가 구상한 눈-앞에-있음과 손-안에-있음 사이의 구분을 설명하라. 이런 구분에 대한 OOO의 해석은 주류의 해석과 어떻게 다른가?

3) 도구 분석을 실용주의적 견지 혹은 칸트주의적 견지에 의거하여 해석하는 것에 대한 OOO의 이의는 무엇인가?

4) 하이데거는 자신의 분석을 도구들의 전체론적 구조를 입증하는 것으로 해석한다. 왜 OOO는 도구 분석에 대한 하이데거의 해석이 잘못되었다고 생각하는가?

5) 도구 분석이 공구와 기계에 한정된 것이 아니라 오히려 이미 우리에게 존재의 의미에 관한 물음을 제기한다는 OOO의 주장을 설명하라.

3. 객체와 그 성질들

앞 절에서 제시된 하이데거에 대한 해석 ─ 모든 것은 손-안에-있음과 눈-앞에-있음, 은폐된 것과 드러난 것, 땅과 세계, 피투와 기투, 혹은 하이데거가 사용하는 모든 동등한 쌍 사이의 끊임없는 반전에 달려 있다는 해석 ─ 은 그것에 설득당한 사람들에게도 약간 단조롭게 들릴 것이다. 그런데 지나치게 제한적인 것처럼 보이는 철학적 사유에는 언제나 한 가지 이점이 내장되어 있다. "오직 하이데거에게서 '도구/부서진 도구' 대립의 가장 극단적인 지배를 인식함으로써만 우리는 그것을 벗어날 모든 것에 대한 진정한 갈망을 얻게 된다."[56] 그리고 우리는 운이 좋은 것으로 판명된다. 왜냐하면 하이데거의 사유에는 OOO가 가능한 한 멀리 진전시키는 두 번째 축이 있는 것으로 밝혀지기 때문이다.

이 두 번째 축은 놀랍게도 하이데거의 경력 초기에, 즉 1919년에 자신의 30세 생일을 막 앞두고서 행한 바로 그 첫 번째 대학 강좌에서 나타난다.[57] 그 이유는 물러서 있는 것과 현전한 것 사이의 고전적인 하이데거주의적 이원론과 더불어 그 젊은 사상가가 이미 또 다른 낌새를 포착했기 때문이다. 우리가 모자 같은 어떤 갈색의 객체와 마주치고서 그것에 대한 현상학적 분

---

56. 같은 책, 80~1.

57. Heidegger, *Towards the Definition of Philosophy*.

석을 수행하기를 바란다고 가정하자.

> 얼마간 성찰한 후에 나는 그 객체가 갈색임을 명시적으로 깨
> 닫게 되었다. 나는 후속적으로 추상화함으로써 갈색이 하나의
> 색깔임을 깨달았고, 그리하여 '색깔'이라는 범주가 이미 생활세
> 계에서 내 시야로 기어들어 온 그 흐릿한 객체에 적용될 수 있
> 었다. 색깔 역시 그것을 포괄하는 훨씬 더 깊은 범주들 ─ '지각,'
> '경험,' '실재' 등 ─ 로 대체될 수 있다.58

이런 식으로 현상학자는 단계별로 나아감으로써 그 현상의 한
양태에서 그것의 훨씬 더 깊은 근거 혹은 조건으로 이행한다.
청년 하이데거는 이것을 현상학적 서술의 '특정한 단계 구속성'
이라고 일컫는다.

하지만 여기서 무언가 다른 것이 진행되고 있다. 요컨대 독
자는 놓칠 수도 있을 만큼 미묘하지만 청년 하이데거는 명시적
으로 다루는 한 가지 다른 점이 있다. 왜냐하면

> 이처럼 단계들을 점진적으로 드러내는 것과 아무 관계도 없는
> 다른 한 종류의 이론화가 이루어지고 있기 때문이다. '흐릿한'
> 단계든 '갈색'의 단계든 '색깔'의 단계든 '지각'의 단계든 간에 그

---

58. Harman, *Tool-Being*, 84.

과정의 어떤 순간에도 또한 우리는 멈추고서 이들 중 어느 것도 최소한 아무것도 아니라기보다는 오히려 무언가임을 인식할 수 있다. 우리는 "흐릿한 것이 있다", "갈색의 것이 있다", "색깔이 있다", "지각이 있다"라고 말할 수 있다. 이런 가능성은 우리가 어떤 순간에도 논의하고 있을 환경의 어느 부분에 속한다.[59]

그리하여 우리는 '현존'과 '본질' 사이의 전통적인 구분과 유사한 것처럼 보이는 구분에 이르게 된다. 하지만 하이데거가 그 구분을 후설에 대한 해석에서 끌어낸다는 점을 참작하면 그것에 더욱더 현상학적인 해석을 가함으로써 '객체'라는 낱말에 대한 하이데거의 개인적인 혐오에도 불구하고 그것을 '객체'와 '성질' 사이의 차이로 일컫는 것이 더 바람직하다. 객체는 단지 '성질들의 다발'에 지나지 않는다는 점을 부인함으로써 영국 경험론을 거부하는 후설에 대한 OOO의 해석으로부터 우리는 그런 차이에 친숙하다. 오히려 객체가 먼저 나타나서 그대로 있는 상태에서 그 성질들이 매 순간 변화한다. 그런데 가장 흥미로운 것은 청년 하이데거가 이 두 번째 축이 현상학적 외양의 단계에서 생겨남을 결코 인식하지 못한다는 것이다. 1919년에 하이데거는 그 단계를 '사건'Ereignis의 '살아 있는' 영역이라기보다는 오

---

59. 같은 곳.

히려 '발생'의 '죽어 있는' 영역이라고 일컫는데, 그 양자는 손-안에-있음/눈-앞에-있음 구분의 초기 판본이다. 한편으로 실재의 심층적이거나 은폐된 층위 역시 객체와 성질 사이의 이 새로운 구분에 의해 갈가리 찢긴다. 『도구-존재』의 뒷부분에서 나는 청년 하이데거가 찾아낸 이런 사중 구조가 때때로 다시 나타난다는 것을 보여주고자 했다. 우선 「형이상학이란 무엇인가?」와 「근거의 본질에 관하여」라는 1929년의 중요한 논문들 사이의 숨은 관계에서 드러났다.[60] 그다음에 물론 「존재하는 것에 대한 통찰」이라는 1949년의 강연에서 소개되었고 1950년대 하이데거의 유명한 후기 저작을 지배한, 명시적이지만 불가사의하게 들리는 사방Geviert이 있다. 땅, 하늘, 신들 그리고 필멸자들의 사중체가 아무리 기묘하게 시적이더라도 『도구-존재』에서 나는 그것이 명시적으로 처음 나타나기 삼십 년 전인 1919년에 맹아적 형태로 존재했었다고 주장한다.[61]

OOO의 견지에서 여태까지 이루어진 이 사중체에 관한 가장 명료한 재진술은 『쿼드러플 오브젝트』라는 나의 책에서 찾아볼 수 있다. 그 책은 원래 퀭탱 메이야수에게서 프랑스대학출판국에서 그가 공동으로 편집하는 프랑스 형이상학 총서로 출

---

60. 이들 두 편의 뛰어난 시론은 Martin Heidegger, *Pathmarks* [마르틴 하이데거, 『이정표 1·2』]의 82~96쪽(「형이상학이란 무엇인가?」)과 97~135쪽(「근거의 본질에 관하여」)에서 연이어 찾아볼 수 있다.

61. Martin Heidegger, "Insight into That Which Is."

판할 책으로 의뢰받은 것이었다.[62] 하이데거의 용어와 매우 다른 OOO 용어는 두 개의 분화 축을 실재적(R) 대 감각적(S), 객체(O) 대 성질(Q)이라고 일컫는다. 이렇게 해서 우리는 실재적 객체(RO), 실재적 성질(RQ), 감각적 객체(SO) 그리고 감각적 성질(SQ)이라는 네 가지 순열을 얻게 된다. 게다가 성질 없는 객체도 객체 없는 성질도 존재하지 않는다는 현상학적 통찰을 고려하면 이들 순열의 네 가지 가능한 조합이 있다. RO-SQ는 '공간'으로 일컬어지는 것으로, OOO의 경우에 미학이 전개되는 장소이기도 하다. SO-SQ는 '시간'으로 서술되는데, 객관적인 과학적 시간이라기보다는 오히려 체험된 시간이라는 의미에서의 시간이다. RO-RQ는 '본질'이라고 일컬어질 수 있는데, 그 이유는 사물과 그 특성들의 은폐된 내적 생활을 가리키기 때문이다. SO-RQ는 '형상'인데, 왜냐하면 이것은 그것을 따라 우리가 지식이라고 일컫는 것이 생겨나는 대각선이기 때문이다. 여전히 대체로 낯선 이 모형에 대한 OOO의 확신은 그 모형을 구축하는 기저의 이원론들에 대한 확신에서 비롯된다. 사상의 역사에서 수많은 사중 모형이 거듭해서 나타났지만 나는 이번에야말로 가장 중요한 사중 모형이 발견되었다고 생각한다. OOO의 연구 프로그램은 RO-SQ, SO-SQ, RO-RQ 그리고 SO-RQ 긴장관계에서 일어나는 것과 이들 연계가 서로 변환되는 방식 — 납이

---

62. Graham Harman, *L'objet quadruple*.

금으로 변환되는 방식이 아니라 오히려 금이 다른 형태들의 금으로 변환되는 방식 – 에 관한 철저한 탐구로 서술될 수 있다.

3절의 연습문제

1) 청년 하이데거가 현상학에서 작동하고 있다고 여기는 '특정한 단계 구속성'과 더불어 그가 찾아내는 두 번째 축은 무엇인가?

2) 땅, 하늘, 신들 그리고 필멸자들의 사중체는 종종 하이데거의 가장 모호하고 터무니없는 관념으로 여겨진다. 왜 OOO는 그것의 심대한 중요성을 옹호하는 주장을 펼치는가?

3) 철학과 과학에서 시간과 공간은 일반적으로 여타의 항들이 결코 그 혼합물에 추가되지 않은 채로 한 쌍으로 언급된다. 왜 OOO는 시간 및 공간과 더불어 본질과 형상을 추가하는가?

4) 시간, 공간, 본질 그리고 형상의 OOO 사중체에서 어느 것이 미학이 생겨나는 장소로 식별되는가?

4. 대리적 인과관계

객체들이 서로 직접적인 접촉에서 물러서 있다는 OOO의 결론은 한 가지 특별히 심각한 의미를 품고 있다. 즉, 그 결론은 아무것도 여타의 것에 영향을 미칠 수 없음을 시사하는 것처럼 보인다. 이것은 사실이 아님이 명백하다. 왜냐하면 객체들은 전체론적 철학자들이 가정하는 만큼 철저히 영향을 미치지는 않더라도 끊임없이 서로 영향을 미치기 때문이다. OOO의 요점은 인과적 관계가 생겨나지 않는다는 것이 아니라 오히려 그런 관계가 일반적으로 믿어지는 것보다 더 어렵고 역설적이라는 것이다. 결국에 객체들이 영원히 서로 물러서 있다면 한 객체는 어떻게 다른 한 객체에 영향을 미칠 수 있는가? 이 문제에 대한 해결책에의 첫 번째 희망은 OOO가 실재적인 것과 감각적인 것을 구분한다는 사실에서 비롯된다. 우리가 두 개의 감각적 객체가 어떻게 접촉할 수 있는지 자문하면 그 대답은 명백하다. 무엇이든 어떤 실재적 객체(예를 들면 마음)가 그 두 객체를 동시에 경험함으로써 그것들은 간접적으로 접촉하게 된다. 그렇지 않다면 나의 왼쪽에 보이는 개와 나의 오른쪽에 보이는 의자는 공유하는 것이 전혀 없다. 나의 경험에 독립적인 실재적 개 및 실재적 의자와는 달리 감각적 객체로서 그것들은 한낱 그것들에 대한 나의 경험의 상관물에 지나지 않는다. 게다가 두 개의 감각적 객체가 오직 어느 실재적 객체를 통해서만 접촉하게 되는 것과 마찬가지로 두 개의 실재적 객체는 어느 감각적 객체를 통해서만 접촉하게 될 뿐이다. 개-자체는 나와 여타의 것으로부터 영구적으로 물러서 있더라도 나는 감각적 개를 경험한다. 그런 식으로 나는 실재적 객체와 간접적으로 접촉하게 된다.

앞서 우리는 OOO가 그 문제에 대하여 초기 이슬람 이라크와 훨씬 나중에 17세기 프랑스에서 나타난 이른바 기회원인론 자들이 제시한 해결책과는 다른 해결책을 채택함을 알게 되었다. 아랍인들 사이에서 그것은 어떤 전투에서 수적으로 압도당한 무슬림 군대를 위한 신의 개입을 언급하는 쿠란의 한 특정한 구절에 관한 물음이었다. 그 구절에 대한 통상적인 해석은 이 전투를 한 특정한 일회성 사건으로 여겼지만, 그것이 신이 모든 사건에 개입함을 뜻한다고 해석한 사람들도 있었다. 신은 유일한 창조주일 뿐만 아니라 우주에서 유일한 원인적 행위주체이기도 하다. 매 순간에 모든 것은 사라지지만 신에 의해 즉시 재창조된다. 창조되지 않은 존재자는 여타의 것에 아무 영향도 미칠 수 없다. 그 이유는 오직 신만이 모든 것이 생겨나게 할 수 있기 때문이다. 유럽에서 기회원인론은 신학적 고려(사실상 그리스도교 신학에서 자유의지를 보존할 필요성이 필시 여러 세기 동안 기회원인론의 유럽에의 유입을 지연하는 데 도움이 되었을 것이다)로 고무되었던 것이 아니라 오히려 두 가지 유한한 데카르트주의적 실체 ─ 사유와 연장 ─ 가 어떻게 소통할 수 있는지에 관한 물음에 의해 고무되었다. 말브랑슈, 스피노자, 라이프니츠 그리고 버클리 같은 중요한 근대 사상가들이 어떤 판본의 기회원인론을 옹호했다. 게다가 앞서 우리는 흄과 칸트에 의한 기회원인론적 이론의 폐기조차도 이제는 유별난 것처럼 들리는 이 학파에 큰 빚을 지고 있음을 깨달았다. 왜냐하면 기회원인론은 신에게 모든 연계를 제정하도록 요청함으로써 원인과 결과의 문제를 해결했고, 한편으로 흄과 칸트는 신을 인간의 마음으로 대체했을 따름이기 때문이다. 흄의 경우에는 우리가 원인과 결과라고 일컫는 것이 사실상 단지 습관의 현상, 즉 자신의 손을 불에 넣음과 그 결과로서 언제나 고통을 느낌을, 혹은 음식을 먹음과 자신의 배고픔이 사라짐을 느낌을 우리가 전자의 사건이 후자의 사건을 초래했음을 '증명'할 수 없더라도 연계하는 '관습적 연접'의 현상에 지나지 않는다. 그런데 칸트의 경우에는 원인과 결과가 본체계에서 독립적으로 생겨나는 것으로 여겨지지 않고 오히려 훨씬 더 명시적으로 인간 오성의 한 범주로 여겨진다. 흄과 칸트가 신을 인간의 마음으로 대체하는 점이 오늘날의 세속적 태도에 더 어울린다는 것을 참작하면 그들의 해결책들이 외관상 더 그럴듯하더라도 그들은 더 중요한 기회원인론적 오류를 반복한다. 왜냐하면 모든 인과관계의 장소로서 신이 선택되든 마음이 선택되든 간에 하나의 특정한 존재자가 다른 것들과 관계하는 마법적 힘을, 여타의 것에는 동시에 금지되어 있는 힘을 부여받기 때문이다. OOO의 '대리적 인과관계'는 모든 원인과 결과를 책임지게 되는 어떤 마법적인 초존재자에 자의적으로 의지하지 않은 채로 기회원인론적 문제를 다루려고 고안되었다.

「대리적 인과관계에 관하여」라는 나의 논문은 골드스미스 워크숍이 개최된 해와 같은 해인 2007년에 출판되었다. 브라지에는 인과관계에 관한 연구를 자연과학의 손에 맡기기를 바라는 반면에 OOO 접근법은 철학이 생기 없는 세계를 애초에 과학에 절대 내주지 말았어야 했다고 주장하는 것이다. "철학의 고유성은 과학이 닿을 수 없는 소중한 인간 실재의 영역을 차단함으로써 보존되는 것이 아니라 오히려 동일한 세계를 다양한 과학과는 다른 방식으로 다룸으로써 보존된다."[63] 그 논문에서 계속해서 서술되는 대로 "고전적 용어를 사용하여 진술하면 우리는 인과관계를 작용인으로 환원하지 않으면서 다시한번 사색해야 한다. 과학이 전혀 알지 못하는 대리적 인과관계는 형상인으로 일컬어지는 것에 더 가깝다."[64] 여기서 우리는 OOO의 대리적 인과관계를 원인과 결과에 대한 메이야수 자신의 처리와 선명히 구분하게 하는 그것의 또 다른 주요한 면모를 보게 된다. OOO의 경우에 인과관계의 의미는 그저 한 존재자가 다른 한 존재자에 영향을 미치는 것이 아니다. 오히려 인과관계는 일차적으로 구성의 문제다. 금의 궁극적 원인은 자신의 고유한 형상이다. 바꿔 말하면 금의 원인은 그것을 만들어낸 머나먼 초신성이라기보다는 오히려 그것에 내재하는 원자들과 분자들이다. 이로부터 도출되는 정리는, 무언가의 원인이 한 '사건'인 것처럼 보일 때마다 그 사건은 자신의 조각들에 소급적영향을 미치는 하나의 새로운 객체 – 아무리 간단하더라도 – 를

63. Harman, "On Vicarious Causation," 190.
64. 같은 곳.

형성했다고 해석되어야 한다는 것이다. 그다음에 이들 조각은 그 새로운 객체에서 분리되어서 독립적인 현존을 재개한다. 「시간, 공간, 본질 그리고 형상」이라는 2010년의 논문에서 나는 이런 식으로 두 대의 비행기가 충돌하는 사고를 분석했다. 그 비행기들이 서로 부딪쳐서 다른 영향을 미칠 수 있다면, 그 이유는 그것들이 잠깐 단일한 객체로 합체되어서 그 두 개의 구성요소를 소급하여 형성했기 때문이다. 그렇게 해서 그 비행기들에 새롭고 음산한 특성들을 부여한 상당히 단기적인 충돌-객체에 뒤이어 그것들은 분리되어서 독립적인 충돌 후의 비행기들이 되었다.

언급할 가치가 있는 또 하나의 논점은 실재적 객체들은 간접적으로 접촉하려고 애쓰는 한편으로 감각적 객체들은 정반대의 문제가 있다는 것이다. 어떤 다른 존재자(인간 관찰자 같은 존재자)의 감각적 경험 속에 함께 뭉쳐진 감각적 객체들은 별개의 개별적인 감각적 사물들로 남아 있기보다는 오히려 순식간에 모든 이웃과 상호작용하리라 예상될 것이다. 「대리적 인과관계에 관하여」에서 서술되는 대로 "왜 모든 현상은 순간적으로 단일한 덩어리로 융합하지 않는가? 그것들 사이에는 어떤 미지의 차단 원리가 있음이 틀림없다. 실재적 객체들이 대리적 인과관계를 요구한다면, 감각적 객체들은 그 상호작용들이 부분적으로 가로막히거나 방해받는 어떤 완충된 인과관계를 지탱한다."[65]

칸트주의적 철학에 대한 대부분의 이의 제기 ─ 예를 들면 메이야수의 이의 제기 ─ 는 절대적 진리에의 새로운 접근을 지지하여 칸트주의적 유한성을 제거하고자 하는 경로를 좇는다. 말하자면 OOO의 경우에 칸트와 관련된 문제는 그가 모든 접근 너머의 물자체를 상정함으로써 우리를 유한한 무지에 갇힌 채로 남겨 두었다는 것이 아니라 오히려 이 물자체를 인간의 경험에 한정했다는 것이다. OOO의 경우에 물자체는 가련하고 유한한 인간에게서 유일하게 벗어나는 잔류물이 아니라 오히려 그것이 연루되는 모든 관계와 별개의 것으로서의 객체 자체다. 우박이 집 지붕을 때릴 때 그것은 현상적 지붕을 때리는 것이지, 무엇이든 그것과 맺을 모든 관계를 넘어서는 영구적인 잉여물인 지붕─자체를 때리는 것은 아니다. 이것은, 프란츠 브렌타노 1838-1917와 그의 제자 후설의 경우에는 여전히 의식을 갖춘 존재자들의 심적 생활만을 가리킬 따름인 지향성에 관한 통상적인 의미("모든 심적 행위는 어떤 객체에 겨냥되어 있다")를 OOO가 확대한다는 사실을 수반한다. 모든 관계는, 심지어 생기 없는 관계도 지향적 행위로 여겨질 수 있다. 그 이유는 관계항이 실재적 객체와 관련된 것이라기보다는 오히려 감각적 객체와 관련되어 있기 때문이다.

이것을 염두에 두고서 지향성에 대한 OOO의 분석을 살펴

---

65. 같은 글, 195.

보자. 그 분석은 지향성 문제에 접근하는 주류의 현상학적 방법과 매우 다르다. 그 논문에서 서술되는 대로 "후설이 … 지향성은 하나이자 둘이라는 역설을 우연히 발견한다는 것은 널리 알려져 있지 않다. 왜냐하면 첫 번째 의미에서 내가 어느 소나무와 마주치는 것은 하나의 통일된 관계이기 때문이다. 그리하여 우리는 그 마주침을 하나의 전체로서 언급할 수 있으며, 그리고 이 전체는 자신을 망라하는 관계를 저지한다."[66] 하지만 어떤 다른 의미에서 "나는 그 나무와 융합하여 단일한 대규모의 덩어리를 형성하지 않음이 분명하다. 이렇게 해서 내가 그 나무를 지향할 때 우리는 둘 다 전체적인 지향적 관계의 내부에 자리하게 된다."[67] 나에게 한 실재적 객체의 한 감각적 객체와의 마주침을 뜻하는 경험은 오직 한 장소에서만, 즉 또 하나의 더 큰 객체의 내부에서만 전개될 수 있다. 요컨대 경험은 '초월성'과 아무 관계가 없을뿐더러 그것의 현재 더 인기 있는 자매인 '내재성'과도 아무 관계가 없고 오히려 우리 자신이 언제나 구성하는 것을 거드는 연합 존재자를 통해서 아래로 파고들기를 포함한다. 그 논문에서 계속해서 서술되는 대로 "언뜻 보기에 무미건조한 이 주장은 지금까지 〔후설의〕 독자들에게 그다지 흥미를 촉발하지 않았다. 그렇다 하더라도 실재적 객체가 모든 관계

66. 같은 글, 197.
67. 같은 곳.

의 배후에 물러서 있음에 대한 하이데거의 통찰과 결합하면 그 것은 새로운 철학의 모든 조각을 제공한다."[68]

　그 시론이 지적인 조각 그림 맞추기의 요소들에 비유하는 이들 조각은 무엇인가? 그것들은 199~200쪽에 목록으로 정리되어 있다. 첫째, 포함containment의 관계가 있다. 이것은 한 소나무와 내가 둘 다 우리의 마주침 ─ 우리 둘 다 그 내부에 자리하게 되는 객체 ─ 의 내부에 포함된 방식을 가리킨다. 둘째, 바로 이 순간에 내가 경험하는 모든 감각적 객체 사이의 인접성contiguity이 있는데, 이들 객체는 "서로 영향을 미치지 않은 채로 나란히 자리하고 있다."[69] 셋째, 널리 조롱받는 용어지만 실재적 객체가 감각적 객체에 전념하는 양태를 효과적으로 가리키는 성실성sincerity이 있다. "바로 이 순간에 나는 감각적 나무에 몰입되거나 매료되는데, 비록 그것에 대한 나의 태도가 철저히 냉소적이고 조작적이라도 말이다."[70] 성실성의 관계가 포함의 관계가 아닌 것은 확실하다. 그 이유는 감각적 나무가 관념론이 생각하는 대로 내 속에 포함되어 있지 않고 오히려 애초에 우리의 감각적 마주침을 가능하게 하는 나 자신과 그 나무로 구성된 연합 객체 속에 포함되어 있기 때문이다. 성실성의 관계는 한 실재적 객체(나)와 한 감각적 객체(나무) 사이의 대면을 가리키기보

---

68. 같은 곳.
69. 같은 글, 199.
70. 같은 곳.

다는 오히려 감각적 객체들의 병존을 가리킬 따름인 인접성의 관계도 아니다. 네 번째이자 가장 중요하게도, 두 개의 실재적 객체가 하나의 새로운 객체를 형성하는 관계, 즉 연결connection 이 있다. 그런데 우리는 연결이 오직 간접적으로만, 어느 감각적 매개자를 통해서만 이루어질 수 있음을 알고 있다. 다섯 번째 이자 또한 중대하게도, 관계의 만연을 지나치게 과장하는 전체 론적 철학들이 충분히 고려하지 않는 순열로서 아예 아무 관계 도 없는 경우가 있다. 그 시론에서 서술되는 대로 "〔아예 아무 관 계도 없는 것〕이 사물들의 통상적인 상태다. 거리에 나뒹구는 모 든 객체에 거울을 사탕처럼 나눠주는 극단주의자들인 광신적 전체론자들만이 이것을 부인한다."[71] 우리는 "세계에 자리하고 있는 객체들은 언제나 이들 다섯 가지 관계 중 하나에서 서로 대면하고 있다"라는 결론을 내릴 수 있다.[72]

그 다섯 가지 관계 중에서 무엇이 가장 중요한 것, 즉 세계 에서 일어나는 모든 변화의 근거인가? 그것은 '연결' ─ 바로 우리 가 설명하고자 하는 것 ─ 일 수가 없다. 그 이유는 일단 존재자들 이 연결되면 그 어려운 작업이 이미 이루어졌기 때문이다. 그것 은 무언가가 우연히 객체들이 관계를 맺게 할 때까지 지속하는 객체들의 분리를 가리키는 "아예 아무 관계도 없는 것"일 수가

---

71. 같은 글, 200.
72. 같은 곳.

없음이 명백하다. '포함'은 객체들 사이 연계의 원인이라기보다는 오히려 결과이고, '인접성'은 우리에게 실재적 객체들 사이의 연결 관계를 제공하기보다는 오히려 감각적 객체들의 병존 상황을 제공할 따름이다. 이렇게 해서 단 하나의 가능성이 남게 된다.

> 유일하게 남은 선택지는 성실성이다. 이것이 세계에서 일어나는 변화의 현장임이 틀림없다. 한 실재적 객체가 수많은 감각적 객체에 눌린 채로 어느 지향의 핵심에 자리하고 있다. 아무튼 그것은 그것들의 물든 안개를 뚫고서 이미 근처에 있지만 직접적인 접촉으로부터 완충된 어느 실재적 객체와 연결된다. 이 메커니즘이 밝혀질 수 있다면 나머지 네 가지 종류의 관계가 지닌 본성 역시 규명될 수 있을 것이다.[73]

어쨌든 우리는, 소크라테스가 미덕이나 우정을 절대 소유하지 않은 채로 그것들을 사랑하는 것과 마찬가지로 두 개의 실재적 객체 사이의 관계가 서로 접촉하지 않은 채로 접촉하는 형식일 수밖에 없음을 알게 되었다. 모든 철학적 관계주의의 타고난 악덕은 우리가 실재적인 것과 직접 접촉하거나 아니면 아예 아무 접촉도 하지 않는다는 그 가정이다. 논증적인 개념적 언어가

---

73. 같은 글, 213.

합리주의자가 수용할 수 있는 유일한 종류의 어법으로, 여타의 것은 부정신학이거나 불가사의한 속임수다. 이와는 대조적으로 OOO는 언어와 사유를 일차적으로 암시의 문제로 여기고, 철학 자체를 직접 현시될 수 없는 실재적인 것에 대한 위대한 암시의 예술로 여긴다. 하지만 언어와 사유의 경우에만 사정이 이런 것이 아니다. "무심한 먼지 덩어리를 비롯하여 모든 실재적 객체 사이의 관계들은 오직 어떤 암시의 형식으로만 맺어지게 된다. 그런데 우리가 매혹을 미적 효과와 동일시하는 한에서 이것은 미학이 제일 철학이 됨을 뜻한다."[74] 이와 관련하여 OOO에 대한 미학의 중요성을 살펴보자.

4절의 연습문제

1) 「대리적 인과관계에 관하여」라는 논문에 따르면 실재적 객체들 사이의 인과관계는 '대리적'인 것이고 감각적 객체들 사이의 인과관계는 '완충된' 것이다. 이들 두 종류의 인과관계 사이의 차이점은 무엇이며, 그리고 실재적 객체들에는 대리적 인과관계가 동반되고 감각적 객체들에는 완충된 인과관계가 동반되는 이유는 무엇인가?

2) 왜 그 논문은 한 객체를 대면하는 사유의 모든 사례가 다른 한 객체의 내부에서 생겨난다고 주장하는가?

---

74. 같은 글, 221.

3) 그 논문은 다섯 가지 종류의 관계 ─ 포함, 인접성, 성실성, 연결 그리고 아예 아무 관계도 없음 ─ 가 가능하다고 주장한다. 이들 다섯 가지 종류의 관계를 각각 설명하고 각각의 관계가 생겨나는 조건에 대한 일례를 제시하라.

4) '지향성'이라는 용어는 모든 심적 행위가 어떤 객체를 향해 정향된다는 것을 뜻한다. 일반적으로 인간이나 그 밖의 매우 지적인 존재자들만이 지향성을 지닐 수 있다고 여겨진다. 어떤 근거에 의거하여 「대리적 인과관계에 관하여」라는 논문은 지향성이 생기 없는 영역을 비롯하여 모든 곳에서 나타난다고 주장하는가?

5) 앞서 연습문제 3에서 언급된 다섯 가지 종류의 관계에 관하여 그 논문은 그중 성실성이 궁극적으로 가장 중요하다고 주장한다. 이 주장을 뒷받침하는 근거는 무엇인가?

5. 미학의 매우 중요한 지위

OOO가 실재적 객체의 직접적인 접근으로부터의 물러섬에 집중하는 경향이 있다는 점을 참작하면 OOO는 때때로 객체가 무엇이라기보다는 오히려 무엇이 아니라는 것만 말해주는 일종의 '부정신학'이라고 비난받았다. 이런 비난은 철학적 상상력의 부족을 드러낼뿐더러 철학사에 대한 감각의 결여도 마찬가지로 드러낸다. 그것은 이쪽에는 지식이 있고 저쪽에는 인식할 수 없는 것들을 향한 모호한 몸짓이 있을 뿐이라고 가정한다. 하지만 사실상 이들 두 극단 사이에 방대한 중간 지대가 있으며, 인간 인지는 지금까지 언제나 이 중간 지대를 활용했다. 왜냐하면 암시를 통해서 실재계에 간접적으로 접근하는 방법이 무수히 많기 때문이다. 사정이 이렇지 않다면 예술은 무의미할 것이다. 왜냐하면 예술이 우리에게 실재계에 관한 직접적인 지식을 제공하지 않음은 확실하기 때문이다. 더욱이 필로소피아 philosophia라는 애초의 소크라테스적 의미에서의 철학 자체도 무의미할 것이다. 왜냐하면 플라톤의 대화편 어디에도 소크라테스가 정의, 미덕, 사랑 혹은 여타의 것에 관한 성공적인 규정을 제시하는 구절은 전혀 없기 때문이다. 마찬가지로 어떤 예술 작품도 결코 그것이 실제로 의미하는 바에 대한 직서적인 산문적 해설로 번역될 수 없다. 더 정확히 말하자면 이런 해설 작업이 행해질 수 있는 경우가 있을 것이지만 이런 작업은 해당 예술 작품이 예술로 치장되기보다는 오히려 명료한 산문적 표현으로 진술되었을 어떤 이념의 선전물에 지나지 않는다는 점을 보여줄 따름이다. 철학과 예술 사이의 관계에 관한 가장 유명한 OOO 시론은 2012년에 내가 도큐멘타 Documenta 예술제의 의뢰를 받고서 작성한 『제3의 탁자』라는 소책자다.[75] 이 글은 이쪽에 철학과 예술을 두고 저쪽에 과학적 지식을 둠으로써 서로

75. * Graham Harman, *The Third Table/Der dritte Tisch*.

분명히 구분하지만, 실재적 객체와 감각적 성질 사이의 상호작용(RO-SQ)에 의거하여 그 논의의 전문적 측면을 언급하지는 않는다. 이런 까닭에 먼저 『제3의 탁자』를 간략히 논의한 후에 최근 출판된 『객체지향 존재론: 새로운 만물 이론』에 실린 미학에 관한 약간 더 전문적인 장을 살펴보자.

'제3의 탁자'라는 구절은 물리학자 아서 스탠리 에딩턴 경 1882-1944이 사용한 두 개의 탁자라는 유명한 비유를 부드럽게 조롱하는 듯한 어조로 가리키는 표현인데, 그 비유는 1920년대에 공표된 이래로 철학자들에 의해 종종 언급되었다. 에딩턴이 서술하는 대로 "나는 마음을 잡고서 이들 강연문을 작성하는 작업에 착수하여 내 의자를 두 개의 탁자에 끌어당겼다. 두 개의 탁자! 그렇다. 내 주변의 모든 객체는 이중체로 존재한다. 두 개의 탁자. 두 개의 의자, 두 개의 펜."[76] 에딩턴은, 나중에 셀라스가 현시적 이미지와 과학적 이미지의 이중성에 호소하는 사태의 전조가 되는 방식으로 첫 번째 탁자(실제적이고 고형이고 색깔이 있으며 단단한 탁자)와 두 번째 탁자(전자들 및 매우 작은 다른 입자들과 보이지 않는 장들로 붐비는 텅 빈 공간으로 이루어진 과학적 탁자)의 공존에 관해 언급한다. 자신의 부족에 충성스러운 물리학자로서 에딩턴은 명백히 첫 번째 탁자보다 두 번째 탁자를 선호하지만 과학적 노력을 아무리 기울이

---

76. Arthur Stanley Eddington, *The Nature of the Physical World*, ix.

더라도 첫 번째 탁자가 제거될 수 없다는 점을 인정한다. 궁극적으로 에딩턴은 그 두 탁자가 모두 현존하는 것으로 여겨져도 좋다는 것에 동의한다. 그렇지만 OOO의 관점에서 바라보면 에딩턴의 두 탁자는 모두 마찬가지로 현존하지 않는다. "일상적 탁자와 과학적 탁자 각각의 장점을 가늠할 때 우리는 둘 다 마찬가지로 비실재적임을 깨닫게 될 것이다. 그 이유는 둘 다 그저 환원주의의 정반대 형식들에 해당할 뿐이기 때문이다. 과학자는 탁자를 눈에 보이지 않는 매우 작은 입자들로 아래로 환원하고, 인문학자는 그것이 사람 및 다른 사물들에 미치는 일련의 효과로 위로 환원한다."[77] 더 솔직히 진술하면 "에딩턴의 두 탁자는 모두 탁자를 각각 그것의 내부 환경과 혼동하고 외부 환경과 혼동하는 완전한 가짜다."[78]

그 상황을 바라보는 또 하나의 방식은 에딩턴의 두 탁자가 각각 아래로 환원하기와 위로 환원하기로 생산된 탁자라는 것이다. 그것들은 지식의 두 탁자다. 훌륭한 물리학자 에딩턴이 선호하는 대로 탁자를 그것을 구성하는 아원자 입자들로 아래로 환원함으로써 우리는 그것을 그 구성요소들로 대체하고 있다. 이것이 작동하지 않는 이유는 "전체로서의 탁자가 자신의 다양한 구성 입자들은 별개로 갖추지 못하는 면모들을 갖추고 있

---

77. Harman, *The Third Table/Der dritte Tisch*, 6.
78. 같은 곳.

[기 때문이다]. 이들 면모는 흔히 창발적 특성으로 일컬어지며, 그것들과 관련하여 불가사의한 것은 전혀 있을 필요가 없다."[79] 반면에 탁자를 그 실제적 특성들이나 혹은 그것이 다른 사물들과 맺은 관계들로 위로 환원함으로써 우리는 그것을 그 효과들로 대체하고 있다. 여기서 문제는 탁자의 모든 효과가, 심지어 그것의 가능한 효과들의 총합도 하나의 탁자를 구성하기에 충분하지 않다는 것이다. "실제적 사용에서 맞닥뜨리는 탁자도 탁자의 실재를 망라하지 않는다. 어느 순간에 그것은 문진과 우리의 점심 음식을 믿음직하게 지지하지만, 그다음 순간에 그것은 부서져서 모든 것이 흩어져 버린다. 이것은 탁자가 우리가 바라본 것과 동일시될 수 없었던 것과 마찬가지로 우리가 사용한 것과도 동일하지 않았음을 보여준다."[80] 지식은 무엇이든 어느 주어진 사물을 그 구성요소들 혹은 그 효과들에 관한 서술로 번역한 것이기에 필연적으로 그 사물 자체를 놓친다. 그런데 그 사물 자체는 제3의 탁자이고, 그리하여 이는 그것이 지식의 사물이 아님을 뜻한다. 『제3의 탁자』에서 진술된 대로 "에딩턴의 첫 번째 탁자는 탁자를 그것이 우리 혹은 여타의 사람에게 미치는 일상적 효과들에 지나지 않는 것으로 전환함으로써 파괴한다. 에딩턴의 두 번째 탁자는 탁자를 매우 작은 전하들 혹은

---

79. 같은 책, 7.
80. 같은 책, 9.

희미한 물질적 명멸들에 지나지 않는 것으로 해체함으로써 파괴한다."[81]

이제 우리는 불가능한 입장에 처해 있는 것처럼 보인다. 그 이유는 현존하는 두 가지 형식의 지식이 우리에게 실재적 탁자를 제시할 수 없기 때문이다. 그리하여 우리는 합리주의자들이 자주 경고하는 부정신학이라는 막다른 곳에 도달해 버린 것처럼 보인다. 우리에게 필요한 것은 우리가 사물에 지식의 방식으로 직접 접근할 수 없는 채로 접근할 수 있는 방법이다. "선언적 언명과 명료하게 표명된 명제라기보다는 오히려 힌트와 암시, 빗댐으로 구성되었을 때 성애적 발화가 효과가 있는 것과 마찬가지로, 그리고 농담이나 마술이 그 각각의 단계가 설명될 때 쉽게 망쳐지는 것과 마찬가지로 사유는 자신의 각 단계가 에두른 것일 수밖에 없다는 점을 깨닫지 못한다면 사유가 아니다."[82] 지식의 통상적인 도구는 우리가 객체를 찾고 있을 때 도움이 되지 않는다. 왜냐하면 지식은 우리에게 객체 자체를 제시하기보다는 오히려 객체를 그것에 속하는 어떤 일단의 검증 가능한 특성으로 대체하도록 고안되어 있기 때문이다. 그리고 이 것은 간접적으로 행해질 수 있을 뿐이다. "세계는 일차적으로 전자들이나 인간의 실천으로 가득 차 있는 것이 아니라, 모든

---

81. 같은 책, 10.
82. 같은 책, 12.

인간과 비인간의 접근에서 물러서 있기에 오직 암시로만 접근할 수 있고 우리를 매혹으로 유혹하는 유령 같은 객체들로 가득 차 있다."[83] 매혹은 어느 객체를 그 성질들에 관한 직서적 서술로 대체하지 않은 채로 그 객체의 현존을 암시함을 뜻한다. 그리고 이것이 바로 예술가들이 이미 사용하는 종류의 소통이다. "왜냐하면 한편으로 예술은 하얀 고래와 저택, 뗏목, 사과, 기타, 풍차를 그것들의 아원자 요소들로 용해함으로써 기능하지 않기 때문이다…그런데 다른 한편으로 〔예술은〕 그것이 단지 일상생활의 객체들을 복제하거나 우리에게 미치는 효과를 만들어내고자 할 따름인 것처럼 첫 번째 탁자를 추구하지도 않는다."[84]

『제3의 탁자』는 OOO가 이쪽의 과학적 지식과 저쪽의 철학 및 예술 사이에 나타나는 차이로 여기는 것에 대한 훌륭한 설명을 제공한다. 하지만 그 소책자는 그 문제의 전문적 측면, 즉 미학이 실재적 객체와 감각적 성질 사이의 균열 ─『쿼드러플 오브젝트』에서 '존재도학'으로 일컬어지는 것의 약어로 표현하면 RO-SQ ─ 을 활용하는 방식을 결코 자세히 논하지 않는다. 더 최근에 이제 우리가 살펴볼 『객체지향 존재론』(2018)이라는 책에서 이 주제에 관한 논의가 더 자세히 이루어졌는데, 여기서는 그

---

83. 같은 곳.
84. 같은 책, 14.

논의를 정반대의 순서로 따라간다.[85] 우선 OOO가 보기에 유익한 면과 무익한 면을 동시에 지니고 있는 이른바 미학적 형식주의에 관해 언급되어야 한다. 미학에서 형식주의는 다양한 것을 뜻할 수 있지만 어쩌면 그것은 예술 작품이 그 일차적 목적이 당대의 사회정치적 부정행위들에 항의하는 것도 아니고, 그것이 생겨나는 역사적 및 전기적 맥락에 관한 정보를 제공하는 것도 아니며, 심지어 그 작품을 제작하는 예술가의 의도도 아닌 자족적인 단위체라는 견해로 가장 잘 규정될 것이다. 예술 작품은 독립적이고 자율적이기에 사심 없는 관조의 정신으로 접근해야 한다. 20세기 형식주의의 역사는 종종 빅토르 시클로프스키[1893-1984] 같은 러시아 인물들에게까지 거슬러 올라간다. 미합중국의 주요 명사 중 일부는 문학에서는 클린스 브룩스[1906-1994] 같은 신비평가들이고 미술에서는 대단한 미술비평가 클레멘트 그린버그[1909-1994]와 마이클 프리드[1939-] 다. OOO가 그 자체로 자율적 객체에 관한 이론이라는 사실을 고려하면 그것은 당연히 예술 작품이 자족적인 단위체라는 형식주의적 견해 ─ 1960년대 말 이후로 예술에서 인기가 없어지게 된 관념 ─ 를 승인한다. 하지만 OOO는 자율적인 예술 객체는 인간 요소나 참여자가 없어야만 한다는 암묵적인 형식주의적 가정을 거부한다. OOO의 경우에 예술은 본질적으로 연극적인 것으로, 물이

---

85. Harman, *Object-Oriented Ontology*, ch. 2.

수소와 산소로 이루어진 복합 객체인 것과 마찬가지로 (일반적으로) 물리적 작품 더하기 관람자로 이루어진 복합 객체다.

미학에서 칸트는 결코 문자 그대로 '형식주의자'라고 자칭하지 않았지만 그가 그 운동의 철학적 선구자임은 확실하다. 한편으로 윤리학에서 칸트는 미학의 경우와 비슷한 이유로 '형식주의자'라고 자칭했다. 예술에 관한 그의 첫 번째 논점은 예술 작품이 우리를 즐겁게 하기, 우리의 정치적 견해에 아부하기 혹은 세계가 작동하는 방식에 관한 것을 우리에게 가르쳐 주기 같은 숨은 동기들에 봉사하는 것이 아니라 오히려 아름다움에 대한 자족적인 경험이어야 한다는 것이다. 그것은 칸트가 자신의 윤리철학에서 제기한 것과 마찬가지의 주장이다. 어떤 행위가 윤리적이려면, 그것은 사후에 지옥에 가지 않기 위함도 아니고 정직한 시민으로서 공적인 지지를 얻기 위함도 아니고 심지어 깨끗한 양심으로 밤에 잠들기 위함도 아니라 오히려 독자적인 목적으로 수행되어야 한다. 윤리적 행위는 오로지 의무감에서 행해져야 한다. 게다가 칸트는 미적 쾌락이 사실상 예술 객체 자체와 관련된 것이 아니라 오히려 무엇보다도 어떤 예술 작품들이 가장 위대한 작품들인지에 대한 취미의 일반적인 합의를 보증하는, 모든 인간이 보편적으로 공유하는 주관적인 판단 조건과 관련된 것이라고 주장한다. 기이하게도 칸트의 형식주의를 옹호하는 그린버그와 프리드는 여기서 우선하는 것을 뒤집는데, 그리하여 예술 객체 자체가 미학의 현장이 됨으로써 인간 주체는 가능한 한 적게 고려된다. 하지만 이런 차이는 그다지 중요하지 않다. 왜냐하면 본질적인 형식주의적 운동은 특정적으로 사유와 세계 사이의 분리이기 때문이다. 추정컨대 예술가가 캔버스와 물감, 목관악기와 현악기, 영웅과 악당, 호빗과 오크를 혼합하는 것은 괜찮지만 예술의 인간 감상자는 작품의 물리적 요소들과 절대 섞이지 말아야 한다. 감상자의 역할은 고요하고 초연한 관조에 관여하는 것이다.

OOO가 이런 가정을 단호히 거부한다는 사실은 '객체'라는 낱말을 OOO와 정반대의 의미로 사용하는 프리드의 시론인 「예술과 객체성」에 대한 OOO의 해석을 고찰함으로써 가장 잘 이해된다. 그 논문의 계기는 장식되지 않은 하얀 입방체 혹은 나무 막대기 혹은 금속 빔을 실내에 설치하곤 했던 1960년대 미니멀리즘 조각가들에 대한 프리드의 비평이었다. 프리드는 자신이 밀접히 통합되어 있는 것으로 여기는 두 가지 별개의 악덕─리터럴리즘과 연극성─을 이유로 그 미니멀리스트들을 비판한다.[86] '리터럴리즘'으로 프리드가 뜻하는 바는 이들 작품에는

---

86. * '리터럴리즘'(literalism)은 미술 비평에서 프리드가 미니멀리즘을 '있는 그대로의 사물성/객체성에 대한 옹호'와 관련지어 비판하면서 사용한 용어로, 대개 '즉물주의'로 번역되어 통용된다. 그런데 하먼이 리터럴리즘으로 뜻하는 바는 프리드의 용법과 달리 "객체는 비유적으로 암시되기보다는 오히려 그 성질들을 직접적으로 서술하여, 혹은 그 성질들로 환원하여 규정될 수 있다"라는 신조임을 고려하면, 옮긴이가 보기에 하먼이 의도하는 의미에서의 리터럴리즘은 '즉물주의'보다 '직서주의'로 번역되는 것이 더 적절하다. 이런 점에서 OOO의 용어로 표현하면 직서주의는 객체를 그 성질들로 환원하는 일종의 '환원

미학적 모호성이 전혀 없다는 것으로, 말하자면 어느 하얀 입방체와 마주칠 때 보게 되는 것은 즉물적인 것이다. 표면 즉물주의가 바로 프리드가 하이데거와 마찬가지로 '객체'라는 용어로 뜻하는 것이다(하지만 OOO는 '객체'를 사용하여 즉물적 표면 아래에 숨어 있는 것을 뜻한다). '연극성'으로 프리드가 뜻하는 바는, 미니멀리즘 작품 자체 속에는 본질적으로 드라마가 없다는 점을 참작하면 그것이 우리에게서 반응을 유발하도록 고안될 수밖에 없다는 것이다. 프리드가 생각하기에 연극성은 예술의 바로 그 죽음이다. 그런데 여기서 우리의 관심사는 프리드가 미니멀리스트들을 공정하게 평가하고 있는지 여부에 관한 것이 아니다. 당분간 프리드의 비판이 적확하다고 가정하자. 그렇다 하더라도 프리드에 대한 OOO의 응답은 그가 리터럴리즘과 연극성을 동일시하는 잘못을 저지른다는 것이다. 그 이유는 이것들이 두 개의 서로 무관한 별개의 것으로, [직서주의로서의] 리터럴리즘은 나쁜 것이고 연극성은 좋은 것이기 때문이다. 예술은 직서적일 수가 없기에 예술 작품은 자신의 가시적 표면으로 환원될 수 없다. 왜냐하면 그럴 경우에 그것은 예술이 아닐

주의'에 해당한다. 그러므로 하먼은 리터럴리즘을 '관계주의'라고 일컫기도 한다. 따라서 이 책의 한국어판에서 옮긴이는 리터럴리즘이라는 용어를 대개 맥락에 따라 직서주의 혹은 즉물주의로 번역하였는데, 다만 그 다의성을 불가피하게 나타낼 필요가 있는 경우에는 리터럴리즘으로 표현하였다. 이와 관련된 자세한 논의는 Graham Harman, *Art and Objects* [그레이엄 하먼, 『예술과 객체』]를 참조하라.

것이기 때문이다. 하지만 형식주의의 본질적인 부적절성을 드러내는 이유로 인해 예술은 연극적이어야 한다. 이것을 설명하는데에는 비유의 사례를 고찰하는 것이 가장 간단하다.

어느 단순한 사람이 진술하는 "새벽은 황혼과 같다"라는 직서적 문장을 가정함으로써 시작하자. 새벽과 황혼은 하루의 정반대 시점에 일어나고 우리의 일상생활에서 각기 다른 역할을 수행하더라도 사실상 그것들과 관련하여 비슷한 것이 있다. 두 국면에서 태양은 분명히 보이지는 않고 하늘은 대체로 어두운 상태에서 지평선 한쪽 근처에 화려한 부분들이 나타난다. 우리는 그 단순한 사람이 진술한 것의 문자 그대로의 진실을 부인할 수 없다. 그것은 명시적으로 참인 것처럼 보일 뿐만 아니라 그 문장의 순서도 아무 탈 없이 뒤집힐 수 있다. "황혼은 새벽과 같다"라는 문장은 일상적 언어에서 "새벽은 황혼과 같다"라는 문장과 정확히 동일한 것을 뜻한다. 그런데 이제 이른바 비유적 언어의 일례를 살펴보자. 호메로스의 작품에서 가장 자주 반복해서 나타나는 비유 중 하나는 이렇다. "그녀의 장밋빛 손가락 끝을 가진 새벽." 여기서 우리는 즉시 직서주의적인 단순한 사람의 사례와 다른 몇 가지 차이점을 인식한다. 첫째, 새벽은 문자 그대로 손가락 끝을 가진 것은 아니다. 하늘에는 손가락이 전혀 없다. 그리하여 우리는 이것이 비유라는 것을 알게 된다. 둘째, 그 비유는 직서적 진술의 방식대로 순서를 뒤집을 수 없다. 한 시인이 오히려 "새벽의 끝을 가진 그녀의 장밋빛 손가락"이라고 말한다면 우리에게 또 하나의 비유가 주어지게 되겠지만 그 비유는 이전의 비유와 같지는 않다. 호메로스는 새벽에 관해 언급했고 그것에 손가락-성질들을 귀속시킨 반면에 우리가 상상한 두 번째 시인은 손가락에 관해 언급하고 그것에 새벽-성질들을 귀속시킨다. 셋째, 한 친숙한 객체와 낯선 성질들 사이의 충돌로 인해 우리는 그 객체에 대한 우리의 감각을 잃고서 무지의 정신으로 그것에 접근하게 된다. 우리는 모두 새벽이 무엇인지 알고 있지만 손가락 끝을 가진 새벽이 어떠한 것인지는 우리가 호메로스를 아무리 자주 읽더라도 결코 전적으로 확신하지는 못한다.

여기서 이미 우리는 OOO의 오솔길로 곧장 내려가고 있다. 비유의 반전 불가능성은 그 속에서 조합된 두 객체가 대단히 다른 역할을 수행한다는 것을 보여준다. 호메로스의 사례에서 새벽은 객체(O)의 역할을 수행하고 손가락 끝은 성질들(Q)을 제공한다. 두 번째 사례에서는 사정이 정반대다. 그런데 앞서 우리는 OOO가 두 가지 종류의 객체(RO, SO)와 두 가지 종류의 성질(RQ, SQ)을 인식함을 이해했다. 호메로스의 비유에서 우리는 어떤 종류들을 다루고 있는가? 혹은 말이 나온 김에 여타의 비유에서는 어떠한가? 손가락 끝-성질들은 SQ임이 확실하다. 그 이유는 그 비유 속에 계속 간직할 식별 가능한 성질이 전혀 없다면 우리는 언어를 다루기보다는 오히려 침묵을 다루고 있을 것이기 때문이다. 그런데 마찬가지로 확실하게도 그 비유에서 새벽이 하나의 RO인 이유는 우리가 손가락 끝을 가진 새벽은 일상적 새벽과는 다른 식으로 불가사의한 것임을 깨달았기 때문이다. 이런 기괴한 새로운 새벽은 우리에게서 상당한 거리를 두고 서 있으면서 우리의 관심을 끄는 동시에 음지로 물러서 있다. 요컨대 비유는 하나의 RO-SQ 쌍으로 분석될 수 있다. 그런데 직서적 객체를 제시하기보다는 오히려 비직서적 객체를 제시한다는 점에서 통상적인 경험과 다른 모든 미학의 경우에도 사정은 마찬가지다.[87]

그렇지만 우리에게는 여전히 한 가지 문제가 있다. 현상학으로부터 우리는 성질 없는 객체와 객체 없이 자유롭게 부유하는 성질이 전혀 없다는 것을 알게 되었다. 이 경우에 비유는 RO-SQ 구조를 갖춘 객체인 것으로 판명되었다. 그런데 실재적 객체(RO)는 정의상 물러서 있기에 어떤 직접적인 관계도 맺어질 수 없다. 그 비유에서 호메로스의 새벽이 음지로 물러서서 모든 접촉으로부터 숨는다는 점을 고려하면 그 새벽은 도대체 어떤 역할을 어떻게 수행할 수 있는가? 그 답변은 그것이 처음 떠올랐을 때 나 자신이 대단히 놀랄 정도로 기묘했는데, 그런 상황은 언제나 강력한 새로운 관념에 대한 징조다. 요컨대 그 새벽은 물러서 있기에 그 비유에 직접 진입할 수 없고, 따라서 그것

---

87. * 여기서 하먼이 '직서적 객체'(literal object)로 뜻하는 바는 '성질들의 다발'에 지나지 않는 것이다.

은 그 상황에서 물러서지 않는 또 다른 실재적 객체로 대체되어야 한다. 감춰진 실재적 새벽을 대신하는 이 대체 새벽은 무엇인가? 그것은 감각적 새벽일 수 없다. 왜냐하면 그렇다면 우리는 직서적 언어의 영역으로 되돌아가기에 아무 비유도 생겨나지 않을 것이기 때문이다. 그것은 어떤 감각적 객체가 아니라 오히려 실재적 새벽을 대체하는 또 다른 실재적 객체이어야 한다.

그 답변은 나 자신, 즉 미학적 감상자가 현장에서 그 새벽을 대체할 수 있는 유일한 실재적 객체라는 것이다. 비유와 여타의 미적 경험에서 연극적으로 말려들어서 미학적 객체가 되는 것은 나 자신이다. 그 관념은 어쩌면 약간 기이한 것처럼 들릴지라도 예술에 전적으로 낯선 것은 아니다. 왜냐하면 그것은 이미 위대한 러시아인 배우 콘스탄틴 스타니슬랍스키[1863-1938]의 체계에서 비롯된 미국식 '메소드 연기'의 기초이기 때문이다.[88] 호메로스의 비유의 경우에 그 비유가 유효하게 작용한다면 (그것은 지루하거나 산만하거나 혹은 둔감한 독자에게는 작용하지 않을 것이다) 독자로서의 나는 손가락 끝을 연기하는 새벽을 연기하는 메소드 배우다. 분석을 거쳐 비유뿐만 아니라 모든 미적 경험의 경우에도 사정은 마찬가지임이 증명될 수 있다. 또한 이것은 인쇄물로 아직 완전히 서술되지는 않은[89] OOO

---

88. Konstantin Stanislavski, *An Actor's Work*.
89. * 이 책을 출판할 당시에는 완전히 서술되지 않은 OOO 미학론은 최근에 『예술과 객체』(갈무리, 2022)와 『건축과 객체』(갈무리, 근간)라는 두 권의 책

의 최근 전개일지라도 지식은 미학과는 완전히 다른 한 축, 즉 SO-RQ를 따라 작동한다는 것도 증명될 수 있을 것이다. 한편으로 SO-RQ는 현상학의 경우에도 마찬가지로 매우 중요한 축이다. 이렇게 해서 OOO에서 미학의 매우 중요한 역할에 대한 최초의 간략한 소개를 마무리하자.

5절의 연습문제

1) 에딩턴의 두 개의 탁자는 무엇이며, 그리고 왜 OOO는 그 두 탁자를 모두 거부하는가?
2) OOO는 무엇을 철학과 예술 사이의 공통 고리로 여기는가?
3) OOO의 전문용어로서 '매혹'이 뜻하는 바를 설명하라.
4) 칸트의 『판단력비판』이 미학적 형식주의에 관한 초기 이론으로 널리 여겨지는 이유는 무엇인가?
5) OOO가 그런 형식주의에 동의하는 점과 동의하지 않는 점은 무엇인가?
6) OOO가 모든 미학의 연극적 특질을 옹호하는 주장을 펼치는 이유를 설명하라.

으로 출간되었다.

4장 사변적 유물론

골드스미스 워크숍이 열린 시기에 퀭탱 메이야수[1967-]는 자신이 몇 년 전까지 수학했었던 파리 고등사범학교에 재직하고 있었다. 메이야수는 2012년에 파리 1대학교 팡테옹-소르본의 교수로 초빙되어 오늘날까지 여전히 재직하고 있다. 그의 부친은 저명한 아프리카학자이자 경제인류학자인 클로드 메이야수[1925-2005]였다. 청년 메이야수는 젊은 혈기로 1960년대 상황주의 운동에 매혹된 후에 철학을 전공하는 정규 대학생으로 변신하여 마침내 『존재와 사건』(1988)이라는 바디우의 강력한 저서에 사로잡히게 되었다. 나중에 바디우와 청년 메이야수는 지적으로 매우 가까운 사이가 되었으며, 바디우는 『유한성 이후』(2005)라는 그 제자의 첫 번째 책을 격찬하는 서문을 썼다. 이 저서는 지금까지 다양한 언어로 번역되었고 이미 21세기 철학의 고전으로 여겨질 만하다.

2011년에 나는 『퀭탱 메이야수 : 형성 중인 철학』이라는 제목으로 그의 철학에 관한 한 권의 단행본을 출판했는데, 이 책은 2015년에 증보판으로 다시 발행되었다.[1] 메이야수의 철학에 대한 상세한 해설을 읽고 싶은 독자는 그 저서를 참조하면 된다. 여기서 나는 약간 다른 작업을 행할 것이다. 이전의 장들과 마찬가지로 골드스미스 워크숍에서 메이야수가 행한 강연을 간략히 설명함으로써 이 장을 시작하자(1절). 그다음에 『유

---

1. * Harman, *Quentin Meillassoux*.

한성 이후』의 주요 주제들에 대한 불가피한 논의에 착수하자(2절). 유감스럽게도 『수와 사이렌』[2]이라는 책에서 메이야수가 제시한 스테판 말라르메의 시에 대한 뛰어난 해석을 생략하고서 『신의 비현존』[3]이라는 메이야수의 박사학위 논문에서 발췌한 글을 곧장 살펴보자(3절). 친절하게도 메이야수가 허락해 준 덕분에 나는 그 발췌문을 번역하여 그의 철학에 관한 내 책의 부록에 첨가할 수 있었다.

1. 골드스미스에서의 메이야수

사변적 실재론 워크숍에서 발표된 메이야수의 강연문은 녹취록의 407쪽에서 435쪽에 걸쳐 실려 있으며, 그다음에 열세 쪽의 질의응답이 첨가되어 있다. 나머지 세 명의 강연자는 자신의 강연에 격식을 갖추지 않은 접근법을 취한 반면에 메이야수는 준비된 원고를 읽음으로써 자신의 논증에 더 구조적이고 연역적인 특질을 부여하였다. 메이야수의 강연은 '상관주의' ─ 브라지에, 그랜트 그리고 내가 즉시 우리 자신의 이론적 적을 또한 가리키는 것으로 인식한 용어 ─ 라는 그의 가장 유명한 개념을 언급함으로써 시작된다. 『유한성 이후』가 출판되기 겨우 몇 년 전인

---

2. * Quentin Meillassoux, *The Number and the Siren*.

3. * Quentin Meillassoux, "Appendix : Excerpts from *L'Inexistence divine*."

2002년 혹은 2003년에 메이야수는 그 용어를 다양한 반실재론적 철학이 관념론이 아니라고 주장하지 못하게 막고자 하는 의도로 고안했음이 명백하다. 이에 대한 한 가지 좋은 실례는, 다양한 객체에 자신의 주의를 기울일 때 우리는 언제나 이미 자신의 외부에 있기에 후설은 실재론/관념론 문제 '너머에' 있다고 주장하는 후설주의적 현상학자들일 것이다. 또 하나의 실례는, 우리는 언제나 이미 자신이 세계로 던져져 있음을 깨닫기에 오래된 실재론/관념론 논쟁은 요점을 놓치고 있다고 주장하는 하이데거주의자들일 것이다. 그런데도 그런 철학들에 불가피하게 수반되는 것은 사유와 세계가 오직 상관된 상태, 즉 서로 짝을 이룬 상태로만 현존한다는 점인데, 그리하여 사유와 세계에 관하여 각기 따로 이야기할 방법이 전혀 없게 된다. 메이야수 자신의 표현대로 "이들 입장은 스스로 주관적 관념론이 아니라고 주장하더라도 자신을 반박하지 않은 채로 그것들이 공들여 구성하는 외부가 본질적으로 상대적이라는 것, 의식, 언어, 현존재 등에 상대적이라는 것을 부인할 수 없습니다. 언제나-이미 하나의 관점, 하나의 주관적 접근과 상관되지 않은 어떤 객체도 존재자도 사건도 법칙도 없습니다. 이것이 모든 상관주의의 테제입니다."[4] 이런 점에서 상관주의는 모든 사변적 실재론자가 당초에 적이라고 단언한 것이다.

---

4. Brassier, Grant, Harman, and Meillassoux, "Speculative Realism," 409.

그런데도 메이야수는 그 집단에서 유일하게 상관주의를 찬양하고, 게다가 그 전제들을 승인함으로써 시작할 때에만 우리가 그 결과를 벗어날 수 있다고 주장한다. 메이야수가 공개적으로 표명하는 대로 그는 상관주의를 비판하고자 할 뿐만 아니라 찬양할 속셈도 지니고 있다.

저는 이 점을, 즉 명백하고 지극히 확고한 이 논변의 이례적인 강력함을 역설합니다. 상관주의는 강력한 만큼이나 단순한 논증에 의지하고 있으며, 그것은 다음과 같은 식으로 정식화될 수 있습니다. X의 소여가 없는 X는 전혀 없고, X를 상정하지 않는 X에 관한 이론도 전혀 없습니다. 여러분이 무언가에 관해 말한다면 여러분은 자신에게 주어지고 자신에 의해 상정되는 무언가에 관해 말합니다.[5]

다시 말해서 메이야수는 상관주의를 진지한 철학적 입장, 결코 무시당할 수 없는 입장으로 여긴다. 그리하여 우리는 상관주의적 순환을 벗어날 길이 없고 내부로부터 그것을 급진화해야 한다. 몹시 혼란스럽게도 메이야수는 2010년 8월에 내가 그와 인터뷰를 하는 동안에 이 점을 부인했다.[6] 하지만 이 점에 대한 텍

---

5. 같은 곳.

6. Graham Harman, "Interview with Quentin Meillassoux," 213.

스트적 증거는 명시적이고, 게다가 메이야수가 상관주의적 공리 — 우리는 사유 외부의 무언가를 사유로 전환하지 않은 채로, 즉 수행적 모순을 저지르지 않은 채로 그것을 사유하려고 시도할 수 없다 — 의 근본적인 진실성을 받아들이지 않았다면 그의 철학은 무의미할 것이다. 골드스미스에서 메이야수는 심지어 '소박한 실재론'을, 상관주의적 순환을 논박할 수 없기에 그냥 무시하는 그런 종류의 실재론으로 규정한다.[7] 또한 메이야수는 질의응답 시간에 수하일 말릭에게 응답하면서 자신의 "전략은 상관주의적 논증을 통해서 절대적인 것에 접근하는 것입니다"라고 확언한다.[8] 그리고 이들 기억할 만한 짤막한 진술과 별도로 메이야수의 골드스미스 강연 전체가 상관주의적 순환을 그냥 부정함으로써 벗어날 길은 전혀 없다는 가정과 더 '창의적인' 해결책이 필요하다는 가정으로 가득 차 있다.

어쨌든 메이야수의 강연은 세 가지 기본적인 부분으로 나눌 수 있다. 첫 번째 부분은 메이야수가 특히 피히테를 참조하여 상관주의적 논증의 힘으로 여기는 것을 논의한다. 피히테의 1794년 판본의 책 "『지식학』은 지금까지 실재론에 반대하여 제기된 상관주의적 이의의 가장 엄밀한 표현입니다."[9] 두 번째 부분은 라뤼엘의 비철학이 상관주의적 순환을 벗어날 길을 찾아

---

7. Brassier, Grant, Harman, and Meillassoux, "Speculative Realism," 430.
8. 같은 글, 436.
9. 같은 글, 410.

낸다는 브라지에의 주장에 이의를 제기한다. 요컨대 메이야수는 상관주의적 순환이 충분히 포괄적이어서 라뤼엘도 여전히 그것에 포섭된다고 생각한다. 이렇게 해서 메이야수는 우리가 논박할 수 없는 철학적 주장의 신용을 떨어뜨리는 비합리적 방법들에 대한 더 광범위한 비판에 이르게 된다. 세 번째 부분은 상관주의를 벗어나서 사변적 유물론이라는 대안 이론을 확립하기 위한 메이야수 자신의 적극적인 철학적 논증을 제시한다. 마지막 논증은 나중에 『유한성 이후』를 논의하면서 다루어질 것이기에 여기서는 메이야수의 골드스미스 강연의 나머지 두 가지 메타철학적 부분에 집중하자.

핀란드인 분석철학자 야코 힌티카[1929-2015]에게서 비롯된 수행적 모순이라는 개념은 그 내용이 그것을 발설하는 바로 그 행위와 모순되는 진술을 가리킨다. 이것은 한 문장의 내용 안에서 생겨나는 더 통상적인 종류의 모순과 구분되어야 한다. 메이야수 자신의 표현대로 "[수행적 모순]은 논리적 모순 ― 예를 들면 '베드로는 생각하고 동시에 베드로는 생각하지 않는다' ― 이 아니라 오히려 한 문장의 내용과 그것의 수행, 즉 그것의 실제적인 표명 사이의 모순입니다."[10] 일례는 다음과 같다. "'나는 생각하지 않는다'라는 문장은 논리적 모순을 품고 있지 않고 오히려 그 명제의 내용과 내가 그것을 생각하거나 표명한다는 사실 사

---

10. 같은 글, 411.

이의 수행적 모순에 놓여 있습니다."[11] 메이야수가 언급하지 않은, 훨씬 더 유명한 일례는 "나는 거짓말을 하고 있다"라는 문장을 해석하기의 어려움을 포함하는, 고래로부터 전해진 거짓말쟁이의 역설이다. 왜냐하면 그 문장이 참이라면 그것은 사실상 거짓말을 하고 있고, 그 문장이 거짓이라면 그것은 사실상 진실을 말하고 있기 때문이다. 그레이엄 프리스트[1948-]는 이런 종류의 역설들에 관한 온전한 철학을 구축하려는 야심만만한 노력을 기울였다.[12] 흥미롭게도 분석철학자 존 코그번[1970-]은 사변적 실재론 전체를 수행적 모순을 받아들이려고 시도하기 위한 다양한 전략으로 이루어져 있는 것으로 해석하고자 했다.[13]

그런데 앞서 우리는 메이야수가 피히테를 지금까지 상관주의적 관점을 옹호하는 가장 강력한 변론을 제시한 인물로 간주함을 알게 되었다. 피히테가 칸트의 물자체를 전적으로 거부한 점과 관련하여 메이야수는 다음과 같이 묻는다.

한 철학자가 자아와 독립적인 실재에 접근할 수 있다고 주장할 때 그는 실제로 무엇을 하고 있을까요? 그는 모든 〔상정 행위〕와 독립적이라고 추정되는 어떤 X를 상정한다고 피히테는

---

11. 같은 곳.

12. Graham Priest, *Beyond the Limits of Thought*.

13. Jon Cogburn, *Garcian Meditations : The Dialectics of Persistence in Form and Object* (Edinburgh : Edinburgh University Press, 2017).

말합니다. 달리 말해서 그는 그 X를 상정되지 않은 것으로 상정합니다. 그는 모든 개념화에 외재적이고 독립적인 것을 생각하는 척하면서 자신이 사실상 행하는 것을 말하지 않습니다.[14]

여기까지는 메이야수가 칸트와 관련하여 독일 관념론자들의 동행자인데, 조금만 지나면 그는 그들과 결별할 것이다. 프리스트와 마찬가지로 메이야수는 결국 자신이 피히테의 '이중 구속'이라고 일컫는 것을 승인한다.

〔철학〕은 독립적인 실재와 비교하여 사유가 이차적임을 상정해야만 하고 — 그렇지 않다면 우리는 감각의 수동성을 설명할 수 없을 것입니다 — 동시에 그런 실재를 아무 모순 없이 상정할 수는 없습니다. 이런 '이중 구속'이 … 궁극적으로 여전히 현대 철학의 경우에 '실재론'이 뜻하는 것입니다. 우리는 실재론이 필요하지만 실재론을 주장할 수 없기에 우리는 실재론을 주장하는 동시에 부인합니다 … .[15]

그리하여 메이야수의 경우에 이런 구속을 부정하거나 벗어나는 어떤 실재론도 '소박한' 것으로 여겨질 수밖에 없다. 메이야수

---

14. Brassier, Grant, Harman, and Meillassoux, "Speculative Realism," 412.
15. 같은 글, 412~3.

가 명쾌하게 진술하는 대로 "제가 보기에 현대의 실재론자라는 것은 피히테주의적인 수행적 모순의 숙명에 효과적으로 이의를 제기하는 것입니다 … 여러분이 X를 사유한다면 그때 여러분은 X를 사유합니다 … 실재론은 수행적 모순의 시험을 통과할 수 있을까요?"[16]

메이야수는 상관주의적 순환이 그것을 직접 논박할 수 없는 모든 실재론에 대하여 통렬한 이의를 제기한다고 깨닫는 것이 분명하다. 이런 까닭에 다음 절에서 보게 되듯이 메이야수는 상관주의적 순환을 수용하는 동시에 일관성 있게 따라가면 그것이 놀랍도록 새로운 형식의 절대적인 것에 데려다준다는 것도 보여줄 현명한 방법을 찾아내는 데 자신의 상당한 사변적 재능을 바친다. 하지만 우리는 그 순환 논증이 정말로 보기만큼 확고한지 물을 수 있는데, 골드스미스 강연의 질의응답 시간이 마무리될 무렵에 브라지에가 바로 그 물음을 제기한다. 브라지에는 호기심을 자극하는 메이야수의 강연에 대하여 마땅한 찬사를 피력한 후에 단도직입적으로 묻는다. "저는 수행적 모순으로부터의 논증 ― 핵심적인 상관주의적 논증 ― 이 당신이 주장하고 있는 것처럼 보이는 만큼 강한지, 받아들이지 않을 수 없는지 의아스럽게 생각합니다."[17] 브라지에는 계속해서 나에게

---

16. 같은 글, 413.
17. 같은 글, 446~7.

언제나 강력한 이의라는 인상을 준 것을 진술한다.

그 주장은 상정되지 않은 무언가를 상정하는 것이 수행적 모순이라는 것입니다. 하지만 상관주의자는 상정된 실재적인 것과 상정되지 않은 실재적인 것 사이의 차이가 이미 이 개념에, 이런 상정 행위에 내재하여 있음을 알고 있다고 주장해야 합니다. 그러므로 달리 말해서 상관주의자는 어떻게 해서 어떤 무관심한 실재적인 것에 관한 개념과 그 무관심한 실재적인 것〔자체〕 사이에 아무 차이도 없다는 것을 알고 있습니까?[18]

한 가지 실례를 살펴보자. 누군가가 어떤 사과에 대하여 그것이 그것에 관한 우리 사유의 외부에 그 자체로 있는 그대로 말한다고 가정하자. 메이야수는 (나중에 그가 다른 이유로 결별한 상관주의자들과 마찬가지로) 이것을 '수행적 모순'이라고 일컫는다. 왜냐하면 사유 외부의 사과를 상정하는 사람은 그것을 사유하고 있기에 자기모순적이기 때문이다. 그런데 브라지에는, 이런 주장을 하려면 상관주의자는 우리가 사유의 외부에 있는 사물을 언급할 수 없다는 것 ― 내가 사과-자체를 말하고 있는 당사자이므로 그것은 실제로 또 하나의 나에-대한-사과에 지나지 않기에 '나에 대한 사과'와 '사과 자체'는 사실상 동일한 사물이라는

---

18. 같은 글, 447.

것 – 을 절대적으로 알고 있어야 한다는 이의를 제기한다. 이렇게 해서 이른바 상관주의자는 사실상 또 하나의 관념론자일 뿐이고, 따라서 관념론을 회피하면서 상관주의를 급진화하려는 메이야수의 노력은 불가능한 일이다.

메이야수의 응답은 브라지에에게 역습을 가하는 것이다. 요컨대 상관주의자는 무엇이든 '알고 있다'고 주장하지 않는다는 것과 외양과 즉자 사이에 차이가 있음을 알고 있다는 그릇된 주장을 피력하는 사람은 사실상 실재–자체에 대한 옹호자 – 예를 들면 칸트 – 라는 것을 메이야수는 주장한다.[19] 하지만 이런 주장에는 무언가 잘못된 것이 있으며, 그리고 그것은 메이야수의 체계 전체의 정합성에 위협을 제기할 만큼 중요하다. 왜냐하면 첫 번째 단계에서 상관주의자는 우리에–대한–사과를 말하는 것과 우리와 별개의 사과–자체를 말하는 것 사이에 아무 차이도 없다고 절대적으로 알고 있기 때문이다. 요컨대 '우리에 대한'이라는 구절이 여타의 진술과 마찬가지로 그 두 번째 진술에 자동으로 함축되고 제거될 수 없는데, 이는 마치 골드스미스 녹취록에 다시 실린 만화 「땡땡의 모험」의 한 장면에서 반창고가 아독 선장의 손가락으로부터 제거될 수 없는 것과 마찬가지다.[20] 그런데 아무튼 두 번째 단계에서 상관주의자는 사유 너머

---

19. 같은 글, 448.
20. 같은 글, 422.

에 무언가가 있는지 여부에 대하여 단적으로 확신하지 못하는 회의주의자다. 나의 입장에서 이것은 말장난도 아니고 사소한 문제도 아니다. 그 이유는 이것이 메이야수가 궁극적으로 우리를 상관주의에서 떼어내어 그 자신의 입장으로 데리고 가는 경로이기 때문이다. 우선 메이야수는 사유 너머에 자리하고 있는 것에 관해 묻는 것은 아무 의미도 없다고 주장함으로써 우리가 실재론뿐만 아니라 칸트의 '약한 상관주의'도 거부하게 한다. 왜냐하면 그렇게 묻는 것은 사유-외부의-사물의 지위를 부당하게 요구하는 모든 사람에게 일종의 '아독의 반창고'를 붙이는 것을 포함하기 때문이다. 누군가가 '사유 외부의 사과'를 말하지만 듣는 즉시 우리는 그것이 반창고가 부착된 사과임을 알아챈다. 우리가 생각하고자 하는 모든 것의 경우에도 사정은 마찬가지다. 이렇게 해서 메이야수는, 만약 그의 두 번째 조치(내가 보기에는 불가능한 조치)가 없었다면 우리가 사유 외부의 사과에 관해 생각할 수 없다고 해서 사유 외부의 사과 같은 것이 전혀 없는 것은 아니라는 기묘한 주장을 하는 절대적 관념론자가 될 위험에 놓일 것이다. 말하자면 우리는 반창고가 부착되지 않은 사과를 갖는다는 것이 뜻하는 바에 관해 생각조차 할 수 없지만 어딘가에 어쩌면 반창고가 부착되지 않은 사과가 여전히 있을 것인데, 결국에 지금까지 어떤 인간도 반창고가 없는 세계를 결코 탐사해 내지 못했다. 하지만 이런 주장은 유효하지 않다. 물자체에 대한 칸트주의적인 회의주의적 주장은 '존재하는 것은 반창고가 부착된 것이다'라는 버클리주의적 주장의 바로 뒤에 이어질 수 없다. 메이야수는 즉자에 관한 모든 이야기를 무의미한 것으로 배제한 다음에 아무튼 즉자가 현존할 것이라고 주장할 수는 없다. 도대체 이것은 무엇을 의미할 것인가? 게다가 메이야수가 자신의 절대주의적인 첫 번째 단계에 회의주의적인 두 번째 단계를 첨가할 수 없다면, 그는 상관주의적 순환을 수용함으로써 노골적인 관념론에 이르게 된다.[21]

이제 메이야수의 강연 중 두 번째 부분을 살펴보자. 그 부분은 더 일반적인 문제로 나아가기 전에 프랑수아 라뤼엘에 관한 논의로 시작된다. 유별나게 읽기 어렵게 글을 쓰는 철학자인 라뤼엘은 1970년대 이후로 다작의 저술가였지만 최근 들어서야 영어권 세계에서 유명한 인물이 되었다. 그의 가장 야심만만한 저작에 속하는 것은 『철학과 비철학』[22]과 『비철학의 원리』[23] 그리고 『안티 바디우』라는 더 유명한 당대의 철학자에 대한 도발적 논저가 있다. 사변적 실재론과 라뤼엘의 관계에 관한 물음은 충분히 제기할 만하다. 애초에 사변적 실재론을 온라인과 오프라인에서 지속적으로 비판함으로써 대중의 주목을 받게 된 라뤼엘 전문가인 앤서니 폴 스미스는 라뤼엘이 스스로 "하먼의 저

---

21. 이 쟁점에 관한 후속 논의에 대해서는 Harman, *Quentin Meillassoux*, 137~41을 보라.

22. * Francois Laruelle, *Philosophy and Non-Philosophy*.

23. * Francois Laruelle, *Principles of Non-Philosophy*.

작 혹은 마누엘 데란다의 저작이 출판되기 오래전에 … 적어도 일찍이 1981년에 일종의 '실재론적' 철학에 관심이 있었다"는 것을 드러냈다고 주장한다.[24] '실재론적'이라는 낱말에 붙은 경고 인용부호는 이미 라뤼엘의 실재론을 옹호하는 스미스의 변론이 빈약한 것임을 나타내는 표식이다. 그런데 더 흥미롭게도 같은 페이지에서 또 스미스는 라뤼엘이 드류 S. 버크와 가진 미발표 인터뷰에서 자신이 지금까지 "언제나, 제가 보기에 일종의 형이상학적 향수로 특징지어지는 〔사변적 실재론〕에서 멀어짐을 느꼈습니다"라고 말하는 것으로 인용한다.[25] 이 책에는 사변적 실재론에 대한 라뤼엘의 (혹은 바디우의, 혹은 라투르의) 관계를 철저히 논의하기 위한 여지가 없다. 단지 라뤼엘이 지금까지 언제나 사변적 실재론자 집단 자체 내에서 가장 극단적인 저자 중 한 사람이었다는 사실은 언급할 만하다. 골드스미스 워크숍이 개최될 무렵에 브라지에는 이미 라뤼엘의 '비철학'에 대한 옹호자로서 여러 해 동안 국제적으로 알려졌었다. 메이야수는 이런 비철학적 조류에 관하여 적극적으로 개진할 것이 전혀 없었던 한편으로 2011년에 나 자신은 라뤼엘의 『차이의 철학들』[26]에 대한 비판적인 서평 ─ 오늘날까지 스미스 및 다른 열광적인 지지

---

24. Anthony Paul Smith, *Francois Laruelle's* Principles of Non-Philosophy, 116.

25. 같은 곳.

26. * Francois Laruelle, *Philosophies of Difference*.

자들을 틀림없이 화나게 하는 서평 — 을 작성했다.[27]

『풀려난 허무』에서 브라지에는 라뤼엘의 '초험적 실재론'이 메이야수의 해법보다 상관주의를 벗어나는 더 좋은 방법이라는 주장을 제기했다. 골드스미스 워크숍에서 메이야수의 목표 중 하나는 이 주장에 반격하는 것이었다. 메이야수 자신의 표현대로 "〔브라지에〕는 라뤼엘이 철학이라고 일컫는 것이 제가 '상관주의'라고 일컫는 것과 동일시될 수 있다고 주장합니다. 그리하여 브라지에는 라뤼엘이 그의 비철학으로 지성적 직관의 부담은 지고 있더라도 저 자신의 판본보다 더 급진적이고 확실한 비상관주의를 고안한다고 주장합니다."[28] 지면 사정으로 우리는 라뤼엘에 반대하는 메이야수의 논증을 단계별로 따라갈 수 없기에 우리의 논의를 메이야수의 가장 기본적인 논점들에 한정해야 한다. 메이야수가 진술하는 대로 그의 목표는 "라뤼엘의 입장을 상관주의적 방식으로 재구성함으로써 라뤼엘이 '실재계'라고 일컫는 것이 상정된 실재계에 지나지 않는다는 것과 비철학에 의해 고안된 개념들이 이 모순을 없앨 수 없는 채로 단지 이행할 뿐이라는 것을 보여주는 것입니다."[29] 이런 재구성의 결과는 놀랍지 않을 것이다. 그 이유는 앞서 우리가 이미 메이야수가 자신이 타도하고자 하는 상관주의적 순환을 높이 찬

---

27. Graham Harman, "Francois Laruelle, *Philosophies of Difference*."
28. Brassier, Grant, Harman, and Meillassoux, "Speculative Realism," 416.
29. 같은 글, 418.

양함을 알게 되었기 때문이다. "실재계는 〔철학을 진전시키는〕 객체성의 순환과 근본적으로 무관하며 독립적이라고 〔라뤼엘〕은 말합니다."[30] 그다음에 모순적 수행이라는 주제 음악이 삽입된다. "〔라뤼엘〕은 실재계가 사유에 선행하며 — 특히 철학적 사유에 선행하며 — 사유와 무관하다고 말하지만, 그가 행하는 것의 순서는 자신이 말하는 것의 정반대입니다. 그는 사유함으로써 시작합니다 … 실재계는 사실상 사유에 의존하는 실재계에 관한 개념입니다 … ."[31] 계속해서 메이야수는 내가 보기에 올바르게도 라뤼엘의 유명한 용어 '비철학'에 의심을 드리우는데, 비트겐슈타인에서 하이데거를 거쳐 그들보다 못한 다수 인물에 이르기까지 철학을 끝내 버렸다는 주장은 아주 많지 않은가? 그런데 이것이 바로 라뤼엘이 해냈다고 주장하는 것이다. 우리는 "실재계의 공리 아래서 사유하기 위해" 객체성의 순환을 버림으로써 비철학자가 되고, "그리하여 사유는 자신을 실재계에 의해 최종-심급에서-규정된 것으로 인식한다고 라뤼엘은 말합니다. 즉, 사유는 자신을 근본적으로 자율적이라기보다는 오히려 상대적으로 자율적이라고 인식합니다."[32] 메이야수는 라뤼엘이 그렇게 해서 상관주의를 벗어나지 못했다는 결론을 내린다. 왜냐하면 라뤼엘은 여타 사람과 마찬가지로 '상정된' 실재에 이르렀

---

30. 같은 곳.
31. 같은 글, 419.
32. 같은 글, 420.

을 따름이고 그렇지 않다는 그의 주장은 논변이라기보다는 한낱 강경책의 결과에 지나지 않기 때문이다. 하지만 사실상 이런 결론은 단지 우리가 상관주의적 순환이 철학적 사변의 벗어날 수 없는 애초의 지평이라는 메이야수의 의견에 동의할 때에만 성립한다. 게다가 이 점에 관해서 나는 오히려 라뤼엘과 브라지에의 편에 선다. 다만 나는, 소크라테스조차도 이미 상관주의적 순환에 의해 규정되기보다는 오히려 실재계에 의해 규정되었다는 사실에도 불구하고 '철학'은 '비철학'으로 대체되어야 한다는 라뤼엘의 주장을 비롯한 그 처리 방식에 반대할 따름이다. 더욱이 라뤼엘은 실재계를 분절되지 않고 즉시 식별 가능한 일자로 여기는 경향 – OOO는 분명히 승인할 수 없는 경향 – 도 지니고 있다.

어쨌든 메이야수는 또한 이 기회를 이용하여 상정되지 않은 실재계에 반드시 이르지 못할 것이라는 자신의 추정에 라뤼엘이 반응할 방식에 대하여 불평한다. 우리가 언급하는 실재계는 우리에 대한 실재계에 지나지 않는다는 상관주의자의 주장에 맞서 이길 수 없음을 간파한 다음에 라뤼엘은 자신의 비철학을 수용하지 않는 독자의 '저항'을 비난하게 될 것이다. 사실상 메이야수는 이런 태도를 그가 독특하게 강력한 논증을 갖추고 있다고 여기는 상관주의자와 마주치는 거의 모든 사람의 개연적인 반응으로 여긴다. 메이야수는 "이런 순환이 단조로울뿐더러 명백히 가차 없는 것이기도 하다"라는 점을 인정한다.[33] "그것은 지루하고 짜증 나게 하는 바로 그런 이의 제기입니다. 여러분이 X를 상정한다면 그때 여러분은 X를 상정합니다. 때때로 우리는 〔심지어〕 다음과 같이 격분케 하는 상황과 마주칩니다. 어떤 멋지고 미묘하며 흥미로운 이론이 한 우둔한 적이 제기한 주지의 사소한 논증으로 쉽게 논박당합니다."[34] 그런 상황에서 칸트 이후의 실재론자는 지치고 몹시 화가 나게 되면서 마치 반창고를 자신의 손가락에서 제거할 수 없는 상황에 부닥친 아둔 선장처럼 행동할 것이다.

그러므로 메이야수에 따르면 철학의 아둔 선장은 '이탈의 논리'밖에 남지 않게 되기에 상관주의적 논증을 논박하지 않은 채로 내버려 두고 떠날 어떤 방법을 찾게 된다. 메이야수는 이런 노력이 근대에서 두 가지 주요한 형식을 취한다고 말한다. 첫 번째 것은 메이야수가 '풍요로운 어딘가 다른 곳'의 신조라고 일컫는 것이다. 역사적 일례로서 "쇼펜하우어는 유아론이 뚫고 들어갈 수 없을 뿐만 아니라 공격하는 것이 무의미하기도 한 요새라고 말했습니다. 그 이유는 그것이 텅 비어 있기 때문입니다. 유아론은 아무도 논박할 수 없는 철학이지만 한편으로 아무도 믿을 수 없는 철학이기도 합니다. 그래서 그 요새를 그냥 그대로 내버려 두고 광대한 세계를 탐구합시다!"[35] 간접적으로

33. 같은 글, 421.
34. 같은 곳.
35. 같은 글, 423.

OOO를 겨냥하는 것처럼 보이는 비판적 진술에서 메이야수는 이 전략을 "사물의 생산적인 구체성의 수사법, 반복적인 궤변에 대한 묘사와 문체의 복수"라고 일컫는다.[36] "때때로 라투르는 그런 식으로 상관주의와의 모든 연계를 단절하며, 그것도 많은 재능과 유머를 발휘하면서 그렇게 합니다."[37] 여기저기에 흩어져 있는 찬사에 속지 말아야 한다. 메이야수는 '풍요로운 어딘가 다른 곳'에 대한 어떤 호소도 적을 다루는 하위철학적인 방식이라고 확고히 믿고 있다. '이탈의 논리'의 두 번째 형식은 훨씬 더 잘못된 것처럼 들리며, 적의 동기를 비난하는 데 있다. 메이야수는 이 전략의 근원을 해당 적의 견해를 계급이익이나 기형의 리비도에 귀속시킬 때의 맑스와 프로이트처럼 위대한 인물들로까지 거슬러 올라간다.[38] 철학은 오로지 논증에만 집중해야 하기에 성급한 좌절이나 외부 동기에 대한 의심으로 퇴행하는 것은 용납될 수 없다.

그런데 나는 어떤 빈정댐의 기미도 없이 조리 있는 논증에 대한 메이야수의 이런 신념이 윤리적으로 매우 고상한 것처럼 들려서 어쩌면 우리는 단순히 수치심에서 그 진실성을 수용할 위험에 놓일 수 있다고 말할 것이다. 특히 이것은 '논증'이 철학에서 중요한 유일한 것이라는 개념으로 수십 년 동안 우리를

---

36. 같은 곳.
37. 같은 곳.
38. 같은 글, 424.

위협한 분석철학이 지배하는 영어권 국가들이나 여타 국가에서 살아가는 사람들의 경우에 사실이다. 메이야수의 경우에 이런 사고방식에 대한 모델은 분석철학이 아니라 수학이다. 그다음 쪽에서 메이야수는 이것을 우리에게 주지시킨다. "〔상관주의적〕 순환 논증은 정말로 하나의 논증이기에 그런 식으로 여겨져야 합니다. 여러분은 수학자들이 필시 아프거나 혹은 좌절당한 리비도로 가득 차 있을 것이라는 이유로 수학적 증명을 논박하지 않습니다. 여러분은 자신이 논박하는 것을 논박할 따름입니다."[39] 그런데 메이야수와 그의 스승 바디우가 종종 매우 급하게 단언하는 대로 수학이 철학이 행하는 것에 대한 정말로 좋은 비유일까? 나는 그렇게 생각하지 않으며, 그리고 『네트워크의 군주』라는 나의 책에서 상세히 논의된 대로 나와 같은 의견을 개진하는 한 위대한 철학자는 화이트헤드다.[40] 화이트헤드에게서 인용할 가치가 있는 첫 번째 적절한 원리는 이렇다. "철학의 체계는 절대 반박되지 않고 버려질 뿐이다."[41] 화이트헤드가 옳다면 ─ 그리고 나는 그가 옳다고 생각한다 ─ 이런저런 입장을 반박하는 '결정적 논증'을 찾아내는 것에 대한 분석철학자들의 강박은 요점을 놓친다. 존재는 존재하고 비존재는 존재하지 않

---

39. 같은 글, 426.

40. Graham Harman, *Prince of Networks*, 167ff. [그레이엄 하먼, 『네트워크의 군주』.]

41. Whitehead, *Process and Reality*, 6. [화이트헤드, 『과정과 실재』.]

는다는 파르메니데스의 철학은 이후의 어느 그리스 사상가가 그 철학을 반박하는 어떤 통렬한 논증으로 인해 버려진 것이 아니라 오히려 단순하고 빈약한 그 철학이 대부분의 실재를 고려하지 않기에 버려졌다. 달리 말해서 파르메니데스는 그가 다루지 못한 '풍요로운 어딘가 다른 곳'에 대한 호소로 쉽게 공격당한다. 철학자들은 단지 논리적 오류만을 저지르지 않는다. 훨씬 더 중요하게도 그들은 또한 대부분의 실재를 고려하지 못한다. 화이트헤드는 이 점을 직접 언급한다. "논리적 모순은 가장 불필요한 오류이고 대개는 사소한 오류다. 그러므로 비판을 받은 후에 체계는 단지 비논리적인 것만 드러내지 않는다. 체계는 불충분성과 부정합성에 시달린다."[42] 두 쪽 뒤에서 화이트헤드는 훨씬 더 핵심을 찌른다. "수학의 주요 방법은 연역이고, 〔이와는 대조적으로〕 철학의 주요 방법은 서술적 일반화다. 수학의 영향을 받음으로써 연역은 일반적인 것의 범위를 시험하는 데 필요한 보조적인 검증 방식이라는 자신의 진정한 역할에 전념하기는커녕 철학의 표준적인 방법으로 철학에 부당하게 삽입되었다."[43] 우리는 계속해서 '논증'이 철학에서 중요한 유일한 것이라는 개념과 관련하여 잘못된 많은 점에 관하여 상세히 논의할 수 있을 것이다. 그런데 또한 우리는 도대체 아무 논증도 전개

---

42. 같은 곳. [같은 곳.]
43. 같은 책, 8. [같은 책.]

하지 않은 채로 강력한 철학적 진술을 개진할 수 있음을 지적해야 한다. 대중문화에 진입하여 만연하는 상투적인 문구가 되어버린 니체의 가장 고무적인 경구적 진술 중 하나를 살펴보자. "나를 죽이지 않는 것은 나를 더욱 강하게 만든다."[44] 추정컨대 이 진술에 대하여 어떤 '논증'이 제시될 수 있을지라도 그것은 단지 니체의 독창적인 비논증적 단언을 터무니없이 손상할 뿐이다. 어쩌면 그 논증은 다음과 같은 노선을 따를 것이다. "당신이 상처에 견뎌 살아남는 한 당신은 그것으로부터 배워서 미래의 재난을 더 잘 견뎌낼 수 있게 된다. 그것을 개인적 성장을 위한 기회로 여기자. 그리하여 당신이 그것에 관해 생각해보면, 당신을 죽이지 않는 것은 사실상 당신을 더욱 강하게 만든다." 하나의 논증으로 진술될 때 초인의 격렬한 외침은 한낱 통속적인 평범한 것으로 환원되었을 뿐이다. 시중에는 수천 개의 강력하고 심지어 '결정타'인 논증이 유통되지만 궁극적으로는 단지 소수의 논증만이 우리에게 상당한 반향을 일으켜서 우리 자신의 철학을 세우는 기초가 된다.

또한 아무도 모든 논증을 동등하게 여기지 않는다는 사실이 있는데, 그것은 단지 타락하고 편협한 인간 본성 때문만이 아니다. 당신이 무신론자라면 당신은 기적에 관한 모든 보

---

44. Friedrich Nietzsche, *Twilight of the Idols*, 6. [프리드리히 니체, 『우상의 황혼』.]

도 – 외관상 그 근거가 아무리 탄탄하더라도 – 에 엄청난 반감을 품을 것이다. 당신이 그리스도교인이라면 사실상 상황은 정반대일 것이다. 주관적인 의식적 경험을 설명하기와 관련된 실제적인 '어려운 문제'는 없다는 자신의 견해에 헌신적인 철학자 대니얼 데닛은 데이비드 차머스가 제기하는 가장 강력한 반대 논증에도 전혀 꼼짝하지 않는다.[45] 메이야수 자신은 언제나 몹시 급하게 상관주의적 순환의 강점으로 추정되는 것에 대한 모든 이의에 대응한다. 우리가 자신 앞에 놓여 있는 모든 논증을 마치 그것들이 원칙적으로 동등한 것처럼 하나씩 신중히 검토한 다음에 최선의 논증을 선택하는 것은 단적으로 사실이 아니다. 우리는 결코 우리 눈앞에 제기되는 모든 테제를 각각 끈기 있게 검토하는 일에 전념하지 않는다. 오히려 우리는 상황이 진실성을 갖추고 있는 경우에 외관상 어떠해야 하는지에 대하여 각자 자신이 생각하는 일반적인 방식을 신봉한다. 지적 생활에 대한 메이야수의 선호 모델인 수학에서는 사정이 노골적으로 이러한 것처럼 보이지는 않지만, 그런 사정은 과학철학에서 잘 알려진 사실이다. 임레 라카토슈[1922-1974]는 우리가 모두 어떻게 해서 점진적인 결정타 논증에 전념하기보다는 오히려 연구 프로그램에 전념하는 경향이 있는지에 관한 멋진 글을 적었다. 우리는 강한 이의와 비정상적인 것들의 와중에도 이들 프로그램을 고

---

45. David Chalmers, *The Conscious Mind*.

수하며, 오직 우리의 선호 프로그램이 쇠퇴하고 있는 것처럼 보일 때에만 그것을 포기한다.[46]

이제 '이탈의 논리'에 관한 메이야수의 두 번째 실례, 즉 적의 동기를 의문시하기를 살펴보자. 어떤 의미에서 인신공격이 토론에서 제일 회피된다는 것은 확실히 사실이다. 하지만 동기를 절대 고려하지 말아야 한다고 주장하는 것은 위선일 것이다. (도미니코회 수도사) 성 토마스 아퀴나스의 지정된 질료materia signata와 이 이론에 대한 (예수회 수도사) 프란시스코 수아레스의 거부에 관하여 논쟁을 벌이고 있는 두 명의 화난 가톨릭 신부를 목격한다고 가정하자. 나중에 누군가가 첫 번째 신부는 도미니코회 소속이고 두 번째 신부는 예수회 소속이라고 당신에게 말해준다. 이것은 유용한 정보다. 왜냐하면 이제 당신은 순전히 지적 논쟁인 것처럼 보였던 것이 필시 각각의 신부가 자신이 소속된 교단의 철학적 영웅을 옹호하는 것과 많이 관련되어 있었다고 예상할 수 있음을 깨닫게 되기 때문이다. 혹은 누군가가 명백히 합리적이지만 매우 화난 어조로 도덕법칙은 전혀 없고 "힘이 곧 정의다"라고 주장하며, 그리고 당신은 우연히 그가 폭력적인 갱 활동의 파란만장한 배경을 지니고 있고 적어도 한 건의 살인 혐의를 받은 적이 있음을 알게 되었다고 가정하자. 메

---

46. Imre Lakatos, *The Methodology of Scientific Research Programmes*. [임레 라카토슈, 『과학적 연구 프로그램의 방법론』.]

이야수의 경우에도 철학은 온전히 증명과 논박의 문제라고 주장하는 그의 동기 중 일부를 아는 것은 유익하다. 한편으로 메이야수는 합리주의자이기에 철학은 합리주의가 아닐 때마다 탈선하여 도랑에 빠져 버린다고 가정한다. 다른 한편으로 화이트헤드와 달리 메이야수는 본질적으로 철학이 바로 확고부동한 제일 원리들에서 연역하는 문제라고 생각하고, 게다가 메이야수에게서는 상관주의적 순환이 모든 제일 원리의 첫 번째 원리로서의 역할을 수행한다. 그 원리는 '소박한 실재론자'로서의 삶을 영위하는 형벌 아래서 극복되어야 하는 것이다. 어쩌면 동기와 관련된 주장이 정신을 산만하게 하거나 심지어 공격적인 순간도 있을 것이기에 그런 경우에는 이런 주장이 철저히 억제되어야 한다. 하지만 동기를 절대 언급하지 말아야 한다는 관념은 본질적으로 철학에는 수사법을 위한 여지가 전혀 없다는 주장에 해당하는데, 이것은 그 자체로 합리주의적 편견이다.

메이야수의 철학에서 작동하는 데카르트주의적 이원론에 관해 말하자면, 논의가 진전되기 전에 특히 언급되어야만 하는 술책이 있다. 문제의 구절은 다음과 같다. "그런데 두 가지 주요한 형식의 절대적인 것이 있습니다. 하나는 실재론적인 것으로, 그것에 대한 우리의 접근과 독립적인 사유하지-않는 실재입니다. 다른 하나는 관념론적인 것으로, 상관물 자체의 절대화입니다."[47] 메이야수는 본질적으로 자신을 틀림없이 헤겔 — 그의 철학에서는 사유-세계 상관물이 칸트가 주장하는 대로 유한하지 않다 – 로 전환할 관념론적 형식의 절대적인 것에 도달하고 싶기보다는 오히려 두 개의 대립하는 극이 더 상위의 개념적 통일 속에서 지양되는 무한한 관계에 도달하고 싶은 소망을 품고 있다. 그리하여 메이야수의 목표는 실재론적 형식의 절대적인 것을 획득하는 것이다. 여기서 그는 그것을 우리의 접근과 독립적인 '사유하지-않는' 실재라고 일컫는다. 그런데 메이야수가 논쟁의 용어들을 조용히 바꾸어 버렸음을 인식하자. 실재론적 형식의 절대적인 것은 우리가 접근할 수 없는 비-사유 실재, 즉 누군가가 그것에 관해 생각하고 있든 말든 간에 현존하는 실재인 것으로 가정되었다. 하지만 또한 갑자기 메이야수는 우리가 우리 마음의 외부에 현존하기를 바라는 많은 사물이 우리의 동료 인간이라는 점에 신경을 쓸 뿐만 아니라, 우리가 그들이 사유하는 사물인 것으로 판명되기를 바라지만 실재론적 형식의 절대적인 것은 사유하지-않는 절대적인 것이라는 점에도 신경을 쓴다. 여기서 메이야수가 행하는 것은 까닭 없는 분류법, 즉 사유하는 일종의 사물(마음)이 있고 사유하지 않는 다른 일종의 사물(죽은 물질)이 있다는 분류법을 논의에 몰래 도입하는 것이다. 이 분류법은 사변적 실재론에 영향을 미칠 것이다. 왜냐하면 겨우 몇 년 후에 메이야수는 2012년에 행한 멋진 강연에서 이 원리

47. Brassier, Grant, Harman, and Meillassoux, "Speculative Realism," 427. 강조가 첨가됨.

를 채용하여 그랜트의 철학과 OOO가 생기론적 '주체주의'이기에 상관주의를 극복하는 정당한 방법이 아니라고 주장할 것이기 때문이다.[48] 메이야수의 경우에 상관주의를 극복하려면 합리주의적 연역에 의거하여 데카르트주의적 마음-물질 이원론에 이를 수밖에 없는데, 그렇지 않다면 도대체 아무 해결책도 없다.

1절의 연습문제

1) 메이야수가 '상관주의'로 뜻하는 바는 무엇이며, 그리고 그것은 왜 사변적 실재론에 매우 중요한 용어인가?

2) 메이야수는 왜 궁극적으로 '상관주의적 순환'을 벗어나기를 바라는 데도 그것이 매우 강력한 논증이라고 깨닫는가?

3) 브라지에는 왜 메이야수가 상관주의적 순환을 지지하는 논증으로서 '수행적 모순'에 의존하는 태도를 거부하는 경향이 있는가?

4) 어떤 이유로 인해 메이야수는 라뤼엘이 상관주의를 용케 벗어난다는 브라지에의 주장을 무시하는가?

5) 수학과 마찬가지로 철학에서도 논증은 논의로부터의 '이탈'로 대응되지 않고 오로지 반대 논증으로 대응되어야 한다고 메이야수는 단호하게 주장한다. 이 원칙을 준수하지 못하는

---

48. Quentin Meillassoux, "Iteration, Reiteration, Repetition."

데서 비롯될 것이라고 메이야수가 우려하는 두 가지 형식의 하위철학적인 공격은 무엇인가?

2. 메이야수의 『유한성 이후』

메이야수의 놀라운 첫 저서는 지금까지 사변적 실재론에서 이루어진 가장 유명한 개인적 업적이다. 그 책이 출판된 지 처음 10년 동안 10여 개의 언어로 번역된 사실에서 알 수 있듯이 그것은 빠르게 국제적인 찬사를 받았다. 메이야수에 관한 나 자신의 책이 이미 『유한성 이후』를 철저히 다루고 있지만 그 책은 여기서 가볍게 얼버무리고 넘어가기에는 사변적 실재론의 기원에 너무나 핵심적이다. 이런 까닭에 나는 참신한 논의를 촉발하리라 희망하는 몇 가지 비판적 진술을 제기하면서 명쾌한 논증이 전개된 이 책의 다섯 장 모두를 살펴볼 것이다.

그 책의 서두에서는 근대 철학의 고전적 구분 중 하나를 되살리자는 의견이 제안된다. "제1성질과 제2성질에 관한 이론은 돌이킬 수 없게 시효를 상실한 철학적 과거에 속하는 것처럼 보인다. 지금이 그것을 복권할 때다."[49] 그 구분은 이미 데카르트에게서 그 맹아를 찾아볼 수 있지만 일반적으로 그것에 대한 영예는 로크에게 주어진다. 그 구분의 배후에 있는 관념은 사물

---

49. Meillassoux, *After Finitude*, 1. [메이야수, 『유한성 이후』.]

의 어떤 특성들 – 맛, 색깔, 냄새, 질감 – 이 사물 자체 속에 현존하지 않고 오히려 우리가 사물과 맺은 관계 속에 현존한다는 것이다. 이것들이 이른바 제2성질이다. 우리가 그것들을 자각하든 말든 간에 현존한다고 하는 제1성질에는 "길이, 너비, 운동, 깊이, 형태, 크기" 같은 사물의 면모들이 포함된다.[50] 이것들은 순전히 물리적이고 비주관적인 특성이기에 관찰자가 있을 필요가 없다. 이른바 제1성질도 어떤 인간의 마음이나 신의 마음에 의해 목격될 때에만 현존하기에 제1성질 역시 사실상 제2성질이라고 주장함으로써 이 이론에 최초로 결정적인 이의를 제기한 인물은 버클리였다. 그 이론의 최종 죽음은 명백히 칸트에 의해 고지되었다. 칸트는 "길이, 너비, 운동, 깊이, 형태, 크기"를 사물의 직접 인식 가능한 실재적인 외부적 특성으로 여기지 않고 오히려 단지 우리의 순수한 시공간적 직관과 오성 범주들의 생산물로 여겼다. 그 이후로 적어도 대륙적 전통에서는 제2/관계적 성질과 구분되는 것으로서의 제1성질의 현존과 인식 가능성을 천명하는 철학자가 드물었다. 이런 상황에 대한 메이야수의 태도는 역설적이며, 그리고 그 역설로 인해 그의 철학은 독특한 경향을 나타내게 된다. 왜냐하면 한편으로 메이야수는 실제로 있는 그대로의 사물이 지닌 제1성질을 직접 인식할 수 있다고 생각하면서도, 다른 한편으로 그는 제1성질 대 제2성질 구분을

---

50. 같은 책, 3. [같은 책.]

먼저 없애 버린 상관주의적 이의에 동의하기 때문이다. 이들 논점을 하나씩 차례로 살펴보자.

메이야수는 『유한성 이후』의 악당이라고 해도 무방한 칸트보다 데카르트에게 더 공감한다고 말하는 것이 온당하다. 메이야수는 어떤 성질이 제1성질로 서술될 수 있는지에 대한 데카르트의 평결에는 동의하지 않더라도 제1성질에 관한 데카르트의 이론은 되살리기를 바란다. 메이야수가 서술하는 대로 "데카르트의 테제를 현대적 견지에서 재활성화하기 위해…다음과 같이 주장하자. 수학적 용어로 공식화될 수 있는 객체의 모든 측면은 객체 자체의 특성으로 유의미하게 여겨질 수 있다."[51] 존재론은 본질적으로 수학적이라고 주장하는 그의 스승 바디우와 마찬가지로 메이야수는 수학(관념적인 것)이 도대체 어떻게 해서 그것이 서술하는 사물(실재적인 것)에 정확히 대응할 수 있는지에 관한 문제에 직면한다. 메이야수는 자신의 수학주의에 한계를 설정함으로써 이 점에 대한 이의 제기를 미연에 방지하고자 한다. 1장의 뒷부분에서 메이야수는 어느 물리학자가 40억 년보다 더 이전의 시점(모든 사유가 현존하기 이전의 '선조적' 시간)에 일어난 지구의 집적을 서술할 방식에 관해 언급하면서 다음과 같이 진술한다.

---

51. 같은 곳.

우리의 물리학자는 물질에 관한 데카르트의 테제를 지지하고 있지만 피타고라스의 테제 ― 그 주장은 〔지구의〕 집적의 존재가 본질적으로 수학적이라는 것이 아니라 오히려 선조적 진술에 사용된 수나 방정식들이 그 자체로 현존한다는 것이다 ― 를 지지하고 있는 것은 아니라는 점을 인식하는 것이 중요하다. 그 이유는 그렇다면 그 집적이 여러모로 수 혹은 방정식만큼이나 관념적인 실재라고 말해야 할 것이기 때문이다.[52]

그렇다면 지구의 현실적 집적과 이 과정의 제1성질들을 적절히 서술하는 수학 사이의 차이는 무엇인가? 데카르트의 경우에 그 차이는, 현실적 집적은 연장된 것$^{res\ extensa}$, 즉 죽은 물리적 물질에서 일어나는 반면에 그것에 관한 수학적 서술은 사유하는 것$^{res\ cogitans}$, 즉 인간 사유로 알려진 생각하는 실체에서 일어난다는 것이다. 「반복, 재반복, 재현」이라는 제목의 2012년 베를린 강연에서 메이야수 자신도 데카르트와 동일한 해결책에 의지한다. 수학이 주로 서술하는 것은 사유와 대립적인 것으로서의 '죽은 물질'의 실재인데, 그 실재는 단지 '무의미한 기호'로서 그런 물질에 내재하는 형상을 가리킬 따름이다. 이와는 대조적으로 메이야수의 주장에 따르면 그랜트와 OOO는 의인화된 특성을 죽은 물질에 투사하는 '주체적' 생기론의 잘못을

---

52. 같은 책, 12. [같은 책.]

저지른다. 이 주장의 중요성은 이루 말할 수가 없다. 메이야수는 수학주의자인 동시에 실재론자(혹은 적어도 '유물론자')이기를 바라기에 실재를 그것에 관한 우리의 수학적 서술에서 분리하기 위해 죽은 물질이라는 개념이 필요하다. 그러므로 메이야수는 자신의 기본적으로 데카르트주의적인 사유와 죽은 물질의 이원론이 우세할 수 있도록 그랜트와 OOO를 통제 불능의 생기론자들로 묘사해야 한다. 수학 덕분에 메이야수는 그 자체로 있는 그대로의 사물이 지닌 제1성질을 직접 인식할 수 있게됨이 틀림없는데, 이것이 바로 브라지에(그리고 OOO)로 하여금 크게 신경 쓰이게 하는 이른바 '지성적 직관'이다.

이제 그 역설의 두 번째 가지를 살펴보자. 왜냐하면 메이야수가 수학지향적 실재론자로 자처한다면 그는 여전히 통상적으로 '소박한' 실재론으로 일컬어지는 것을 비난할 수밖에 없다. 그의 골드스미스 강연을 논의하면서 알게 된 대로 메이야수는 제1성질에 대한 반대 논증이 매우 강하여 그것을 극복하는 데에는 어떤 지적 수완이 필요하다고 생각한다. 우리는 사유 외부의 사물을 즉시 사유로 전환하지 않은 채로 생각할 수 없다. 이것은 메이야수가 독일 관념론의 위대한 인물들에게서 차용하는 논증이다. "우리는 '즉자'를 '우리에 대한' 것이 되게 하지 않은 채로 표상할 수 없거나, 혹은 헤겔이 재미있게 서술하는 대로 우리는 객체가 그 자체로 무엇인지 알아내기 위해 '등 뒤에서' 객체에 '몰래 다가갈' 수 없다."[53] 앞서 우리는 이런 곤경을 가리키는 메이야수의 이미 유명한 용어가 '상관주의적 순환'이라는 것을 알았다. 메이야수가 그 용어를 처음 도입할 때 진술한 대로 "칸트 이후 근대 철학의 중심 개념은 상관관계라는 개념인 것처럼 보인다… 그 관념에 따르면 우리는 언제나 단지 사유와 존재 사이의 상관관계에만 접근할 수 있으며, 서로 별개로 고려되는 각각의 항에는 결코 접근할 수 없다. 그러므로 우리는 그렇게 규정된 상관관계의 넘어설 수 없는 특질을 유지하는 모든 사조를 상관주의라고 일컬을 것이다."[54] 메이야수의 주장에 따르면 당신이 소박한 실재론자이기를 바라지 않는다면 당신은 상관주의적 순환의 고난을 감수하고서 살아남아 반대편으로 탈출할 수밖에 없다. 이렇게 해서 사물의 제1성질은 수학화될 수 있는 것이라는 메이야수의 주장이 사뭇 다른 특색을 띠게 된다. 그 이유는 우리가 그것을 수학화하는 도중에 더는 상관주의적 순환의 외부에 있는 사물에 직접 접근할 수 없기 때문이다. 역사적으로 말하자면 "칸트에 이르기까지 철학의 주요 문제 중 하나는 실체를 생각하는 것이었던 반면에 칸트 이후로 줄곧 그것은 상관관계를 생각하고자 하는 것에 있었다."[55] 이런 상황을 고려하면 우리는 결코 '우리에 대하여' 그러한 사물이 아니라 실제로 있는 그대로의 사물을 어떻게 수학화할 수 있을까? 이

---

53. 같은 책, 4. [같은 책.]
54. 같은 책, 5. [같은 책.]
55. 같은 책, 6. [같은 책.]

것이 메이야수 철학의 전개를 전례가 없는 방향으로 견인하여 매우 놀라운 결과를 낳는 중심 역설이다.

그런데 주류의 대륙철학자들이 메이야수의 책을 처음 읽을 때 일반적으로 일어나는 일은 그들이 손을 저으면서 '상관주의'라는 용어를 일축하는 것이다. 어쨌든 지난 수십 년 동안 실재론과 관념론에 관한 물음은 '사이비 문제'로 인식된 것으로 보인다. 더욱이 상관주의는 메이야수 주장에 대한 대륙적 비판자들이 이미 실재론과 관념론 '너머에' 자리하고 있다는 바로 그 입장이다. 불행하게도 이런 난국에 대한 대부분의 비난을 받을 만한 것은 내가 선호하는 현대의 학파, 즉 현상학이다. 후설의 경우에 객체 — 까마귀, 우편함, 상상된 켄타우로스의 전투 — 를 지향할 때 우리는 언제나 이미 우리 마음의 외부에 있다. 하지만 사유 외부의 세계에 대한 이런 추정상의 접근은 사실상(그리고 나는 메이야수에게 동의한다) 실재적 객체들이 아니라 상관관계적 객체들 사이에 갇혀 있는 것에 불과하다. 현상학과 같은 사례에서 "〔그〕 외계의 공간은 한낱 우리가 마주 대하는 것의 공간, 우리의 고유한 실존의 상관물로서만 현존하는 것의 공간에 지나지 않는다."[56] 내 앞에 있는 맛있는 수박은 그 자체로 인식되지 않고 오히려 우리 마음 앞에서 전개되는 일련의 외양의 본질적인 중핵일 따름이다. 그 장면에서 모든 마음이 제거

---

56. 같은 책, 7. [같은 책.]

된다면 그 수박은 현존하지 않게 된다. 왜냐하면 어떤 관찰자와의 가능한 상관관계의 외부에 수박-자체가 전혀 없기 때문이다.『논리 연구』에서 후설은 적어도 원칙적으로 마음에 의한 어떤 행위의 대상이 아닌 무언가가 현존한다고 가정하는 것은 터무니없을 것이라고 진술하는 것으로 유명하다. 하이데거의 경우에도 사정은 마찬가지다. 그 이유는 그의 유명한 용어 에라이그니스Ereignis(사건)가 "존재도 인간도 '즉자적으로' 존속하는 것으로 상정될 수 없"는 "공속"을 요구하기 때문이다.[57] 그 점을 입증하기 위해서는 에라이그니스에 관한 하이데거의 수수께끼 같은 구절들을 철저히 검토할 필요가 없다. 왜냐하면『존재와 시간』에서도 세계는 이미 인간 현존재의 상관물일 따름이기 때문이다. 이처럼 한낱 현상학적 전통의 상관물-객체에 불과한 것들 대신에 오히려 우리는 "거대한 야외, 전前 비판적 사상가들의 절대적 외부"로 다시 나가야 하지 않겠는가?[58]

이 방향으로 나아가는 메이야수의 첫 번째 조치는 그가 "선조성"과 "원화석"이라는 용어들을 고안할 때 이루어진다.[59] 메이야수는 우리가 어떤 단순한 과학적 연표 ─ 135억 년 전 우주의 탄생, 45억 6천만 년 전 지구의 형성, 35억 년 전 지구 생명의 최초 출현, 그리고 겨우 2백만 년 전 현생 인류를 닮은 생명체의 물리적 기

---

57. 같은 책, 8. [같은 책.]
58. 같은 책, 7. [같은 책.]
59. 같은 책, 10. [같은 책.]

원 ― 를 살펴보도록 요청한다. 이들 연대 중 첫 번째 세 가지는 적어도 모든 의식에 선재하는 시간을 가리키고, 따라서 메이야 수는 그것들을 '선조적'이라고 일컫는다. 관련된 용어로서 메이야수는 "어떤 선조적 실재 혹은 사건의 현존을 가리키는 물질, 즉 지구 생명에 선행하는 것"을 나타내기 위해 "원화석"을 언급한다.[60] 그런데 선조성과 원화석은 상관주의자의 입장에 무엇을 행하는가? 여기서 메이야수는 종종 과학이 아무튼 상관물을 '반증'한다고 주장하는 것으로 오해받는다. 그것은 단적으로 사실이 아니다. 메이야수는 상관주의적 논증을 너무나 많이 존중하기에 그런 주장은 참일 수가 없다. 결국에 상관주의자는 언제나 인간 이전 연대에 관한 이들 진술을 우리에 대한 인간 이전 연대로 전환할 수 있고, 그리하여 과학의 직서적 주장은 더 포괄적인 상관주의적 존재론에 의해 포섭된다. 우리가 "사건 Y는 인간이 출현하기 X년 전에 일어났다"라는 형식의 진술을 가정하면[61] 상관주의자는 그저 그것에 '우리에 대한'이라는 조건을 덧붙일 것이다. 예를 들면 빅뱅은 인간에 대해서 인간이 출현하기 135억 년 전에 일어났다고 할 것이다. 상관주의자의 경우에 "존재는 소여에 선행하지 않고, 존재는 소여에 선행하는 것으로서 나타난다."[62] 단순히 선조적 과거에 관한 과학적으로 결정된 사

---

60. 같은 곳.
61. 같은 책, 13. [같은 책.]
62. 같은 책, 14. [같은 책.]

실을 주장함으로써 상관주의자들을 이 입장에서 벗어나게 할 방법은 전혀 없다. 왜냐하면 그들은 언제나 선조적 과거를 상관주의적 견지에서 해석할 수 있기 때문이다. 그러므로 질문을 받았을 때 메이야수가 분명히 하게 되듯이 선조성과 원화석에 대한 호소는 '논증'이 아니라 오히려 흥미로운 아포리아일 따름이다. 메이야수의 요점은 과학자들이 명백히 옳고 상관주의자들은 명백히 틀렸다는 것이 적어도 아직은 아니다. 오히려 그의 요점은 이들 두 입장 사이에 명백한 모순이 존재한다는 것이다. 메이야수가 이 모순의 양쪽 모두에 대하여 얼마간 공감한다는 점을 참작하면 둘 다 제대로 다룰 수 있는 방법을 찾아내는 것이 그의 책무다.

2장은 메이야수가 "선조성을 사유하는 것은 사유 없는 세계 – 세계의 소여가 없는 세계 – 를 사유하는 것이다"라는 공식을 반복함으로써 시작된다.[63] 같은 단락에서 메이야수는 그가 동의적인 것으로 여기는 문장을 제시하는 방식으로 그 논점을 고쳐 말하는데, 다만 그것은 방금 언급된 문장과는 다른, 미묘하지만 중대한 차이점을 포함하고 있다. 즉, "우리는 사유가 어떻게 … 우리가 현존하든 말든 간에 현존할 수 있는 절대적인 것을 파악할 수 있는지 파악해야 한다."[64] 그 두 문장의 차이는 다음과

---

63. 같은 책, 28. [같은 책.]
64. 같은 책, 28, 강조가 첨가됨. [같은 책.]

같다. 첫 번째 문장은 우리에게 세계의 소여가 없는 세계를 사유하라고 요청하는 반면에 두 번째 문장은 우리의 주의를 "우리가 현존하든 말든 간에" 현존하는 세계로 옮긴다. 그 두 논점은 완전히 같지는 않다. "세계의 소여가 없는 세계를 사유하"라는 요구는 칸트의 물자체가 완벽히 통과할 시험임을 인식하자. 왜냐하면 칸트는 우리가 물자체가 어떠한지 알 수 없다고 단언하는 한편으로 또한 우리가 물자체를 사유할 수 있다고 주장하기 때문이다. 칸트의 철학에서 내 앞에 있는 호두나무가 공간과 시간이라는 나의 순수 직관과 오성의 열두 가지 범주를 벗어나서 그 자체로 어떠한지 묻는 것은 절대 터무니없는 일이 아니다. 나는 그저 그 나무가 어떠할지 직접 알 수 없을 뿐이다. 하지만 상관주의적 논증을 찬양하는 메이야수의 경우에는 현재 순간에 그것에 관한 나의 사유 너머에 놓여 있는 물자체가 전혀 없다. 호두나무-자체를 사유하는 것은 그것을 사유하는 것이고, 따라서 그것은 결국 사유의 외부에 있는 호두나무가 아니라 사유에 대한 호두나무다. 요컨대 메이야수는 교묘하게 '물자체'가 의미하는 바에 대한 우리의 표준을 바꾸려고 시도한다. 그것은 더는 지금 그리고 여기서 작용하는 것이 아니라 오히려 그것을 파악할 수 있는 우리의 유한한 인간 역량 너머에 여전히 놓여 있다. 그의 책이 『유한성 이후』로 일컬어지는 이유가 있다. 그 대신에 메이야수에게 물자체는 단적으로 모든 사유가 현존하기 이전에 존재할 수 있거나(선조성) 혹은 모든 사유가 현존하기 이

전뿐만 아니라 이후에도 존재할 수 있는 것(통시성)으로 판명된다. 칸트의 경우에는 베텔게우스라고 불리는 항성이 지금 이 순간 우리가 생각하는 베텔게우스와 필연적으로 다른 반면에 메이야수의 경우에는 우리가 올바르게 생각하고 적절한 수학적 방식으로 그것의 제1성질들을 획득하고 있다면 이 항성이 우리가 생각하는 그것과 다르지 않다. 베텔게우스가 우리 사유의 상관물이 아닌 유일한 이유는 그것이 시간상 사유의 이전뿐만 아니라 이후에도 현존할 수 있기 때문이다. 달리 진술하면 메이야수에게 '물자체'는 우리의 유한성과 아무 관계도 없다. 그것은 하나의 사유하는 종으로서 우리의 뒤늦음 및 필멸성과 관련이 있을 따름이다. 인간 종이 여전히 현존하는 한에서 접근할 수 없는 베텔게우스-자체는 없다. 그 즉자는 오직 인간 — 그리고 여타의 사유하는 종 — 이 아직 출현하지 않았거나 더는 현존하지 않는 한에서 실제로 작용할 뿐이다.

지금까지 메이야수에 대한 일부 비판자는 그가 "수학을 물신화한다"라고 비난했다. 이는 그가 진리에의 접근권을 획득하기 위한 하나의 특권적 방법으로서 수학적 절차에 지나치게 의존함을 뜻한다. 그 이의는 사리에 맞지만 실상이 그러한지는 전적으로 명료하지는 않다. 골드스미스에서 메이야수는 왜 그렇지 않은지에 대한 몇 가지 암시를 제시했다. 내가 보기에 더 큰 문제는 메이야수가 시간을 물신화하는 경향이 있다는 것인데, 방금 언급된 실례가 한 가지 그런 사례다. 그 책의 뒷부분에서 우리는 그가 거의 시간에만 전념함을 가리키는 다른 표식들을 찾아볼 수 있다. 예를 들면 메이야수는 자연법칙은 도대체 아무 이유도 없이 모든 순간에 변화할 수 있다는 급진적인 주장을 제기하면서도 그는 우주의 다른 부분에서 다른 자연법칙이 동시에 작용할 수 있다고 주장하지는 않는다. 우연성의 충격은 언젠가 우리가 나타나기를 기다리고 있을 무언가인데, 그때 우리는 자연법칙이 도대체 아무 이유도 없이 우리 눈앞에서 변화하는 것을 보게 된다. 하지만 이것은 또한 우리가 멀리 떨어진 어떤 태양계로 공간 여행을 함으로써 인식할 무언가가 아니다. 또 하나의 실례는 메이야수가 당구공들이 미래에 서로 정반대 방향으로 굴절되기보다는 오히려 폭발하거나 혹은 꽃이나 임의의 다른 것들로 변환하지 않을 특별한 이유가 전혀 없다고 주장한다는 것이다. 그런데 또다시 메이야수는 인과적 필연성을 오직 시간이 경과하는 동안 전개되는 것으로 여김으로써 그런 '통시적' 인과관계가 시간을 가로질러 현존하기보다는 오히려 어느 주어진 순간에 현존하는 '공시적' 종류도 동반함을 잊어버린다. 예를 들면 금 원자들은 언제나 특정한 금 특성들을 갖춘 금 분자를 생산하는 것처럼 보인다. 메이야수는 자신의 체계에서 이런 화학적 법칙이 미래에 아무 이유도 없이 변화할 여지를 남겨두더라도 그것이 바로 이 순간에 필연성을 지녀야 하는 이유를 해명하지 못한다. 바로 이 순간에 일단의 금 원자가 우리에게 때로는 금 분자를, 때로는 백금 분자를, 그리고 때로는 탄소나 우라늄 분자를 제공할 것이라는 점이 지금 당장 사실이 아니어야만 하는 이유는 무엇인가? 요컨대 메이야수의 경우에 우리의 현재 순간이나 우리가 우주를 가로지를 수 있는 공간 여행은 엄격한 자연적 필연성의 지배를 받는 상당히 단조로운 사태인 것처럼 보인다. 오직 시간만이 사변적 철학자를 멍하게 할 만큼 놀라운 것들을 저장하고 있다.

적어도 지금까지는 메이야수가 이런 이의를 진지하게 여긴다는 조짐은 전혀 없다. 오히려 2012년의 베를린 강연에서 메이야수는 마치 그 이의가 명백히 근거가 없고 사소하기에 마땅히 비웃음을 받아야 할 것처럼 자신이 공간보다 시간에 특권을 부여한다고 비난하곤 하는 사람들을 일축하는 진술을 지나치듯이 표명한다. 한편으로 『유한성 이후』의 영어 번역본을 위해 새롭게 추가된 내용(별표들로 분리되어 있고 18~26쪽에 실려 있음)에서 또한 그는 어느 시골집에서 목격되지 않은 채로 땅에 떨어지는 하나의 꽃병이 의식이 현존하기 이전 시기에 발생한 어떤 선조적 사건만큼이나 상관주의에 이의를 제기할 수 있다는 관념을 일축한다. 후설이 나는 현재 내 집의 뒷부분을 보고 있지 않지만 그곳에 쉽게 그리고 내가 원할 때마다 들어갈 수 있다고 말할 때와 마찬가지로 메이야수는 땅에 떨어지는 그 꽃병이 단지 의식의 '공백'일 뿐이라고 말한다. 메이야수가 결론짓는 대로 "목격되지 않은 사건으로 제기되는 전통적인 이의가…상관주의에 아무 위협도 가하지 못하는 이유는 이런 이의가 소여가 이미 존재할 때 사건과 관련이 있기 때문이다…왜냐하면 내가 공간적으로 멀리 떨어진 한 사건에 관해 언급할 때 이 사건은 현재 그것을 구상하는 의식과 동시간적일 수밖에 없기 때문이다."[65] 하지만 이것은 단지 당면 문제를 피하면서 논란 중인 논점의 한 측면 — 말하자면 시간상 모든 사유에 선행하는 것이 지금 이 순간에 현존하지만 상관주의자가 보고 있지 않은 것보다 상관주의자에게 본질적으로 더 위험한지 여부 — 을 고려할 따름이다. 이것을 중요하게 만드는 것은, 그것이 바로 메이야수가 우주의 모든 부분에서 그리고 모든 부분-전체 관계에서 동시에 발생하는 사건들은 동일한 자연의 철칙을 어김없이 따라야 한다고 가정하면서 시간의 무질서한 힘에 사로잡힌 것처럼 보이는 여러 사례 중 하나라는 점이다. 명백히 소름 끼치는 그의 초-혼돈은 지금 이 순간에 진행 중인 것과 아무 관련이 없고 오직 미래 순간들과 관련이 있을 뿐이다.

이제 메이야수의 흥미로운 두 번째 장의 논증을 살펴보자. 이미 이해했듯이 메이야수는 우리가 상관주의적 순환을 극복하는 일이 긴급하다고 깨닫지만 우리가 이 순환의 진정한 힘을 무시하지 않는 일도 마찬가지로 긴급하다고 깨닫는다. "우리는 독단주의자로 되돌아갈 수 없다. 이 점에서 우리는 칸트주의의 후예일 수밖에 없다."[66] 메이야수가 인식하는 대로 이것은 사물

---

65. 같은 책, 20. [같은 책.]

의 제1성질과 제2성질 사이의 데카르트주의적 구분을 회복하려는 그의 시도에 명백한 난제를 제기한다. 신과 세계의 존재에 관해서라면 데카르트는 사실상 독단주의자 혹은 '소박한 실재론자'로, 칸트 이전의 방식으로 이들 현존이 직접적인 합리적 논증을 거쳐 확증될 수 있다고 가정한다. (메이야수가 주장하듯이) 데카르트에게 불행하게도 상관주의자는 언제나 다음과 같이 진술함으로써 데카르트의 논증을 무너뜨릴 수 있다. "당신은 단지 신과 세계가 우리에 대해서 존재함을 입증했을 따름이다. 왜냐하면 사유-세계 상관물을 벗어나서 사물이 우리에 대한 그 존재와 별개로 독자적으로 정말 어떠한지 알 방법이 전혀 없기 때문이다." 그러므로 메이야수의 주장에 따르면 상관주의를 벗어나고자 할 때 우리의 출발점은 데카르트주의적일 수가 없고 오히려 칸트주의적이어야 한다. 한 가지 관련 실례는 우리가 신 존재에 대한 데카르트 판본의 유명한 '존재론적 증명'을 고찰할 때 제시된다. 신은 무한히 완전하며, 그리고 현존하는 것은 현존하지 않는 것보다 더 완전하다. 그러므로 신은 현존해야 한다. 메이야수가 독자에게 주지하는 대로 그런 증명들에 대한 가장 유명한 비판자는 칸트다.[67] 칸트의 경우에 만약 한 삼각형이 현존한다면 그것은 세 개의 각을 지녀야 할 것이지만 그렇다

---

66. 같은 책, 29. [같은 책.]
67. 같은 책, 32. [같은 책.]

고 해서 그 삼각형이 현존해야만 한다고 말하는 것은 전혀 없다. 신도 사정이 다르지 않다. 만약 신이 현존한다면 그는 무한히 완전할 것이지만 '완전성'이 신의 성질 중 하나로 여겨진다는 바로 그 이유로 신의 현존이 수반되는 것은 아니다. 메이야수가 인상적으로 서술하는 대로 "우리는 그 '주어'에 현존을 선험적으로 부여할 수 있는 '굉장한 술어'는 전혀 없다고 말할 수 있다."[68] 더 일반적으로 메이야수는 신 존재에 대한 증명을 둘러싼 데카르트와 칸트 사이의 이런 차이가 어떤 필연적인 존재자가 있어야만 하는지 여부에 관한 물음을 둘러싼 그들 사이의 더 큰 차이를 가리킨다고 지적한다. 메이야수는 이것을 라이프니츠의 유명한 충족이유율 — 현존하는 모든 것에 대하여 그것이 현존하지 않기보다는 오히려 현존하는 이유가 있다는 원리 — 과 연계한다. 기술적으로 우리는 다른 모든 것의 기저에 어떤 궁극적인 필연적 근거가 있다고 가정하지 않은 채로 충족이유율을 인정할 수 있더라도(이것이 OOO의 입장이다) 메이야수는 이런 가능성이 수반할 무한 회귀를 이유로 그것을 고려하지 않고 배제하는 것처럼 보인다. "사유가 충족이유율에 복종하면서 무한 회귀를 피할 수 있으려면 사유는 자신을 포함하여 모든 것을 설명할 수 있다고 판명할 이유를 밝혀야 한다 … ."[69] 그런데 칸트는 어떤 필

---

68. 같은 곳.
69. 같은 책, 33. [같은 책.]

연적 존재자의 현존을 결코 거부하지 않는다. 오히려 필연적 존재자가 있는지 여부에 관한 물음은 칸트가 『순수이성비판』에서 제시하는 네 가지 이율배반 중 하나에서 다루어지는데, 이는 그가 그 물음을 대답할 수 없는 것으로 여김을 뜻한다. 이와는 대조적으로 메이야수는 그 물음이 대답할 수 없는 것이 아니라 오히려 부정적으로 대답되어야 하는 것이라고 생각한다. 필연적 존재자는 현존할 수 없는데, 그렇지 않다면 우리는 독단적인 형이상학에 갇힐 것이다. 몹시 흥미롭게도 메이야수에게는 필연성에 반대하기 위한 정치적 이유도 있다. "궁극적으로 이데올로기 비판은 불가피한 것으로 제시되는 사회적 상황이 사실상 우연적임을 예증하는 데 언제나 그 목적이 있고, 그리하여 그것은 필연적 존재자들을 가상적으로 제조하는 것으로 이해되는 형이상학에 대한 비판과 본질적으로 분리될 수 없다."[70] 하지만 충족이유의 전면적인 폐기가 사회적 상황을 우연적인 것으로 여기기 위해 치러야 하는 대가인지는 적어도 이 책의 독자에게는 분명하지 않다. 어쨌든 하이데거 및 포스트모더니스트들과 마찬가지로 메이야수가 '형이상학'을 경멸적인 용어로 사용하는 이유는 그가 충족이유를 반대하기 때문이다. 메이야수가 자신의 체계적 철학을 가리키기 위해 선호하는 용어는 '사변'이다. 메이야수가 서술하는 대로 "어떤 형식의 절대에 접근할

---

70. 같은 책, 34. [같은 책.]

수 있다고 주장하는 모든 종류의 사유를 '사변적'이라고 일컫자. 그리고 어떤 형식의 절대적 존재자에 접근할 수 있거나 혹은 충족이유율을 통해서 절대적인 것에 접근할 수 있다고 주장하는 모든 종류의 사유를 '형이상학'이라고 일컫자."[71]

앞서 우리는, 상관주의가 그의 주적일지라도 메이야수는 그것을 절대 일축하지 않고 오히려 그가 진지한 상관주의적 이의라고 여기는 것에 대응할 수 있는 논증을 제기하고자 한다는 것을 알게 되었다. 그리고 여기서, 그 책에서 최초로, 메이야수는 두 가지 종류의 상관주의를 구분한다. 이것은 그의 논증에 결정적인 것으로 판명될 것이다. 첫 번째 종류는 다음과 같다. "칸트의 초험주의는 '약한' 상관주의와 동일시될 수 있을 것이다. 왜? 그 이유는 [칸트]가 사유와 즉자 사이의 모든 관계를 금지하는 것은 아니기 때문이다."[72] 두 번째 종류는 예상대로 정반대의 이름을 지닌다. "[반면에] 상관주의의 강한 모형은 우리가 즉자를 인식할 수 있다고 주장하는 것은 합당하지 않을 뿐만 아니라 우리가 최소한 그것을 사유할 수 있다고 주장하는 것도 합당하지 않다는 견해를 고수한다."[73] 칸트의 약한 상관주의와 그 대안으로서 강한 상관주의는 모두 '상관주의'라고 일컬어지는 한편으로 메이야수가 '상관주의적 순환'이라고 일컫는

71. 같은 곳.
72. 같은 책, 35. [같은 책.]
73. 같은 곳.

것은 칸트의 약한 판본에 대해서는 성립하지 않고 강한 판본의 경우에만 성립된다는 점을 인식하자. 그 순환은 우리에게 우리는 사유의 외부에 있는 것을 사유로 전환하지 않은 채로 사유할 수는 없다고 말하며, 그리고 이것이 가장 비칸트주의적인 논증인 이유는 칸트가 우리는 사유의 외부에 있는 물자체를 사유할 수 있다는 정반대의 원칙을 고수하기 때문이다. 사실상 칸트의 독일 관념론 계승자들은 바로 이 점에 대하여 칸트를 공격한다. 메이야수가 (아독 선장의 반창고에 관한 골드스미스 토론에서 특히 명료하게 나타난 대로) 상관주의적 순환의 논변적 장점을 높이 평가하는 한에서 그는 상관주의 신조에 대한 칸트의 약한 판본보다 강한 상관주의를 선호한다.

이제 내가 어딘가 다른 곳에서 '메이야수의 스펙트럼'이라고 일컫는 것을 소개할 적기다.[74] 메이야수는 그 용어를 절대 사용하지 않는다. 이것은 무언가를 그 자신의 이름을 따서 명명하는 행위가 얼마나 황당할지 참작하면 당연한 일이다. 사유의 외부에 어떤 세계가 현존하는지 여부에 대한 가능한 입장들의 스펙트럼을 상상하자. 그 스펙트럼의 왼쪽 끝(우리는 정치를 언급하고 있지 않다)에는 메이야수가 '소박한 실재론'이라고 일컫는 입장이 있다. 그 입장은 어떤 세계가 마음의 외부에 현존하고 우리는 그것을 인식할 수 있다고 주장한다. 오른쪽 끝에는 메이

---

74. Harman, *Quentin Meillassoux*, 14ff.

야수가 '사변적 관념론'이라고 일컫는 정반대의 입장, 즉 마음의 외부에는 아무것도 없고 우리는 이 점을 알 수 있다는 입장이 있다. 이렇게 해서 그 스펙트럼의 중간에는 상관주의가 놓이게 되며, 우리는 조금 전에 메이야수가 그 입장을 두 가지 종류로 나눔을 알았다. '약한' 판본의 상관주의는 우리가 사유 외부의 사물을 인식하지 못한 채로 사유할 수 있다고 주장하고, '강한' 판본의 상관주의는 약한 상관주의가 사유의 외부에 자리하고 있다고 하는 물자체를 사유함으로써 자체적으로 모순된다고 주장한다. 그러므로 약한 상관주의는 자기모순적이기에 부적격하다고 여겨지고, 따라서 우리에게는 소박한 실재론, 강한 상관주의 그리고 사변적 관념론의 세 가지 입장이 남게 된다. 이들 세 가지 입장 중에서 자신의 독자적인 철학적 입장을 위한 발판을 선택할 수밖에 없는 메이야수는 강한 상관주의를 선택하지만 곧이어 멋진 방식으로 그 입장에서 벗어난다. 메이야수가 소박한 실재론을 거부하는 이유는 그가 상관주의 순환이 한 가지 장점을 지니고 있다고 생각하기 때문이다. 요컨대 우리는 실재적인 것을 직접 사유할 수 없다. 그 이유는 그렇게 하려면 우리는 그것을 사유해야만 하기에 그것은 우리에-대한-실재적인-것에 지나지 않을 것이기 때문이다. 또한 메이야수가 사변적 관념론을 거부하는 이유는 사유와 세계의 절대적 상관관계로 추정되는 것의 외부에 무언가가 존재하지 않을 것이라고 가정할 이유가 전혀 없기 때문이다. 나는 강과 산이 그것들에 관한 나의 사유 혹은 신의 사유의 외부에 현존한다고 입증할 수 없다는 버클리의 진술은 옳지만, 이는 그것들이 현존하지 않는다는 정반대의 주장도 입증할 수 없다. 이런 까닭에 메이야수는 소박한 실재론자와 사변적 관념론자보다 오히려 강한 상관주의자에 공감한다.

그런데 강한 상관주의자가 소박한 실재론자와 다르다는 점은 명백하기 마련이다. 소박한 실재론자는 실재적 세계에 직접 접근하여 그것과 관련된 상황을 인식할 수 있다고 생각하는 반면에 강한 상관주의자는 이것을 단호히 부인한다. 강한 상관주의자와 절대적 관념론자를 구분하는 것은 더 어렵다. 내가 보기에 사실상 메이야수는 그렇게 하지 못하며, 그리고 그 자신의 사변적 유물론 – 뒤에서 검토될 것이다 – 이 강한 상관주의의 저돌적인 반전에서 생겨난다는 점을 참작하면 내게는 그의 사변적 유물론이 불가능한 입장인 것처럼 보인다. 강한 상관주의자와 사변적 관념론자 사이의 차이로 추정되는 것은 무엇인가? 두 입장은 모두 우리가 사유 외부의 사물을 사유하지 않은 채로 사유할 수 없다는 견해에 동의함으로써 결국 이른바 물자체는 한낱 우리 사유의 상관물에 불과함을 확실하게 한다. 메이야수의 주장에 따르면 그 차이는, 사변적 관념론자는 우리가 사유 외부의 사물을 사유할 수 없기에 그것은 현존할 수 없다고 가정하는 반면에 강한 상관주의자는 단지 우리가 그것을 사유할 수 없다고 해서 그것은 현존할 수 없다는 결론을 내릴 이유가 전혀 없다고 생각한다는 것이다. 내가 보기에 이런 구분은 실패하고, 따라서 강한 상관주의자는 관념론을 벗어날 수 없다. 오직 약한 상관주의만이 관념론을 벗어날 수 있고, 그리하여 바로 이런 이유로 인해 OOO는 메이야수 자신이 선호하는 강한 판본의 상관주의보다 오히려 그가 약한 상관주의라고 일컬을 것을 급진화하려고 시도한다. OOO의 관점에서 바라보면 메이야수는 양수겸장으로 해내고자 한다. 메이야수는 칸트를 물리치기 위해 물자체를 무의미하다고 일컫지만, 사유의 외부에는 확실히 아무것도 없다는 주관적 관념론자의 호언장담을 물리치기 위해 물자체를 다시 유의미한 것으로 만든다. 하지만 이 점에 관해서는 실제적인 중도가 전혀 없다. 약한 상관주의자의 경우에는 파악할 수 없는 물자체를 언급하는 것이 유의미한 일이거나, 아니면 관념론자의 경우에는 그런 것을 언급하는 것이 무의미한 일이다. 그러므로 강한 상관주의는 불가능한 철학적 입장이다. 자신이 매우 정교한 철학적 책략을 전개하고 있음을 명백히 의식하는 메이야수는 그가 확실히 예상하는 이의가 제기될지라도 그것이 정말로 가능한 입장이라고 적어도 네 번 단언한다. 내가 찾아낸 네 가지 사례는 다음과 같다.

1) "왜냐하면 우리에게 무의미한 것이 그 자체로 진실일 수도 있을 가능성을 사유가 부인할 방법이 없기 때문이다. 왜 무의미한 것은 불가능해야 하는가?"[75]

2) "결과적으로 모순이 절대적으로 불가능함을 안다고 주장하는 것은 아무 의미도 없다. 왜냐하면 우리에게 주어지는 유일한 것은 우리가 불가능한 것을 전혀 사유할 수 없다는 사실이기 때문이다."[76]

3) "아무것도, 심지어 사유할 수 없는 것도 불가능하다고 할 수 없다."[77]

4) "그러므로 상관주의의 강한 모형은 다음과 같은 테제로 요약될 수 있다. 사유할 수 없는 것은 불가능하기 마련이라는 것은 터무니없다."[78]

메이야수가 어려움에 직면하게 되는 것은 그저 무의미한 것의 불가능성에 관한 물음 때문이 아니라 오히려 무의미한 것도 동시에 유의미한 것으로 여김에 관한 물음 때문이다. 말하자면 우리가 메이야수에게 동조하여 상관주의적 순환을 잠정적으로 수용하는 경우에, 우리가 "탁자 위에 사과 한 개가 있다"라는 진술과 "나에 대해서 탁자 위에 사과 한 개가 있다"라는 진술을 고려하면 그저 첫 번째 진술은 거짓이고 두 번째 진술은 참인 것이 아니다. 오히려 두 진술은 모두 정확히 같은 의미를 지닌

---

75. Meillassoux, *After Finitude*, 36. [메이야수, 『유한성 이후』.]

76. 같은 책, 39. 강조가 첨가됨. [같은 책.]

77. 같은 책, 40. [같은 책.]

78. 같은 책, 41. [같은 책.]

다. 그 이유는 메이야수에 따르면 첫 번째 진술이 즉시 두 번째 진술로 전환되기 때문이다. 상관주의의 경우에 "탁자 위에 사과 한 개가 있다"라는 진술은 자동으로 사유에 대해서 그것이 그곳에 있음을 함축하기에 그 진술은 "나에 대해서 탁자 위에 사과 한 개가 있다"라는 진술과 전혀 다르지 않다. 엄격히 말해서 이것은 관념론이다. 왜냐하면 강한 상관주의자는 우리가 사유-사과 상관물의 외부에 현존하는 무언가에 관하여 바로 그 상관물에 관한 진술로 즉시 붕괴하지 않는 어떤 진술도 할 수 없게 금지하기 때문이다. 그런데 메이야수는 관념론자이기를 바라지 않는다. 그 이유는 그가 인간과 독립적인 사물의 제1성질들에 관한 유의미한 수학적 진술을 개진할 수 있기를 바라기 때문이다. 이런 까닭에 두 번째 단계에서 메이야수는 "사유의 외부"라는 구절을 또다시 유의미한 것으로 여기고자 한다. 왜냐하면 그것이 유의미하지 않다면 우리는 관념론 이외의 어떤 철학적 입장도 전혀 향유할 수 없을 것이기 때문이다. 요컨대 메이야수는 관념론적 조치를 사용하여 약한 상관주의자에 맞서고 약한 상관주의적 조치를 사용하여 관념론자에 맞선다. 사유의 외부에 있는 물자체에 관해 언급하는 것이 조금도 유의미하지 않다면 우리는 관념론에 이의를 제기할 수 없다. 그런데 그것이 유의미하다고 인정하는 그 순간에 바로 우리는 또다시 약한 상관주의자가 된다. 그러므로 강한 상관주의적 입장은 존재하지 않는다. 우리는 곧 이것이 메이야수가 극복할 수 없는 한 가지 가혹한 문제를 제기하는 이유를 알게 될 것이다.

그런데 먼저 현대 사상의 본질적인 신앙주의에 관한 메이야수의 중요한 주장을 고찰하자. 형이상학의 종언은 합리적으로 입증 가능한 절대자들의 종언을 뜻한다. 이렇게 해서 신앙에 대하여 어떤 합리적 이유도 주어지지 않는 한에서 모든 신앙은 옹호할 수 있는 것이 된다. "'그리하여 절대자에 대한 종교적 신앙이 신앙 자체만을 책임지는〔한에서〕, 사유의 탈-절대화로 이해되는 형이상학의 종언은 절대적인 것에 대한 온갖 종류의 종교적(혹은 시학적-종교적) 신앙의 이성에 의한 합법화에 있는 것으로 여겨진다."[79] 달리 진술하면 "이데올로기의 종언은 종교성의 조건 없는 승리의 형식을 취했다."[80] 다시 말해서 형이상학의 종언은 신앙주의의 승리, 즉 자신의 믿음에 대한 이유를 제시할 모든 책임을 신앙이 다스리는 상황의 조건 없는 승리임을 입증한다. 신앙주의의 다른 부정적인 면모들 가운데 하나는 그것이 자신을 변호하는 이유를 가식적으로라도 절대 제시하지 않는 맹목적인 광신주의를 정당화한다는 것이다. 메이야수는 그 주제에 관한 전형적으로 유창한 표현으로 2장을 마무리한다. "독단주의에 맞서 우리는 모든 형이상학적 절대자에 대한 거부를 고수하는 것이 중요한 반면에 다양한 광신주의의 조리 있는

---

79. 같은 책, 45. [같은 책.]
80. 같은 곳.

폭력에 맞서 우리는 사유 속에서 약간의 절대성을 재발견하는 것이 중요하다. 어쨌든 자신을 오직 어떤 계시에 힘입어 그런 폭력의 특권적인 피신탁인으로서 현시할 사람들의 가식에 대항하는 것은 그것으로 충분하다."[81]

3장에는 『유한성 이후』의 철학적 핵심이 포함되어 있다. 메이야수가 상관주의적 순환과 과학적 실재론 사이의 충돌에 대한 자신의 혁신적인 해결책으로 나아가기 전에 그는 유익하게도 그 문제의 술어들을 다시 요약한다. 첫째, 선조적 실재를 사유하는 것은 단지 우리에 대한 것이 아니라 오히려 절대적인 어떤 실재를 사유함을 뜻한다. 둘째, 우리는 모든 필연적 존재자의 현존을 허용할 수 없는데, 왜냐하면 그렇지 않다면 우리는 (칸트가 사실상 그 허구성을 폭로한) 독단주의뿐만 아니라 정치적 이데올로기에도 사로잡히게 될 것이다. 세 번째이자 마지막으로, 우리는 소박한 실재론자로 되돌아갈 수 없는데, 그 이유는 상관주의적 순환이 무시해야 하기보다는 오히려 정면으로 직면해야 하는 강력한 논증이기 때문이다. 이런 까닭에 약한 상관주의 모형과 강한 상관주의 모형 사이에서 선택할 때 우리는 강한 모형의 더 강력한 힘을 인정해야 한다. 요컨대 우리에게 필요한 것은 "강한 모형의 그물코를 빠져나갈 수 있는 비형이상적 절대자다."[82] 메이야수는 우리가 실재론적 절대자도

---

81. 같은 책, 49. [같은 책.]

상관주의적 절대자도 수용할 수 없다는 따름정리를 덧붙인다. 왜냐하면 방금 환기된 대로 실재론적 절대자는 상관주의적 순환의 힘으로 배제되는 한편으로 상관주의적 절대자는 "사실성의 그물코를 빠져나갈 수 없"기 때문이다.[83] 말이 난 김에 우리는 메이야수가 "관념론적 혹은 생기론적" 철학들의 공통 사례를 상관주의적 절대자에 대한 실례로 제시함을 인식해야 한다. 메이야수에게는 관념론과 생기론의 이런 뭉뚱그림이 그의 베를린 강연에서 펼쳐진 논의의 주안점이 될 만큼 매우 중요한 것이지만, 그것은 사실상 바람직하지 않다. 베를린에서 메이야수가 주장하는 대로 관념론과 생기론은 둘 다 세계와 사유의 "상관물을 절대화한다"라는 것은 어떤 의미에서인가? 확실히 단지 모호한 의미에서 그럴 뿐이다. 왜냐하면 관념론이 행하는 것은 (버클리에 대한 그랜트의 해석보다 주류의 해석에 따르면) 버클리의 철학에서 그런 것처럼 사유-세계 상관물의 외부에 있는 모든 것의 현존을 전혀 용납하지 않는 것이기 때문이다. 하지만 '생기론' ― 여기서 메이야수는 사실상 '범심론'을 뜻하는 것처럼 보이는데, 범심론은 모든 것이 살아 있다는 관념이 아니라 오히려 모든 것이 사유한다는 관념이다 ― 은 그런 일을 하지 않는다고 나는 주장한다. 어느 범심론적 철학자가 이 바위는 사유하고 있고, 이

---

82. 같은 책, 51. [같은 책.]
83. 같은 곳.

먼지 알갱이도 그러하며, 이 나무와 서쪽 하늘의 저 별도 그러하다고 말할 때 그 철학자가 말하고 있는 것은 단지 모든 것이 사유한다는 점이다. 다시 말하지만 그는 사유의 외부에 아무것도 현존하지 않는다고 말하고 있는 것이 아니다. 달리 진술하면 사유의 외부에 무언가가 현존한다고 말하는 것은 실재론(그 용어에 대한 그랜트의 의미가 아니라 주류의 의미에서)이라고 일컬어지는 반면에 세계 속에 사유하지 않는 무언가가 있다고 말하는 것은 데카르트적 이원론이라고 일컬어진다. 이것들은 메이야수가 너무나 성급하게 동일시하는 두 가지의 매우 상이한 신조다.

그런 이의를 제외하면 서로 매우 대립적인 것처럼 보이는 상관주의와 선조성의 중간에 끼여 있는 자신의 곤경을 해결하기 위한 메이야수의 전략에는 정말로 번뜩이는 뛰어난 점들이 있다. 메이야수는 칸트주의적 상관주의에 대한 소박한 실재론적 대응책보다 관념론적 대응책에 더 많은 지적 장점이 있다고 여긴다. "우리는 칸트주의적 초험주의에 맞서는 최초의 형이상학적 반격〔즉, 독일 관념론〕을 우리의 모범으로 삼아야 한다."[84] 이들 사상가가 위대한 점은 "그들이 상관주의의 발견 … 즉, 우리는 즉자에 접근할 수 있는 것이 아니라 우리에-대한 것에만 접근할 수 있을 뿐이라는 것을 인정했지만 이로부터 즉자는 인식

---

84. 같은 곳.

할 수 없다는 결론을 내리기보다는 오히려 상관관계가 유일한 실제 즉자라는 결론을 내렸다"라는 것이다.[85] 메이야수는 이것이 대단히 획기적인 돌파구라고 깨닫는데도 왜 그는 간단히 피히테주의자나 헤겔주의자가 되어서 칸트에 대한 이들 사상가의 관념론적 대응을 딱 잘라 승인하지 않는가? 그 이유는 메이야수가 관념론은 상관관계의 사실성 ─ 사유와 세계가 존재하지 않기보다는 오히려 존재하는지에 대해서 아무 이유도 주어질 수 없고, 그리하여 신 혹은 운명과 마찬가지로 사유-세계 상관물도 필연적 존재자가 아니라는 사실 ─ 을 설명하지 못한다고 생각하기 때문이다. 이런 까닭에 "우리는 절대적인 것을 구성하는 것이 상관관계가 아니라 오히려 상관관계의 사실성인 이유를 이해하려고 노력해야 한다."[86] 우선 사실성은 단지 절대자에 관한 인간 지식의 인식론적 한계를 나타낼 뿐인 것처럼 보인다. 사실성은 순전히 부정적인, 심지어 우수에 어린 것의 분위기를 띤다. 하지만 메이야수는 허무주의와 관련하여 브라지에가 그랬던 것과 마찬가지로 명백히 우울한 이런 상황을 긍정적인 기회로 여긴다. "사실성은 절대적인 것에 관한 지식인 것으로 밝혀질 것이다. 그 이유는 우리가 사유의 무능력이라고 오인한 것을 사물 자체로 돌려넣을 것이기 때문이다."[87] 일반적으로 인간 유한성의 표식으로

---

85. 같은 책, 52. [같은 책.]
86. 같은 곳, 강조가 제거됨.
87. 같은 책, 53. 강조가 제거됨. [같은 책.]

해석되는, 사실성을 특징짓는 이유의 부재는 오히려 메이야수에 의해 사물 자체로 투사될 것이다. "이유의 부재는 정말로 존재자의 궁극적인 특성이며, 그리고 그럴 수밖에 없다."[88] 더욱이 "'부조리'라고 일컬어질 이유의 궁극적인 부재는 절대적인 존재론적 특성이지, 우리 지식의 유한성을 나타내는 것이 아니다."[89]

자연스럽게도 상관주의자는 이것이 오해라고, 즉 사실성이 현존하는 사물들이 우연적이라는 우리의 현실적 지식을 나타내는 것이 아니라 사물들이 실제로 어떠한지에 대한 우리의 근본적인 무지를 나타낸다고 주장할 것이다.[90] 이 점에 관해서 상관주의자에게 응답하기 위해 메이야수는 다섯 명의 철학적 등장인물 사이에 펼쳐지는 놀라운 가공의 대화를 제시한다. 그들이 브루노의 책에서 뽑힌 등장인물들처럼 보이는 데에는 그저 가짜 이탈리아인 이름이 필요할 따름이다. 오히려 메이야수는 그들에게 간단한 서술적 이름들 ― 그리스도교적 독단주의자, 무신론적 독단주의자, 상관주의자, 사변적 관념론자 그리고 사변적 유물론자(이것은 메이야수 자신임) ― 을 명명한다. 그 논증은 사후의 삶을 둘러싸고 다투는 두 명의 독단주의자로 시작된다. 그리스도교도는 사후의 삶이 있음을 확실히 알 수 있다고 말하고 무신론자는 정반대의 상황이 입증될 수 있다고 응대한다. 상관

---

88. 같은 곳.
89. 같은 곳.
90. 같은 책, 53~4. [같은 책.]

주의자가 그 논쟁에 합류한다. 그가 '강한' 상관주의자인지 '약한' 상관주의자인지 특정되어 있지 않더라도 그는 상관주의자인 것처럼 보인다. 그리스도교도와 무신론자는 둘 다 독단적인 실재론적 견해를 옹호하고 있는 반면에 상관주의자는 사후의 삶 자체에 관해서 아무것도 알 수 없다고 자신만만하게 응대한다. 그런데 이제 그들을 모두 해치우기 위해 네 번째 등장인물이 나타난다. 이 득의만면한 인물은 두 명의 독단주의자와 한 명의 상관주의자가 그들이 깨닫는 것보다 훨씬 더 비슷하다고 지적한다. "왜냐하면 세 인물은 모두 우리의 현재 상태와 근본적으로 다른 즉자 ― 그것이 이성이 접근할 수 없는 신이든 혹은 순전한 무無든 간에 ― 가 있을 수 있다고 믿기 때문이다."[91] 달리 진술하면 "우리에-대한 것과 다른 즉자는 사유할 수 없는 것이기에 관념론자는 즉자가 있을 수 없다고 선언한다."[92] 하지만 여타의 세 대화자와 비교하여 이론적으로 독특하다고 느끼는 사람은 사변적 관념론자만이 아니다. 상관주의자도 스스로 우월하다는 마찬가지의 주장을 제기한다. 왜냐하면 두 명의 독단주의자와 한 명의 관념론자는 모두 자신이 사유의 외부에 자리하고 있는 것에 관한 정확한 진실(그리스도교도의 경우에는 천국/지옥, 무신론자의 경우에는 무, 그리고 관념론자의 경우에는 외부

---

91. 같은 책, 55. [같은 책.]
92. 같은 책, 56. [같은 책.]

가 전혀 없음)을 알고 있다고 주장하는 반면에 상관주의자는 자신만이 어떤 절대적 타자성의 가능성에 열린 채로 있다고, 다른 세 명의 인물은 진실을 알고 있다고 오만하게 주장하기에 자신만이 자신의 무지를 솔직하게 인정한다고 느끼기 때문이다.

이 논쟁이 교착 상태에 이르게 되었을 때 메이야수주의적인 사변적 유물론자가 나타난다. "그는 두 명의 독단주의자도 관념론자도 절대적인 것을 규명해내지 못했다고 주장한다. 왜냐하면 〔상관주의적〕 불가지론자에 의해 이론화된 대로 절대적인 것은 단적으로 본연의 타자일-수-있는-역량이기 때문이다."[93] 당연히 메이야수가 추가한 고안은 타자일-수-있는-역량이 더는 상관주의자가 생각하는 대로 우리 자신의 무지를 가리키는 것이 아니라 오히려 여타의 많은 것과 더불어 여태까지 제기된 선택지(천국/지옥, 무 그리고 전혀 변화 없음) 중 어느 것도 가능하다는 지식을 가리킨다는 것이다. 우리는 왜 상관주의자의 무지에의 주장에 단적으로 설득당하기보다는 오히려 이런 주장에 설득당해야 하는가? 여기서 메이야수는 영리한 논증을 제시한다. 사변적 유물론자로 변신할 수밖에 없는 사람은 상관주의자 자신인데, 왜냐하면 그렇지 않다면 그는 단지 또 하나의 관념론자가될 것이기 때문이다. 그 논증은 다음과 같이 이어진다.[94] 관념론

---

93. 같은 곳.
94. 같은 책, 56~7. [같은 책.]

자와 달리 상관주의자는 상관물의 외부에 무언가가 현존할 수 있다고 생각한다. 그리고 이런 가능성은 한낱 우리에 대한 것에 불과할 수가 없다. 왜냐하면 그런 경우에 우리는 여전히 사유의 순환 내부에 절대적으로 갇혀 있게 될 것이기에 자신도 모르게 실제로는 관념론자에 지나지 않을 것이기 때문이다. 그렇지 않다. 상관주의자가 자신은 관념론자와 다르다고 주장한다면 사유-세계 상관물의 외부에 무언가가 현존할 가능성은 절대적 가능성임이 틀림없다. 혹은 메이야수 자신의 표현대로 "관념론에 대한 상관주의자의 논박은 사실성의 사유에서 전제된 타자일-수-있는-역량의 절대화(말하자면 탈-상관관계)를 거쳐 진전된다…."[95] 상관주의자는 계속해서 그 논점을 조금 더 논박하더라도 그의 논증은 이미 갈피를 못 잡게 되었고, 따라서 사변적 유물론자는 그 논쟁의 마지막 두 쪽에 걸쳐 마무리하면서 자신의 승리를 기념한다.

우리는 이 논증을 어떻게 생각해야 하는가? 활기차고 참신한 논증이더라도 내게 그것은 앞서 언급된 이유로 인해 실패하는 것처럼 보인다. 이런 형식의 논증은, 상관주의자가 자신은 관념론자와 다르다고 주장하기를 바란다면 타자일-수-있는-역량을 절대적인 것으로 여겨야 함을 보여줄 따름이다. 그리고 사실상 참인 것은, 상관주의자가 관념론을 피하기를 바란다면 그것을

---

95. 같은 책, 57. [같은 책.]

실행할 유일한 방법은 타자성을 그저 사물들을 인식할 수 있는 우리의 능력을 제한하는 것으로 여기기보다는 오히려 사물들에서 실제로 가능한 것으로 여기는 것이다. 이렇게 해서 상관주의자는 사변적 유물론자로 충분히 전환될 만하다. 하지만 메이야수가 네 쪽에 걸친 자신의 논쟁에서 입증하지 못하는 것은 상관주의자가 실제로 관념론자와 다르다는 점이다. 앞서 나는 왜 내가 강한 상관주의자 ― 메이야수가 가장 예우하는 인물 ― 는 관념론자와 구분될 수 없다고 생각하는지 진술했다. 왜냐하면 강한 상관주의자는 오직 우리가 사유 외부의 물자체를 사유조차 할 수 없다고 말함으로써 약한 상관주의(이것에 대해서는 칸트가 가장 친숙한 실례다)에서 벗어날 뿐이기 때문이다. 무언가를 사유하는 것은 명백히 그리고 단적으로 그것을 사유하는 것이다. 골드스미스 강연에서 메이야수가 진술하는 대로 무언가가 내게 주어진다면 그것은 내게 주어진 것이다. 하지만 강한 상관주의자는 이 노선을 취하면서 사실상 '어떤 나무 자체'와 '우리에-대한 어떤 나무'라는 두 구절이 동일한 의미를 지니고 있다고 말하고 있는데, 그 이유는 전자가 자동으로 후자로 전환되기 때문이다. 그리고 그것은 명백하고 단적인 관념론적 입장, 즉 칸트에게 맞서 독일 관념론이 채택한 바로 그 입장이다. 다시 말해서 강한 상관주의자는 관념론과 구분되는 별개의 입장이 아니라 관념론을 가리키는 또 다른 이름에 지나지 않는다. 그러므로 강한 상관주의는, 그리고 그것의 절대화에서 창발하기를 열망하는 사변적 유물론도 진척될 수 없다. 강한 상관주의는 단지 다른 한 형식의 관념론일 뿐이다.

메이야수는 그 논쟁을 영리하게 마무리하면서 "상관주의의 바로 그 핵심에 자리하고 있는 단층선을 식별했다"라고 주장한다.[96] 왜냐하면 우리가 강한 상관주의자와 관념론자가 상이하다는 점을 받아들인다면(나는 받아들이지 않지만 당분간 그렇다고 하자) 상관주의자에게는 두 가지 상충하는 선택지가 있기 때문이다. 이 두 선택지는 모두 상관주의자가 굴복하여 무언가를 절대화하기를 요구한다. 한 가지 선택지는 단순히 사실성을 포기하고 관념론자가 되는 것이며, 그리하여 (비-그랜트적인) 주류 판본의 버클리의 방식으로 사유-세계 상관물을 모든 실재의 근거로 여기게 된다. 나머지 다른 한 선택지는 상관물의 절대성을 포기하는 것인데, 비록 이것은 그 사실성 ─ 이것은 우리가 무언가에 관해 모를 수 있을 것이라는 점을 수반할 뿐만 아니라 그것이 언제나 달리 될 수 있을 것이라는 점도 수반한다 ─ 을 절대화하라고 요구하지만 말이다. 이렇게 해서 우리는 메이야수의 책에서 가장 멋진 표현 중 하나에 이르게 된다. "우리는 모든 것이 다른 식으로 존재하기보다는 오히려 이런 식으로 존재하는 필연적인 이유가 있다고 하는 충족이유율의 한 변양태를 더는 지지하지 않고, 그 대신에 부조리의 원리의 절대적 진실을 지지한

---

96. 같은 책, 59. [같은 책.]

다."[97] 그 함의는 심대하며, 그리고 언제나 그렇듯이 지금도 메이야수의 경우에는 시간이 행위의 중심에 있다. 아이러니하게도 메이야수 비판자 피터 그래튼의 경우에도 상황은 마찬가지다.[98] 메이야수의 경우에 "모든 것을 낳거나 없앨 수 있을 것은 시간"이다.[99] 이 시간은 우리가 상상할지도 모르는 그런 종류의 헤라클레이토스적 흐름 혹은 베르그손적 흐름은 아닐지라도 '초-카오스'로 서술될 수 있다.[100] 왜냐하면 "한 존재자의 파괴와 영구적인 보존은 둘 다 마찬가지로 아무 이유도 없이 일어날 수 있어야 하기 때문이다. 우연성은 무엇이든 일어날 수 있고, 심지어 대관절 아무 일도 일어나지 않을 수 있다는 그런 것이다."[101] 메이야수는 이제 우리가 상관주의적 순환을 성공적으로 통과했다고 선언하기에[102] 우리는 그다지 편안하지 않은 새로운 절대자를 대면하게 된다.

우리가 보는 것은… 상당히 위협적인 힘이다. 그것은 감지할 수 없는 것으로, 사물과 세계를 모두 파괴할 수 있고 기괴하고 터무니없는 것들을 낳을 수 있으면서도 결코 아무 일도 하지 않

---

97. 같은 책, 60. [같은 책.]

98. Gratton, *Speculative Realism*.

99. Meillassoux, *After Finitude*, 61. [메이야수, 『유한성 이후』.]

100. 같은 책, 64. [같은 책.]

101. 같은 책, 63. [같은 책.]

102. 같은 곳.

을 수 있다. 그것은 모든 꿈뿐만 아니라 모든 악몽도 실현할 수 있거나, 무작위적이고 광란적인 변화를 생기게 하거나, 혹은 거꾸로 자신의 궁극적인 휴식 상태에 아무 움직임도 없이 머무르는 우주를 생산할 수 있다. 그것은 침묵을 깨는 잠깐에만 나타나는 가장 사나운 폭풍과 가장 오싹한 섬광을 품고 있는 구름과 같다.[103]

메이야수가 자기 철학의 제1의 절대자로 여기는 것은 이런 카오스인데, 그것에 비하면 수학은 파생된 절대자일 따름이다.[104]

이런 초-카오스가 아무리 불안하게 하더라도 메이야수는 그 너머로 이어지는 지적 경로가 여전히 있다고 생각한다. 그것은 그가 "형상들"figures — 그가 철학에 남겨진 유일한 것으로 생각하는 우연적이고 비-필연적인 존재자들의 필연적 면모들을 가리키는 이름이다 — 이라고 일컬을 것을 찾아내는 데 있다.[105] 이들 형상 중에서 가장 중요한 것은 "비-모순과 '있음'(즉, 아무것도 없기보다는 오히려 무언가 있다는 것) …"이다.[106] 메이야수는 이들 두 형상에 대한 색다르지만 멋진 증명을 제시한다. 비-모순은 일견 순전한 우연성과 카오스의 철학에 대한 서투른 선택 용어처

---

103. 같은 책, 64. [같은 책.]
104. 같은 책, 65. [같은 책.]
105. 같은 책, 80. [같은 책.]
106. 같은 곳.

럼 들릴 것이지만, 메이야수는 철학자들이 모순과 순전한 생성 사이에 구축한 통상적인 연계를 거부한다. 메이야수가 서술하는 대로 "실재적 모순의 테제를 최고의 흐름의 테제와 연합하는 것은 대단히 부정확한 것처럼 보인다."[107] 놀라운 이유는 모순적 존재자가 절대 변화할 수 없을 것이라는 점이다. "그런 존재자는 결코 달리 될 수 없을 것이다. 왜냐하면 그 경우에는 생성될 타자성이 전혀 없을 것이기 때문이다."[108] 메이야수는 그 주제를 계속 이어간다. "모순적 존재자가 현존한다고 가정하자. 그것에 무슨 일이 일어날 수 있을까? 그것은 비-존재로 도약할 수 있을까? 하지만 그것은 모순적이고, 그리하여 그것이 우연히 존재하지 않더라도 그것은 여전히 비-존재 상태에 있으면서 계속해서 존재할 것이다. 왜냐하면 이 사태는 그것의 역설적 '본질'에 부합할 것이기 때문이다."[109] 더 화려하게 진술하면 "그런 존재자는 모든 타자성을 돌이킬 수 없게 삼켜버릴 '차이들의 블랙홀'과 다름없을 것이다."[110] 두 번째 형상의 경우에 우리는 메이야수의 논증을 더 구체적인 형태로 진술할 수 있다. "아무것도 없기보다는 오히려 무언가가 있는 것은 필연적이다. 왜냐하면 무언가 다른 것이 있기보다는 오히려 무언가가 있는 것은 필연적

---

107. 같은 책, 69. [같은 책.]
108. 같은 곳.
109. 같은 곳.
110. 같은 책, 70. [같은 책.]

으로 우연적이기 때문이다."[111] 말하자면 우연성이 실재적이려면 현존할 수 없는 현존적 사물뿐만 아니라 현존할 수 있는 비현존적 사물도 항상 있어야 한다. 당분간은 아무것도 없기보다는 오히려 무언가가 존재해야 한다는 이 주장과 『신의 비현존』의 적어도 한 구절에서 제기된, 죽은 물질(플로티노스의 우주론과 마찬가지로 메이야수의 우주론에서 가장 낮은 지점)조차도 도대체 아무 이유도 없이 무에서 생겨날 수 있다는 꽤 다른 주장 사이의 흥미로운 긴장을 단순히 인식하자.

방 안에는 여전히 매우 큰 코끼리가 자리하고 있고, 따라서 4장은 참신하고 새로운 자원으로 그것에 정면으로 대처한다. 이제 메이야수는 상관주의적 태도를 반전시킴으로써 지식에 관한 불확실성을 취하여 사물로 직접 넘겨준다. 이렇게 해서 사물은 한낱 우리가 인식할 수 없는 것에 불과하기보다는 오히려 절대적으로 우연적인 것이 된다. 브라지에가 특히 싫어하는 한 유명한 구절에서 메이야수는 우리가 "사실성에 관한 우리의 파악 속에서 절대적인 것에 대한 진정한 지성적 직관을 찾아낼" 것이라고 주장한다.[112] 우리는 이 절대자가 자연법칙이 도대체 아무 이유도 없이 모든 순간에 변화할 수 있는 초-카오스임을 알고 있다. 그런데 이것이 사실이라면 세계는 왜 매우 안정한

---

111. 같은 책, 76. [같은 책.]
112. 같은 책, 82. [같은 책.]

것처럼 보이는가? 왜냐하면 가장 충격적인 자연적 재난과 역사적 붕괴조차도 모든 알려진 역사 시대와 우주의 모든 측정 가능한 부분을 지금까지 관장한 것처럼 보이는 것과 동일한 시공간적 경험의 법칙을 여전히 따르는 듯 보이기 때문이다. 달리 말해서 초-카오스로 가정되는 것이 외관상 매우 혼란스럽지 않은 이유는 무엇인가? 어느 비판자가 진술할 것처럼 "물리적 법칙이 실제로 우연적이라면 우리는 이미 그것을 간파했었을 것이다. 더욱이 우리가 여기에 현존하여 그것을 간파할 개연성은 거의 없을 것이다. 그 이유는 그런 우연성에서 비롯된 무질서가 틀림없이 모든 의식을 원자화했었을 것이기 때문이다."[113] 메이야수는 그가 흄의 문제에 대한 사변적 해결책이라고 일컫는 것을 통해서 이런 이의에 대처한다. 그 문제는 다음과 같이 규정될 수 있다. "여타 조건이 같다면 동일한 원인에서는 언제나 동일한 결과가 생겨남을 예증하는 것이 가능할까?"[114] 메이야수가 '사변적 해결책'을 제시함으로써 뜻하는 바는 그것이 형이상학적 해결책(라이프니츠)과도 다르고 회의주의적 해결책(흄)과도 다르며 초험적 해결책(칸트)과도 다르다는 것이다. 간단히 진술하면 라이프니츠의 형이상학적 해결책은 신과 가능한 모든 세계 중 최선의 세계의 필연적 현존을 증명할 것이고, 흄의 회의

113. 같은 책, 84. [같은 책.]
114. 같은 책, 85. [같은 책.]

주의적 해결책은 원인과 결과가 그저 사태가 외관상 자주 동일한 방식으로 발생한다고 여기는 우리의 습관에 근거를 두고 있을 뿐이라고 말하며, 그리고 칸트의 초험적 해결책은 원인과 결과가 인간의 오성 자체의 구조에 의해 실재에 부과되지 않는다면 어떤 정합적인 경험도 불가능할 것이라고 주장한다. 메이야수는 이 모든 상이한 전략을 연계하는 공통 고리를 특히 언급한다. "그것들이 모두 공유하고 있는 것은 그중 어느 것도 인과적 필연성의 진실성을 절대 의문시하지 않는다는 사실이다."[115] 이것이 바로 메이야수가 하고자 하는 것이다. 인과적 필연성은 전혀 없기에 우리가 인과적 필연성을 입증할 수 없다고 말하는 것은 이상한 듯 보일지라도 메이야수는 우리에게 비유적으로 비유클리드 기하학의 사례를 고찰하라고 요청한다. 러시아인 기하학자 니콜라이 로바쳅스키1792-1856가 어느 특정한 선에 평행하고 어떤 주어진 점을 지나는 선은 단 하나만 그릴 수 있다는 유클리드의 가정을 부정하는 기하학을 구축하는 작업의 부조리를 증명하고자 했을 때 그는 그것이 절대 부조리하지 않음을 깨달았다. 오히려 "〔로바쳅스키〕는 유클리드의 기하학만큼 정합적이지만 그것과 상이한 새로운 기하학을 발견했다."[116] 마찬가지로 메이야수는 다음과 같이 추정한다. 그가 인과적 필연성을

---

115. 같은 책, 90. 강조가 제거됨. [같은 책.]
116. 같은 책, 92. [같은 책.]

제거하는 점에 충격을 받은 상태에서 시작하더라도 "조금씩 우리는 비인과적 우주가 인과적 우주만큼 정합적이고 우리의 현실적 경험을 설명할 수 있음을 알게 될 것이다. 그런데 우리는 또한 비인과적 우주에는 물리적 필연성에 대한 믿음의 중요한 부분인 모든 수수께끼가 없음을 알게 될 것이다."[117] 이런 비유클리드적 철학에 이르는 길은 놀랍지 않게도 수학을 관통할 것이다.

첫째, 메이야수는 장–르네 베른느[1914-2012]에 관한 유용한 논의를 통해서 우회한다. 메이야수 가족의 오랜 친구인 베른느는 브리지 경기 챔피언이자 인기 있는 보드게임 리스크Risk의 발명가로 가장 유명하지만 다수의 철학서를 저술한 저자이기도 하다. 메이야수는 "17세기의 철학자들에게 맞먹는 간결함으로 저술된" 책으로 평가하는 베른느의 『사행적 이성 비판』[118](여전히 프랑스어로 쓰인 책만 입수할 수 있다)을 대단하다고 생각한다.[119] 베른느는 자연법칙의 필연성을 세계의 외관상 안정성에서 추론하는 방법에 대한 논증 – 고전 철학자들에게서 빠져 있는 논증 – 을 제공한다. 메이야수는 재빨리 베른느의 논증을 거부할 것이지만 그 논증의 명석함을 이유로 그것을 존

---

117. 같은 곳.

118. * Jean-René Vernes, *Critique de la raison aléatoire, ou Descartes contre Kant*.

119. Meillassoux, *After Finitude*, 95. [메이야수, 『유한성 이후』.]

중한다. 칸트는 선험적 영역을 필연성과 연계하는 반면에 베른느는 그것을 우연성에 결부시킨다. 예를 들면 우리에게 한 쌍의 평범한 육면체 주사위가 있다면 어떤 특정한 굴림의 경우에도 서른여섯 가지의 가능한 결과가 있다. 주사위 도박의 경우처럼 그 두 주사위의 숫자들을 단순히 더한다면 7이 가장 흔한 합계인 반면에 2와 12가 가장 드문 합계라는 것을 알게 될 것이다. 각각의 주사위에 대해서 각각의 여섯 가지 숫자가 동등하게 가능함을 알고 있기에 우리는 각각의 굴림 결과에 대한 확률을 계산해낼 수 있다. 그런데 어느 시점에 굴림 결과가 더는 무작위인 것처럼 보이지는 않는다고 가정하자. 이제 우리는 한 시간 동안 주사위를 굴렸는데, 매번 같은 숫자가 나왔다. 우리가 그 결과를 순전히 무작위인 것에서 벗어나게 하는, 각각의 주사위 내부에 감춰진 납 한 조각 같은 어떤 숨은 원인이 있음이 틀림없다는 결론을 내리는 데는 한 시간이 걸릴 필요가 전혀 없을 것이다. 이제 메이야수는 베른느를 좇아서 훨씬 더 극단적인 상황을 상상한다. "이제 우리가 갖고 놀고 있는 주사위가 그저 한 시간 동안이 아니라 우리의 전 인생에 걸쳐, 심지어 인간의 기억이 미치는 만큼 오랫동안 같은 면을 드러낸 채 정지했다고 가정하자. 게다가 이들 주사위가 육면체에 불과한 것이 아니라 수조 개의 면을 갖추고 있다고 가정하자." 인간의 역사 전체 동안 굴려진 일백만 개의 면을 갖춘 주사위조차도 매번 동일한 결과를 낳을 수 있다면 어떤 숨은 원인이 그 결과를 견인하고 있을 매

우 높은 개연성이 있음이 명백하다. 여기서 브리지 게임 선수이
자 게임 설계자인 베른느는 자연법칙이 적용됨을 우리가 어떻
게 확신할 수 있는지에 관한 물음에 도박꾼의 확률 논리를 적
용하는 감탄할 만한 작업을 수행한다.

그런데 이런 확률론적 논리는 바로 메이야수가 거부하는
것이다. 메이야수가 보기에 문제는 베른느가 "도박꾼이 우리 우
주에 내재하는 한 사건(주사위 굴림과 그 결과)에 적용한 확률
론적 추리를 우주 자체로 확대함으로써 나아간다"라는 것이
다.[120] 베른느는, 우주가 당구공들이 서로 충돌하여 되튀는 그
런 식으로 구축되는 것이 아니라 "오히려 결과적으로 두 공이
공중으로 날아가거나 서로 합체하거나 혹은 얼룩 하나 없이 깨
끗하지만 까칠한 두 마리의 암말로 변환하거나, 아니면 적갈색
이지만 꽤 부드러운 두 송이의 백합 등으로 변환하는" 방식으
로 구축될 것이라고 가정한다.[121] 달리 말해서 베른느는 일백만
개 혹은 일조 개의 면을 갖춘 주사위가 다수의 가능 우주를 표
상하는 것으로 가정하며, 그리고 "그것이 굴려질 때마다 이 주
사위-우주는 불가피하게도 동일한 물리적 우주 – 나의 우주, 즉
지금까지 내가 언제나 일상적으로 관측할 수 있었던 우주 – 를 낳는
다"라고 가정한다.[122] 베른느는 자신에 선행하는 흄과 칸트보

---

120. 같은 책, 97. [같은 책.]
121. 같은 곳.
122. 같은 곳.

다 더 명시적으로 우주 전체를 어떤 감춰진 납 조각이 아니라 숨은 법칙에 의해 무게가 조작된 주사위의 굴림에서 비롯되는 것으로 여긴다. 베른느는 이런 숨은 인자를 "물질"이라고 일컫지만, 메이야수는 오히려 그것이 "섭리"로 불릴 수 있다고 불평한다.[123]

어떤 근거로 메이야수는 우리가 모두 매일 자신의 지적 생활과 개인적 삶을 영위하는 데 사용하는 그런 확률론적 추리에 반대하는가? 그의 논증의 핵심은 우리가 가능한 결과들의 총체, 주사위 눈들의 총체를 알지 못한다면 확률이 계산될 수 없다는 것이다. 신경 쓰이게도 그 눈들이 다음과 같이 총체화될 수 있는 한에서 그것들은 심지어 무한할 수도 있을 것이다. "예를 들어 양쪽 끝이 동일한 장력을 받고 있는 확정된 길이의 균질한 줄을 생각하자. 나는 그 줄이 어느 한 점에서 끊어질 실제적인 확률을 계산할 수 있는데, 이들 '파괴점'이 '무차원적'이어서 줄의 길이를 따라 이론적으로 무한히 많더라도 말이다."[124] 그런데 무한히 가능한 결과의 문제일 때에도 확률은 이런 식으로 계산될 수 있지만 칸토어가 발견한 초한 영역이 언급되면 상황이 바뀌게 된다. 칸토어의 작업은 메이야수의 철학에 못지않게 바디우의 철학의 중핵을 이루는 것 중 하나다. 칸

___

123. 같은 책, 98. [같은 책.]
124. 같은 책, 102. [같은 책.]

토어의 위대한 발견을 표현하는 한 가지 방식은 칸토어 집합론의 표준적인 체르멜로–프렝켈(혹은 'ZF') 공리화를 살펴보는 것으로, ZF 공리화는 "무한한 양들의 포괄할 수 없는 복수화"를 낳는다.[125] 더 간단히 진술하면 무한한 양들을 모두 포괄하는 하나의 가장 큰 무한은 존재하지 않고 오히려 다양한 크기의 무한이 존재한다. 이 공리화는 처음에 칸토어의 대다수 동시대인에 의해 거부당했지만(이로 인해 결국 칸토어는 정신병에 걸리게 되었다) 1926년에 위대한 독일인 수학자 다비트 힐베르트[1862-1943]는 "아무도 칸토어가 우리를 위해 만들어낸 낙원에서 우리를 추방할 수 없을 것이다"라는 유명한 진술을 공표한다.[126] 예를 들면 우리가 A개의 원소를 갖춘 어떤 무한 집합을 택한 다음에 B를 집합 A 내부의 모든 부분 사이에 가능한 관계들의 총수로 규정하면 명백히 B는 언제나 A보다 더 클 것이다. 이런 식으로 우리는 수많은 무한 집합을 구성할 수 있는데, 각각의 무한 집합은 자신에 선행하는 것보다 더 크다. 메이야수가 서술하는 대로

제한 없는 일련의 무한 집합을 구성할 수 있는데, 여기서 각각의 무한 집합은 자신의 부분들을 묶은 집합들보다 양적으로

---

125. 같은 책, 104. [같은 책.]
126. David Hilbert, "Über das Unendliche," 170.

우세하다. 이런 연쇄는 알레프aleph들의 급수 혹은 초한기수들의 급수로 알려져 있다. 하지만 이 급수 자체는 **총체화될 수 없**다. 달리 말해서 그것은 어떤 '궁극적인' 양으로 모아질 수 없다.[127]

지금쯤 어쩌면 기민한 독자는 베른느에 맞서는 메이야수의 전략을 식별했을 것이다. 세계에 내재하는 가능 사건들은 총체화될 수 있기에 그 확률이 계산될 수 있는 반면에 가능 세계의 수는 총체화될 수 없기에 베른느가 자연법칙의 배후에 어떤 숨은 원인이 자리하고 있지 않다면 자연법칙이 매우 안정한 것처럼 보일 상황은 '극히 비개연적'이라고 말할 때 그의 추리는 부조리하다. 메이야수가 보기에 자연법칙이 아무튼 아무 이유도 없이 어떤 특정한 순간에도 바뀌어야 하는지, 아니면 거꾸로 자연법칙이 수백만 년 동안 혹은 어쩌면 영원히 동일한 채로 있어야 하는지는 개연적이지도 않고 비개연적이지도 않다. 이 추리가 아무리 놀랄 만한 것처럼 보이더라도 그것은 『신의 비현존』을 위한 주요한 지적 도구를 제공할 것이다. 우리는 곧 이 책이 확률의 견지에서 계산하면 극히 비개연적인 듯 보이는 미래에 가능한 어떤 특정한 사건(신의 갑작스러운 탄생과 죽은 자의 부활)에 온전히 바쳐져 있음을 알게 될 것이다. 이처럼 칸토어를

---

127. Meillassoux, *After Finitude*, 104. [메이야수, 『유한성 이후』.]

사건들의 확률에 적용하는 것 ― 그것은 언제나 논란이 많고 많은 사람이 꺼리는 일이지만 말이다 ― 과 관련하여 사람들이 더 편안한 느낌을 갖기 시작하면 다른 젊은 철학자들이 그 논증을 활용하기 시작하는 것이 목격되기 시작하리라 나는 추측한다.

이제 『유한성 이후』의 무거운 논변이 완결되었기에 메이야수는 그 책의 간략한 5장에서 몇 가지 더 일반적인 결론을 끌어내고서 마무리한다. 그의 첫 번째 의제는 '선조성'이라는 개념을 '통시성'이라는 개념으로 확대하는 것이다. 통시성은 과거뿐만 아니라 미래와도 관련된 용어다. 왜냐하면 그것은 사유가 출현하기 이전에 현존한 존재자들에 관한 물음일 뿐만 아니라 사유가 마침내 소멸한 이후에 현존할 존재자들에 관한 물음이기도 하기 때문이다. 통시성의 한 가지 중요한 측면은, 우리가 인간이 우주 자체의 탄생과 동시에 현존한(그리하여 어떤 원화석도 현존하지 않는) 시나리오를 상상할 수 있더라도 사유 없는 세계라는 가능한 미래 상황은 여전히 상관주의에 타당한 이의를 제기할 것이라는 점이다. 이런 까닭에 메이야수는 "갈릴레오-코페르니쿠스적 혁명은 사유가 현존하든 말든 간에 존재하는 것을 생각할 수 있는 사유의 역량을 역설적으로 공개한다는 의미를 지니고 있을 따름이다"라고 주장한다.[128] 게다가 이것과 더불어 "수학화할 수 있는 것은 사유의 상관물로 환원될 수 없

128. 같은 책, 116. [같은 책.]

다"라는 발견도 이루어진다.[129]

메이야수가 생각하기에 수학은 사유와 독립적인 것에의 접근권을 획득하는 와중에 있었던 한편으로 철학은 절호의 기회를 날려버리고서 정반대의 상황에 부닥쳤다. 왜냐하면 칸트는 철학의 코페르니쿠스적 혁명을 일으킨다고 자처하지만 사실상 "프톨레마이오스적 반혁명"을 제시하기 때문이다.[130] 근대의 수리물리학이 세계에 관한 비상관적인 절대적 지식을 획득할 수단을 최초로 제공했더라도 "[칸트의] 초험적 철학은 물리과학의 구상 가능성을 위한 조건이 이 동일한 세계에 관한 모든 비상관적인 지식을 파기하는 데 있다고 단언했다."[131] 메이야수가 자연과학은 훨씬 더 멀리 나아가서 거시세계 영역 및 미시세계 영역에서 새롭고 더 놀라운 풍경을 발견했다고 말할 때 그는 확실히 옳다. 또한 대체로 올바르게도 철학자는 "훨씬 더 협소한 '지대,' 지역, 혹은 서식지이지만 철학자가 여전히 군주와 주인인 영역"에 갇히게 되었다고 메이야수는 말한다.[132] 메이야수의 훌륭한 책은 이미 수많은 독자에게 영감을 준 고무적인 비유로 마무리된다. "흄의 문제가 칸트를 자신의 독단적 잠에서 깨웠다면, 우리는 단지 선조성의 문제가 우리에게 사유와 절대

---

129. 같은 책, 117. [같은 책.]
130. 같은 책, 110. [같은 책.]
131. 같은 책, 118. [같은 책.]
132. 같은 책, 121. [같은 책.]

자를 화해시키라고 명함으로써 우리를 자신의 상관주의적 잠에서 깨우는 데 성공하기를 바랄 수 있을 뿐이다."[133]

2절의 연습문제

1) 메이야수에 따르면 상관주의자는 '원화석'에 근거하고 있는 실재론적 논증에 어떻게 대응할 것인가?

2) '강한' 상관주의와 '약한' 상관주의 사이의 차이는 무엇이며, 그리고 메이야수는 무엇이 더 강한 논증을 갖추고 있다고 생각하는가? 각 유형의 철학자에 대한 실례를 한 가지 이상 제시하라.

3) 메이야수가 '부조리의 원리'로 뜻하는 바는 무엇인가?

4) 메이야수는 왜 장-르네 베른느가 시도한 자연법칙의 안정성에 대한 증명에 동의하지 않는가? (답변할 때 수학자 게오르크 칸토어를 참조하시오.)

5) 메이야수는 왜 칸트가 '프톨레마이오스적 반혁명'의 죄를 범한다고 생각하는지 설명하라. 여러분은 이 주장에 동의하는가?

3. 『신의 비현존』을 훑어보기

---

133. 같은 책, 128. [같은 책.]

대체로 최근의 대륙철학에서는 많은 독자가 열렬히 기다리고 있는 한 권 이상의 유명한 미간행 저작이 있었다. 수십 년 동안 하이데거의 『철학에의 기여』[134]가 『존재와 시간』보다 훨씬 더 위대할 숨은 걸작이라는 소문이 돌았지만 내가 보기에 그것은 사실이 아닌 것으로 판명되었다. 그 뒤에 소수의 선택된 내부자 사이에서만 회람된, 데리다의 다양한 미발표 시론이 있었다. 바디우의 『세계의 논리』는 그 전작 『존재와 사건』이 출판된 이후 십칠 년 동안 열렬히 기다려졌는데, 그 전작에 열중한 일부 독자는 그 속편에 실망을 표했지만 나는 후자를 선호하는 경향이 있다. 2012년에 라투르의 중요한 『존재 양식들에 관한 탐구』는 거의 이십 년에 걸쳐 소문이 돌고 원고가 회람된 이후에야 출판되었다. 주지하다시피 일반적으로 대륙철학의 문화적 기벽 중 하나는 아직 공개되지 않았지만 주요한 저작이라고 전해지는 것에 대한 특유의 애착인 것처럼 보인다. 오늘날 그처럼 매우 기대되는 미간행 저작의 가장 유력한 후보는 필시 메이야수의 『신의 비현존』일 것이다. 이제 그 저작의 원래 박사 학위 논문 판본(1987)은 온라인으로 쉽게 구할 수 있지만 지금까지 번역된 적은 없다. 게다가 메이야수는 현재 준비 중이라고 전해지는 여러 권의 수정본을 조기에 공유하기를 바라지도 않

---

134. * Martin Heidegger, *Contributions to Philosophy*. [마르틴 하이데거, 『철학에의 기여』.]

는다. 그런데 궁극적으로 판명된 대로 메이야수는 일종의 타협책으로 원본을 고쳐 쓴 2003년 판본에서 발췌한 글에 관하여 내가 논평하는 것을 기꺼이 허락했다. 메이야수의 유일한 요구 조건은 나의 논평이 단독으로 나타나지 말아야 한다는 것과 내가 그 책에서 논의할 것은 무엇이든 원래의 형태로 함께 제시되어야 한다는 것이었다. 이런 까닭에 나는 메이야수에 관한 내 책의 부록으로서 『신의 비현존』(2003년 판본)의 대략 6분의 1에 해당하는 부분을 프랑스어에서 영어로 번역하는 작업을 수행했다.[135]

『신의 비현존』의 마지막 모습은 아무도 예상할 수 없지만 2003년 원고에서 논의된 주요 주제들은 매우 전형적으로 메이야수주의적이기에 최종 출판본에서 그것들이 사라진다는 것은 상상하기 어렵다. 그 프로젝트가 제기하는 제1의 주장은 그 제목에서 거의 추측될 수 있다. 신은 현존하지 않지만 어쩌면 미래에는 현존할 것이다. 그 두 어구의 의미는 설명하기가 매우 쉽다. 철학자들이 "신은 존재하지 않는다" 혹은 "신은 죽었다"라고 말하는 것을 듣는 것은 흔한 일이지만, 이것은 메이야수가 관심을 기울이는 주제가 아니다. 무엇보다도 신의 비현존에 관한 메이야수의 관념은 유명한 악의 문제에 대한 응답으로서 의도된다. 신이 지극히 선하고 전지적이고 전능하다면 신은 왜 "개

---

135. Meillassoux, "Appendix : Excerpts from *L'Inexistence divine.*"

들이 한 아이를 먹어 치우도록 내버려 두는 일"과 같은 악한 것들이 생겨나게 허용하는가?[136] 특히 20세기는 수많은 지독히 부당한 죽음으로 가득 차 있으며, 그리고 홀로코스트와 캄보디아의 킬링필드를 허용한 신이라면 무엇이든 메이야수가 보기에는 단지 역겨운 신으로 여겨질 수 있을 뿐이다.[137] 악의 문제에 대한 메이야수의 참신하고 놀라운 해결책은 신이 아직 현존하지 않는다는 것이다. 신은 20세기와 여타 시대의 잔악 행위가 저질러지도록 '허용'하지 않았다. 그 이유는 신이 이들 행위를 멈추기 위해 아직 여기에 존재하지 않았기 때문이다. 한 가지 명백한 대안적 해결책은 무신론적 해결책일 것이다. 신은 존재하지 않고 절대 존재하지 않을 것이며, 그리하여 우리는 모두 여기 아래의 지상에서 비참함을 견디어 낸 사람들에게 사후의 구원이 전혀 없는 부당한 세상에 함께 내던져져 있다. 메이야수의 경우에 이것은 죽은 자를 위한 정의에의 모든 희망을 포기하는 냉소적 접근법에 지나지 않는다. "신은 어쩌면 미래에는 현존할 것이다"라는 두 번째 어구에 관해 말하자면, 그 주장은 몹시 충격적이어서 그것이 공표된 이후로 메이야수는 왕년의 유물론적-무신론적 좌파 추종자 중 일부를 상실하게 되었다. 그런데도 우리는 여기서 메이야수를 지지하는 변론을 제시할 수

---

136. Harman, *Quentin Meillassoux*, 284.
137. 동일한 논증의 간결한 판본에 대해서는 Quentin Meillassoux, "Spectral Dilemma"를 보라.

있다. 메이야수에게 맞서 고무할 수 있는 유일한 실제적 논증은 신이 미래의 어느 불특정한 시점에 갑자기 존재하게 될 확률은 터무니없이 낮기에 그 관념이 전혀 진지하게 여겨질 수 없다는 것이다. 하지만 메이야수는 『유한성 이후』가 거의 마무리되는 부분에서 확률론적 추리를 파괴하기 위해 과감히 칸토어를 활용함으로써 궁극적인 존재론적 문제의 기준으로서 확률을 제거하고자 한다. 확률이 시야에서 제거됨으로써 오히려 우리는 우리의 세계에서 가장 유의미한 가능성들에 집중할 수 있게 된다. 사실상 메이야수의 글에서 나타나는 어떤 모호한 표현을 해석하는 방법에 따라 이들 놀라운 사건 중 두세 가지는 이미 일어났다. 물질이 어느 시점에 무에서 출현했는지 혹은 물질이 언제나 존재했는지에 대한 텍스트적 증거는 전적으로 명료하지는 않다. 우리는 메이야수의 저작에서 두 가지 독법을 뒷받침하는 구절들을 찾아볼 수 있다. 하지만 메이야수의 경우에 도대체 아무 이유도 없이 생명이 물질에서 창발했다는 것과 사유가 생명에서 창발했다는 것은 분명하다. 이렇게 해서 단 하나의 가능한 마지막 창발, 즉 현존하는 인간 사유의 세계에서 비롯되는 정의와 잠재적 신의 창발이 남게 된다. 몹시 불길하게도 메이야수는 이런 일이 언젠가 일어나리라고 전혀 보증할 수 없다고 덧붙인다.

이제 메이야수에 관한 내 책에 포함된 『신의 비현존』의 발췌문의 서두로 돌아가자.[138] 거기서 메이야수는 그가 일반적으로 꺼리는 그런 종류의 전통적인 종교적 개념과 매우 흡사한 것처럼 들리는 무로부터의 출현이 자신에게 뜻하는 바를 분명히 밝힘으로써 시작한다. 메이야수주의적인 '무로부터'ex nihilo는 그 본연의 뜻을 문자 그대로 뜻하지는 않는다. "무로부터의 출현은 존재가 원초적 무에서 전적으로 생겨났음을 뜻하지 않는다. 그것이 우리에게 뜻하는 바는, 고전적 표현으로 진술하면 결과가 원인 이상의 것이라는 점이다. 그러므로 이 '이상의' 것은 도대체 출현할 아무 이유도 없기에 아무것(어떤 법칙)도 그것을 제한할 수 없다."[139] 이것은 이미 물질과 생명, 사유라는 현재 존재하는 세 가지 질서에 관한 메이야수의 거듭되는 논의에서 분명하다. 생명의 어떤 상태도 자동으로 사유를 수반하지 않는 것과 마찬가지로 물질의 어떤 특정한 배치도 자동으로 생명을 낳지 않는다. 기껏해야 새로운 질서와 그 이전 질서에의 '기반' 사이에 어떤 종류의 관계가 있지만 그것들 사이에는 직접적인 인과적 관계가 전혀 없다. 적어도 한 가지 가능한 이의가 벌써 제기될 수 있다. 메이야수가 세 가지 주요한 질서는 물질과 생명, 사유라고 주장할 때 그는 그 주장을 뒷받침하는 논증을 결코 명시적으로 제시하지 않은 채로 상당히 전통적인 분류를 채택하고 있다. 우리는 메이야수가 광물계와 식물계 사이의 경

---

138. Harman, *Quentin Meillassoux*, 224~87.

139. 같은 책, 226.

계선을 흐리게 하는 그런 종류의 '생기론'에 대한 참을성이 전혀 없음을 알고 있으며, 그리고 어쩌면 이 경우에는 증명의 부담이 실제로 생기론자들에게 있을 것이다. 하지만 그다음의 간극이 특히 생명과 사유 사이에 자리하고 있는 이유는 무엇인가? 왜 동물계 내부에서는 추가적 간극들이 존재하지 않는가? 박테리아와 돌고래 사이의 간극은 돌고래와 인간 사이의 간극에 비해서 정말로 무시할 만한 것인가? 여기서 우리는, 데카르트가 신 이외에 인정하는 유일한 두 가지 실재 영역인 물질과 사유 사이 어딘가에 메이야수가 '생명'을 끼워 넣는다고 하더라도 메이야수의 입장에는 데카르트주의의 면모가 계속 남아 있는 또 다른 점이 있다는 것을 알 수 있다. 『신의 비현존』에서 이 점에 관한 어떤 논증을 찾고자 하거나, 심지어 하이데거가 동물 생명에 관한 궁극적으로 실망스러운 1929/30년 강좌를 위해 그러모을 수 있었던 것처럼 이에 대한 어떤 과학적 일화를 찾고자 하는 독자의 노력은 허사가 된다.[140]

이제 원인보다 더 많은 것을 포함하고 있는 결과라는 주제로 돌아가자. 이것은 메이야수에게 중요한 관념이고, 따라서 그는 그 논점을 흥미로운 방식으로 표현한다. 결과는 원인 이상의 것일 뿐만 아니라 가능한 결과는 현실적 결과에 선행하지

---

140. Martin Heidegger, *Fundamental Concepts of Metaphysics*. 공평하게 말하면 하이데거의 이 강좌에서 지루함에 관한 부분들은 훨씬 더 성공적이다.

도 않는다. 현대의 많은 사상가가 그렇듯이 메이야수는 이 논점에 관해서 들뢰즈를 인용하는 대신에 칸토어의 언어를 사용한다. "우주의 본질은 경우들의 우주들의 우주의 형태로 (사실상 혹은 원칙적으로) 목록에 기록될 수 없는 가능한 경우들의 우주가 출현하면서 밝혀지는데, 왜냐하면 이들 우주 전체는 현존할 수 없기 때문이다."[141] 그리고 충족이유율에 대한 자신의 반대와 일치하게도(내가 알기에 그가 시간적 원인에 못지않게 부분-전체 관계를 언급하는 유일한 단락이다[142]) 메이야수는 성질과 그 기저의 이유 사이의 어떤 명확한 연계도 거부한다. "붉음은 아무 이유도 없다. 그 이유는 어떤 물질적 대응물도 결코 우리에게 이 붉음이 어떻게 해서 붉은지 말해줄 수 없기 때문이다…왜냐하면 물질은 생명체의 감각 능력 속에 붉음이 출현하기 전에는 어떤 붉음의 잠재성에도, 어떤 창백한 분홍색 유령에도 사로잡혀 있지 않기 때문이다."[143] 이 아름다운 표현에 곧이어서 훨씬 더 아름다운 표현이 제시된다. "성질이 갑자기 생겨나면 그것은 그것이 영원히 매복되어 있었을 우주-전체의 잠재성에서 생겨나는 것이 아니라 무로부터 생겨나는 것이다."[144] 세상을 이런 식으로 바라보는 덕분에 메이야수는 생겨

---

141. Harman, *Quentin Meillassoux*, 227~8.
142. * 같은 곳.
143. 같은 책, 230.
144. 같은 곳.

나는 것이라면 무엇이든 일찍이 어떤 배아적 형태로 이미 존재했었음이 틀림없다는 일부 철학자의 견해를 경시할 수 있게 된다. 특히 메이야수는 물활론 ─ 가장 저급한 생기 없는 물질에도 생명은 아무튼 은밀하게 존재한다는 견해 ─ 을 옹호하는 드니 디드로[1713-1784]의 논증을 싫어한다. 우리는 이미 이 주제에 관한 메이야수의 부정적 견해에 익숙하다. "확실히 우리는 나아가서 물질과 유기적 생명 사이에 '정도'의 차이가 있을 뿐이라고 단언할 수 있다⋯.〔하지만〕 생명이 최대 강도의 지경까지 이르게 된다면⋯광물적 '생명'의 연속성이 어떠한 것이 될지 파악한 사람은 지금까지 결코 없었다."[145] 요컨대 "생명체가 출현하기 전에는 아무것도 살아 있지 않았다."[146]

이제 메이야수는 그가 '내재적 윤리'라고 일컫는 것을 제안한다. 이 어구는 "이생을 유일하게 바람직한 생으로 상정하는 윤리 ⋯ 이생이 불멸의 것이기를 바라는 이생에 대한 욕망을 ⋯ 현시하는 윤리"를 가리킨다.[147] 그런데 메이야수가 염두에 두고 있는 것은 우리 생의 모든 세부가 미래에 무한정 반복될 니체의 영원회귀 같은 것이 아니다. 그 대신에 메이야수는 이 세상에서 이루어지는 사자의 부활에 관해 생각하고 있는데, 이들 사자 앞에는 그저 이전에 일어났던 것의 저주받은 니체주의적

---

145. 같은 책, 231.
146. 같은 책, 234.
147. 같은 책, 236~7. 강조가 제거됨.

반복이 있기보다는 오히려 열린 미래가 있지만 말이다. 계몽된 주류 세속주의자들에게는 사자의 부활이 슬픈 종교적 신화처럼 들릴지도 모르지만, 우리는 이미 메이야수가 우주에서 중요한 사건에 확률론적 논증을 적용하는 것을 낮게 평가함을 알고 있다. "〔부활〕은 실제로 일어났던 〔물질로부터의 생명의 출현 혹은 생명으로부터의 사유의 출현〕보다 놀랄 만한 사건은 아닐 것이다."[148] 메이야수는 어떤 뜻밖의 용어법을 도입하여 반직관적으로 특정 세계들을 가리키는 데에는 대문자 '세계'〔대세계〕를 사용하고 (총체화할 수 없는) 우주 전체를 가리키는 데에는 소문자 '세계'〔세계〕를 사용한다. 그가 그렇게 하는 이유는 철학적으로 중요하다. "대세계들은 세계에서 갑자기 생겨난다. 이들 대세계가 처음으로 당당한 대문자에의 권리를 지니고 있는 이유는 대세계가 세계 이상의 것이기 때문이다. 왜냐하면 결과로서 생겨나는 것은 기원 이상의 것이기 때문이다…."[149] 이런 까닭에 우리 인간이 세계에 비교적 늦게 도래한 것은 사실상 좋은 징조다. 브라지에는 인간의 자긍심이라는 '측은한' 특질에 관해 언급하는 반면에 메이야수는 인간 종의 자긍심의 극적인 증가를 과감히 표명한다. "인간은 세계의 영원한 진리에 접근할 수 있다. 그러므로 사유하는 존재자로 여겨지는 인간을 넘어서는 것

---

148. 같은 책, 238.
149. 같은 곳.

은 더는 나타날 수 없다."[150] 초-천재 인공지능을 고대하거나 다른 행성에서 우월한 존재자들이 도래하기를 기다리는 것은 아무 소용이 없다. 왜냐하면 이것들은 인간이 이미 도달할 수 있는 영원한 진리의 더 효율적인 소유자에 지나지 않을 것이기 때문이다. 영원한 진리를 파악할 수 있는 이런 능력은 어떤 초연한 지적 행위에 불과한 것이 아니다. 그 이유는 또한 그것이 "인간으로서 만인의 엄격한 평등"으로 규정되는 정의 감각을 포함하고 있기 때문이다.[151] "인간 조건이 그에 대한 접근권을 부여하는 영원한 진리는 사실상 차이, 사상가들 사이의 수많은 필연적 차이와 무관하다."[152] 그리고 모든 부정의 가운데 "가장 극단적인 것은 여전히 죽음인데, 이를테면 터무니없는 죽음, 조숙한 죽음, 평등에 무관심한 사람들이 가하는 죽음이다."[153] 하지만 정의에 대한 인간의 이런 독특한 역량, 즉 코스모스의 모든 하위질서에서는 찾아볼 수 없는 역량에도 불구하고 여전히 메이야수는 우리가 물질과 생명, 사유에 의존한다고 주장한다.[154] 이들 세 가지 사전 질서가 도대체 아무 이유도 없이 이미 생겨나지 않았더라면 정의는 존재할 수 없을 것이다.

---

150. 같은 책, 239.
151. 같은 책, 240.
152. 같은 곳.
153. 같은 곳.
154. 같은 곳.

여기서 메이야수가 스스로 자기 철학의 "기본적이고 독창적인 면모 중 하나"로 여기는 "상징화"라는 용어를 두드러지게 사용한다는 점은 반드시 언급되어야 한다.[155] 그는 이 용어를 "존재와 보편적인 것 사이의 내재적인 합리적 연계"로 규정한다.[156] 무엇보다도 메이야수가 상징화를 사용하는 용법은 윤리적 신조로서의 니체의 용법에 대립된다. 니체의 경우에는 창조자가 단적으로 새로운 가치를 역사를 움직이는 방법으로 제정한다. 메이야수의 경우에는 우리가 처음에는 가치가 결코 개인적 편견의 결과가 아니라 합리적 성취인지 확신할 수 없더라도 가치가 우리가 세계에 관하여 무언가를 찾아내는 데 도움이 된다고 가정된다. "모든 철학적 기획은 증명할 수 없을 뿐만 아니라 어쩌면 심지어 틀렸거나 이념적일 가설에서 개시된다 … 철학은 가치가 한낱 사회적으로 유용한 인공물에 불과한 것이 아니라 오히려 존재론적 진리에 기초하고 있다는 여전히 정당화되지 않은 확신을 장담함으로써 시작된다."[157] 상징은 이들 두 영역을 잇는 다리로서 의도되며, 그리고 우리가 철학자들만큼 많은 상징이 있다고 가정할 수 있더라도 메이야수는 스스로 기간이 엄청나게 상이한 지배적인 역사 시대들로 여기는 단지 네 가지의 기본적인 상징 ― 우주론적 상징, 자연주의적/낭만주의적 상징, 역사

---

155. 같은 책, 243.
156. 같은 곳. 강조가 제거됨.
157. 같은 책, 244.

적 상징 그리고 사실적 상징 – 을 인정한다.[158]

고대 그리스에서 생겨난 **우주론적 상징**은 "가치와 존재에 관한 담론들의 최초 분리에서 비롯된," 즉 메이야수가 분열이라고 일컫는 분리에서 비롯된 철학의 새벽과 관련이 있다.[159] 한편으로 천문학과 소크라테스 이전 자연철학은 하늘에 관한 신화적 설명을 단념하고서 합리적 설명으로 대체한다. 그런데도 윤리는 얼마 동안 전통적인 사고방식으로 계속 고려된다. "그러므로 개명된 그리스인들은 행성의 운동에 관해서는 그런 담론을 더는 믿지 않게 된 이후에도 아킬레우스의 공적을 이야기함으로써 용기를 설명할 수 있다."[160] 소크라테스 이전 철학자들은 시도하지 않았지만 소크라테스와 이후 인물들에 의해 기도된 작업은 자연과 윤리에 관한 상이한 담론들 사이에 끊어진 연계를 복구하는 것이었다. 궁극적으로 우주론적 상징은 천상을 인도하는 합리성을 가리켰고, 인간이 자신의 삶을 인도하는 데에도 그런 합리성을 채택하도록 요구했다.

이제 "우주론적 상징의 붕괴"를 살펴보자. 그것은 "행성 궤도를 [본성]상 지상의 운동과 동일한 선형 운동으로 분해하는 뉴턴주의적 방법과 연계될 수 있다."[161] 자연적 운동과 억지 운

---

158. 같은 책, 246.
159. 같은 곳.
160. 같은 책, 247.
161. 같은 책, 249.

동 사이의 아리스토텔레스주의적 구분은 폐기되었고, 따라서 그것과 더불어 우리가 아무도 더는 믿을 수 없는 우주적인 합리적 정의에 고무될 어떤 희망도 사라졌다. 메이야수는 이런 붕괴 사태를 "계몽주의의 인물들을 하나의 실처럼 관통하는 향락적이고 방탕한 회의주의"의 원인으로 여긴다.[162] 그 새로운 상징, 자연주의적 상징 혹은 낭만주의적 상징은 장-자크 루소 1712-1778에게서 기인한다. 루소는 "우주론적 상징에서 나타나는 지상과 천상 사이의 대립을 자연과 사회 사이의 대립으로 대체하"고자 했다.[163] 선善은 억지 운동의 또 다른 현장에 불과한 것이 되어 버린 천상에서 더는 찾아볼 수 없고 오히려 이제는 연민 속에서, 순진무구한 어린이에 대한 우리의 동정 속에서, 그리고 살아 있는 자연, 동물성 혹은 신체 속에서 드러난다. 하지만 이 상징은 "생명체에서 연민은 전쟁, 폭력 혹은 잔인함보다 더 공통적이지는 않다"라는 자명한 사실 같은 자신의 명백한 결점의 무게에 짓눌려 수십 년 만에 붕괴한다.[164] 이 짧은 시대를 대체하는 것은 메이야수가 "그리스적 상징의 진정한 계승자"라고 일컫는 것, 즉 역사적 상징이다. 우리 가치의 보증자로서 우주도 자연도 더는 신뢰할 수 없게 된 우리는 이제 우리가 가치 있게 여기는 것의 원천으로서 역사로부터 위안을 얻는다.

---

162. 같은 곳.
163. 같은 책, 250.
164. 같은 곳.

메이야수는 장기간 지속된 역사적 상징이 현재 우리 눈앞에서 사라지고 있다고 주장한다. 역사가 우리를 적절히 인도할 매우 훌륭한 후보인 것처럼 보였던 이유는 알기 쉽다. "역사의 움직임은 인간 본연의 것이 아니다. 왜냐하면 그것은 어떤 개인의 의지에서 비롯된 결과가 아니기 때문이다. 그런데 자연법칙과 마찬가지로 그것은 부조리하지 않다. 그 이유는 그것이 그 절정이 정의인 합목적성을 알고 있기 때문이다."[165] 이것은 특히 경제학의 두 가지 대립적인 목적론적 이론에서 눈에 띄게 된다. 자유주의적 이론의 경우에 버나드 맨더빌[1670-1733]의 유명한 꿀벌의 우화에서 볼 수 있듯이 개체들의 모든 이기적인 행위는 결합하여 더 큰 선을 낳는다. 동시에 "맑스주의자의 경우에 사회적 생성의 원리는 인간을 소외시키는 모든 것의 필연적인 자기붕괴를 통해서 생겨나며, 이런 식으로 인간의 해방이 달성된다."[166]

이들 세 가지 상징이 공유하고 있는 것은 실재적 필연성에 대한 믿음 — 가장 최근에 나타난 대로 역사와 경제는 엄연한 논리로 우리를 올바른 방향으로 이끌 것이라는 믿음 — 이다. 반면에 "사실적인 것은 새로운 상징화를, 최초의 비형이상적인 상징화를 제시한다."[167] 세계는 "더는 확정적이고 영구적인 실체와 동일시되

---

165. 같은 책, 251.
166. 같은 곳.
167. 같은 책, 255.

지 않고 오히려 무법칙적 변화의 가능성과 동일시된"다.[168] 결과적으로 우리는 더는 이 세계를 모든 가능 세계 중 본질적으로 최선의 것으로도 최악의 것으로도 여길 수 없다. 왜냐하면 그것은 이 중 어느 것으로도 구상될 수 있을 것이기 때문이다. 우리가 사실성의 상징을 받아들이면, 가능한 정의로운 대세계에 대한 우리의 열망이 활성화될 것이다. 그런데 그런 대세계가 아무튼 실재적인 것이 된다면 무슨 일이 일어날 것인가? 그런 완벽한 대세계와 관련하여 지루하거나 맥 빠지게 하는 것이 있지 않겠는가? 정의로운 대세계를 희망하는 현재의 윤리와 일단 그 대세계가 도래했을 때의 윤리 사이에서 드러날 차이는 메이야수가 "윤리적 분열"이라고 일컫는 것이다.[169] 게다가 메이야수는 "상징의 열망이 지배하는 윤리와 어떤 더 참된 원리가 지배하는 윤리 사이의 모순이 지닌 정확한 본성을 결정하는 것"이 가능하다고 생각한다.[170]

윤리는 신에도, 어떤 동어반복적인 칸트주의적 의무 개념에도 근거를 둘 수 없다. 또한 윤리는 한낱 권력 투쟁의 사실적 결과에 불과할, 다른 종들에 대한 "인간 종의 우위"에도 결코 근거를 둘 수 없다.[171] 오히려 "그것은 우리의 존재론을 거스르는 그

---

168. 같은 곳.
169. 같은 책, 256~7.
170. 같은 책, 257.
171. 같은 책, 258.

런 존재자의 필연적 현존이라는 관념을 거부하면서 여타 존재자에 대한 사유하는 존재자의 (사실상이 아니라 권리상의) 필연적 우월성을 예증하는 것에 관한 물음이다."[172] 어떤 의미에서는 지금까지 메이야수가 이미 그런 예증을 지향하고 있었다. 메이야수는 원인이 언제나 결과보다 모자란다고 생각하고, 게다가 그는 인간 사유가 원인 사슬의 끝에 형성된 최종 질서라고 주장한다. 인간의 가치는 "생성의 중립성에 해당할 따름인 영원한 것 자체에서 도출되는 것이 아니라 인간이 필멸적 보관자인 영원한 것에 관한 사유에서 도출된다."[173] 일부 비판자는 인간의 이런 우위를 만연하는 인간중심적 철학의 또 다른 사례에 불과한 것으로 여기는 반면에 메이야수는 인간의 우월성은 결코 진지하게 유지된 적이 없는 관념이라고 단언한다. 결국에 이런 방향으로 제기된 이전의 모든 주장은 인간의 우월성을 파생적 방식으로, 즉 (메이야수가 권고한 대로) 신 혹은 선에 관한 사유를 통하기보다는 오히려 단지 이것들에 대한 관조를 통해서 인간에게 가치를 부여함으로써 확립하려고 했다.[174] 더 구체적으로 진술하면 "가치는 앎의 행위 자체에 속한다. 인간이 가치가 있는 이유는 자신이 무엇을 알고 있는지에 있는 것이 아니라 오히려 자신이 안다는 행위에 있다."[175]

---

172. 같은 곳.
173. 같은 책, 259.
174. 같은 곳.

이제 우리는 브라지에와 메이야수 사이의 또 다른 중요한 차이점을 맞닥뜨리게 되는데, 비록 그들은 (그랜트와 OOO에 낯설게도) 실재를 파악하는 데 있어서 과학 그리고/혹은 수학의 모범적 역할에 대한 신념을 공유하더라도 말이다. 나는 메이야수가 모든 형식의 프로메테우스주의―그가 정의보다 힘과 연관시키는 신조―를 절대적으로 거부하는 사실을 가리킨다. "프로메테우스주의적 휴머니즘은 인간이 자신을 스스로 구성한다고 믿는 종교적 판본의 신념에 지나지 않는다. 그것은 인간에 의한 힘의 우상화다. 힘은 인간들 안에서 신이 된다."[176] 불행하게도 그것은 우리 인간이 신으로 옮기는 우리 자신의 최선의 부분도 아니다. 왜냐하면 "[루트비히] 포이어바흐와 청년 맑스가 주장한 대로 인간이 종교적 신으로 옮기는 것은 자신의 고유한 본질이 아니라 오히려 자신의 고유한 본질의 타락"이기 때문이다.[177] 종교는 일반적으로 가장 끔찍한 행위와 집단적 처벌을 복수심이 가득하고 분노에 찬 신을 위해 남겨 둔다. 하지만 우리가 프로메테우스주의적 전망을 받아들이면, "인간이 신이 된다면 인간은 왜 자신에게 동일한 종류의 행위를 허용하지 말아야 하는가? 신의 모든 범죄는 인간이 저지를 수 있게 되고 신이 된 인간은 언제나 자연적 재난에서 주님의 최고선을 판독하는

---

175. 같은 책, 260.
176. 같은 책, 262.
177. 같은 곳.

신학자와 마찬가지의 미묘함으로 자신을 정당화할 수 있다."[178]

그런데 우리는 프로메테우스주의의 사악한 유혹과 별개로 또 하나의 윤리적 문제를 대면하게 된다. 즉, 정의로운 대세계가 모든 현재의 행위에 비인과적으로 의존한다는 사실 — 왜냐하면 그것이 생겨난다면 거기에는 결코 아무 이유도 없을 것이기 때문이다 — 을 참작하면 무엇이 우리가 "나태한 숙명론"으로 빠져들지 못하게 막을 것인가?[179] 그저 나태하기보다는 오히려 나는 심지어 더 나아가서 사디즘적인 방탕자의 생활양식을 택할 것이다. 왜냐하면 나는 내가 착취하거나 고문하거나 혹은 나의 쾌락이 절정에 이르렀을 때 살해하는 사람은 누구라도 어쨌든 궁극적으로 정의로운 대세계에서 부활할 것임을 알고 있기 때문이다. 나에게 두려워할 사후의 생이 전혀 없다면, 그리고 나의 희생자들이 모두 부활할 수 있다면 접근할 수 있는 모든 사람을 희생하고서 스스로 쾌락을 누리지 않을 까닭이 어디에 있는가? 메이야수는 나태한 숙명론자를 위한 법칙을 정초하더라도 사디즘적인 범법자의 사례를 직접 언급하지는 않는다. 나태한 숙명론자는 "정말로 자신의 활력의 영속화에 대한 자의적 욕망 — 부활을 목적의 조건으로 구상하는 것이 아니라 하나의 목적으로 구상하는 부활에 대한 개별적이고 변덕스러운 욕망 — 을 현시할

---

178. 같은 책, 262~3.
179. 같은 책, 263.

뿐이다."[180] 궁극적으로 메이야수는 지금 여기서 정의로운 행위를 통해서 적극 고대하는 정의로운 대세계는 사실상 정의로운 대세계가 아닐 것이라고 생각한다. 왜냐하면 "부활이 어떤 정의로운 행위도 고대하지 않았던 그런 식으로 일어난다면 그것은 보편적인 것을 전혀 포함하지 않을 것이다. 우리는 단지 우리 인류에게 익명적으로 부과된 맹목적인 재개를 다루고 있을 뿐이다."[181] 제4세계에서의 삶은 "과거의 기억으로 충진된, 우리의 실존 과정의 숨은 재개로" 구상되어야만 한다.[182] 이것은 가능한 정의로운 대세계가 오직 사전에 정의로운 행위에 적극 관여했던 사람들에 대해서만 가능할 것이라는 기묘한 함의를 품고 있다. 자기도취적이고 사이코패스적인 살인자들이 정의로운 대세계를 기다리기 위해 정의로운 행위를 전혀 하지 않았다는 사실을 고려하면 그들의 정의로운 대세계에서의 경험은 어떠한 것일까? 이 쟁점은 다루어지지 않은 채로 남아 있고, 따라서 이 시점에서 우리는 메이야수가 그것에 관해 무엇을 언급할지 추측할 수밖에 없다.

이제 우리는 "현재의 윤리(재림이 도래하기를 바라는 희망의 윤리)와 이 희망에 뒤이어 그야말로 절망의 윤리인 것처럼 보이는 미래의 윤리 사이에" 나타나는 윤리적 분열을 해결할 시점

---

180. 같은 책, 264.
181. 같은 곳.
182. 같은 책, 265.

에 이르렀다.[183] 일단 정의로운 대세계가 도래하면 정의에 대한 우리의 이전 욕망은 더는 무관하고, 따라서 이제 우리는 "조숙한 죽음에서 해방된 조건에 내재하는 자비심"의 윤리를 갖추게 된다.[184] 하지만 이것은 모든 사람에게 작동하지는 않을 것이다. 그 이유는 정의가 목적 자체가 아니라 단지 "사유 너머 무언가의 흔적"일 뿐인 사람들이 있기 때문이다.[185] 메이야수는 이와 같은 초월성에 대한 근본적으로 종교적인 갈구와 아무 상관도 없기를 바람이 명백하다. 왜냐하면 그에게는 우리의 현행적 생의 재개가 충분한 희망의 대상이기 때문이다. "그 대상의 실현에 대한 전망을 뒷받침하지 않는 모든 '도덕'은 종교적 도덕이다."[186]

궁극적으로 존재와 인간 사이의 연계는 또 하나의 상징에 의해 제공되는 것이 아니라 오히려 그리스도교적 판본의 그리스도에게서 찾아볼 수 없는 독특한 면모를 적어도 한 가지는 갖춘, 그리스도 같은 매개자에 의해 제공될 것이다. 이런 메시아적 인물에게서 기대될 선 및 전지전능함과 더불어 일단 부활이 이루어지면 이 매개자가 자신의 우월성을 없앨 수 있고 없애야만 한다는 독특한 뜻밖의 반전도 있다. "이런 독특한 태도로 인

183. 같은 책, 270.
184. 같은 곳.
185. 같은 책, 271.
186. 같은 곳.

해 매개자 자신의 권능의 우연성은 여타의 사람과 평등해지고 자 하는 의지에 종속된다. 이런 식으로 매개자는 이처럼 전능한 사례에서도 그 자신의 권능의 선민이 되지 않은 지고의 인간의 가능성을 받아들인다."[187] 아무리 기묘하게 들릴지라도 일단 모든 인간의 부활이 이루어지고 나면 결국에 이 전지전능한 매개자는 단지 또 하나의 평범한 이웃처럼 우리 사이에서 살아갈 것이다. 이 모든 것은 철학자 계급에서 언제나 유행하는 무신론과 어긋남이 분명하다. 하지만 메이야수는 종교 자체의 지지자가 아닌 것과 마찬가지로 무신론의 지지자도 아니다. 무신론과 관련된 주요 문제는 그것이 "실존의 종교적 부분을 승인하는 것"에 해당한다는 점이다.[188] 말하자면 "무신론은 종교가 그것에 양도하는 불만족스러운 영토에 만족하는 데 있다…누구든 내재성의 영토가 종교가 서술하는 만큼 〔나쁘다〕고 인정함으로 시작하고, 그다음에 이 영토가 현존하는 유일한 것이며, 최종적으로 그런 사실에도 불구하고 그것을 살기 좋은 곳으로 만드는 모든 가능한 방법을 발명한다."[189] 무신론자에게는 우리의 유한성에 대한 "'씩씩하'고 '아이러니한' 기쁨, 끊임없는 투쟁으로 입수되는 뛰어난 즐거움" 등에 불과한 것이 남게 된다.[190]

---

187. 같은 책, 273.
188. 같은 책, 274. 강조가 제거됨.
189. 같은 책, 275. 강조가 제거됨.
190. 같은 곳.

그 책의 결론은 최근 프랑스 철학에서 매우 친숙한 물음으로 시작된다. "우리는 어떻게 해서 유대적 종교와 그리스적 이성의 통일을 생각할 수 있을까?" 메이야수는 그런 통일이 종교의 감시 아래서도, 무신론의 감시 아래서도 이루어지지 않기를 바람이 틀림없다. "무신론자의 경우에 신은 성직자를 위한 문제다. 철학자의 경우에 신은 성직자에게 맡기기에는 너무나 심각한 문제다."[191] 우리는 신의 피조물이 아니라 오히려 신의 가능한 선조이고, 따라서 어쩌면 우리의 많은 고통은 도래할 신의 산통에 지나지 않을 것이다. 더욱이 불행하게도 동물에 관한 데카르트의 부적절한 이론이 반영되더라도 "우리가 고통을 겪는 이유는, 자기 생성의 가능한 인성人性을 알지 못하는 동물과는 달리 우리는 우리 자신의 가능한 신성神性을 알고 있기 때문이다."[192] 그 책은 신과 인간의 네 가지 가능한 관계에 관한 유익한 논의로 마무리된다. 첫째, 우리는 신의 존재를 믿지 않기로 할 수 있는데, 왜냐하면 신은 현존하지 않기 때문이다. 이것은 당연히 무신론적 입장으로, "슬픔, 냉담함, 냉소주의"를 초래하기에 거부되어야 한다.[193] 둘째, 우리는 신의 존재를 믿을 수 있는데, 왜냐하면 신은 정말로 현존하기 때문이다. 이것은 무엇보다도 "사랑으로서의 신과 권능으로서의 신에 관한 … 혼동"과 더불어 아

---

191. 같은 책, 279.
192. 같은 책, 280.
193. 같은 책, 286.

이가 개에게 잡아먹히는 그런 잔혹 행위도 정당화하는 신정론을 낳는다.[194] 셋째, 신은 정말로 현존하기에 신의 존재를 믿지 않는 더 보기 드문 선택지가 있는데, 메이야수는 이것을 루시퍼의 입장, "창조주에 맞서 누군가가 이 세상의 악에 책임을 져야 할 반동적 필요성을 표현하는 반란자"의 입장과 동일시한다.[195] 오직 네 번째 입장, 즉 신은 현존하지 않기에 신의 존재를 믿는 것만이 아직 시도된 적이 없다. 최종적으로 제안된 새로운 대안은 다음과 같다. "우리는 선택해야 한다."[196]

『신의 비현존』의 대단한 독창성으로 인해 그 기획에 대한 미래의 최대 난제도 제기된다. 앞서 언급된 대로 이전에 메이야수의 기질상 자연스러운 독자층은 바디우의 저작과 브라지에의 『풀려난 허무』에도 몰려든 그런 종류의 정치적 좌파, 합리주의자, 유물론자, 무신론자인 것처럼 보였다. 메이야수 자신은 아무 의심의 여지도 없이 합리주의자이자 유물론자이자 정치적 좌파이지만, 그의 저작이 나타내는 명백히 비╪무신론적인 지향으로 인해 그의 견해에 공감할 수 있을 많은 독자가 소외당할 수밖에 없다. 부분적으로 이것은 일부 철학 독자가 아무튼 신에 관해 언급하는 모든 이론을, 그 논변이 아무리 뛰어나게 전개되더라도 진지하게 여기기를 단적으로 꺼리기 때문이다. 메이

---

194. 같은 곳.
195. 같은 책, 287.
196. 같은 곳.

야수가 그렇듯이 메시아적 매개자의 필요성을 거론하면 그 책은 많은 독자가 읽기는 훨씬 더 어려워지게 된다. 이 모든 고찰을 참작하면 『신의 비현존』의 경우에 가장 개연성이 높은 결과는 경탄하지만 미심쩍어하는 독자, 그 책의 변증법적 독창성은 경외하지만 종교적 느낌이 드는 그 결론은 결코 좇고 싶지 않은 독자가 많이 있을 것이라는 점이다.

그런데도 나는 그 책의 가장 반직관적인 주장 중 다른 한 주장이 그것의 중요한 미래를 약속한다고 생각하는 경향이 있다. 신이 그 책의 주제라는 사실을 제쳐 놓으면 사자의 부활이라는 사건의 순전한 비개연성은 『유한성 이후』의 가장 놀라운 결론조차도 그렇지 않았던 방식으로 독자들 사이에서 조소하는 불신을 촉발하기에 충분하다. 하지만 초한수의 가능 세계들을 고려하면 이들 세계의 법칙들을 개연적이라고 부를 방법도, 비개연적이라고 부를 방법도 없다는 메이야수의 논증에는 지속적으로 흥미로운 무언가가 있지 않을까? 어떤 철학의 가능한 미래 운을 판정할 때 우리는 너무나 자주 어떤 논증들이 가장 많은 사람을 설득시킬 만큼 충분히 그럴듯할 것인지에 집중한다. 그런데 사실상 철학은 일반적으로 전복됨 ― 대체로 급진화되거나 혹은 반전됨으로써 ― 으로써 자신의 영향을 확산시키고, 따라서 가장 흔히 그것이 고안된 목적과 정반대의 목적을 위해 활용됨으로써 생존한다.[197] 더 기묘한 사태가 발생하더라도 나는 메이야수가 상당한 수의 청년 세대 철학자가 어떤 잠재적 신의 출현과 사자의 부활을 기다리도록 이해시키지 못하리라 추측한다. 어쩌면 그의 기묘한 도구 상자에서 가장 유용한 도구, 즉 사고방식이 엄청나게 다른 타인들에게 가장 유용한 것으로 판명되는 도구는 가장 '개연적'인 상황들보다 오히려 어떤 상황의 가장 중요한 가능한 배치로의 초점 이행과 그의 확률 비판일 것이다. 이것을 가리키는 한 가지 징표로서 어쩌면 여태까지 이루어진 메이야수 작업의 다른 한 분야로의 가장 유의미한 응용 사례는 엘리 아야슈의 『블랭크 스완』일 것이다.[198] 이 책은 사변적 유물론을 주식시장을 새롭게 이해하는 데 적용한다. 나는 이 멋지게 기묘하고 어쩌면 비실용적이지 않은 철학의 다른 그런 응용 사례들이 결국 생겨날 것이라는 점을 감지하고 있다.

3절의 연습문제

1) '신의 비현존'이라는 어구의 의미는 무엇인가?

2) 미래에 갑자기 현존하는 신은 터무니없이 비개연적이라고 주장한 비판자에게 메이야수는 어떻게 응답할 것인가?

3) 앞서 우리는 브라지에가 인간의 자긍심을 '측은한' 것으로 여긴다는 사실을 이해했다. 이제 우리는 메이야수가 인간을 아무리 지적인 어떤 외계의 종족도 대신할 수 없는 최고의 가

---

197. 이 착상은 Graham Harman, "Meillassoux's Virtual Future"에서 처음 전개되었다.

198. * Elie Ayache, *The Blank Swan*.

능한 존재자로 여긴다는 사실을 이해했다. 이들 정반대의 견해에 대한 그들 각자의 이유는 무엇이며, 그리고 여러분은 어떤 것이 더 설득력이 있다고 깨닫는가?

4) 우리가 신의 존재를 믿어야만 하는 이유는 바로 신이 현존하지 않기 때문이라고 말할 때 메이야수가 의미하는 바는 무엇인가?

5) 현대의 많은 철학자가 무신론자이더라도 메이야수는 무신론을 타당한 철학적 입장으로 여기지 않는다. 왜 그러한가?

새로운 지적 조류의 경우에 종종 그렇듯이 사변적 실재론의 최초 독자층은 주로 젊은이들로 이루어져 있었다. 인쇄물로 응대한 최초의 기성세대 사상가 중 한 사람은 새로운 경향에 전형적으로 주의를 게을리하지 않는 슬라보예 지젝이었다. 『무보다 더 적은』(2012)이라는 헤겔에 관한 웅대한 저서에서 지젝은 잠깐 우회하여 네 명의 골드스미스 저자를 논의한다. 그 책에서 그는 다음과 같이 언급한다.

> 사변적 실재론의 한계, 그것이 일종의 그레마스적인 기호학적 사각형을 형성하는 네 가지 사조 ─ 메이야수의 '사변적 유물론,' 하먼의 '객체지향 존재론,' 그랜트의 신생기론 그리고 브라지에의 근본적 허무주의 ─ 로 즉시 분할된다는 사실에서 조짐이 나타나는 한계. 이들 네 가지 입장은 두 가지 축을 따라 자리하고 있는데, 그 두 축은 신성/세속의 축과 과학/형이상학의 축이다.[1]

---

1. Žižek, *Less Than Nothing*, 640. [지젝, 『라캉 카페』.]

지젝의 주목은 모든 저자에게 환영할 만한 사건이기 마련이지만 이 장 서두의 구절과 관련하여 벌써 세 가지 문제점이 있다. 첫째, 어떤 집단의 네 가지 별개의 입장으로의 분할이 '한계'로 여겨져야 하는 이유를 알기 어려운데, 특히 우리 사이의 차이점들은 골드스미스 워크숍이 개최되기 훨씬 전에 이미 존재했었다는 점을 참작하면 말이다. 내가 이해하기에 입장의 다양성은 언제나 사변적 실재론의 최대 강점이었으며, 그리고 그것이 바로 내가 그 집단이 여전히 우호적인 논의를 위한 토론의 장으로서 현존했던 시절을 그리워하는 주된 이유다. 둘째, 네 가지 경향은 "그레마스적인 기호학적 사각형"을 형성하지 않는다. 알기르다스 그레마스에 의해 분석된 사중 구조는 단지 인간 사유의 역사에서 나타난 매우 많은 구조 중 하나일 뿐이고, 게다가 기호학이라는 두드러지게 반실재론적인 분야는 명시적으로 실재론적인 네 가지 철학을 이해하기 위한 올바른 틀이 아님은 확실하다.

이렇게 해서 우리는 앞서 인용된 구절과 관련하여 세 번째이자 가장 큰 문제점에 이르게 된다. 지젝은 올바르게도 철학에서 사중 구조가 일반적으로 두 가지 별개의 축 혹은 이원론을 교차함으로써 생겨난다고 암시한다. 이 경우에 불행하게도 지젝은 그 두 가지 축 중 단 하나만 제대로 제시한다. "이들 네 가지 [사변적 실재론] 입장은 두 가지 축을 따라 자리하고 있는데, 그 두 축은 신성/세속의 축과 과학/형이상학의 축이다." 이 중 두 번째 축은 참일 뿐만 아니라 사변적 실재론의 저작을 재빨리 훑어보는 사람이라면 누구에게나 즉시 명료하다. 지젝이 정확히 서술하는 대로 "메이야수와 브라지에는 둘 다 근본적으로 정식화된 과학을 통해서 파악할 수 있는 우연적인 것으로서의 실재에 관한 과학적 시각을 옹호하지만… 하먼과 그랜트는 둘 다 비과학적인 형이상학적 접근법을 옹호한다…".[2] 메이야수는 사실상 자연과학보다 수학을 강조하며, 그리고 나는 브라지에가 메이야수가 전념하는 본격적인 방식으로 우연성에 특히 전념한다고 말하지 않을 것이다. 하지만 그 점을 고려하지 않으면 브라지에와 메이야수가 수학 그리고/혹은 자연과학을 실재의 본성에 관한 특권적 담론으로 여기는 두 명의 사변적 실재론자임은 분명하다. 그랜트의 논의에는 셸링주의적 '미친 과학자' 느낌이 약간 있지만, 그는 과학에 관해서도 말할 것이 대단히 많다. 현대 과학에 관해 말하자면, 그랜트는 마투라나-바렐라의 자기생산 이론 같은 사조들, 열렬히 과학주의적인 브라지에는 도외시하는 경향이 있는 그런 종류의 사조들에 끌린다. 그랜트의 일부 신봉자는 그랜트의 철학이 '자연주의'와 양립 가능하다고 이의를 제기하지만, 앞서 우리는 그것이 브라지에가 기질적으로 선호하는 그런 종류의 제거주의적인 암살대 과학에 뿌리를 두고 있기보다는 오히려 관념에 관한 사변적 형이상

---

2. 같은 곳.

학에 뿌리를 두고 있는 자연주의임을 이해했다.

지젝이 잘못을 저지르는 지점은 그가 신성/세속이라고 일컫는, 사변적 실재론의 두 번째 축에 대한 진단에 있다. 그것이 실패하는 이유는 그것이 불필요하게 억지스럽기 때문이다. 네 명의 SR 저자 중 신성한 것에 관하여 조금이라도 언급하는 인물은 메이야수뿐이다. 철저히 상상적인 '신성' 축의 두 번째 구성원을 찾아내기 위해 지젝은 OOO를 다음과 같이 잘못 해석한다. "하먼은 순전히 종교적인(혹은 적어도 영성주의적인) 범심론을 〔택한다〕 … "[3] 지금까지 저술된 OOO의 저작에서 종교적인 것은 전혀 찾아볼 수 없고, 게다가 그 어구가 무엇을 뜻하든 간에 '순전히' 종교적이라고 일컬어질 수 있는 것은 확실히 없다. 더욱이 OOO는 그랜트의 철학과 마찬가지로 범심론과 양립 가능하지 않다. 우리는 OOO가 범심론적이지 않고 오히려 심적 영역과 비-심적 영역으로의 어떤 구분도 선행하는 층위에서 객체에 관한 통합 이론을 제시한다는 것을 이미 이해했다.

그런데 어쨌든 지젝은 네 명의 골드스미스 저자를 분할하는 두 번째 축을 판별하고자 실제로 시도하는데, 이는 쉬운 과업이 아니다. SR 집단의 최초 구성원으로서 나 역시 여러 해 동안 그 네 가지 입장 사이의 차이점을 이해하고자 노력하느라고 많은 시간을 보냈다. 그런데도 나는 이 책을 저술하기 시작

---

3. 같은 곳.

할 때까지 그 나머지 분할의 원칙을 확신하지 못했다. 하지만 이제는 그 두 번째 축이 한쪽에 있는 그랜트와 메이야수에 맞서 OOO와 브라지에를 나머지 다른 한쪽에 두는 것이라는 점이 분명해 보인다. 최근에 OOO에 대한 브라지에와 그 집단의 못마땅한 적대감이 두드러짐에도 불구하고 이들 두 집단의 의견이 근본적으로 일치하는 한 가지 중요한 논점이 있다. 이는 브라지에가 사유와 세계라고 일컫는 것들 혹은 OOO가 감각적인 것과 실재적인 것이라고 일컫는 것들(브라지에가 '사유'와 관련하여 행하듯이 '감각적인 것'을 인간에게만 한정하지 않더라도) 사이의 특별한 통약 불가능성이다. 수학화를 통해서 즉자를 파악하는 데 어떤 특별한 어려움도 인지하지 못하는 메이야수의 경우에는 사정이 이렇지 않음이 명백하며, 브라지에는 그 과정을 그가(그리고 내가) 불가능하다고 간파하는 '지성적 직관'에 호소한다고 비판한다. 그랜트에 관해 말하자면 그 역시 어떤 의미에서는 본체계를 회복시키지만, 그는 궁극적으로 통일된 자연-에너지의 다양한 '지연' 혹은 '수축'을 통해서만 개체화되는 단일한 생산적 자연에 호소하는 일원론자다. 그러므로 그랜트에게는 브라지에뿐만 아니라 OOO도 실행하는 방식의 실재와 그 이미지 사이의 위험한 도약이 전혀 없다.

물론 브라지에와 OOO 사이에는 또 하나의 유의미한 차이점이 있다. 둘 다 우리는 단지 이미지에 직접 접근할 수 있을 뿐이라는 점에 동의하는 반면에 OOO는 현시적 이미지와 과학적 이미지 둘 다가 실재적인 것에서 대단히 멀리 떨어져 있다고 간주한다. 브라지에는 이런 접근법을 "돌이킬 수 없는 타자성"에 무익하게 전념하는 것이라고 비난하면서 과학적 이미지가 상대적으로 빈약한 현시적 이미지보다 물자체를 "더 꼼꼼히 추적한"다고 역설한다. 브라지에는 과학이 과학적 이미지와 실재 사이의 거리를 '측정'할 수 있고 '측정'해야만 한다고 주장한다. 그렇다 하더라도 솔직히 말해서 이것은 그가 여하튼 예증하는 것이라기보다는 오히려 그가 품은 이론적 욕망인 것처럼 보인다. 과학이 종종 터무니없이 낮게 평가되는 대륙철학적 배경 출신의 브라지에가 "과학은 생각하지 않는다"라는 하이데거의 부정확한 언명에 반대하는 것은 틀림없이 옳다. 경성과학의 인지적 성취에 대한 브라지에의 높은 평가는 경탄할 만하다. 하지만 마치 법률로 강제할 문제처럼 과학에 '최대의 권위'를 부여해야 한다고 요청할 때 브라지에는 반대 방향으로 너무 멀리 나아가고, 게다가 그는 일반적으로 인간 인지의 여타 영역에 관해서는 조롱하는 어조로 언급한다. 철학이 자신이 마주치게 될 모든 부조리한 허튼소리를 침묵시킬 채비를 갖추고 있어야 하는 것은 브라지에에게 매우 중요하다. OOO는 허튼소리nonsense가 철학에 대한 최대 위협이라는 점에 단적으로 동의하지 않는다. 왜냐하면 허튼소리는 그다지 오랫동안 지속하지 않는 경향이 있으며, 그리고 그것을 해당 분야에서 퇴치하기 위해 이론적 핍박을 적극적으로 가할 필요가 거의 없기 때문이다. OOO가 이해하기에 철학에 대한 최대 위협은 편협함과 친숙함이다. 편협함은 세계의 범위를 기성의 지적 방법으로 지배될 수 있는 것으로 한정하기 위해 철학에서 너무 많은 실재가 배제될 때마다 나타난다. 친숙함은 언제나 그리고 어디서나 나타나며, 그리고 모든 철학이 생겨나는 기묘함의 대척점에 있는 것이다.

나는 이제 이 책의 독자가 2007년부터 줄곧 사변적 실재론을 대륙철학에서 매우 참신하고 놀라운 사건으로 만든, 상충하는 다양한 관념에 대하여 훌륭한 감각을 갖추게 되었기를 바란다. 골드스미스에서 언명된 메이야수의 마무리 발언을 인용하면 "저는 오늘 행사의 제목 ― 사변적 실재론 ― 이 완벽하게 선택된 것이며, 그리고 그 자체로 일종의 사건이라고 생각합니다."[4] 내가 보기에 골드스미스 워크숍에서 공표된 네 가지 입장은 여전히 오늘날의 철학적 풍경에서 나타나는 가장 흥미로운 네 가지 경향이다. 그런데 어떤 철학도 그것이 무언가 다른 것에 의해 논박당하거나 대체될 때까지는 정말로 이해되지 않는다. 나는 특히 이 책의 젊은 세대 독자들에게 다양한 사변적 실재론 사조를 중요하게 만든 것을 먼저 이해한 다음에 마침내 이들 사조를 대체해보라고 권유하고 싶다.

---

4. Brassier, Grant, Harman, and Meillassoux, "Speculative Realism," 435.

:: 참고문헌

최초의 사변적 실재론자들의 단독 저작 혹은 공동 저작

Badiou, Alain, Robin Mackay, and Ray Brassier, "Philosophy, Sciences, Mathematics (Interview)," *Collapse*, vol. I, reissued edn (2012) : 11~26.

Brassier, Ray, *Nihil Unbound : Enlightenment and Extinction* (London : Palgrave Macmillan, 2007).

_____, "Concepts and Objects," in *The Speculative Turn : Continental Realism and Materialism*, ed. L. R. Bryant, N. Srnicek, and G. Harman (Melbourne : re.press, 2011), 47~65.

_____, "Prometheanism and its Critics," in *#Accelerate : The Accelerationist Reader*, ed. R. Mackay and A. Avanessian (Falmouth : Urbanomic, 2014), 467~87. [레이 브라지에, 「프로메테우스주의와 그 비판자들」, 『#가속하라 : 가속주의 독본』, 김효진 옮김, 갈무리, 근간.]

Brassier, Ray, Iain Hamilton Grant, Graham Harman, and Quentin Meillassoux, "Speculative Realism," *Collapse*, vol. III (2007) : 306~449.

Bryant, Levi R., Nick Srnicek, and Graham Harman, "Towards a Speculative Philosophy," in *The Speculative Turn : Continental Realism and Materialism*, ed. Levi R. Bryant et al. (Melbourne : re.press, 2011), 1~18.

DeLanda, Manuel and Graham Harman, *The Rise of Realism* (Cambridge : Polity, 2017).

Dunham, Jeremy, Iain Hamilton Grant, and Sean Watson, *Idealism : The History of a Philosophy* (Montreal : McGill-Queen's University Press, 2011).

Grant, Iain Hamilton, *Philosophies of Nature After Schelling* (London : Continuum, 2006).

Harman, Graham, *Tool-Being : Heidegger and the Metaphysics of Objects* (Chicago : Open Court, 2002).

_____, "On Vicarious Causation," *Collapse*, vol. II (2007) : 171~205.

_____, "Quentin Meillassoux : A New French Philosopher," *Philosophy Today*, vol. 51, no. 1 (2007) : 104~17.

_____, "On the Horror of Phenomenology : Lovecraft and Husserl," *Collapse*, vol. IV

(2008) : 333~64.

_____, *Prince of Networks : Bruno Latour and Metaphysics* (Melbourne : Re.Press, 2009). [그레이엄 하먼, 『네트워크의 군주 : 브뤼노 라투르와 객체지향 철학』, 김효진 옮김, 갈무리, 2019.]

_____, "Dwelling with the Fourfold," *Space and Culture*, vol. 12, no. 3 (2009) : 292~302.

_____, *Towards Speculative Realism : Essays and Lectures* (Winchester : Zero Books, 2010).

_____, *L'objet quadruple : une metaphysqiue des choses après Heidegger* (Paris : PUF, 2010).

_____, "I Am Also of the Opinion that Materialism Must Be Destroyed," *Environment and Planning D : Society and Space*, vol. 28, no. 5 (2010) : 772~90.

_____, "Time, Space, Essence, and Eidos : A New Theory of Causation," *Cosmos and History*, vol. 6, no. 1 (2010) : 1~17.

_____, *The Quadruple Object* (Winchester : Zero Books, 2011). [그레이엄 하먼, 『쿼드러플 오브젝트』, 주대중 옮김, 현실문화, 2019.]

_____, "The Problem with Metzinger," *Cosmos and History*, vol. 7, no. 1 (2011) : 7~36.

_____, "Francois Laruelle, *Philosophies of Difference : A Critical Introduction to Non-Philosophy*," Notre Dame Philosophical Reviews, August 11, 2011, http://ndpr.nd.edu/news/25437-philosophies-of-difference-a-critical-introduction-to-non-philosophy/.

_____, "Meillassoux's Virtual Future," *continent*, vol. 1, no. 2 (2011) : 78~91.

_____, *Weird Realism : Lovecraft and Philosophy* (Winchester : Zero Books, 2012).

_____, *The Third Table/Der dritte Tisch* (Ostfildern : Hatje Cantz, 2012).

_____, "The Current State of Speculative Realism," *Speculations*, vol. IV (2013) : 22~8.

_____, "Undermining, Overmining, and Duomining : A Critique," in *ADD Metaphysics*, ed. Jenna Sutela (Aalto : Aalto University Digital Design Laboratory, 2013), 40~51.

_____, "Aristotle with a Twist," in *Speculative Medievalisms : Discography*, ed. E. Joy et al. (Brooklyn : Punctum Books, 2013), 227~53.

_____, *Bruno Latour : Reassembling the Political* (London : Pluto Press, 2014). [그레이엄 하먼, 『브뤼노 라투르 : 정치적인 것을 다시 회집하기』, 김효진 옮김, 갈무리, 2021.]

_____, "Whitehead and Schools X, Y, and Z," in *The Lure of Whitehead*, ed. N. Gaskill and A. J. Nocek (Minneapolis : University of Minnesota Press, 2014), 231~48.

_____, *Quentin Meillassoux : Philosophy in the Making*, 2nd ed., (Edinburgh : Edinburgh University Press, 2015).

_____, *Immaterialism : Objects and Social Theory* (Cambridge : Polity, 2016). [그레이엄

하면, 『비유물론: 객체와 사회 이론』, 김효진 옮김, 갈무리, 2020.]

_____, "Agential and Speculative Realism: Remarks on Barad's Ontology," *rhizomes*, vol. 30 (2017), www.rhizomes.net/issue30/harman.html.

_____, *Object-Oriented Ontology: A New Theory of Everything* (London: Pelican, 2018).

Meillassoux, Quentin, *After Finitude: An Essay on the Necessity of Contingency* (New York: Continuum, 2008). [퀑탱 메이야수, 『유한성 이후: 우연성의 필연성에 관한 시론』, 정지은 옮김, 비(도서출판b), 2010.]

_____, "Spectral Dilemma," *Collapse*, vol. IV (2008): 261~75.

_____, "Iteration, Reiteration, Repetition: A Speculative Analysis of the Meaningless Sign", unpubd version, trans. R. Mackay, 2012, https://cdn.shopify.com/s/files/1/0069/6232/files/Meillassoux_Workshop_Berlin.pdf ["The Berlin lecture"].

_____, *The Number and the Siren: A Decipherment of Mallarmé's Coup de Dés*, trans. R. Mackay (Falmouth: Urbanomic, 2012).

_____, "Appendix: Excerpts from *L'Inexistence divine*," trans. Graham Harman, in Harman, *Quentin Meillassoux: Philosophy in the Making*, 2nd ed. (Edinburgh: Edinburgh University Press, 2015), 224~87.

다른 저자들의 저작(저자/편집자의 알파벳순으로 정리)

Aristotle, *Metaphysics*, trans. J. Sachs (Santa Fe: Green Lion Press, 1999). [아리스토텔레스, 『형이상학』, 조대호 옮김, 길(도서출판), 2017.]

_____, *Poetics*, trans. A. Kenny (Oxford: Oxford University Press, 2013). [아리스토텔레스, 『시학』, 손명현 옮김, 고려대학교출판부, 2009.]

Ayache, Elie, *The Blank Swan: The End of Probability* (Hoboken: Wiley, 2010).

Badiou, Alain, *Deleuze: The Clamor of Being*, trans. L. Burchill (Minneapolis: University of Minnesota Press, 1999). [알랭 바디우, 『들뢰즈: 존재의 함성』, 박정태 옮김, 이학사, 2001.]

_____, *Being and Event*, trans. O. Feltham (London: Continuum, 2007). [알랭 바디우, 『존재와 사건』, 조형준 옮김, 새물결, 2013.]

_____, *Logics of Worlds: Being and Event II*, trans. Alberto Toscano (New York: Continuum, 2009).

Barad, Karen, *Meeting the Universe Halfway: Quantum Physics and the Entanglement of Matter and Meaning* (Durham: Duke University Press, 2007).

Barbour, Julian, *The End of Time: The Next Revolution in Physics* (Oxford: Oxford University Press, 2001).

Baudrillard, Jean, *Symbolic Exchange and Death*, trans. I. H. Grant (London: Sage,

1993).

Bergson, Henri, *Matter and Memory*, trans. N. M. Paul (New York : Zone Books, 1990). [앙리 베르그손, 『물질과 기억』, 박종원 옮김, 아카넷, 2005.]

Berkeley, George, *A Treatise Concerning the Principles of Human Knowledge* (India-napolis : Hackett, 1992). [조지 버클리, 『인간 지식의 원리론』, 문성화 옮김, 계명대학교출판부, 2010.]

Bhaskar, Roy, *A Realist Theory of Science* (London : Verso, 2008).

Bogost, Ian, *Unit Operations : An Approach to Videogame Criticism* (Cambridge : MIT Press, 2006).

Bowie, Andrew, "Friedrich Wilhelm Joseph von Schelling," *The Stanford Encyclopedia of Philosophy*, ed. E. Zalta (Fall 2016 edn), https://plato.stanford.edu/archives/fall2016/entries/schelling/.

Bryant, Levi R., *The Democracy of Objects* (Ann Arbor : Open Humanities Press, 2011). [레비 R. 브라이언트, 『객체들의 민주주의』, 김효진 옮김, 갈무리, 2021.]

Burnyeat, Myles, "Idealism and Greek Philosophy : What Descartes Saw and Berke-ley Missed," *Philosophical Review*, vol. 91, no. 1 (1982) : 3~40.

Caputo, John D., "For Love of the Things Themselves : Derrida's Phenomenology of the Hyper-Real," in *Fenomenologia hoje : significado e linguagem*, ed. R. Timm de Souza and N. Fernandes de Oliveira (Porto Alegre : EDIPUCRS, 2002), 37~59.

Chalmers, David, *The Conscious Mind : In Search of a Fundamental Theory* (Ox-ford : Oxford University Press, 1997).

Cogburn, Jon, *Garcian Meditations : The Dialectics of Persistence in Form and Object* (Edinburgh : Edinburgh University Press, 2017).

DeLanda, Manuel, *Intensive Science and Virtual Philosophy* (New York : Continuum, 2005). [마누엘 데란다, 『강도의 과학과 잠재성의 철학』, 김영범 · 이정우 옮김, 그린비, 2009.]

Deleuze, Gilles, *Bergsonism*, trans. H. Tomlinson and B. Habberjam (New York : Zone Books, 1990). [질 들뢰즈, 『베르그손주의』, 김재인 옮김, 그린비, 2001.]

———, *Difference and Repetition*, trans. P. Patton (New York : Columbia University Press, 1995). [질 들뢰즈, 『차이와 반복』, 김상환 옮김, 민음사, 2004.]

Derrida, Jacques, *Of Grammatology*, trans. G. Spivak (Baltimore : Johns Hopkins Uni-versity Press, 1997). [자크 데리다, 『그라마톨로지』, 김성도 옮김, 민음사, 2010.]

Dupuy, Jean-Pierre, "Some Pitfalls in the Philosophical Foundations of Nanoethics," *Journal of Medicine and Philosophy*, vol. 32 (2007) : 237~61.

Eddington, Arthur Stanley, *The Nature of the Physical World* (New York : Macmillan, 1929).

d'Espagnat, Bernard, *On Physics and Philosophy* (Princeton : Princeton University Press, 2006).

Fried, Michael, "Art and Objecthood," in Fried, *Art and Objecthood : Essays and Reviews* (Chicago : University of Chicago Press, 1998), 148~72.

Gabriel, Markus, *Fields of Sense : A New Realist Ontology* (Edinburgh : Edinburgh University Press, 2015).

Gratton, Peter, *Speculative Realism : Problems and Prospects* (London : Bloomsbury, 2014).

Hegel, G. W. F., *Phenomenology of Spirit*, trans. A. V. Miller (Oxford : Oxford University Press, 1977). [개오르그 빌헬름 프리드리히 헤겔, 『정신현상학 1·2』, 임석진 옮김, 한길사, 2004.]

Heidegger, Martin, *Kant and the Problem of Metaphysics*, trans. J. Churchill (Bloomington : Indiana University Press, 1962). [마르틴 하이데거, 『칸트와 형이상학의 문제』, 이선일 옮김, 한길사, 2001.]

_____, *What is Called Thinking?*, trans. J.G. Gray (New York : Harper, 1968). [마르틴 하이데거, 『사유란 무엇인가』, 권순홍 옮김, 길(도서출판), 2005.]

_____, *Pathmarks*, ed. W. McNeill (Cambridge : Cambridge University Press, 1998). [마르틴 하이데거, 『이정표 1·2』, 이선일 옮김, 한길사, 2005.]

_____, *Fundamental Concepts of Metaphysics : World–Finitude–Solitude*, trans. W. McNeill and N. Walker (Bloomington : Indiana University Press, 2001).

_____, *Being and Time*, trans. J. Macquarrie and E. Robinson (New York: Harper, 2008). [마르틴 하이데거, 『존재와 시간』, 이기상 옮김, 까치, 1998.]

_____, *Towards the Definition of Philosophy*, trans. T. Sadler (London : Continuum, 2008).

_____, *History of the Concept of Time : Prolegomena*, trans. T. Kisiel (Bloomington : Indiana University Press, 2009).

_____, *Der deutsche Idealismus (Fichte, Hegel, Schelling) und die philosophische Problemlage der Gegenwart*, 2nd edn (Frankfurt : Vittorio Klostermann, 2011).

_____, *Contributions to Philosophy : Of the Event*, trans. R. Rojcewicz and D. Vallega-Neu (Bloomington : Indiana University Press, 2012). [마르틴 하이데거, 『철학에의 기여』, 이선일 옮김, 새물결, 2015.]

_____, "Insight into That Which Is," in *Bremen and Freiburg Lectures*, trans. A. Mitchell (Bloomington : Indiana University Press, 2012), 3~76.

Hibbs, Darren, "On the Possibility of Pre-Cartesian Idealism," *Dialogue*, vol. 48 (2009) : 643~53.

Hilbert, David, "Über das Unendliche," *Mathematische Annalen*, vol. 95, no. 1

(1926) : 161~90.

Husserl, Edmund, *Logical Investigations*, 2 vols, trans. J. N. Findlay (London : Routledge & Kegan Paul, 1970). [에드문트 후설, 『논리 연구 1·2』, 이종훈 옮김, 민음사, 2018.]

Israel, Jonathan, *Radical Enlightenment : Philosophy and the Making of Modernity, 1650-1750* (Oxford : Oxford University Press, 2002).

Kant, Immanuel, *Critique of Pure Reason*, trans. N. K. Smith (New York : St Martin's Press, 1965). [임마누엘 칸트, 『순수이성비판 1·2』, 백종현 옮김, 아카넷, 2006.]

_____, *Critique of Judgment*, trans. W. Pluhar (Indianapolis : Hackett, 1987). [임마누엘 칸트, 『판단력비판』, 이석윤 옮김, 박영사, 2017.]

_____, *Critique of Practical Reason*, trans. M. Gregor and A. Reath (Cambridge : Cambridge University Press, 2015). [임마누엘 칸트, 『실천이성비판』, 백종현 옮김, 아카넷, 2009.]

_____, *Prolegomena to Any Future Metaphysics*, trans. J. Ellington (Indianapolis : Hackett, 2001). [임마누엘 칸트, 『형이상학 서설』, 백종현 옮김, 아카넷, 2012.]

Kauffman, Stuart, *The Origins of Order : Self-Organization and Selection in Evolution* (Oxford : Oxford University Press, 2000).

Kierkegaard, Søren, *The Essential Kierkegaard*, ed. H. Hong and E. Hong (Princeton : Princeton University Press, 2000).

Kripke, Saul, *Naming and Necessity* (Cambridge : Harvard University Press, 1996). [솔 크립키, 『이름과 필연』, 정대현·김영주 옮김, 필로소픽, 2014.]

Lacan, Jacques, *The Sinthome : The Seminar of Jacques Lacan, Book XXIII*, trans. A. R. Price (Cambridge : Polity, 2016).

Ladyman, James, and Don Ross, *Every Thing Must Go : Metaphysics Naturalized* (Oxford : Oxford University Press, 2009).

Lakatos, Imre, *The Methodology of Scientific Research Programmes* (Cambridge : Cambridge University Press, 1980). [임레 라카토슈, 『과학적 연구 프로그램의 방법론』, 신중섭 옮김, 아카넷, 2002.]

Laruelle, Francois, *Philosophies of Difference : A Critical Introduction to Non-Philosophy*, trans. R. Gangle (London : Bloomsbury, 2011).

_____, *Anti-Badiou : On the Introduction of Maoism into Philosophy*, trans. R. Mackay (London : Bloomsbury, 2013).

_____, *Philosophy and Non-Philosophy*, trans. T. Adkins (Minneapolis : Univocal, 2013).

_____, *Principles of Non-Philosophy*, trans. N. Rubczak and A. P. Smith (London : Bloomsbury, 2013).

Latour, Bruno, *Irreductions*, trans. J. Law in *The Pasteurization of France: War and Peace of Microbes*, trans. A. Sheridan and J. Law (Cambridge: Harvard University Press, 1988), 151~236.

_____, *We Have Never Been Modern*, trans. C. Porter (Cambridge: Harvard University Press, 1993). [브뤼노 라투르, 『우리는 결코 근대인이었던 적이 없다』, 홍철기 옮김, 갈무리, 2009.]

_____, *Pandora's Hope: Essays on the Reality of Science Studies* (Cambridge: Harvard University Press, 1999). [브뤼노 라투르, 『판도라의 희망: 과학기술학의 참모습에 관한 에세이』, 장하원·홍성욱 옮김, 휴머니스트, 2018.]

_____, "On the Partial Existence of Existing and Nonexisting Objects," in *Biographies of Scientific Objects*, ed. L. Daston (Chicago: University of Chicago Press, 2006), 247~69.

_____, *An Inquiry into Modes of Existence: An Anthropology of the Moderns*, trans. C. Porter (Cambridge: Harvard University Press, 2013).

Leibniz, G. W. von, "Monadology," in *Philosophical Essays*, trans. R. Ariew and D. Garber (Indianapolis: Hackett, 1989), 213~25. [고트프리트 빌헬름 라이프니츠, 『모나드론 외』, 배선복 옮김, 책세상, 2007.]

Levinas, Emmanuel, *Existence and Existents*, trans. A. Lingis (Dordrecht: Kluwer, 1988). [에마뉘엘 레비나스, 『존재에서 존재자로』, 서동욱 옮김, 민음사, 2004.]

Ligotti, Thomas, *The Conspiracy Against the Human Race: A Contrivance of Horror*, with a foreword by Ray Brassier (New York: Hippocampus Press, 2010).

Locke, John, *An Essay Concerning Human Understanding*, 2 vols (New York: Dover, 1959). [존 로크, 『인간지성론 1·2』, 정병훈·이재영·양선숙 옮김, 한길사, 2014.]

Lovecraft, H. P., *Tales* (New York: Library of America, 2005). [H. P. 러브크래프트, 『하워드 필립스 러브크래프트: 크툴루의 부름 외 12편』, 김지현 옮김, 현대문학, 2014.]

Luhmann, Niklas, *Social Systems*, trans. J. Bednarz Jr (Stanford: Stanford University Press, 1996). [니클라스 루만, 『사회적 체계들: 일반이론의 개요』, 이철·박여성 옮김, 한길사, 2020.]

Lyotard, Jean-Francois, *The Inhuman: Reflections on Time*, trans. G. Bennington and R. Bowlby (Stanford: Stanford University Press, 1992).

_____, *Libidinal Economy*, trans. I. H. Grant (Bloomington: Indiana University Press, 1993).

Metzinger, Thomas, *Being No One: The Self-Model Theory of Subjectivity* (Cambridge: MIT Press, 2004).

Milton, John, *Paradise Lost* (Oxford: Oxford University Press, 2008). [존 밀턴, 『실락원 1·2』, 조신권 옮김, 문학동네, 2010.]

Morrison, Toni, *Beloved* (New York : Vintage, 2004). [토니 모리슨, 『빌러비드』, 최인자 옮김, 문학동네, 2014.]

Morton, Timothy, *Ecology Without Nature : Rethinking Environmental Aesthetics* (Cambridge : Harvard University Press, 2007).

_____, *The Ecological Thought* (Cambridge : Harvard University Press, 2010).

_____, *Hyperobjects : Philosophy and Ecology After the End of the World* (Minneapolis : University of Minnesota Press, 2013).

_____, *Realist Magic : Objects, Ontology, Causality* (Ann Arbor : Open Humanities Press, 2013). [티머시 모턴, 『실재론적 마술』, 안호성 옮김, 갈무리, 근간.]

Nietzsche, Friedrich, *Twilight of the Idols*, trans. R. Polt (Indianapolis : Hackett, 1997). [프리드리히 니체, 『우상의 황혼』, 박찬국 옮김, 아카넷, 2015.]

Omnès, Roland, *Quantum Philosophy* (Princeton : Princeton University Press, 1999).

Peck, Jamie, *Constructions of Neoliberal Reason* (Oxford : Oxford University Press, 2013).

Peden, Knox, "Ray Brassier, *Nihil Unbound : Enlightenment and Extinction*," *Continental Philosophy Review*, vol. 42, no. 4 (2010) : 583~9.

Plato, "Timaeus," in *Timaeus and Critias*, trans. R. Waterfield (Oxford : Oxford University Press, 2009). [플라톤, 『티마이오스』, 김유석 옮김, 아카넷, 2019.]

Plotinus, *The Six Enneads*, trans. S. MacKenna and B. S. Page (CreateSpace Independent Publishing Platform, 2017).

Priest, Graham, *Beyond the Limits of Thought* (Oxford : Oxford University Press, 2002).

Rovelli, Carlo, "Halfway Through the Woods," in *The Cosmos of Science : Essays of Exploration*, ed. J. Earman and J. Norton (Pittsburgh : University of Pittsburgh Press, 1998), 180~223.

Sellars, Wilfrid, "Philosophy and the Scientific Image of Man," in *In the Space of Reasons : Selected Essays of Wilfrid Sellars*, ed. K. Scharp and R. Brandom (Cambridge : Harvard University Press, 2007), 369~408.

Shakespeare, William, *Macbeth* (London : Bloomsbury, 2015). [윌리엄 셰익스피어, 『맥베스』, 김정환 옮김, 아침이슬, 2008.]

Shaviro, Steven, *The Universe of Things : On Speculative Realism* (Minneapolis : University of Minnesota Press, 2014). [스티븐 샤비로, 『사물들의 우주 : 사변적 실재론과 화이트헤드』, 안호성 옮김, 갈무리, 2021.]

Shelley, Mary, *Frankenstein* (New York : W. W. Norton, 2012). [메리 셸리, 『프랑켄슈타인』, 오수원 옮김, 현대지성, 2021.]

Simondon, Gilbert, *L'individuation à la lumière des notions de forme et d'information* (Grenoble : Editions Jerome Millon, 2005). [질베르 시몽동, 『형태와 정보 개념에 비

추어 본 개체화』, 황수영 옮김, 그린비, 2017.]

Skrbina, David, *Panpsychism in the West* (Cambridge : MIT Press, 2007).

Smith, Anthony Paul, *Francois Laruelle's* Principles of Non-Philosophy : *A Critical Introduction and Guide* (Edinburgh : Edinburgh University Press, 2016).

Smolin, Lee, *The Life of the Cosmos* (Oxford : Oxford University Press, 1999).

Sparrow, Tom, *The End of Phenomenology : Metaphysics and the New Realism* (Edinburgh : Edinburgh University Press, 2014).

Stanislavski, Konstantin, *An Actor's Work : A Student's Diary*, trans. J. Benedetti (New York : Routledge, 2008).

Stove, David, *The Plato Cult and Other Philosophical Follies* (Oxford : Blackwell, 1991).

Uexküll, Jakob von, *A Foray into the World of Animals and Humans : With A Theory of Meaning*, trans. J. O'Neil (Minneapolis : University of Minnesota Press, 2010). [야곱 폰 윅스퀼, 『동물들의 세계와 인간의 세계 : 보이지 않는 세계의 그림책』, 정지은 옮김, 도서출판b, 2012.]

Vernes, Jean-René, *Critique de la raison aléatoire, ou Descartes contre Kant* (Paris : Aubier, 1982).

Watkins, Christopher, *Difficult Atheism : Post-Theological Thinking in Alain Badiou, Jean-Luc Nancy and Quentin Meillassoux* (Edinburgh : Edinburgh University Press, 2011).

Whitehead, Alfred North, *Process and Reality* (New York : Free Press, 1978). [알프레드 노스 화이트헤드, 『과정과 실재』, 오영환 옮김, 민음사, 2003.]

Williams, Alex, and Nick Srnicek, "#ACCELERATE MANIFESTO for an Accelerationist Politics," Critical Legal Thinking blog, May 14, 2013, http://criticallegalthinking.com/2013/05/14/accelerate-manifesto-for-an-accelerationist-politics/.

Wolfendale, Peter, *Object-Oriented Philosophy : The Noumenon's New Clothes* (Falmouth : Urbanomic, 2014).

Žižek, Slavoj, *Less Than Nothing : Hegel and the Shadow of Dialectical Materialism* (London : Verso, 2012). [슬라보예 지젝, 『라캉 카페』, 조형준 옮김, 새물결, 2013.]

Žižek, Slavoj, and Glyn Daly, *Conversations with Žižek* (Cambridge : Polity, 2004).

Zubiri, Xavier, *On Essence*, trans. A. R. Caponigri (Washington DC : Catholic University of America Press, 1980).

337

ㅇ

ㅈ

ㅊ

ㅋ